FLÁVIO LUIZ YARSHELL

CURSO DE DIREITO PROCESSUAL CIVIL

Vol. I

2.ª Edição

Marcial Pons

MADRI | BARCELONA | BUENOS AIRES | SÃO PAULO

Curso de Direito Processual Civil - vol. I
Flávio Luiz Yarshell

CIP-Brasil. Catalogação na Publicação
Sindicato Nacional dos Editores de Livros, RJ

Y29c

Yarshell, Flávio Luiz.
Curso de direito processual civil: vol I. / Flávio Luiz Yarshell. - 2.ed. - São Paulo, SP: Marcial Pons, 2020.
444 p. : 16 x 23 cm

Inclui bibliografia
ISBN 978-65-86696-12-7

1. Processo civil - Brasil. 2. Direito processual civil - Brasil. I. Título.

CDD 347.8105

www.marcialpons.com.br

Impresso no Brasil

A meu pai, ALDO BRUNO YARSHELL (*in memoriam*),
cuja mão segura e firme me manteve no caminho certo.

AGRADECIMENTOS [1]

Se, como já se disse com sabedoria, a gratidão é a mãe de todas as virtudes, agradecer é indispensável. Mas, considerando que este livro é resultado de diferentes atividades realizadas ao longo de décadas, reputo impossível cobrir todo essa extensão de tempo e tal complexidade de conteúdo para aí identificar tudo e todos aos quais devo meu reconhecimento. Portanto, a limitação é inevitável.

Agradeço inicialmente ao Doutor Marcelo Porciuncula que, em nome da Editora, fez o convite para a empreitada. Sou grato pela fé na consecução do trabalho, pela gentileza e pela paciência que sempre me dedicou. Espero poder retribuir dando sequência aos próximos volumes, para complementar o projeto do Curso.

Agradeço também aos Doutores Guilherme Setoguti Pereira e Viviane Siqueira Rodrigues. Estamos juntos desde seu curso de graduação, quando tive a oportunidade de lhes ministrar aulas de Processo Civil. Continuamos hoje juntos nas atividades de pós-graduação e em outras tarefas acadêmicas. Sem eles, não teria sido possível realizar este trabalho. Eles foram responsáveis pelo levantamento dos textos que eu houvera produzido e divulgado por diferentes canais. Mais do que isso, sua ajuda na atualização e na pesquisa foi indispensável. Os debates que travamos e a revisão final da obra me levaram a repensar ou a consolidar posições. Espero que o tempo ainda nos reserve muito mais trabalho e, portanto, convívio gratificante. Conto com eles na continuação.

Agradeço a meus Mestres, constante fonte de inspiração, consciente ou não. Naturalmente, eles foram muitos ao longo do tempo. Faço-o, primeiramente, na pessoa do Professor Antonio Junqueira de Azevedo, de saudosa memória

1. Constantes da primeira edição.

e que, embora não sendo exatamente um processualista, deixou marca indelével na minha formação jurídica, pelos quatro anos em que fui seu aluno no curso de graduação. Também agradeço na pessoa dos três processualistas que são minha mais importante referência: Antonio Carlos de Araújo Cintra, meu primeiro professor de Processo; Ada Pellegrini Grinover, minha mais fiel e presente companheira de vida acadêmica (sem embargo de considerá-la também minha professora); e Cândido Rangel Dinamarco, meu orientador nos cursos de Mestrado e Doutorado, cujo pensamento é seguramente minha maior fonte de inspiração. Espero que este livro, se não puder lhes ser fonte de gratificação ou de orgulho, que ao menos não lhes cause desapontamento. Peço que eles vejam a confissão que está lançada nas páginas seguintes, de assumida imaturidade intelectual para uma obra como a presente. Mas, como disse ali, é preciso começar um dia...

Agradeço, ainda, a meus Colegas, na pessoa dos dois Titulares do Departamento da Faculdade de Direito: José Rogério Cruz e Tucci e José Roberto Bedaque, cujo trabalho e pensamento admiro e respeito sinceramente; e com quem pretendo sempre trabalhar pela unidade e harmonia de nossa Escola. Na pessoa desses dois Colegas homenageio em particular os Professores do meu Departamento.

Agradeço a meus Alunos, onde quer que tenham acompanhado minhas aulas. Na verdade, agradeço a todos os que eventualmente vejam em mim aquela condição: professor não é apenas quem se propõe a ensinar, mas aquele que seus interlocutores reconhecem como tal.

Agradeço aos amigos que, de alguma forma, apoiaram a empreitada. Não são tantos assim, porque verdadeiros amigos são como tesouros e, portanto, são escassos. Agradeço a todos eles, nas pessoas de dois amigos queridos: Rubens Pimentel Scaff Junior e Maise Gerbasi Morelli.

Agradeço finalmente a minha família, abrangidos aí meus entes mais próximos: Flávia, Fernanda, Vera, Clélia, Aldo, Rosângela, Juliana, Daniel, Lucas, Fábio e Luna. Santo de casa às vezes faz milagre sim...

SUMÁRIO

Capítulo III

Fontes, interpretação e eficácia da norma processual

Título II

Princípios do Direito Processual Civil

Capítulo I

Os princípios, a jurisdição e a Constituição

CAPÍTULO II
Princípio da inafastabilidade do controle jurisdicional (ou da tutela jurisdicional)

CAPÍTULO III
Princípio da imparcialidade

CAPÍTULO IV
Princípio do contraditório

CAPÍTULO VII
Princípio da publicidade

TÍTULO III
Os institutos fundamentais do processo civil: jurisdição

CAPÍTULO I
Conceito e escopos

Capítulo II
Princípios da jurisdição

Capítulo III
Espécies de jurisdição

Capítulo IV
Jurisdição e competência

Capítulo V
Critérios de determinação

CAPÍTULO VI

Etapas na determinação da competência

CAPÍTULO VII

Competência absoluta e relativa

CAPÍTULO VIII

Conflito e reconhecimento de incompetência

Título IV
Os institutos fundamentais do processo civil: ação e exceção

Capítulo I
Aspectos conceituais da ação

Capítulo II
Classificação das ações

Capítulo III
Condições da ação

Capítulo IV
Elementos identificadores da ação

Capítulo V
Aspectos conceituais de exceção

TÍTULO V
Os institutos fundamentais do processo civil: processo

CAPÍTULO I
Natureza, conceito e classificação

CAPÍTULO II
Procedimento

IMPRESCINDÍVEIS PALAVRAS AO LEITOR DESTA OBRA [2]

Quando um professor está pronto para oferecer ao público um Manual?

Essa sempre me pareceu uma pergunta relevante e de difícil resposta. Trabalho com tal perfil, não há dúvida, exige relevante acúmulo de experiência; o que, por seu turno, demanda tempo. É preciso mais do que simples conhecimento do conteúdo; é necessário tratá-lo de forma didática, atualizada, abrangente, sistemática e, de preferência, crítica. É preciso enxergar e mostrar as árvores, mas também a floresta.

Trabalho dessa ordem traz consigo uma considerável carga de responsabilidade: primeiro, perante os alunos, porque se propõe a guiá-los em assuntos usualmente novos – e, portanto, de alguma maneira se propõe a participar de sua formação; segundo, perante os pares do meio acadêmico que, compreensivelmente, costumam ter expectativas elevadas e rigorosas diante de uma obra que pretenda ter tal elastério; terceiro, perante os profissionais do foro que, por seu turno e com perspectiva diversa, esperam que a teoria lhes forneça resposta adequada para os problemas «práticos» que lhes traz o cotidiano.

Para um Curso ou Manual é preciso, enfim, maturidade; atributo que, apesar da idade e dos anos de trabalho intenso, reputo, sem qualquer falsa modéstia, não ter ainda de forma suficiente. Sem embargo disso, entre o risco de oferecer um trabalho ainda imaturo, de um lado, e o de perder a oportunidade de apresentar algo que pudesse ser mais um recurso à disposição do aluno (e, quem sabe, de outro tipo de público), acabei cedendo ao primeiro.

2. Texto revisto e atualizado para a segunda edição.

O risco é consciente: esta não é ainda a íntegra do Manual que gostaria de escrever. Mas talvez este seja o primeiro passo; ou mais um passo no processo de amadurecimento, que poderá resultar do acúmulo de mais experiência e da crítica construtiva daqueles que porventura se valham deste trabalho. Sirvo-me aqui do conselho de um Colega (de outra área do Direito) mais experiente na arte de escrever livros com o perfil aqui almejado: «a primeira edição de todo Manual é sempre um rascunho...». É um conselho sábio, não porque consinta em liberar as barreiras da autocrítica responsável e equilibrada; mas porque encerra postura de humildade intelectual. Sempre será possível e necessário melhorar. Mas é preciso dar o primeiro passo. Então, aqui vai o «rascunho» de uma obra que pretende ser o primeiro volume de uma série cuja extensão é ainda indeterminada para mim (embora a intenção inicial fosse a de concentrar toda a matéria num só volume).

Nesse contexto, a presente obra é o resultado do exercício de mais de trinta anos de docência, aliado a reflexões extraídas – por tempo ainda superior – de palestras, conferências, bancas de concurso e de exames de tese, peças processuais, votos, pareceres, artigos esparsos e até mesmo de precedentes obras dedicadas a assuntos específicos. Nesse ambiente, este trabalho foi pensado e escrito essencialmente para aqueles que iniciam o estudo do Direito Processual, conquanto se proponha a ser crítico e, nessa medida, eventualmente possa aproveitar aos acadêmicos de outros patamares e, conforme acima foi mencionado, até aos profissionais que militam no foro.

O trabalho tem como referência fundamental o direito positivo brasileiro, descrito e pensado essencialmente à luz da doutrina e da jurisprudência pátrias. Por ser o resultado também da experiência acumulada no exercício da docência e por ter escopo didático, a obra não apresenta remissões próprias de trabalhos como dissertações e teses.

Fica a sugestão de que a leitura seja acompanhada da constante consulta aos textos legais. Eles foram referidos nesta obra com o objetivo de ilustrar os conceitos e, ao mesmo tempo, permitir, tanto quanto possível, visão mais abrangente do ordenamento. A alusão a dispositivos da lei, quando ainda são tratados temas essencialmente conceituais, pode até soar metodologicamente inadequada por ser prematura. Estou convencido do contrário: o aprendizado será tanto melhor quanto mais rapidamente o aluno puder associar o conceito ao modo pelo qual ele foi tratado pela lei. Ainda que a compreensão seja incompleta no primeiro momento, a combinação de conceito e de referência legal tende a ser construtiva, sem amesquinhar o ensino da disciplina a pretexto de ser positivista.

Mas o trabalho evita – embora sem excluir totalmente – a transcrição dos dispositivos porque sua leitura está ao alcance do leitor sem a necessidade de intermediação. Com isso se quis evitar ociosas repetições que tornam o texto artificialmente alentado, sem ganho pedagógico relevante. O que a obra pretende, nesse particular, é tratar daquilo que não se contém na literalidade dos textos legais, embora seja imprescindível sublinhar que o contato tão frequente quanto possível com essas fontes – no caso dos estudantes – tenda a contribuir de forma relevante para o aprendizado. Portanto, o que se propõe é que a leitura desta obra provoque a ida frequente aos textos legais e que sirva como uma espécie de guia para sua leitura ordenada e crítica.

Ao leitor estudante de graduação, um conselho que nada pretende ter de polêmico: de preferência, na fase do aprendizado, ideal é que os textos legais não sejam daqueles anotados com jurisprudência. Não que ferramentas dessa ordem não sejam úteis. Muito pelo contrário, pouca coisa é tão eficiente para um profissional do Direito quanto um código repleto de pertinentes e atualizadas referências às decisões dos tribunais. Obras como essa são sucessos editoriais e prestam relevantes serviços. Mas é justamente o relativo conforto – na falta de palavra melhor – das fórmulas cristalizadas em tais anotações que pode, paradoxalmente, gerar o risco de amesquinhar o estudo, justamente num momento em que ele precisa ser expandido ao máximo. A formação do estudante com apoio apenas nesses enunciados – que tendem a simplificar o que é essencialmente complexo – pode prejudicar o raciocínio lógico e jurídico, além do espírito crítico; todos eles indispensáveis para o verdadeiro aprendizado.

Aliás, aí está o ponto mais importante: de nada vale o conhecimento dos textos legais se ele não considerar sua inserção no sistema e se não for feito de forma crítica. Resumos e fórmulas prontas – cuja leitura é de fato mais «doce», para usar apenas uma imagem – devem vir depois que estiverem sedimentadas as bases mais sólidas, resultantes de um estudo sistemático e crítico. Por isso, o aprendizado mediante o emprego de sinopses ou resumos – que podem até ter serventia em outro contexto – é simplesmente inviável.

Ainda ao leitor estudante de graduação, fica o conselho de que não há fórmula mágica para o verdadeiro aprendizado, que – feliz ou infelizmente – não pode ser instantâneo; embora o imediatismo pareça ser a marca contemporânea do contato com a informação, de um modo geral. Não é possível resumir ou sintetizar aquilo que não se apreendeu em essência. O aprendizado requer dedicação e – se não amor pela matéria – ao menos algum interesse. Há de existir alguma forma de gratificação nesse caminho, percorrido às vezes lentamente, em que o aluno é posto em contato com informações, sobre as quais reflete para que, algum tempo depois, as compreenda com inteireza e profundidade. É preciso deixar que a matéria penetre na mente como música, que se deixa entrar pelos ouvidos, ainda que não se possa perceber toda sua complexidade, riqueza e beleza num só e primeiro momento.

O ideal é que esse processo ocorra quando do curso de graduação. Relembro aqui o conselho do dileto Mestre Professor Antonio Junqueira de Azevedo, segundo quem (se bem entendi suas palavras) sempre será mais difícil o aprendizado daquilo que não foi visto nos bancos da graduação. O exercício da profissão pode ser muito rico, mas não é o melhor ambiente para a formação do pensamento jurídico, justamente porque aquele primeiro exige esse último já desenvolvido. O estudo do caso concreto é sempre menor do que o estudo «puro» que se faz como aluno.

Ao leitor estudante pondero ainda que a leitura desta obra, como de resto a leitura de qualquer outra, pode e deve ser potencializada por outras atividades (sem pretender que esta fonte seja a mais importante, obviamente). Além da remessa aos textos legais que já foi enfatizada, estimula-se a leitura de outros livros com igual objetivo didático (a comparação de conteúdo e de estilos é frutífera). Além disso, potencializa o estudo o maior engajamento possível nas atividades realizadas em sala de aula (aulas expositivas, debates em seminários e outras que possam ser idealizadas). Depois que o aprendizado estiver feito, o recurso a obras de jurisprudência anotadas passa a ser uma ferramenta das mais úteis, conforme acima mencionado. A somatória amplificará a capacidade de aprendizado e tenderá a torná-lo ainda mais gratificante.

Finalmente, como acima alertado, esta obra congrega experiência de décadas de intensa atividade profissional (principalmente como advogado, mas também como juiz eleitoral) e acadêmica (que retroagem até mesmo aos tempos da graduação do próprio autor). Assim, muitas das ideias expostas podem ser incidentalmente encontradas em obras precedentes. O que se buscou aqui foi sistematizar o material resultante da conjugação de todas essas atividades, dirigindo-a principalmente ao público já mencionado.

PREFÁCIO À 2ª EDIÇÃO

Desde a primeira edição da presente obra se passaram cerca de cinco anos. Em termos absolutos, o lapso já poderia ser considerado relevante. Mas, o que de lá para cá aconteceu na vida do processo civil brasileiro faz parecer que o tempo foi ainda maior.

Desde logo, basta lembrar que, já no ano seguinte, acabou por ser editado o novo Código de Processo Civil, que passou a vigorar em 2016. Embora isso não tenha chegado a ser exatamente uma surpresa (e a decisão de lançar a primeira edição deste livro levou em conta o que, então, era uma possibilidade), fato é que o andamento do processo legislativo ensejava dúvidas não apenas sobre a aprovação do Projeto, mas sobre qual seria, no final, o respectivo conteúdo. A considerável diferença entre o projeto que foi gestado no Senado e aquele que retornou da Câmara bem ilustra a assertiva. Ademais, como já era de se esperar, as modificações - que já vinham sendo anunciadas e discutidas - geraram dúvidas e perplexidades. E, conquanto não tenham sido alteradas as bases do direito processual civil brasileiro (sem embargo de opiniões em contrário), é inegável que a nova lei positivou ou modificou a disciplina de institutos importantes.

Para ilustrar, o Código, na esteira da legislação extravagante então recém editada (Lei 13.140/2015), dedicou especial atenção a técnicas voltadas a soluções não adjudicadas de conflitos - o que é ilustrado pela disciplina da audiência prévia de conciliação ou mediação; foi particularmente enfático quanto à observância do princípio do contraditório e positivou o assim chamado dever de colaboração; criou novas possibilidades de celebração de negócios jurídicos processuais; procurou combater formalismos; ampliou os mecanismos de gerenciamento de causas repetidas, com o compromisso de que os tribunais devem uniformizar sua jurisprudência e a manter estável, íntegra e coerente; procurou estabelecer uma disciplina unitária da tutela provisória e, dentro dela, das tutelas de urgência e de evidência; passou a admitir expressamente a produção antecipada de provas desvinculada do perigo da demora; abriu a possibilidade da formação de coisa julgada sobre a resolução de questões prejudiciais; positivou o poder de o juiz determinar medidas coercitivas e indutivas também em matéria de obrigações de pagamento de quantia, dentre outras não pouco relevantes inovações. Além disso, o Código trouxe sistematização própria e relativamente inovadora – uma dificuldade adicional para aqueles que, como o autor desta obra, estavam confortavelmente acostumados com a organização e distribuição das matérias no diploma precedente (não obstante a perda de sistematização resultante das sucessivas alterações pelas quais passara o CPC/1973).

Mas, desde o advento da primeira edição deste Curso, outros fatos relevantes afetaram o universo do processo civil. A teoria geral do processo passou – ou melhor, ainda está passando – por uma revisão crítica importante. Uma das causas prováveis disso está na ampliação dos mecanismos consensuais de solução de controvérsias não apenas no processo civil: para além da transação penal, da suspensão condicional do processo, dos termos de cessação e de ajustamento de conduta, a colaboração premiada e os acordos de leniência ganharam importância não apenas teórica na realidade brasileira. Mais do que nunca, portanto, é preciso recorrer à teoria geral (do direito e do processo) e, nessa toada, conceitos clássicos como os de *jurisdição* e *processo* precisavam mesmo ser repensados. Também é possível detectar que, nesse período, a arbitragem ganhou ainda mais terreno. Embora seja certo que o processo ali tenha suas peculiaridades, é inegável – e até indispensável – o diálogo com o processo civil «tradicional», com potenciais ganhos para ambos os lados. Ainda, a busca por uniformidade e estabilidade da jurisprudência, que, como dito, ganhou corpo no novo Código, tem provocado novos e instigantes desafios, que, ao lado de outras circunstâncias, têm levado a discutir qual o papel das cortes superiores.

Nesse período, outros fatos impactaram o processo civil: se de um lado cresceu – em quantidade e em qualidade – o grupo de estudiosos dessa área, perdemos ícones como Ada Pellegrini Grinover, José Carlos Barbosa Moreira e Egas Moniz de Aragão. Conquanto a obra desses juristas seja perene, a perda foi significativa e dolorosa. A isso tudo, falando agora pessoalmente, somaram-se mudanças em minha própria vida pessoal e profissional – essa última marcada pelas atribulações resultantes do acúmulo da vida acadêmica e da prática da advocacia. Registro isso inclusive como uma forma de justificativa para o tempo decorrido desde a primeira edição. Espero, ao menos, que a espera tenha valido a pena.

O resultado ainda está abaixo do que considero ideal, quer pelo conteúdo, quer pela extensão do que foi abordado; e, portanto, do que ainda falta examinar. Fica o compromisso de, em médio prazo, avançar.

TÍTULO I

CONCEITOS INTRODUTÓRIOS

CAPÍTULO I

SOCIEDADE E TUTELA JURÍDICA

1. Interesses e conflitos. É intuitivo que a vida em sociedade - quer pela diversidade dos indivíduos e dos grupos que a compõem, quer pela relativa escassez de bens aptos à satisfação de todas as pessoas - gera relações que exigem alguma forma de ordenação. Guardadas as peculiaridades próprias de diferentes culturas e momentos históricos, o que há de comum nessa busca de organização é que ela está assentada no exercício de determinada forma de *poder* e se traduz na edição de normas jurídicas, mesmo que não escritas. Essas normas, de um modo geral, procuram disciplinar a convivência de diferentes *interesses*.

Interesse é conceito em torno do qual gravitam importantes temas jurídicos e, em particular, institutos processuais. Ele pode ser entendido como aptidão de determinado bem ou pessoa a satisfazer a necessidade de outrem, de sorte a existir complementação ou *utilidade*. Interesses diversos podem conviver de forma harmoniosa e, em certa medida, é isso que busca o Direito. Os interesses são objeto de regulação antes e independentemente do processo. Mas, quando deixa de haver coexistência pacífica, surgem os *conflitos* e, com eles, a necessidade de mecanismos de solução.

Portanto, ao estudo do Direito Processual interessa essencialmente o fenômeno decorrente da insuficiência das normas que, de forma primária, buscam conciliar interesses divergentes. Assim, se apesar delas subsiste alguma forma de *conflito*, a superação desse estado de coisas se dá essencialmente por uma, dentre duas formas possíveis: ou a solução resulta do comportamento dos interessados (ou de algum deles); ou ela advém de terceira pessoa - caso em que se fala em decisão adjudicada ou imperativa.

Conflito é terminologia abrangente e consideravelmente genérica, como convém a considerações ainda introdutórias. Quando se pensa no estado de insatisfação que possa resultar das relações estabelecidas em sociedade, outros vocábulos são usualmente empregados, tais como *controvérsias, disputas, crises, litígios e lides* – sendo essa última terminologia empregada com frequência pela doutrina. Nesse contexto, *lide* pode ser entendida como *conflito de interesses qualificado por pretensão resistida* (ou insatisfeita). Esse conceito, contudo, foi criticado por expressar fenômeno sociológico, e não exatamente jurídico: o conflito pode ter uma dimensão maior do que aquela trazida para o processo (pedido e respectivos fundamentos); além disso, nem sempre a intervenção do Estado, sob a forma de jurisdição, ocorrerá na presença de uma lide, tal como acima definida.

2. Caráter heterogêneo dos conflitos. O emprego de conceitos genéricos como os de *conflitos* ou *controvérsias*, conquanto corretos e usuais, deve, mesmo no início do aprendizado, ser visto com ressalvas. É que a homogeneidade que ali supostamente se contém não condiz com a complexidade e a diversidade das relações típicas da sociedade contemporânea. Não é metodologicamente útil simplesmente equiparar, por exemplo, conflitos de natureza *individual* e *coletiva* (em sentido lato); ou aqueles de natureza *empresarial* e os que envolvem o *direito de família*; ou aqueles entre entes *privados* e os que abrangem as pessoas de direito *público*.

De um lado, o tratamento homogêneo dos conflitos, justamente por não resistir à realidade das coisas, ignora que os modos de resolução das controvérsias, a resposta jurisdicional e até mesmo o modo de ser do processo variam – e muito, em alguns casos – conforme a natureza do litígio e das pessoas nele envolvidas. Desse equívoco podem resultar distorções importantes, por exemplo, quando se pretende tratar da ineficiência do processo, das causas de congestionamento e da morosidade do Poder Judiciário (problema tão recorrente que já merece ser tratado em obra com caráter institucional), sem que seja feita a necessária distinção entre espécies de conflitos, que reclamam soluções igualmente diversas.

> «Boa ilustração disso está na relação que não raro se procura fazer entre, de um lado, morosidade, e, de outro, excesso de recursos ou falta de *boa vontade* para transigir – ambos fenômenos não raramente associados incorretamente à atuação dos procuradores das partes. O que às vezes se interpreta como excesso de *recursos* decorre do grande número de *processos*, com presença marcante da Fazenda Pública em juízo, quer como autora, quer como ré. E, nesses casos, ou o reexame por tribunais é obrigatório (CPC, art. 496) ou os recursos devem ser interpostos pelos advogados no estrito cumprimento de dever funcional. Nesses processos, e aí entra o outro aspecto, a possibilidade de solução da controvérsia por transação ou não existe ou é

diminuta, pela indisponibilidade do direito envolvido. Portanto, o que vale para certas controvérsias não vale para outras. O mapeamento da natureza das diferentes controvérsias é fundamental para adoção de soluções adequadas aos problemas do direito processual e de sua (apenas parcial) responsabilidade pela morosidade da Justiça.»

De outro lado, e de forma paradoxal, o tratamento homogêneo dos conflitos convive com disciplinas estanques - por exemplo, de um «processo coletivo», «arbitral», «empresarial», «de família» - como se houvesse diferentes «direitos processuais»; o que, sem o devido cuidado, pode ser um erro metodológico, com consequências práticas nocivas. A existência de subsistemas - caracterizados por conjunto de regras especiais - considera que os conflitos são diversos e que o modo de os tratar deve ser diferente. Isso é correto. Contudo, isso não infirma a existência de um autêntico *sistema* processual. É preciso cautela para que, sob o argumento da especialidade, não se quebre a unidade desse sistema e, pior, que se dê ensejo a soluções casuísticas e arbitrárias.

«É até compreensível que, no «mercado» das profissões jurídicas (expressão usada por falta de outra melhor e por aderência à realidade das coisas), haja alguma tentativa de estabelecer «reservas» a partir da premissa de especialidades. Já na investigação científica isso não pode ocorrer, e mesmo a especialidade deve se reportar ao *geral*, inclusive para que se confirme - ou não - a justificativa do tratamento especial.»

3. Crises. O emprego do vocábulo *crises* também aparece com frequência na doutrina recente e, de fato, ajuda a compreender a passagem do plano sociológico para o ambiente processual (sem que se chegue ainda aos conceitos de causa de pedir, de pedido e de objeto do processo), porque permite uma ideia sobre o modo pelo qual o conflito pode ser superado. O termo sugere - ainda que de forma genérica - o conteúdo da solução adequada ao problema: quem conhece a crise pode buscar o remédio para superá-la. Daí decorre a associação feita pela doutrina entre *crises* e correspondentes formas de *tutela* (infra n. 170).

Fala-se, portanto, em *crises de certeza*, para situações em que se busca eliminar dúvida objetiva acerca da existência ou modo de ser de relações jurídicas - como é o caso dos pleitos afirmativos (CC, arts. 1.614/1.615) ou negatórios de paternidade (CC, art. 1.601); ou da assim denominada ação de usucapião (CC, art. 1.238 e ss.), por exemplo. Para essas situações, a resposta estatal será um ato com conteúdo meramente *declaratório*.

Fala-se também em *crises de adimplemento*, para designar controvérsias que envolvem uma *prestação*, ou, mais precisamente, obrigações ou deveres de *dar* (incluindo-se aí o pagamento de quantia), *fazer* e *não fazer*. Nesses casos, não basta a declaração: é preciso impor o dever de prestar - o que é comumente referido como *condenação* (que, em alguns casos, pode ser referido como *ordem*) - e, se necessário, atuar de forma prática o comando; o que se designa como *execução* ou *cumprimento*.

Há também casos em que a *crise* está em determinado estado jurídico cuja *modificação* se apresenta como remédio adequado - como ocorre na anulação de negócios jurídicos (CC, art. 138), resolução de contrato (CC, arts. 475 e 478) ou extinção do vínculo ou da sociedade conjugal (CC, art. 1.571), por exemplo. Nessa categoria, há situações nas quais pode não existir propriamente uma crise - se e quando entendida como sinônimo de controvérsia - porque, na realidade, a modificação do estado jurídico só pode ser obtida em juízo, ainda que concordes os envolvidos. Exemplo disso está na anulação de casamento (CC, art. 1.571, II): ainda que marido e mulher estejam totalmente de acordo sobre a invalidade do ato, é imprescindível a participação do Estado no desfazimento desse ato solene. Em todos esses casos, a intervenção estatal se dá sob a forma de provimentos *constitutivos* (positivos ou negativos).

4. Pretensão. No contexto acima, *pretensão* é termo que pode ser empregado para explicar o que ocorre no momento anterior ao processo, mas que também é aproveitável, embora com sentido diverso, no ambiente processual. Quando se fala em «pretensão resistida» (no conceito de *lide*), pensa-se no fenômeno pré-processual, em que aquela é apenas e genericamente um ato de exigência, oriundo de alguém que quer fazer prevalecer seu interesse sobre determinado bem, em relação a determinada pessoa. Mas esse ato de exigência se projeta para o processo sob a forma de um *pedido* que é deduzido, com base em determinados fundamentos. Daí *pretensão* ganha contornos «processuais» e passa a designar o *objeto do processo*, isto é, o pedido à luz de uma causa de pedir; isso é o que se entende por *mérito* (infra n. 225).

Parte da doutrina confronta e distingue *direito subjetivo*, *pretensão e ação* - sendo esse terceiro vocábulo empregado em sentido «material» (por oposição à «ação processual»). Enquanto o primeiro seria apenas a posição favorável de uma pessoa em relação à outra, por força do direito objetivo (estado inerte), a pretensão consistiria no poder de exigir a prestação, objeto do dever ou da obrigação. Já a «ação de direito material» corresponderia à investida do titular da posição de vantagem contra o respectivo sujeito passivo - o que parece corresponder ao conceito de autotutela (infra n. 7). Esse pensamento é complementado pelos conceitos de *direito subjetivo público* (posição que permitiria exigir do Estado o exercício da jurisdição), de *pretensão processual* (que seria a exigência não perante o obrigado, mas perante o Estado) e de *ação processual*.

A esse respeito, tem-se como procedente a crítica segundo a qual o conceito de «pretensão material» é conceito sincrético, que não se afina com a autonomia científica do direito processual. No sentido em que empregada pelos respectivos adeptos, pretensão seria o direito de perseguir o que se entende devido, numa tradução do que seria a *actio* do direito romano – que, como antes mencionado, é conceito sincrético porque sobrepõe os conceitos de direito subjetivo, de um lado, e o direito de obter uma decisão judicial correspondente. O Código Civil vigente, conquanto não tenha reproduzido a fórmula contida no art. 75 do diploma anterior (segundo o qual a todo direito corresponderia uma ação a assegurá-lo), relaciona o fenômeno da prescrição ao da extinção da *pretensão*. Isso está enunciado na regra segundo a qual, «violado o direito, nasce para o titular a pretensão» (CC, art. 189); que, de outro lado, teria como uma espécie de contraposto a «exceção» – que se extingue (por prescrição) no «mesmo prazo em que a pretensão» (CC, art. 190).

> «A projeção disso para o campo da prova – que é desdobramento da ação e da defesa – poderia levar a concebê-la como uma contrapartida necessária (talvez um apêndice) do direito subjetivo material. Na esteira do art. 75 do Código Civil anterior, dir-se-ia que «a todo direito, quanto aos fatos que lhe dão suporte, corresponde uma prova que o assegure ». O direito à prova, nessa ótica, talvez pudesse ser entendido como um elemento da pretensão. Não se aceita esse raciocínio, e esse paralelismo apenas evidencia que pretensão material é conceito sincrético, não apenas desajustado à concepção de autonomia do processo, mas sem relevante serventia metodológica.»

5. Relação entre pretensão e interesse processual. A exigibilidade, sob a ótica processual, está associada ao *interesse de agir* (infra n. 217). Assim, se desde logo é possível constatar que, mesmo em tese, a prestação é inexigível (porque ainda não se operou o termo ou condição a que sujeita a liberação da eficácia do dever), então não há utilidade no ingresso em juízo. E, não havendo interesse, não há como se falar em prescrição (ou decadência) antes que surja esse elemento, que é uma das condições da ação – terminologia que, conquanto não seja empregada pelo vigente CPC, continua a ter utilidade metodológica (infra n. 201 e seguintes).

Senso contrário, quando se reconhece a presença do interesse de agir, isso significa dizer que o exercício do direito de ação já era viável e, nesse caso, é coerente e razoável submeter-se o interessado às regras de prescrição e de decadência. Na doutrina civilista, o desenvolvimento do tema se dá sob a ótica da assim denominada *actio nata*, que é a primeira condição para que se possa falar em prescrição. Se a obrigação estiver sujeita a termo ou condição, a prescrição somente se inicia a partir de tal ocorrência.

6. Formas de solução de conflitos. Quando a solução de um conflito de interesses resulta do comportamento dos interessados (ou de algum deles), quatro alternativas se apresentam: ou um deles se impõe ao outro por sua própria força, o que pode ser denominado de *autotutela*; ou um deles se submete voluntariamente à pretensão do outro, o que significa *submissão*; ou, ainda, um deles abre mão de sua pretensão, em ato de *renúncia*; ou, finalmente, os envolvidos fazem concessões recíprocas, o que aparece sob a forma de *transação*. À exceção da primeira dessas hipóteses, as três outras estão previstas no art. 487 do CPC, quando trata da resolução do mérito: no inciso III, letra *a*, a submissão aparece sob a forma do reconhecimento da procedência da demanda; no inciso III, letra *c* está a renúncia ao direito em que se funda a demanda; e no inciso III, *b*, está prevista a transação.

Já quando a solução advém da intervenção de terceira pessoa (que impõe a solução), ela se dá ou mediante *arbitragem* - em que os interessados voluntariamente confiam a sujeito privado a solução do conflito a respeito de direitos patrimoniais disponíveis - ou se dá mediante a intervenção do Estado, isto é, por meio da *jurisdição estatal*. A essas duas formas, na esteira de parte expressiva da doutrina, reconhece-se caráter jurisdicional (infra n. 48). No Código de Processo Civil, a solução adjudicada do conflito por um terceiro encontra correspondência no inciso I do art. 487, que prevê a resolução do mérito pelo acolhimento ou rejeição do pedido do autor.

> «Sem prejuízo, nessa mesma ordem de ideias, é preciso considerar que, eventualmente e de forma patológica, centros de poder podem se constituir paralelamente àquele legalmente constituído. Embora o fenômeno - a ser mais bem estudado sob o enfoque da sociologia ou de outras matérias que não o Direito Processual - deva ser combatido, e até para que isso ocorra, é preciso considerar sua eventual existência que, em última análise, não foge do esquema segundo o qual a superação do conflito se dá por terceiro e não pelos próprios protagonistas do conflito.»

A adoção desta ou daquela forma de solução de conflitos depende, em boa medida, da respectiva natureza e das normas jurídicas que os regulam de forma primária, isto é, no plano do direito substancial. Nos casos de direitos indisponíveis, para ilustrar, as possibilidades de autocomposição, embora não fiquem totalmente excluídas, sofrem limitações, justamente porque não é dada aos titulares da relação controvertida a integral e incondicionada possibilidade de disposição de seus direitos ou posições jurídicas de vantagem.

Tradicionalmente, convém acrescer, o conceito de *processo* foi entre nós construído e associado à perspectiva de *solução adjudicada* das controvérsias, isto é, aquela na qual um terceiro imparcial e equidistante impõe a solução. Isso continua a ser correto. Mas, nesta altura, esse modo de ver o fenômeno processual se afigura insuficiente: na atualidade, o *processo* também pode e deve ser entendido como instrumento presente nas atividades desempenhadas pelas partes - e eventualmente por terceiros (agentes a serviço do Estado, ou não) - na busca de soluções de autocomposição. Nesse último caso, o terceiro de que se cogita não intervém para se substituir às partes em conflito e, ao final, impor-lhes uma decisão; ele atua para auxiliar para que as partes, elas próprias, encontrem a solução da controvérsia. No direito positivo brasileiro, em que a *conciliação* e a *mediação* - técnicas empregadas para superação do conflito pelas partes - são inclusive reguladas pela lei (CPC, arts. 165 e ss.; Lei 13.140/2015), a extensão conceitual aqui preconizada se mostra correta e metodologicamente útil. Além disso, o processo também pode ser visto como instrumento de mecanismos como os da colaboração premiada e do acordo de leniência (especialmente pelo poder estatal que ali está presente), nos quais é possível identificar não apenas um procedimento, mas uma autêntica relação jurídica, da qual emergem poderes, sujeições, direitos, faculdades, ônus e deveres.

7. Autotutela. No contexto de poder centralizado (notadamente pela figura do Estado), são limitadas as hipóteses de autotutela. É que a ampliação do poder de um indivíduo (ou entidade) de solucionar, por suas próprias forças, um determinado litígio, representaria, em termos práticos, forma de desvirtuamento análoga àquela acima mencionada, com a vigência de uma ordem paralela à legalmente constituída. Por isso é compreensível que, dentre as (escassas) hipóteses admitidas no ordenamento brasileiro, tenham maior relevo as condutas da Administração Pública (isto é, do próprio Estado) no repúdio a práticas reputadas ilegais; o que se justifica na premissa de que os atos da Administração se presumem legais e legítimos.

> «É pensar nos casos de embargo de obra por violação a posturas municipais edilícias, ou interdição de estabelecimentos comerciais que não atendam condições de segurança ou de higiene, ou apreensão de mercadoria comercializada de forma ilegal. Por outro lado, são exemplos de autotutela no ordenamento brasileiro, além daquela a cargo da Administração, as previstas pelos arts. 249, parágrafo único, 251, parágrafo único, e 1.210, § 1.º, todos do CC. Além disso, há situações em que o titular de determinada posição jurídica pode, de forma unilateral, declarar vontade e produzir efeitos jurídicos constitutivos de novas posições. São exemplos no ordenamento brasileiro as situações reguladas pelos arts. 473 e 474 do Código Civil, no tocante à extinção dos contratos. Da mesma forma, ilustram o conceito as hipóteses previstas pelos arts. 57 e 1.085 do CC, quando permitem, tanto que observado o contraditório, a exclusão de associado ou de sócio (respectivamente) pelo próprio corpo social.»

Nos casos em que o ordenamento admite a autotutela, será lícito àquele que a ela estiver submetido socorrer-se da jurisdição (estatal ou arbitral), para controle - repressivo ou até preventivo - da legalidade dos atos ou dos efeitos jurídicos a ele impostos pelo adversário. Sob o ângulo inverso, também não deve ser excluída, em tese, a invocação da jurisdição (estatal ou mesmo arbitral) por parte daquele a quem o sistema já consente a autotutela. Vale dizer, mesmo autorizado a valer-se de suas próprias forças, o titular do direito pode invocar, de forma preventiva, a intervenção jurisdicional (do Judiciário ou arbitral, conforme o caso), como forma de obtenção do resultado desejado e que seria produzido mercê de sua conduta. O interesse - entendido como utilidade - para a intervenção de sujeito imparcial está em submeter-se desde logo a controvérsia à técnica da substituição, em contraditório.

> «Tomando-se alguns dos exemplos acima lembrados: a autotutela consentida pelo art. 1.210, § 1.º, do CC não exclui o controle estatal sobre a legalidade da conduta, para saber se ficou no limite do «indispensável» à manutenção ou à restituição da posse; nem afasta a possibilidade da propositura de medida para fazer cessar a turbação ou para obter a reintegração da posse (CPC, arts. 554 e ss.), abrindo-se mão da autotutela. De forma análoga, a possibilidade de exclusão extrajudicial de associado ou de sócios (CC, arts. 57 e 1.085) não impede o controle preventivo da legalidade do ato (até como medida para impedir a deliberação coletiva), nem impede que, abrindo mão da produção do efeito jurídico fora de juízo, a exclusão seja pedida em juízo - ambiente no qual, com maior segurança até, preservar-se-á o contraditório, como querem aqueles dispositivos legais.»

8. Autocomposição. Embora a possibilidade de solução adjudicada dos conflitos - estatal ou arbitral - possa e deva ser vista como essencial ao sistema (CF, art. 5.º, XXXV), inclusive pelos limites à solução que os interessados possam pretender fazer pelas próprias mãos, é correto que ela seja encarada como forma *subsidiária*, se consideradas as demais alternativas. Assim, sem prejuízo da premissa de que o controle jurisdicional não pode ser afastado, o ordenamento estimula, cada vez mais, que a decisão adjudicada seja precedida de efetiva tentativa de solução por alguma das formas de autocomposição. O que se busca, portanto, são os *meios alternativos* ou *adequados* à solução das diferentes controvérsias, sendo sugestivo o recurso de imagem à multiplicidade de «portas» que se colocariam como potenciais alternativas às partes em conflito, justamente para que possam encontrar a que mais se ajuste às peculiaridades de seu conflito (fala-se de um «sistema multiportas»).

Nessa linha, o vigente CPC estabeleceu que «A conciliação, a mediação e outros métodos de solução consensual de conflitos deverão ser estimulados por juízes, advogados, defensores públicos e membros do Ministério Público, inclusive no curso do processo judicial» (art. 3.º, § 3.º). Assim, é dever do juiz «promover, a qualquer tempo, a autocomposição, preferencialmente com auxílio de conciliadores e mediadores judiciais» (art. 139, V) e, por regra, o processo - após a demanda inicial - é iniciado com a designação de uma audiência destinada à busca da autocomposição, mediante o emprego das técnicas de conciliação e de mediação (art. 334), com especial ênfase nas controvérsias decorrentes das relações familiares (arts. 694/696). Essa busca por soluções consensuais, mediante o emprego de atividades que estimulem e que direcionem as partes para tanto, já era também alvo de preocupação da legislação especial, conforme disposições constantes que integram o sistema dos assim chamados juizados especiais civis (Leis 9.099/1995, 10.259/2001 e 12.153/2009); o que continua a ocorrer, conforme ilustra a edição de lei que disciplina a atividade de mediação (13.140/2015).

Política dessa ordem, contudo, deve considerar que a solução consensual deve se dar em ambiente de liberdade de escolha. Ela não deve configurar negação, por vias oblíquas, do dever estatal de prestar jurisdição. O apelo aos outrora denominados «meios alternativos» de solução de controvérsias (hoje, abarcados pela ideia mais ampla e correta de «meios adequados») não pode, enfim, encontrar justificativa na eventual incapacidade do Estado de ofertar a prestação jurisdicional adequada e tempestiva. As partes têm direito à tutela estatal (ou arbitral, conforme o caso). A quem insistir em pretensão ou defesa depois tida como infundada ficam reservadas as consequências previstas pelo direito material, os encargos processuais decorrentes da derrota (ou de ter dado causa ao processo) e eventualmente sanções por conduta processual ímproba ou desleal (infra ns. 79 e 80).

Além disso, as formas não adjudicadas de solução dos conflitos também encontram limites: nem todas as posições jurídicas de vantagem são passíveis de disposição voluntária e isso representa um limite àqueles expedientes. Há casos em que os efeitos jurídicos pretendidos só podem ser produzidos por decisão judicial, ainda que não haja controvérsia entre as partes. Nesses casos, fala-se em *processo necessário* (infra n. 113).

CAPÍTULO II

DIREITO MATERIAL E DIREITO PROCESSUAL

9. Dois diferentes planos. As considerações precedentes sugerem distinção que, de fato, é básica no estudo do direito processual. O ordenamento está assentado em dois planos: o do direito material (ou substancial) e o do direito processual.

Embora a delimitação conceitual seja imprescindível, a diferenciação é quase intuitiva: as relações humanas são reguladas por normas que estabelecem a prevalência do interesse desta ou daquela pessoa (ou grupo de pessoas) no tocante a determinados bens materiais ou imateriais – referidos usualmente em doutrina como «bens da vida». Normalmente, essas regras são suficientes ao convívio social e garantem a harmonização das relações entre as pessoas, ainda que formalmente. Elas correspondem ao que se entende por direito material.

> «A ilustração dos diferentes ramos do direito material pode ser feita a partir dos diferentes incisos do art. 22 da CF (com a exclusão, naturalmente, da figura do direito processual, prevista no inciso I).»

O direito processual, ao menos para efeito de primeira abordagem, surge por exclusão. Ele disciplina as relações desencadeadas pela atividade tendente à superação dos conflitos (que não puderam ser solucionados pela ordinária incidência das regras precedentes). O elemento diferencial está no objeto: ele disciplina as posições jurídicas estabelecidas entre o Estado (ou o órgão arbitral) e os sujeitos da controvérsia – direitos, poderes, ônus, faculdades, sujeições, deveres – no desenrolar daquela atividade, assim como os atos que são praticados no exercício dessas posições. Daí se dizer que as normas processuais disciplinam a *relação jurídica processual* e o *procedimento* – categorias que, somadas, servem para explicar o conteúdo do processo (infra n. 238).

> «Exemplos de posições jurídicas são: o *direito (ou poder)* do autor de postular em juízo; o ônus do réu de contestar o pedido do autor, sob pena de revelia; o *poder* do juiz de determinar de ofício a produção de prova; a *faculdade* de recorrer que cabe ao vencido; o *dever* do terceiro de informar ao juiz os fatos e circunstâncias de que tenha conhecimento ou de exibir coisa ou documento que esteja em seu poder; e a *sujeição* das partes às ordens judiciais.»

Também é possível atribuir natureza processual às normas que disciplinam atividades cujo objeto é, de alguma forma, estimular as partes a resolverem a controvérsia por autocomposição (supra n. 8). Se dessa atividade participarem o Estado ou o órgão arbitral – como ocorre nos órgãos que atuam na tentativa de conciliação ou na mediação –, é correto entender que a relação jurídica então estabelecida se encaixa nos moldes acima examinados. Ainda que o escopo da atividade não seja a atuação do direito no caso concreto, o objetivo de eliminação da controvérsia (com consequente pacificação social) se insere no conceito de processo.

10. Distinção a partir do «bem da vida». O tradicional recurso à ideia de «bem da vida» é útil, mas deve ser entendido com alguma reserva. Ele é válido na medida em que procura enfatizar o caráter instrumental do processo e, portanto, das normas que o disciplinam. Isso é bem ilustrado pela clássica e didática distinção entre pedido *imediato* e *mediato*: aquele se refere ao provimento jurisdicional e o outro ao bem ao qual se chegue pelo anterior (infra n. 226).

> «Para exemplificar: a quantia de dinheiro que pretende o credor é o bem da vida almejado e que corresponde ao pedido mediato; ao qual se chega pelo pedido imediato, de condenação (imposição do dever de prestar) do réu, caso procedente a demanda; e o imóvel que o autor alega ter usucapido é o bem da vida, objeto mediato ao qual se chega pela declaração (ato estatal) de que a aquisição por usucapião efetivamente se consumou.»

Mas ao regular o exercício da atividade – estatal ou privada – para a solução consensual ou imperativa de conflitos, a norma processual garante bens imateriais relevantes, a começar pela possibilidade de participação efetiva, que é ínsita ao exercício do poder em ambiente democrático, e que se traduz no contraditório (CF, art. 5.º, LV). Além disso, a norma processual tutela bens como a igualdade, liberdade, privacidade, intimidade e segurança jurídica. Isso pode ser bem ilustrado pela possibilidade de produção autônoma de prova, em que essa última não está necessariamente vinculada à decisão da controvérsia, mas é apenas meio de proporcionar aos interessados o melhor conhecimento dos fatos (CPC, art. 381, III).

Em certa medida, as normas processuais tutelam até mesmo bens materiais – o que ocorre com o patrimônio, quando a lei de alguma forma limita os meios executivos. Essa tutela não é apenas instrumental, isto é, não se justifica apenas em função do resultado final, em que o direito material será aplicado. Esses bens também devem ser considerados «bens da vida», embora resguardados por normas processuais. Mesmo a parte que, sob a ótica do direito material, «não tem razão» no processo, é titular das referidas posições jurídicas. Além disso, as normas processuais – ainda que reflexamente – são aptas a produzir efeitos substanciais (infra n. 15).

> «O patrimônio do executado – portanto, daquele que está sujeito ao dever de prestar e que não é o titular do «bem da vida» reclamado pelo credor (exequente) – é tutelado por normas processuais como a do art. 793 do CPC, segundo a qual, o credor que estiver, por direito de retenção, na posse de coisa pertencente ao devedor, não poderá promover a execução sobre outros bens enquanto não excutida a coisa em seu poder; as dos arts. 794 e 795 do CPC, que estatuem a execução preferencial sobre bens do afiançado e da sociedade, respectivamente, em relação aos bens do fiador e do sócio; a do art. 828, § 5.º, do CPC, que protege o devedor de averbação indevida de execução ajuizada; aquela do art. 805 também do CPC, que estabelece que a execução, quando possível, deve ser feita da forma menos gravosa para o devedor; ou do art. 891 do mesmo diploma, quando veda que a expropriação forçada do patrimônio do devedor se dê por «preço vil». No caso de incapaz, essa expropriação só pode ocorrer pelo mínimo de oitenta por cento do valor da avaliação (CPC, art. 896). Além disso, o limite que a jurisprudência deu para a regra do art. 733 do CPC/1973 (cuja regra correspondente do CPC/2015 está contida no art. 528) – conforme súmula 309 do Superior Tribunal de Justiça – é forma de tutela da liberdade do indivíduo (por limitar a hipótese única de prisão civil), ainda que sujeito a medidas de constrição patrimonial.

Convém também considerar que as normas processuais regulam a relação do indivíduo com o Estado, que, ao exercer a jurisdição, presta autêntico serviço público essencial. Portanto, não há como ignorar que o objeto dessa atividade é, em si mesmo, um objeto a ser garantido, independentemente do resultado que venha a ser favorável a um ou a outro dos litigantes. Todos eles são consumidores do serviço prestado pelo Estado, consistente na distribuição de justiça. Aliás, o reconhecimento do escopo social da jurisdição reforça a ideia segundo a qual no processo é tutelado o que se pode qualificar como «bens da vida», com especial ênfase para a segurança decorrente da superação da controvérsia e consequente pacificação social. Tudo isso, em essência, é igualmente válido em matéria de arbitragem.

11. Direito material e evolução metodológica do direito processual. A distinção entre direito material e direito processual, por seu turno, está ligada à origem da ciência processual e à respectiva evolução metodológica.

> «A exposição que segue procura resumir o conteúdo de séculos de evolução e, por isso, é sabidamente imperfeita porque está inevitavelmente sujeita ao risco de simplificar fenômenos complexos. Contudo, desde que feita essa advertência, será possível ao menos entender como, partindo-se de uma visão privatista, chegou-se ao atual estado de desenvolvimento do direito processual.»

Costuma-se destacar em doutrina que, até meados do século XIX, o direito processual não existia como ciência autônoma, e que parte dos institutos ligados ao processo era vista como uma espécie de apêndice do direito material. Daí falar-se em fase «civilista» ou, mais corretamente, em fase sincrética, isto é, aquela em que conceitos distintos eram tratados como se integrassem um único e mesmo fenômeno.

A *ação* era identificada com o direito material quando violado e, então, «armado para a guerra». Daí a ideia, que até hoje vigora, de rotular as «ações» a partir do direito material afirmado pelo demandante, como uma espécie de herança romanista. A concepção de *processo* estava rebaixada à ideia de mero procedimento (apenas uma sequência de atos), isto é, ao aspecto formal, mais facilmente perceptível sob a ótica praxista e pragmática. Isso se refletia no emprego da denominação «direito judiciário», incorreta pela indevida redução do fenômeno processual. A jurisdição, na perspectiva do Estado liberal, era vista menos como função destinada a atuar o direito objetivo, e mais como forma de tutela de direitos dos contendores.

A superação dessa fase está associada a (pelo menos) dois fenômenos relevantes no plano científico. O primeiro foi a célebre polêmica travada na Alemanha, na metade do século XIX, acerca da relação entre o conceito de *actio* no direito romano e o de *ação* no direito moderno. Essa disputa, em síntese, criou condições para que se fizesse a distinção entre os planos substancial e processual. O segundo evento – ao qual se associa o nascimento da ciência processual – foi a sistematização de uma relação jurídica processual, distinta da relação de direito material por seus objetos, pressupostos e sujeitos. Estavam, assim, lançadas as bases científicas para o desenvolvimento do direito processual.

Na fase «de autonomia», o conceito de *ação* foi progressivamente se desligando do direito material, para ganhar autonomia e abstração e para ser concebido como um direito – ou poder – que se exerce contra o Estado. Aceitou-se que o direito de ação existe mesmo que inexistente o direito material alegado pelo autor (casos de improcedência da demanda ou de declaração negativa) e que, por outro lado, pode haver direito material desprovido de ação (p. ex., no caso das obrigações naturais). Nem por isso se perdeu a perspectiva instrumental do direito de ação e, portanto, de sua necessária ligação com o direito material; o que, depois, veio a ser objeto de construção doutrinária que procurou estabelecer as corretas bases da relação entre direito de ação e direito material (teoria acerca das chamadas *condições da ação*, com as críticas e aperfeiçoamentos que a ela se seguiram - infra ns. 202 e 205).

Ainda nessa fase, ganhou corpo a perspectiva de processo como relação jurídica processual, isto é, como conjunto de vínculos ou de posições jurídicas a entrelaçar autor, Estado-juiz e réu. Isso não significou, contudo, a completa desconsideração da perspectiva de processo como procedimento, de tal modo que, mais adiante, a tendência foi, corretamente, a de considerar o processo com essa complexidade: formalmente como um procedimento e substancialmente como uma relação jurídica (infra n. 238).

Também a perspectiva de jurisdição se modificou em alguma medida. Nas primeiras décadas do século XX o Estado passou por transformações relevantes e a postura liberal cedeu progressivamente espaço à intervencionista. Esse novo contexto foi duplamente relevante. Primeiro, ele contribuiu para a superação da visão de processo como mero instrumento a serviço de partes e permitiu fosse dada maior relevância aos escopos públicos buscados no exercício da jurisdição. Segundo, a mudança de papel do Estado alargou seus campos de atuação, do que resultaram - guardadas as distinções entre diferentes países e culturas - consequências sociais e econômicas relevantes, com incremento de demanda por justiça.

Esses fenômenos contribuíram para que se atingisse a fase seguinte: a constatação de defasagem entre os reclamos e a efetiva prestação de justiça gerou progressivamente uma maior preocupação com os resultados e, em especial, com a adequação da técnica processual à consecução daqueles. Estavam lançadas as bases para o desenvolvimento da assim denominada fase instrumentalista. Nela, as conquistas havidas na fase de autonomia não se perderam, mas posturas excessivamente formais ou meramente conceituais passaram a ser objeto de crítica. As preocupações em boa medida se voltaram para temas ligados ao que se convencionou chamar de «acesso à Justiça» - expressão que, embora precise ser vista com cautela diante das diferenças entre o campo civil e o penal - pode ser compreendida como aspiração universal e, portanto, digna de ser enquadrada na teoria geral do processo. Essa fase, enfim, pode ser sintetizada na ideia de busca da *efetividade* do processo e da jurisdição, entendida como aptidão do instrumento à realização dos escopos desejados pelo sistema.

Embora a doutrina não qualifique o que ocorreu a partir de então como outra e nova fase, passou-se a falar com certa frequência na revisão (ou «revisita») dos institutos processuais, agora à luz das conquistas «instrumentalistas», norteada a investigação pela busca ainda mais acentuada de adequação entre técnica processual e consecução de resultados.

12. Os institutos fundamentais do direito processual (ação, exceção, jurisdição e processo). As referências feitas às linhas evolutivas do direito processual indicam que ele está assentado em institutos que configuram seu conteúdo essencial. É a partir deles - e certamente por sua concatenação - que se explica o fenômeno processual. Deles descendem os demais institutos, princípios e regras processuais, ainda que essas últimas sejam variáveis e fruto de opções legislativas.

Eles também atuam como uma espécie de guia metodológico, que orienta o exame e facilita a compreensão do direito processual, desde o início de seu aprendizado até o aprofundamento de seu estudo. Até mesmo o peso que se possa dar a cada um deles, no confronto com os demais, já reflete - conscientemente ou não - uma determinada postura metodológica. Por isso, com propriedade, convencionou-se denominá-los de *institutos fundamentais* do direito processual. São eles - arrolados sem preocupação, por ora, com sua importância e peso no sistema - a *ação*, a *defesa* (ou *exceção*), a *jurisdição* e o *processo*.

A *ação* é instituto que explica o desencadeamento da atividade jurisdicional (estatal ou arbitral). É pelo exercício do direito ou do poder de ação - mediante a propositura da demanda - que se invoca a intervenção do terceiro imparcial e a produção de determinados efeitos jurídicos dirigidos à relação material controvertida (ou, poder-se-ia dizer, a seus sujeitos). Por isso, a ação está ligada ao direito material de forma relevante, e as suas diferentes concepções variam conforme a explicação dada à relação existente entre tal instituto e o plano substancial.

Sob uma perspectiva sintética é possível entender a ação como o direito (ou poder) de invocar um provimento apto a atuar o direito objetivo em determinado caso concreto e, assim, eliminar a controvérsia - o que traduz, respectivamente, os escopos jurídico e social da jurisdição. Sob uma ótica analítica, ela se traduz na somatória das posições ativas de que é titular o autor no curso de todo o processo, que se instaurou pela propositura da demanda.

A *exceção* - que pode ser entendida aqui como sinônimo de defesa - é usualmente destacada como a contrapartida do direito de ação. Ela consiste no direito (ou poder) do réu de ter levados em conta na decisão os fatos e fundamentos contrapostos à pretensão deduzida pelo autor. Da mesma forma que a ação, ela comporta perspectivas sintética e analítica, tal como acima exposto. Aliás, parte da doutrina não lhe confere caráter autônomo porque a extrai do caráter bilateral da ação e do processo. Sob essa ótica, a ação não se limita ao poder outorgado ao demandante, mas necessariamente abrange a simétrica prerrogativa conferida ao demandado.

«No caso da ação penal, esse aspecto talvez fique ainda mais claro: ela não é tradicionalmente vista como garantia em favor do demandado, exceto se for considerado que o exercício da ação garante a instauração do processo - sem o qual não se impõe pena - e, assim, da defesa.»

A *jurisdição*, nesta primeira abordagem, pode ser entendida como a atividade pela qual um terceiro - que pode ser o Estado, mas que também pode ser um órgão privado arbitral - opera de forma a substituir os protagonistas da controvérsia para, de forma imparcial, atuar o direito objetivo em dado caso concreto e pacificar (o que decorre da eliminação da controvérsia).

Finalmente, o *processo* pode ser entendido como o instrumento da jurisdição - e, mais do que isso, do poder. Ele é também um método empregado para resolução de controvérsias, quer pelo estímulo a soluções de autocomposição, quer pela solução heterocompositiva e adjudicada que o Estado venha a impor.

O processo é ente complexo. Ele é composto por um elemento formal, que é o *procedimento*; que, por seu turno, é uma sequência de atos encadeados para a produção de um resultado. Os atos do processo que integram o procedimento estão documentados nos autos, físicos ou eletrônicos. E o processo também contém um elemento substancial, que é a *relação jurídica processual*. Ela congrega as posições jurídicas de que são titulares o demandante, o demandado, o Estado e outros sujeitos que possam intervir na atividade jurisdicional. Ela engloba poderes, sujeições, faculdades, ônus e deveres.

Essas posições representam a disciplina positiva do princípio do contraditório. Daí se dizer também que o processo é um procedimento em contraditório (infra ns. 110 e 239).

13. Direito material e processo: instrumentalidade e efetividade. O processo é essencialmente um instrumento a serviço do direito material, e a efetividade (entendida como aptidão a gerar os resultados pretendidos) daquele, embora não exclusivamente, é medida pela capacidade de real atuação da vontade concreta do direito objetivo (substancial). O processo, conquanto tenha um relevante valor intrínseco, na medida em que é garantia de legalidade e meio de controle do exercício do poder, é concebido para tutelar os valores consagrados no plano substancial.

Por isso, é natural que, sem qualquer risco de retrocesso ao sincretismo (supra n. 11), o processo muitas vezes considere as peculiaridades da relação material controvertida. Assim, o estudo do direito processual à luz das situações concebidas pelo direito material dá contornos menos abstratos e teóricos àquele primeiro. Já se disse com grande acerto que o direito material é uma espécie de «banco de prova» para o direito processual, e o diálogo entre ambos tende a ser rico. O estudioso do processo tem o dever de identificar e de refletir sobre as situações de direito material que mais diretamente possam ter relação com institutos processuais.

Mesmo quando o processo está a serviço do próprio processo, a instrumentalidade está presente. Com efeito, há casos em que medidas judiciais não têm por objeto a tutela de posições jurídicas situadas no plano substancial do ordenamento, mas daquelas que integram a relação jurídica processual. É o caso da tutela cautelar (infra n. 190), em que se busca preservar a utilidade e a eficácia da decisão que terá por objeto a controvérsia de direito material. Também é possível que o processo busque exclusivamente preservar o direito à prova (CPC, art. 381, I), que apenas indiretamente se relaciona com o direito material. Nesses casos, fala-se em *dupla instrumentalidade* porque o processo está a serviço do próprio processo (instrumento). Há, ainda, casos de medidas judiciais tendentes a preservar exclusivamente posições processuais, como é o exemplo do mandado de segurança impetrado por terceiro que deveria obrigatoriamente ter integrado dado processo (litisconsorte necessário) e dele permaneceu excluído.

14. Direito processual material? A distinção entre direito material e processual evidencia a autonomia entre eles. A relação disciplinada no plano substancial não se confunde com a que se estabelece quando desencadeada a atividade tendente à superação imperativa dos conflitos. São diversos os sujeitos, o objeto e os requisitos de cada qual (infra n. 17). Por isso, não é correto qualificar-se o direito processual como «adjetivo» e, a rigor, nem o direito material como «substantivo».

Contudo, há casos nos quais a proximidade é evidente. Alguns institutos são reivindicados pelo direito material e pelo processual, a ponto de se cogitar da existência de uma espécie de fusão, a ensejar a categoria do direito «processual material». É pensar nos temas da *prova* e da *responsabilidade patrimonial*, que são objeto de disciplina legal tanto pelo Código Civil, quanto pelo Código de Processo Civil (CC, arts. 212 e ss. e 391 e ss.; CPC, arts. 369 e ss. e 789 e ss.). É pensar também nas outrora denominadas condições da ação (especialmente o que se entendia ser a «possibilidade jurídica do pedido» e a legitimidade); que, enfatizando o caráter instrumental do instituto, afastam-se de seu caráter abstrato e incondicionado, para ligá-lo ao direito material (infra n. 201).

Fala-se em «pontos de estrangulamento»; cuja existência é inegável, mas que não deixam de refletir alguma imprecisão conceitual. Se a dúvida se justifica pela proximidade de institutos próprios dos diferentes planos e pela influência que o direito material possa ter sobre o processo, a incerteza deve, tanto quanto possível, ser afastada, se consideradas as repercussões práticas que decorrem da necessária distinção, examinadas na sequência.

Nesse contexto e não obstante a excelência de suas origens, refuta-se a existência de um «direito processual material». Se há normas processuais geradoras de situações «exteriores» ao processo, isso se explica porque não se pode entender aquela categoria como em oposição à outra, que exclusivamente regularia os «bens da vida» (as normas materiais). Então, ao invés de se buscar a distinção entre normas processuais «materiais» e «formais», é mais correto buscar um conceito adequado e único. Não há formalismo ou exagero na posição assim assumida. Pelo contrário, a concepção de um direito processual material parece equivocada porque fundada na premissa de que norma processual não regularia «bens da vida».

15. Normas processuais e efeitos substanciais. Pelo caráter instrumental do processo, há casos em que normas processuais geram efeitos substanciais relevantes; que poderiam até ser qualificados como «situações exteriores» ao processo (sem que seja preciso aceitar a categoria acima mencionada). Por exemplo, quando a lei processual determina que, na execução por quantia certa, o réu será citado para pagar ou nomear bens à penhora em três dias (CPC, art. 829), não se pode dizer que a norma tenha natureza material porque dilata o prazo do devedor para pagar. Mas diversamente disso, quando a lei prevê que, em certas condições, o devedor pode requerer seja admitido a pagar sua dívida em parcelas mensais (CPC, art. 916), não há como negar que a norma, por interferir diretamente com prazo de natureza obrigacional é, quando menos em parte, substancial; como são seus efeitos.

«Ainda para ilustrar: em matéria de locação, o art. 74 da Lei 8.245/1991, em sua redação original, dispunha que, não sendo renovada a locação pretendida em ação renovatória, o prazo de desocupação seria de seis (6) meses a contar do trânsito em julgado da decisão. Assim, norma que interfere de forma relevante com o prazo de duração de um contrato não pode ser tida como de efeitos meramente processuais.

Outra situação: quando a lei autoriza a penhora de percentual de faturamento de uma empresa (CPC, arts. 835, X, e 866) e o juiz, com a nomeação de um «administrador-depositário» (CPC, art. 866, § 2.º), a limita a valores que permitam a continuidade do empreendimento (o que guarda analogia com verdadeiro parcelamento), são inegáveis os efeitos substanciais – não apenas jurídicos, mas econômicos – da norma ou, nesse caso, da decisão que a aplica. Aliás, nesse caso, há a analogia com o regime de recuperação judicial estabelecido pela Lei 11.101/2005.»

Sob essa ótica, o tempo necessário para o processo tem, por si só, alguma repercussão substancial ou, para usar a terminologia empregada acima, é gerador de «situações exteriores». Sob a ótica do autor que tenha razão, o tempo do processo gera o que em doutrina se qualificou de «dano marginal»; que se procura atenuar, dentre outros, mediante antecipação da tutela, quando cabível a providência (infra n. 197). Sob a ótica do réu que não tem razão, o tempo do processo pode atuar como mais um elemento na administração de seus passivos; a Fazenda Pública que o diga.

«A Fazenda Pública não está sujeita ao cumprimento de sentença conforme vigora para os demais devedores de quantia. Esses estão sujeitos à invasão de sua esfera patrimonial e, tratando-se de dinheiro, à penhora e à expropriação forçada de seus bens. Já o patrimônio da Fazenda é impenhorável. A «execução» contra esse ente se dá na forma dos arts. 100 da CF e 535 do CPC, mediante a expedição de ofícios requisitórios, que devem ser pagos segundo uma ordem cronológica. Mas a falta de pontualidade nos pagamentos - respaldada inclusive por sucessivas alterações da Constituição Federal - já se tornou institucional a ponto de merecer inserção numa obra com esse perfil, para que o iniciante no estudo do processo saiba como funciona esse relevante segmento de atuação do Judiciário.»

Inversamente, para o réu que tem razão, a pendência do processo pode ter efeitos econômicos e jurídicos relevantes (restrição à obtenção de crédito, à participação em licitações ou prejuízo ao exercício de cargos públicos, por exemplo). Até mesmo o autor que não tem razão pode pretender extrair do processo algum benefício advindo da respectiva pendência e duração - é pensar, por exemplo, nos casos da assim denominada *sham litigation*, conceito invocado na tutela da concorrência.

«A configuração desse instituto é associada à ideia de uma demanda (um conjunto delas) objetivamente desprovida de fundamento, isto é, em situação na qual o autor não pode razoavelmente esperar sucesso quanto ao mérito; além da intenção de interferir diretamente com a atuação de um concorrente. A instauração do processo, assim, buscaria incutir temor no demandado, a ponto de prejudicar a comercialização de seu produto. O diferencial estaria em ir a juízo sem fundamento, apenas para prejudicar o concorrente, mediante redução de sua demanda, de seus investimentos ou de sua produção.»

O processo exige tempo, mas é preciso cuidado para que sua duração não acabe funcionando, distorcidamente, como fonte geradora autônoma de posição de vantagem (jurídica ou econômica) no plano substancial, em prol daquele que não está amparado pelo direito objetivo. Por isso é que a garantia da inafastabilidade traz consigo a exigência de *duração razoável do processo*, hoje positivada no art. 5.º, LXXVIII, da CF e no art. 139, II, do CPC (infra n. 55). Além disso, o resultado final deve, na medida do possível, proporcionar ao vencedor a integral recuperação das perdas que o processo – justamente pelo tempo que ocupou – possa ter gerado. Isso é o que inspira, por exemplo, as regras dos arts. 82, § 2.º, e 85 do CPC.

A pendência de um processo – real ou potencial – também desafia avaliações e respostas dos agentes econômicos, pela consideração do *custo* que a prevenção ou resolução de um conflito pode encerrar; o que pode funcionar como estímulo ou desestímulo a tais ou quais comportamentos no plano substancial, que são de alguma forma influenciados pela existência ou perspectiva de um processo – aqui entendido não apenas como instrumento de soluções adjudicadas, mas também de formas consensuais de superação de conflitos. Esse aspecto ainda está por merecer dos processualistas uma análise mais acurada e, de qualquer modo, o tema exige aperfeiçoamento no diálogo entre profissionais das áreas jurídica e econômico-financeira; e, dentro daquela primeira área, entre profissionais que atuam na formação dos contratos e aqueles que intervêm em momento de desinteligência entre as partes, pré ou efetivamente contenciosa.

16. Normas processuais fora do Código de Processo Civil. A determinação do elemento conceitual de norma de processo faz irrelevante sua possível inserção em diploma que congregue normas de direito material. Isso ocorre no Código Civil e seguramente em leis extravagantes. Não é a topologia que define a natureza da norma, mas sim o objeto da disciplina por ela estabelecida.

Nos casos em que a mesma matéria seja objeto de disciplina concomitante, a convivência dos textos pode se traduzir em tarefa difícil. No terreno da prova – um dos «pontos de estrangulamento» de que se falou acima – isso aparece com clareza porque tanto o Código de Processo Civil quanto o Código Civil tratam de temas iguais. Por exemplo, um e outro arrolam os meios de prova; mas a lei civil inclui no rol a presunção, que não está no CPC e à qual a doutrina processual recusa (corretamente, por sinal) a natureza de meio de prova. Outro exemplo: as hipóteses de incapacidade, impedimento e suspeição de testemunhas do art. 228 do CC não correspondem exatamente ao rol do art. 447 do CPC. Fora do campo da prova, o CPC estabelece que a propositura da demanda, desde que a citação se consume de forma tempestiva, é interruptiva da prescrição (art. 240); já o Código Civil, aparentemente retrocedendo ao sistema do CPC de 1939, remeteu a interrupção ao primeiro despacho do juiz (art. 202, I).

> «Além disso, é considerável a quantidade de dispositivos do Código Civil que, adotando *conceitos vagos* ou *indeterminados*, remetem à integração por

parte do juiz ou, de alguma forma, permitem que ele interfira no conteúdo do ato praticado pelas partes. A título meramente exemplificativo, podem ser lembradas as disposições dos arts. 156 (a propósito do «estado de perigo», fala em «grave dano» e «obrigação excessivamente onerosa»), 157 (ao tratar da «lesão», menciona «prestação manifestamente desproporcional ao valor da prestação oposta»), 187 (sobre o «abuso de direito», alude a ato que «excede manifestamente os limites impostos pelo seu fim econômico ou social, pela boa-fé ou pelos bons costumes»), 317 (menciona motivos «imprevisíveis» a gerar «desproporção manifesta», a permitir correção pelo juiz), 413 (sobre a cláusula penal, alude à redução equitativa pelo juiz, se o montante da penalidade for «manifestamente excessivo», tendo-se em vista a natureza e a finalidade do negócio), 478 (nos contratos de execução continuada ou diferida, estabelece que, se a prestação de uma das partes se tornar «excessivamente onerosa, com extrema vantagem para a outra, em virtude de acontecimentos extraordinários e imprevisíveis», poderá o devedor pedir a resolução do contrato), 479 (refere-se à oferta do réu, a ser apreciada naturalmente pelo juiz, de «modificar equitativamente as condições do contrato»), 480 (alude novamente à «onerosidade excessiva»); art. 572 (no contexto da locação, fala em «indenização excessiva», remetendo ao juiz o poder de fixá-la em «bases razoáveis»), 575, parágrafo único (também na locação, cogita de arbitramento de aluguel «manifestamente excessivo», a ser reduzido pelo juiz) e 621 (na empreitada, também se vale da expressão «excessiva onerosidade»).»

Em eventual conflito, a interpretação – por método lógico-sistemático – há que considerar a *especialidade* (infra n. 20): na premissa de que efetivamente se trate de norma processual (isto é, aquela que regula ou o procedimento ou a relação jurídica processual), haverá de prevalecer a primeira; como igualmente deveria ocorrer em eventual hipótese inversa.

17. Desdobramentos da distinção entre direito material e processual. A distinção entre os dois ramos é relevante para diferentes fins. Um dos mais relevantes diz com a competência legislativa.

Com efeito, a Constituição Federal impõe competência exclusiva da União para legislar sobre direito tributário, mas no art. 24 aceita a competência concorrente dos Estados e Distrito Federal para tratar de custas dos serviços forenses (inciso IV). Taxa judiciária é tributo; mas, ao mesmo tempo, o ônus de seu pagamento ou antecipação é regra constante da lei processual e é requisito para que o juiz dê andamento ao processo e para que o tribunal conheça dos recursos que lhe competem (CPC, arts. 486, § 2.º, 1.017, § 1.º, e 1.007). De forma análoga, embora seja privativa a competência da União para legislar sobre processo civil (CF, art. 22, I), o art. 24, XIII, tolera a concorrência na disciplina da assistência jurídica e da defensoria pública. Da determinação da natureza das normas depende, portanto, sua conformidade, ou não, com a Constituição Federal.

Outro tema relevante diz com a eficácia da norma no tempo. Normas processuais, salvo disposição expressa em contrário, aplicam-se imediatamente a processos pendentes; o que usualmente não é regra aplicável ao direito material, que preserva a incidência do direito vigente ao tempo da prática do negócio jurídico, ainda que seus efeitos se produzam ao longo do tempo (certo que com a ressalva do disposto no art. 2.035 do CC). Portanto, a distinção é relevante para a aplicação da lei nova no tempo e, mais do que isso, no espaço: conquanto o Judiciário brasileiro possa, a depender do caso, aplicar direito material estrangeiro, normas processuais serão exclusivamente as nacionais - ressalvada a possibilidade de convenção das partes (CPC, art. 190) e também a jurisdição arbitral, dado seu caráter convencional, que permite a escolha das normas de processo, tanto que respeitados os princípios ou as regras que integram o conceito de devido processo legal (tal como concebido pelo direito positivo).

A distinção entre norma de direito material e processual pode também ser relevante para efeito de interpretação (infra ns. 19 e 20). Normas que regulam o processo (estatal ou arbitral) integram o direito público, ainda que a controvérsia submetida ao Judiciário seja de direito privado e que, eventualmente, envolva direitos patrimoniais disponíveis.

CAPÍTULO III

FONTES, INTERPRETAÇÃO E EFICÁCIA DA NORMA PROCESSUAL

18. Fontes da norma processual. Como se costuma apontar em doutrina, a expressão *fontes do direito* é equívoca: pode indicar tanto o sujeito do qual emanam as normas, como o mecanismo pelo qual são criadas. Daí se falar respectivamente em fontes *materiais* e *formais*. Aquelas são o Estado e, em última análise, a própria sociedade; já as outras correspondem às estruturas de poder ou aos canais pelos quais as normas são constituídas e assumem relevância jurídica.

A primeira e fundamental fonte formal das normas processuais é a *Constituição Federal*. É nela que estão as normas que estruturam o Poder Judiciário, estabelecem os mecanismos integrantes da assim denominada jurisdição constitucional das liberdades (infra n. 40) e disciplinam a tutela constitucional do processo.

Outra fonte formal está nos *tratados internacionais* dos quais o Brasil seja signatário. Quando relativos à tutela de direitos humanos, eles têm *status* de emenda constitucional e, portanto, integram o ordenamento jurídico nacional (CF, art. 5.º, §§ 2.º e 3.º). Dentre eles destaca-se o assim denominado Pacto de São José da Costa Rica (Convenção Americana de Direitos Humanos), incorporado ao direito positivo pelo Decreto 678/1992. Dentre outras disposições, a Convenção já estabelecia o direito ao processo em tempo razoável (art. 8.º, 1) - hoje também previsto nos arts. 5.º, LXXVIII, da CF e 139, II, do CPC. Sempre que um tratado internacional trouxer normas processuais, como é o caso das expostas acima, ele será fonte formal de normas dessa espécie.

Também é fonte formal das normas processuais a *lei,* entendendo-se como tal os textos normativos elaborados de acordo com a competência e o processo legislativo estabelecidos na Constituição e na legislação infraconstitucional que disciplina o tema, e com participação do Legislativo. A lei processual é de competência exclusiva da União (CF, art. 22, I) e os Estados têm apenas competência concorrente em matéria de procedimento. Portanto, não são fontes formais das normas de processo os atos do Executivo, como regulamentos ou decretos, que não podem se sobrepor à lei que se limitam a regulamentar.

Igualmente fontes formais das normas processuais são os *regimentos internos* dos tribunais. No contexto da regra de autogoverno positivada no art. 99 da CF, as cortes têm competência normativa para disciplinar sua organização e funcionamento. Os regimentos, assim, são fontes formais porque contêm não apenas disposições sobre competência interna, mas recursos e atribuições administrativas e jurisdicionais de seus membros, dentre outros.

A esse respeito, convém lembrar que as normas de processo, em sentido lato, podem basicamente ser de três naturezas. Um primeiro grupo regula o *procedimento* e, portanto, são ditas procedimentais. A competência legislativa em matéria procedimental é concorrente entre União e Estados da Federação (art. 24, XI e parágrafos). A segunda categoria abrange as normas que disciplinam as posições emergentes da *relação jurídica processual*, e a competência para sua edição é exclusiva da União (CF, art. 22, I). A terceira e última categoria abrange as normas que regulam a *organização judiciária*.

Isso não quer dizer, contudo, que regimentos internos se ocupem exclusivamente de normas de organização judiciária. Pelo contrário, embora a multiplicidade e a diversidade de regimentos internos impeçam assertivas muito categóricas, é lícito afirmar que as normas regimentais vão muito além da disciplina de seus órgãos internos. Elas efetivamente contêm normas procedimentais e processuais, sendo exemplo mais significativo disso o Regimento Interno do Supremo Tribunal Federal, conforme se anuncia em seu art. 1.º e se cumpre em várias de suas disposições seguintes.

> «Quanto ao STF, o § 3.º do art. 119 da CF de 1967 era expresso ao autorizar que o regimento interno contivesse normas processuais para os feitos de sua competência originária. Sob a égide da ordem constitucional precedente, aquela Corte entendeu que tal diploma era equiparado à lei. Mas, mais adiante, entendeu também que eventual conflito entre normas legais e regimentais deveria considerar qual a matéria regulada, de tal sorte que a lei prevaleceria quanto a tema processual e o regimento no tocante ao funcionamento dos tribunais.
>
> A Constituição vigente não prevê autorização igual ou análoga. Mas isso não é motivo suficiente para dizer que as normas regimentais com conteúdo processual não foram recepcionadas. Afirmar que tais normas estariam revogadas seria, em relevante extensão, abrir lacuna na disciplina dos processos

de competência originária daquela Corte. Ora, considerando que o remédio não poderia se tornar inacessível pela falta de regra processual, forçoso seria reconhecer que o STF – até que o Legislador pudesse estatuir disciplina diversa – teria a necessária prerrogativa de ditar as regras de processo; analogamente ao que ocorreu, durante algum tempo, no caso do mandado de injunção, apenas para ilustrar. Portanto, pragmaticamente acabaria mesmo por caber ao STF a disciplina processual diante da lacuna que pudesse resultar da não recepção das regras processuais contidas no regimento interno.

Assim, firmada a premissa de que as normas do regimento do STF editadas sob aquela égide tenham *status* de lei, seu confronto com as normas editadas após pelo Legislador deve se pautar pelos mecanismos usuais de superação de conflito de normas no tempo. Não há qualquer razão para que seja diferente e qualquer outra solução (a privilegiar o regimento ou a Lei) soaria arbitrária. Dessa forma, ou bem a norma posterior revoga expressamente a anterior; ou bem a revogação só ocorrerá se a regra nova for incompatível com a antiga.»

Questão controversa diz com o fato de figurar a *jurisprudência* (infra n. 23) no rol das fontes formais do Direito.

De um lado, entende-se que ela não ostenta tal qualidade porque apenas o legislador tem o poder de emitir normas gerais e abstratas, enquanto a jurisdição tem por essência resolver conflitos em concreto. De acordo com essa visão, mesmo as decisões judiciais reiteradas num determinado sentido não têm caráter vinculante, mas meramente persuasivo; exercem algum grau de influência sobre os julgadores, mas não os vinculam. De outro lado, há quem sustente que a jurisprudência é fonte formal do direito porque, ao apreciar um caso concreto, o julgador participa do processo de criação da norma.

Em alguma medida, o debate está relacionado a duas perspectivas diversas que se possa ter a respeito do ordenamento jurídico. De um lado, está a perspectiva *dualista*, segundo a qual, em síntese, o juiz não cria o direito, mas se limita a atuar norma pré-existente. De outro, a perspectiva *unitária*, que sustenta uma espécie de formação *gradual* do direito, com uma caminhada da norma abstrata incompleta até a definição do direito em cada caso concreto.

Para além desse relevante debate doutrinário e conceitual, mas considerando que o ordenamento jurídico brasileiro positivou o princípio ou regra da legalidade (CF, art. 5.º, II) e que, em complemento, regulou a competência legislativa (CF, arts. 22/24), não parece correto dizer que a jurisprudência seja fonte formal do direito. Ainda que se veja na interpretação e na aplicação da lei um papel criativo do juiz, sua atuação – até do ponto de vista lógico – consiste na aplicação de uma regra pré-existente; ainda nos casos em que a regra não emane da lei em sentido estrito.

Nem mesmo o caráter *vinculante* que se possa eventualmente dar a determinadas decisões judiciais justifica conclusão diversa. Aliás, fontes do direito e vinculação de decisões judiciais são fenômenos certamente relacionados, mas diversos. De um lado, o princípio da legalidade acima lembrado é, de fato, insuficiente para impedir que se estabeleça eventual força vinculante de decisões judiciais: se essa vinculação decorre da lei, o postulado constitucional da legalidade foi atendido; ademais, quando a CF remete à lei (art. 5.º, II), há que se entender que essa última deve ser vista tanto sob a ótica de sua edição, como de sua interpretação – tarefa que, indiscutivelmente, cabe ao Judiciário. De outro lado, contudo, a vinculação a determinada interpretação da lei (ou de outra norma jurídica) dada pelos tribunais não prejudica o caráter original da fonte do direito; pelo contrário, só o reafirma.

No direito positivo brasileiro, a CF prevê que têm caráter vinculante as decisões «definitivas de mérito», proferidas pelo STF nos processos de controle concentrado de constitucionalidade (assim chamadas ações diretas de inconstitucionalidade e ações declaratórias de constitucionalidade), que, por isso, «produzirão eficácia contra todos e efeito vinculante, relativamente aos demais órgãos do Poder Judiciário e à administração pública direta e indireta, nas esferas federal, estadual e municipal» (art. 102, § 2.º). Assim também ocorre no caso das assim chamadas «súmulas vinculantes» (art. 103-A).

Mas, desde a vigência do anterior CPC, o sistema processual legal já apontava para ampliação desse espectro. Na premissa de que os tribunais devem «uniformizar sua jurisprudência e mantê-la estável, íntegra e coerente» (art. 926), o atual diploma estabeleceu que juízes e tribunais «observarão» não apenas as decisões acima lembradas, mas também aquelas proferidas nos assim denominados incidentes de «assunção de competência»; de «resolução de demandas repetitivas»; nos julgamentos de recursos extraordinário e especial repetitivos; os «enunciados das súmulas» do STF e do STJ (art. 927, III e IV). Fala-se, por tudo isso, que o CPC teria implantado um sistema «de precedentes».

Mas isso não é suficiente para fazer da jurisprudência fonte do Direito. Os mecanismos acima referidos foram corretamente postos a serviço da desejável uniformidade do entendimento dos diferentes tribunais; e, dentro deles, dos respectivos órgãos. Contudo, diferentemente de outros países, nos quais o precedente está ligado à ideia de voluntária adesão (fundada em raízes culturais substancialmente diversas), entre nós ele não se desenvolveu como fonte do direito. No direito brasileiro, a edição de «precedentes» é instrumento de gestão de processos que envolvem teses repetidas. A jurisprudência «estável, íntegra e coerente» de que fala o art. 926 do CPC ainda encontra óbices relevantes no próprio ordenamento, dentre os quais podem ser lembrados o uso inadequado da competência dada aos relatores, nos tribunais, para decidirem monocraticamente (art. 932, III, IV e V); e as limitações impostas ao instituto da *reclamação*, quer pela lei (vide art. 988, que reputa inadmissível essa forma de corrigir desconformidades com decisão proferida em recurso extraordinário com repercussão geral reconhecida ou em julgamento de recursos extraordinário ou especial repetitivos «quando não esgotadas as instâncias ordinárias»), quer pelo entendimento restritivo da jurisprudência.

19. Interpretação da norma processual. *Interpretar* é, antes de qualquer coisa, entender. Trata-se de operação intelectual de procura do sentido de algo. Seu objeto é algo materializado pelo espírito porque não se interpreta o que não tenha de alguma forma sido objetivado. Ela envolve três elementos: a obra (a lei, o negócio jurídico ou a sentença, por exemplo), o jurista e o público: o intérprete se coloca entre o objeto e os destinatários da interpretação. No campo do direito, a interpretação não é apenas recognoscitiva (em que se busca conhecer por conhecer), mas ela se destina a uma finalidade: conhecer para agir ou para fruir (como, analogamente ocorre em relação à música ou ao teatro). Daí advém a clássica ideia de que interpretar é clarificar o sentido contido no texto interpretado. No direito, a interpretação busca fazer conhecer para que se regule determinada forma de comportamento.

De sorte a rever a máxima secular segundo a qual, diante da clareza do texto, cessa qualquer interpretação, a doutrina preconiza ser sempre necessário interpretar, por mais singelo e claro que seja o texto normativo. Interpretações literais devem ser vistas sempre com reserva, embora isso não signifique ter como autorizada interpretação contra a lei. O Direito se vale da linguagem e, portanto, não dispensa interpretação.

Às vezes, diante da clareza do enunciado normativo, o esforço interpretativo será pequeno. Nessas hipóteses, a simples leitura do enunciado bastará, no mais das vezes, para que se chegue ao sentido da norma. Em outros casos, o enunciado normativo não apresenta essa mesma clareza e caberá ao intérprete lançar mão de determinados critérios para que chegue ao sentido da norma.

> «Isso vale para a sentença: da mesma forma que as normas gerais e abstratas editadas pelo legislador comportam interpretação, não raro se afigura necessário interpretar também a regra estabelecida pela sentença. Nesse mister, é necessário considerar (i) a respectiva motivação; (ii) o objeto do processo (pedido à luz da correspondente causa de pedir); (iii) as questões que a seu respeito as partes suscitaram e (iv) as normas pertinentes (de modo que se faça uma interpretação que não destoe da lei), dentre outras balizas.»

Os conceitos gerais construídos pela doutrina para a interpretação jurídica aplicam-se ao direito processual civil, bastando reconhecer que se trata de corpo de regras destinado a disciplinar o exercício do poder estatal (jurisdição); o que, portanto, situa o tema no campo do *direito público* (ainda quando a jurisdição seja exercida por órgão arbitral).

20. Classificação segundo o método. Quanto ao *método*, a doutrina indica quatro modalidades de interpretação: a *gramatical* (também chamada de *filológica*), que analisa as palavras do legislador (ou empregada pelas partes no instrumento do negócio jurídico, ou pelo juiz na sentença) e busca alcançar o respectivo sentido; a *lógico-sistemática*, que procura considerar o objeto da interpretação em sua inserção no sistema, para que o entendimento se harmonize com o corpo de normas; a *histórica*, que busca a gênese da norma, para entendê-la à luz das razões que levaram à sua edição; e a *teleológica*, que considera os fins do direito, isto é, a *ratio legis*. Parte da doutrina alude ainda ao método *comparativo,* que busca o alcance de uma norma a partir do confronto com outros ordenamentos jurídicos.

Esses métodos devem ser aplicados de forma complementar e, no processo civil, a referência a eles enseja algumas observações.

Deve ter grande peso o método *teleológico*, não apenas porque o procedimento (que se contém no processo) é uma sequência de atos teleologicamente encadeados; mas porque, se o processo – especialmente sob a ótica das decisões adjudicadas – é instrumento da jurisdição, essa instrumentalidade só pode ser entendida à luz dos escopos dessa atividade. Então, havendo dúvida acerca da inteligência da lei ou do ato jurídico processual, é preciso considerar quais os resultados almejados. O atributo de *efetividade* do processo está aí: na capacidade do instrumento de alcançar os fins desejados. A tarefa é complexa porque, conquanto os escopos jurídico e social do processo sejam complementares, eles também são contraditórios em alguma medida (infra n. 122). Por isso, nessa seara, é fundamental não incidir no equívoco consistente em se identificar efetividade com celeridade (apenas a serviço do escopo social, mas não do jurídico) porque isso pode levar a distorções.

> «Exemplo significativo disso é o que – notadamente sob a égide do CPC anterior – convencionou-se chamar de «jurisprudência defensiva» dos tribunais – que já se consolidou a ponto de merecer tratamento institucional, em obra como a presente. Tal jurisprudência está baseada em interpretações da lei processual que levam ao não conhecimento de recursos, muitas vezes por desproporcionais óbices de forma, quer se considerada a desconformidade com o modelo legal, quer se considerado que a função dos tribunais, ordinariamente, é julgar o mérito dos recursos. Embora não explicitada, referida tendência tem em mira a redução, por vias oblíquas, do volume de recursos perante os tribunais, especialmente nas cortes superiores. O vigente

CPC procurou combater esse tipo de fenômeno: foi enfático quanto à estrita observância do contraditório, de sorte a impedir decisões «de surpresa» (arts. 9.º e 10); estabeleceu a possibilidade de superação de vício ou complementação de «documentação exigível», antes de se considerar inadmissível recurso (art. 932, parágrafo único); abriu margem, sob diferentes formas, para regularização do preparo recursal (art. 1007 e §§).»

A interpretação lógico-sistemática impõe sejam considerados os *princípios* do direito processual civil – que, como se verá mais adiante, são tidos como postulados que alicerçam todo o sistema. Isso não significa dizer que, em nome dos princípios, normas (cuja inconstitucionalidade não se possa afirmar) simplesmente deixem de ser aplicadas (infra n. 32). Nessa mesma linha de raciocínio, sendo o caso, é preciso extrair do texto legal sentido que o torne conforme as disposições constitucionais. O intérprete deve, tanto quanto possível, evitar extrair inconstitucionalidades do texto de lei. O mesmo pode ser dito quando se faz necessário interpretar a sentença ou a transação celebrada pelas partes.

«Isso ocorreu, por exemplo, na interpretação (conforme) que o Supremo Tribunal Federal extraiu da regra do art. 296 do CPC/1973 (com a redação que lhe deu a Lei 8.952/1994), que tratava da hipótese de indeferimento da petição inicial e, diante de eventual recurso do autor, dispensava a citação do réu. Essa última só podia ser admitida – sem que houvesse ofensa ao princípio do contraditório – na premissa de que, uma vez anulada a sentença pelo tribunal, os autos retornariam ao grau originário e o réu, então citado, não ficaria vinculado ao que até então se decidiu. Dir-se-á que, sendo assim, a utilidade da regra fica diminuída. Mas, ainda que isso fosse correto, deveria prevalecer o princípio constitucional, o que inclusive levava a doutrina a sugerir alterar-se o texto legal, para que fosse prevista a citação do réu para responder o recurso. Os anseios da doutrina foram atendidos e, no regime vigente, o art. 331, § 1.º, determina que o réu deverá ser citado para responder o recurso. A regra do art. 332, § 4.º, que também trata da hipótese de improcedência liminar do pedido, igualmente prevê a citação, caso haja recurso do autor.

Exemplo de interpretação sistemática e teleológica – e que considera especialmente a regra da instrumentalidade das formas (CPC, arts. 277 e 282, § 1.º) está na denominada *teoria da ciência inequívoca*. Assim, o art. 231 do CPC – segundo o qual o prazo para contestar inicia-se da juntada aos autos do mandado de citação cumprido – deve ser entendido sem a exclusão de outras hipóteses em que a contagem do prazo pode se iniciar antes daquele ato processual. Isso pode ocorrer quando juntada procuração nos autos ou quando efetuada carga por advogado antes de formalizada a citação. Aliás, a última hipótese passou a ser expressamente prevista pelo vigente art. 231, VII, do CPC. Outro exemplo está na inadmissibilidade do mandado de segurança contra ato judicial, apesar do disposto no art. 5.º, II, da Lei 12.016/2009: se o sistema processual dispõe de mecanismos aptos à obtenção do efeito suspensivo aos recursos, não é correto empregar a medida para essa finalidade.»

Ainda quanto ao método lógico-sistemático, ele deve ser aplicado quando houver *antinomia*, isto é, conflito entre normas que contenham (ainda que aparentemente) proposições incompatíveis. Diante do conflito, ensina a doutrina que o intérprete deve, antes de tudo, desconfiar de si mesmo e presumir que a contradição resulta da sua falta de adequada compreensão; especialmente quando as regras estão contidas num mesmo diploma legal. Daí a lição clássica segundo a qual é preciso descobrir o nexo oculto que concilia as disposições antinômicas. Os critérios a adotar para a solução das antinomias são, nesta ordem, o da especialidade, o hierárquico e o cronológico: no caso de verdadeiro conflito, portanto, o especial derroga o geral; se ambas as normas forem especiais ou gerais, prevalece a de hierarquia superior (salvo no caso de contradição com a Constituição, em que obviamente não se aplica o raciocínio da generalidade *versus* especialidade); em último caso, prevalece a norma mais recente.

21. Segue: analogia e princípios gerais. Pela interpretação lógico-sistemática se chega à *analogia* e aos *princípios gerais*, como modo de *integração* do sistema diante da ausência de norma expressa – que não se resume à lei (supra n. 18). Isso quer dizer que, embora possa haver lacuna da lei, o sistema é, por definição, completo, e nele deve ser possível encontrar solução para todas as situações.

Na *analogia*, diante da falta de norma específica, aplica-se outra que seja prevista para hipótese semelhante, com identidade do fundamento (*ratio*). A analogia não é propriamente um método de interpretação; nem seu resultado pode ser considerado fruto de interpretação extensiva (infra n. 24).

«Exemplo de analogia na interpretação de norma processual estava na aplicação do art. 318 do CPC/1973, que cuidava da reconvenção, ao assim denominado *pedido contraposto* (CPC/1973, art. 278, § 1.º): nos dois casos, há uma demanda do réu em desfavor do autor, embora o pedido contraposto seja mais limitado, dada a concentração dos atos processuais, própria da sumariedade. Embora o CPC vigente não mais preveja o instituto, a Lei 9.099/1995 – que disciplina o processo dos Juizados Especiais – continua a prever a hipótese (arts. 31 e 17, parágrafo único). Também ilustrava a analogia em matéria processual a aplicação ao recurso ordinário em mandado de segurança do art. 515, § 3.º, do CPC/1973, que permitia ao tribunal julgar mérito de causa «madura», em matéria exclusivamente de direito, quando o processo houvesse sido extinto em primeiro grau sem resolução do mérito.

No CPC vigente essa passou a ser a regra expressa (art. 1.027, § 2.º, e art. 1.013, § 3.º).»

Quanto à incidência dos princípios, é preciso considerar que existem *princípios gerais de direito* e *princípios processuais* (infra n. 32 e ss.). Dessa forma, antes de ir aos princípios gerais, é preciso considerar que o sistema processual guarda suas próprias características. Somente na eventual insuficiência é que se pode recorrer àqueles outros, ainda que se reconheça que uns e outros, porque se trata de um sistema, devem se harmonizar (infra n. 33).

Aliás, o confronto entre *geral* e *especial* sugere outra ordem de considerações. A interpretação *lógico-sistemática* deve ter em conta que o sistema estabelecido a partir do Código de Processo Civil convive com uma plêiade considerável de regras em diplomas extravagantes, muitos dos quais estabelecem o que se poderia qualificar como *subsistemas* ou *microssistemas*. Eles se caracterizam por regras próprias, concebidas para que o processo se ajuste às peculiaridades da situação substancial. Essas regras, na medida em que são *especiais*, derrogam as *gerais*.

Contudo, essas últimas são eventualmente aplicáveis desde que não haja uma norma especial a regular determinado tema específico. Nesse caso, a norma geral se aplica de forma *subsidiária* porque, sem contrariar a norma especial, apenas considera que o alcance da especialidade é limitado. A rigor, isso já ocorre dentro do próprio Código de Processo Civil, a propósito dos *procedimentos especiais* (arts. 539 e ss.), mas cuja disciplina, por não ser exaustiva, não dispensa a aplicação subsidiária das regras previstas para o procedimento comum.

Mas vale frisar: primeiro, o *especial* derroga o *geral* – e não o inverso; segundo, o postulado geral se aplica subsidiariamente quando não conflite com a regra especial (portanto, na omissão da disposição especial). Qualquer tentativa em contrário abre margem para o arbítrio porque, considerando-se a diversidade dos destinatários (e, portanto, intérpretes) das normas, poderá alguém pretender a prevalência do geral sobre o especial para um determinado fim, mas não para outro; ou pretender uma espécie de mixagem de leis, a gerar, na prática, um terceiro diploma cuja autoria só se poderia mesmo atribuir ao respectivo aplicador; e não ao legislador.

«Ilustra bem o que está dito no texto o tema da aplicação das disposições do CPC aos Juizados Especiais: é incoerente defender a aplicação da súmula impeditiva de recursos (CPC, arts. 932, IV, e 1.011, I) aos Juizados e, ao mesmo tempo, recusar-se a ali aplicar a regra do § 2.º do art. 1.007 do CPC, para relevar a deserção e dar oportunidade de complemento no caso de mera insuficiência do preparo recursal. Note-se que nos Juizados não há o recurso de apelação, e os Colégios Recursais não são o Supremo Tribunal

Federal nem o Superior Tribunal de Justiça (literalidade das letras *a* e *b* do inciso IV do art. 932 do CPC). Além disso, a Lei 9.099/1995 não exclui a possibilidade de mera complementação do preparo existente, mas insuficiente (para não dizer que tal providência, pelo contrário, afina-se com os princípios inscritos no art. 2.º dessa lei).

Outro exemplo está na eventual aplicação da regra *geral* contida no art. 915 do CPC (segundo a qual os embargos do devedor devem ser ofertados no prazo de quinze dias contados, em regra, da juntada aos autos do mandado de citação) ao processo - regido por regras *especiais* - da execução fiscal; particularmente pelo art. 16 da Lei de Execuções Fiscais (Lei 6.830/1980), cujo inciso III - na linha do que era a regra geral antes vigorante para o processo comum - manda contar o prazo da intimação da penhora.»

Assim, é preciso determinar se – e em que medida – essa ou aquela disciplina deve ser vista como *especial*, diante do que seria a disciplina do processo. O discurso da especialidade como forma de exclusão precisa ser visto com rigor no campo científico. Nesse âmbito, aquele discurso não pode jamais funcionar como uma espécie de argumento de autoridade, como a limitar a interpretação do direito processual apenas aos «especialistas». O equilíbrio está no seguinte: nem subsistemas indevidamente submetidos a regras gerais que a eles não se aplicam; nem desvinculação mal justificada desses subsistemas a regras «gerais». A existência de regras especiais, por uma questão conceitual, não pode desnaturar o sistema processual.

«No campo da arbitragem, a invocação da especialidade fez nascer a categoria dos «arbitralistas». Não há dúvida de que a arbitragem tem relevantes notas de especialidade, que apartam o respectivo processo daquele que é instrumento da jurisdição estatal. Basta dizer que se trata de instituto fundado na vontade das partes, a gerar decisão cujo mérito não pode ser revisto pelo Poder Judiciário. Contudo, não é possível interpretar a lei que a regula como se fosse um corpo de normas desvinculado do exercício do poder conferido ao árbitro e como se esse não estivesse sujeito ao modelo processual «geral»; até para que se determinem os limites da especialidade e até onde ela derroga as regras gerais.

Também no âmbito do processo coletivo, é comum se acentuar a autonomia de sua disciplina legal no confronto com o da tutela individual. Isso é correto em termos: em qualquer caso, há poder e o processo é instrumento de seu exercício. Portanto, há um expressivo campo de disciplina comum a regular poderes, sujeições, faculdades, ônus e deveres das partes; seja individual ou coletivo o processo.»

22. Segue: método comparativo. Na seara processual, esse método tende a considerar essencialmente regras de ordenamentos estrangeiros, uma vez que, internamente, a lei processual é da competência normativa exclusiva da União. Portanto, não há propriamente como comparar a legislação de uma unidade federativa com a de outras – o que não é alterado de forma relevante nem mesmo pela competência concorrente que esses entes têm em matéria procedimental. Quando muito, é possível invocar e comparar decisões de diferentes tribunais, a propósito da interpretação da mesma norma federal. Mas esse expediente não pode ser considerado exatamente como um método de interpretação, já que o objeto é o mesmo (e, a rigor, o sistema quer a uniformidade na interpretação, tarefa afeta ao Superior Tribunal de Justiça, quanto ao direito federal).

> O CPC vigente, dentre os mecanismos estabelecidos para proporcionar jurisprudência «estável, íntegra e coerente» (art. 926), estabeleceu, no âmbito dos tribunais locais (estaduais e federais), o assim denominado incidente de resolução de demandas repetitivas – que passou a ser referido, na praxe forense, pela sigla «IRDR» (arts. 976 e ss.). A tese jurídica ali fixada terá aplicação aos processos «que tramitem na área de jurisdição do respectivo tribunal», assim como aos casos futuros «que venham a tramitar no território de competência do tribunal» (art. 985, I e II). Nada impede – pelo contrário, a tendência é de que seja assim – que a mesma tese seja discutida perante tribunais de outros Estados ou Regiões; caso em que, na linha de raciocínio acima exposta, nada impede que aquilo que for julgado em IRDR por determinado tribunal pode eventualmente ser tomado como referência por outro, embora sem caráter vinculante. Vale dizer: à míngua de entendimento uniforme ditado pelo Superior Tribunal de Justiça, as Justiças locais poderão tomar-se umas às outras como referências (não vinculantes).

Nesses limites, a comparação com ordenamentos de outras soberanias é ferramenta útil no âmbito acadêmico, para aprendizado e reflexão crítica sobre o direito positivo; inclusive como forma de estimular eventuais propostas legislativas. Isso é inclusive confirmado pela crescente edição de normas de alcance supranacional; quer sob a forma de tratados, quer sob a forma de propostas doutrinárias como aquela materializada no Código Modelo para Ibero América.

Mas a comparação também pode ser útil como método na interpretação do direito objetivo, para a resolução de conflitos. Para essa finalidade é preciso apenas ter cautela. Primeiro, é preciso que o intérprete se certifique – analogamente ao que ocorre no processo civil quando se aplica direito estrangeiro – sobre o teor e a vigência da regra estrangeira. Segundo, é preciso considerar as condições e a realidade em que editada e vigente a norma do outro ordenamento, para que não se pretenda a comparação entre realidades substancialmente distintas – fazendo-se valer o que em doutrina já se referiu como a «regra de ouro» do direito comparado. Disso poderá resultar a conveniência ou necessidade de se considerar a interpretação que a norma alienígena recebe da doutrina e da jurisprudência em sua própria origem. Terceiro, convém considerar que o método comparativo tem caráter subsidiário, no confronto com os demais: não se pode, a pretexto de que tal ou qual solução seja adotada por outro ordenamento, pretender-se que ela prevaleça diante de norma local com literalidade, antecedentes históricos, fundamento e objetivo diversos.

Coisa diversa do emprego do método comparativo é a existência de normas constantes de tratados internacionais e que, tendo recebido adesão na forma prevista pelo ordenamento interno, a esse tenham se incorporado. Se a norma foi incorporada à ordem jurídica interna, então não mais apenas uma referência para interpretação, ela é – ou deveria ser – um dado vinculante.

> «Esse é o caso do já referido Pacto de São José da Costa Rica (promulgado internamente pelo Decreto 678/1992 e que explicita «garantias judiciais», dentre as quais a defesa, a duração razoável do processo e o juiz natural). Além dela podem ser lembradas, para ilustrar, as seguintes Convenções internacionais: (i) sobre prestação de alimentos no estrangeiro, firmada entre Estados membros da Organização das Nações Unidas (contendo regras sobre cartas rogatórias para ação de alimentos, internalizada pelo Decreto 56.826/1965); (ii) sobre obrigação alimentar (também com regras de cooperação internacional processual para cumprimento de obrigação alimentar, internalizada pelo Decreto 2.428/1997); (iii) sobre arbitragem comercial internacional no âmbito da Organização dos Estados Americanos (que disciplina o reconhecimento e execução de sentença arbitral, internalizada pelo Decreto 1.902/1996); (iv) sobre o reconhecimento e a execução de sentenças arbitrais estrangeiras (internalizada pelo Decreto 4.311/2002); (v) sobre cartas rogatórias, acrescida por protocolo adicional (objetos dos Decretos 1.899/1996 e 2.022/1996); além de tantos outros diversos tratados que disciplinam em sua maioria, no contexto das normas processuais, a denominada cooperação jurídica internacional (infra n. 127).»

23. Classificação segundo o agente. Embora com menos implicações que a classificação precedente, é possível analisar a interpretação pelo ângulo do intérprete.

Fala-se, assim, em interpretação *autêntica*, que é feita pelo próprio Legislador, mediante a criação de uma nova lei que busca explicitar o sentido da anterior (lei interpretativa). Quando se trata de interpretar sentença, fenômeno análogo ocorre ao ensejo dos *embargos de declaração* (CPC, art. 1.022), que é recurso dirigido, ao menos em princípio, ao mesmo juiz ou colegiado prolator da decisão embargada.

Não deve ser qualificada como interpretação autêntica aquela feita, no âmbito doutrinário, por quem tenha participado, de alguma forma, do processo legislativo (por exemplo, o autor ou autores de determinado anteprojeto de lei), pela simples razão de que não é possível considerá-lo como algo pessoal. Ainda que considerações com tal origem possam ser consistentes e valiosas, elas continuam a ser não mais do que interpretação doutrinária. Nem mesmo os trabalhos preparatórios da lei podem ser tidos como forma de interpretação autêntica. Quando a lei é promulgada, ela se desprende da personalidade de quem participou do processo legislativo e ganha vida própria: daí se dizer que a mente ou o espírito da lei não se confundem com os do legislador.

Sem embargo disso, os antecedentes do ato legislativo não são absolutamente irrelevantes e podem ser considerados sob a ótica de interpretação histórica ou, eventualmente, teleológica. Algo análogo pode ser dito da assim denominada *exposição de motivos* - texto que pode preceder, contextualizar e justificar o texto normativo contido em determinada lei. Conquanto ela não possa prevalecer sobre a literalidade do texto legal, pode concorrer de forma válida e útil para a interpretação da norma.

> «Na jurisprudência há precedente que invocou a exposição de motivos - no caso, do CDC - para interpretar o alcance do direito do consumidor à informação. De forma genérica, a exposição de motivos deste ou daquele diploma é eventualmente invocada sob o argumento de que retrata o objetivo da norma; o que indica a utilização do texto como elemento para interpretação teleológica (de qualquer modo, não se trata de interpretação autêntica).»

Também se fala em interpretação *doutrinária* e *jurisprudencial*: aquela feita por juristas (em sentido abrangente de advogados, membros do Ministério Público, docentes, dentre outros) e a outra feita pelos tribunais.

Quanto à interpretação *doutrinária*, ela parece perder força num modelo que cada vez mais valoriza a jurisprudência (ou os «precedentes»). De fato, a história recente do país registra declarações públicas prestadas por mais de um ministro de tribunal superior de que não lhes importaria o que dizem os doutrinadores, diante do fato de que eles (ministros) seriam investidos do poder de dizer o direito; o que, aparentemente, envolveria uma espécie de encargo indelegável.

Seria incorreto tomar esse pensamento como regra geral porque a maioria dos magistrados está aberta a considerar o que dizem os acadêmicos; até porque muitos deles ostentam tal qualidade. Mas, seria ingênuo negar que pensamentos como aquele não passem pela cabeça de muitos para os quais, assumida a condição de magistrado, conhecer o que pensa a doutrina seria dispensável. Seria bastante ler os autos e dizer o direito no caso concreto. Também seria incorreto não estender esse raciocínio para membros do Ministério Público e para advogados. Em todos esses segmentos ocasionalmente é possível constatar uma natural acomodação ditada pela rotina da profissão e pelos deveres a ela inerentes.

A origem de uma parte do problema, nos tempos atuais, pode estar em saber qual tipo de produção intelectual merece ser qualificada como «doutrina». Genericamente, o termo costuma ser empregado para referir um conjunto de postulados que servem de base para um sistema. Mas, o emprego usualmente feito no Direito - que aparentemente corresponde à etimologia da palavra, proveniente do latim *doctrina*, que deriva do verbo *docere* (ensinar) - é o de *ensinamentos*. Sob esse ângulo, ela é o resultado do estudo de pensadores, juristas e filósofos do Direito. Mas, o conceito parece progressivamente perder a característica essencial de provir de mestres da ciência do Direito, com reconhecida autoridade universitária.

Há também uma questão pedagógica e metodológica: no estudo do Direito, a opção pelo método do «estudo de casos» - se feita sem as devidas cautelas - pode levar à equiparação do que entendemos aqui por *doutrina*, de um lado, com o assim denominada *legal doctrine* do sistema jurídico anglo-saxão, estabelecida justamente a partir de precedentes judiciais, de outro lado; o que, mais uma vez, contribui para que a interpretação jurisprudencial acabe por prevalecer sobre a doutrinária.

De todo modo, a doutrina, por seu trabalho de exegese, segue - e deve continuar a seguir - não apenas como fonte de inspiração para a jurisprudência, mas como fator de inspiração para o legislador, sendo o Código de Processo Civil disso um exemplo significativo: a ênfase que a disciplina do princípio do contraditório mereceu (não apenas nos arts. 9.º e 10, mas em diferentes passagens); a inclusão da assim denominada regra de cooperação (art. 6.º), e a antecipação da prova de forma desvinculada do perigo da demora (art. 381, II e III) bem ilustram esse fenômeno.

Quanto à interpretação jurisprudencial, para o caso que se encontra sob julgamento a decisão, ela certamente é imperativa. Mas o entendimento dos tribunais realmente pode servir de influência, quer a inspirar outras decisões, quer a nortear a conduta de outras pessoas. A intensidade dessa influência varia conforme a força que dado sistema outorgue a um julgamento ou ao que se possa qualificar como precedente judicial. Nos sistemas de *common law*, isso ocorre de forma acentuada; nos de *civil law*, ela é mais reduzida.

Contudo, o sistema brasileiro, conforme visto anteriormente, tem mecanismos que pretendem ir além da mera influência da jurisprudência, para estabelecer autêntica força vinculante (supra n. 18). Nesse contexto, ao ensejo de reflexões sobre a interpretação jurisprudencial, convém lembrar a distinção conceitual que se faz - e que deve realmente ser feita - entre os motivos determinantes da decisão, que são usualmente qualificados como *ratio decidendi*; e eventuais considerações feitas de passagem - que podem ser referidas como *obiter dictum* - e que não traduzem a essência da decisão a respeito do específico tema submetido a julgamento. Na *ratio decidendi* está a verdadeira escolha hermenêutica da decisão, sem a qual a decisão não se sustentaria como tal. Ali reside a tese ou proposição a ser seguida em outros casos iguais; diferentemente do *obiter dictum*, que não tem essa função determinante e que, por isso, não enseja vinculação para outros casos. Distinção dessa ordem é fundamental num sistema que pretende dar força vinculante a determinadas decisões judiciais e tem importantes desdobramentos quanto ao dever de motivação.

> «*Jurisprudência*, convém lembrar, é vocábulo que designa entendimento de um dado tribunal (ou de mais de um) a respeito de uma dada matéria. Ela não é sinônimo de acórdão. Portanto, não se deve empregar o vocábulo no plural («jurisprudências») para designar pluralidade de acórdãos, ainda que convergentes.»

Além disso, de um modo geral, a interpretação da norma está a cargo de todo e qualquer destinatário, com variação sobre os efeitos daí decorrentes. No direito processual, a jurisdição é exercida no ambiente da relação jurídica processual e dela participam profissionais presumivelmente conhecedores do direito – juízes, advogados (que, por regra, têm a capacidade postulatória) e membros do Ministério Público. Sendo assim, no ambiente processual a interpretação fica a cargo desses agentes. Isso não quer dizer que a parte não possa ela própria interpretar o texto normativo, para fazer juízos próprios sobre suas chances e riscos no processo, quando se cogita de superação da controvérsia por autocomposição. Ao advogado, como interlocutor da parte em juízo, cabe esclarecê-la e recusar a adoção de condutas baseadas em interpretações com as quais não esteja de acordo, quer porque contrárias aos interesses de seu patrocinado, quer porque contrárias ao direito ou à ética.

O Estatuto da Advocacia (Lei 8.906/1994) qualifica como infração disciplinar «advogar contra literal disposição de lei», mas presume a boa-fé quando o advogado estiver fundamentado «na inconstitucionalidade, na injustiça da lei ou em pronunciamento judicial anterior» (art. 34, VI). Da mesma forma que o agente público (quando se examina a probidade de sua conduta), o advogado não pode ser responsabilizado por mera interpretação que, depois, venha a ser considerada equivocada. Tolher do advogado essa forma de interpretação seria desconsiderar a contribuição criadora que ele desempenha na formação da jurisprudência. Além disso, responsabilização dessa ordem, por coerência, deveria levar à adoção de idênticos parâmetros para a interpretação feita por membros do Ministério Público e até mesmo por magistrados, quando seus pleitos fossem eventualmente rejeitados ou suas decisões reformadas, respectivamente.

24. Segue: classificação quanto ao resultado. Com base nesse critério, a doutrina indica três espécies de interpretação: a *extensiva*, na qual se parte da premissa de que o Legislador disse menos do que queria para, então, estender-se o texto legal; a *declaratória*, na qual a vontade do Legislador corresponderia ao que estabelece, sem necessidade de se ampliar ou se reduzir o alcance da lei; e a *restritiva* ou *estrita*, na qual se diz que o Legislador disse mais do que queria e é preciso restringir o sentido. Há também alusão a uma quarta espécie, que é a interpretação *ab-rogante*: pelo método lógico-sistemático, conclui-se pela impossibilidade de aplicação da norma porque absolutamente incompatível com outra (infra n. 28).

Em última análise, a interpretação extensiva e a estrita se referem mais propriamente à aplicação do direito do que à sua interpretação. Elas são formas prudentes de correção de deficiências e de excessos das normas legais, sem que se chegue à interpretação contra a lei, como já se destacou em doutrina. No caso da invocação da analogia (supra n. 21), não se trata de interpretação extensiva porque aquela se aplica diante da ausência de norma expressa e, portanto, não há como estender o que não existe.

> «Exemplo de interpretação extensiva – fruto do método lógico-sistemático (e quiçá, teleológico) – estava na leitura que a doutrina fazia da regra do art. 515, § 3.º, do CPC precedente. A interpretação considerava a regra do então art. 330 para concluir que o julgamento do litígio diretamente pelo tribunal, na hipótese referida pelo art. 515, seria possível quando a controvérsia fosse exclusivamente de direito *ou* a causa estivesse «em condições de imediato julgamento» (situação referida como «causa madura») – quando a letra da lei exigia a conjugação das duas circunstâncias. No texto vigente, fala-se em julgamento direto do mérito pelo tribunal se «o processo estiver em condições de imediato julgamento» (art. 1.013, § 3.º).»

De outra parte, quando o Legislador estabeleceu *exceções* a determinada regra ou princípio (suposto que a norma não padeça de inconstitucionalidade), a interpretação deve ser estrita: uma exceção já é uma restrição, que só deve valer para os casos expressamente referidos. Ampliar o rol de exceções seria contrariar sua própria essência e razão de ser.

> «Isso ocorre, por exemplo, quando a lei estabelece a regra de que a responsabilidade patrimonial está associada ao débito (CPC, art. 789), de tal sorte que as exceções – débito sem responsabilidade e vice-versa – não devem ser alargadas. Aliás, a fiança – contrato benéfico pelo qual alguém submete seu patrimônio à satisfação de dívida alheia – não admite interpretação extensiva (CC, art. 819); o que vale igualmente para a hipoteca e outras garantias.
>
> Ao tratar do *pedido*, o art. 293 do CPC/1973 estabelecia que ele deveria ser interpretado «restritivamente». A regra estava em consonância com o postulado da inércia da jurisdição, de que decorre o princípio da demanda: sendo do interessado o ônus de provocar o exercício daquela atividade estatal, o juiz fica adstrito aos termos do pedido e respectiva causa de pedir.

Daí porque não deveria extrair do pedido mais ou menos do que tivesse sido explicitado, salvo se a própria lei admita alguma forma de pedido implícito. O vigente Código de Processo Civil adotou redação diversa e estabeleceu que a interpretação do pedido deve considerar «o conjunto da postulação» e que deve observar «o princípio da boa-fé» (CPC, art. 322, § 2.º). Quanto ao primeiro parâmetro ele realmente está correto e é inclusive coerente o que a lei estabelece em relação ao demandado, cuja defesa também deve ser considerada «em seu conjunto», quando se trata do ônus de impugnação específica (art. 341, III). Já o elemento subjetivo «boa-fé» pouco ou nada deveria ter com a interpretação do pedido: o autor pode litigar com esse espírito e, mesmo assim, ser omisso em relação a tal ou a qual pedido que poderia ter deduzido. Nem por isso o juiz há de «premiar» a lisura da parte - nada mais do que seu dever fundamental (art. 5.º) - mediante a outorga do que não se postulou.»

Também devem ser interpretados de forma estrita, conforme já se apontou em doutrina, os textos que estabelecem formalidades em geral, bem como os que fixam condições para os recursos. No caso de normas sancionadoras ou que acarretam perda ou restrição de direitos, também não se admite interpretação extensiva. O entendimento segundo o qual, na dúvida, prevalece interpretação que favoreça quem se obrigou - ainda que não seja correto falar em «obrigação» processual - também se aplica ao direito processual.

«Para ilustrar, veja-se a disposição contida no art. 81 do CPC: quando a lei fala que o juiz condenará «o litigante» de má-fé a pagar multa, indenização e outras verbas à parte contrária, não é possível, mercê de interpretação extensiva, estender-se a condenação ao advogado; que pode até responder regressivamente perante seu constituinte, mas por fundamento diverso, em via própria, e não no mesmo processo em que praticada a conduta tida por ímproba.»

Quanto à ab-rogação, a abolição das disposições anteriores se dá nos limites da incompatibilidade. Se a lei nova cria, sobre determinada matéria, um sistema diverso e completo, o precedente se considera eliminado. Portanto, dá-se a ab-rogação quando a norma posterior cobre todo o conteúdo da antiga. E quando os princípios fundamentais da velha e os da nova regra se contradizem de forma absoluta, considera-se ab-rogada a primeira, conforme costuma se apontar em doutrina.

25. Norma processual no tempo. A questão surge diante da entrada em vigor de norma processual nova, que discipline determinada matéria de forma diversa daquela regulada pela lei anterior. O problema é restrito aos processos em curso (=tanto que proposta a demanda) quando do início da vigência da lei nova, uma vez que, ao menos em princípio, não há dúvida de que a norma nova não se aplica aos processos já encerrados; e de que aos processos novos se aplica a regra nova.

«Em tema de *ação rescisória* (ação autônoma tendente a desconstituir decisão de mérito transitada em julgado), poderia haver dúvida sobre regra que altere - para criar ou para suprimir - hipótese legal de rescisão (CPC, art. 966). Nesse caso, de fato, a premissa é a de que haverá um processo novo para a ação rescisória porque a decisão por rescindir, ao menos em regra, foi proferida em processo encerrado. Mas, na hipótese aventada o que se tem é um processo novo, mas regido parcialmente por regras anteriores. Isso se explica da seguinte forma: o processo (procedimento e relação processual) da rescisória deve ser regido pela lei nova, isto é, aquela vigente ao tempo em que instaurado o respectivo processo (observando-se dali em diante a regra de isolamento). Mas, as hipóteses de rescisão devem ser consideradas no momento em que se opera o trânsito (sendo possível que, entre o trânsito e o advento de norma nova decorra algum tempo): ali é que surge o interesse de agir para a rescisória e, portanto, ali se inicia o curso do prazo extintivo (ideia de *actio nata*), que no caso é decadencial.»

Dessa forma, não se cogita da aplicação da regra processual vigente à época da ocorrência dos fatos trazidos a juízo como integrantes da causa de pedir da demanda, só por essa circunstância. Vale dizer: não se aplica a lei processual antiga (suposto tenha sido alterada) a pretexto de que um direito adquirido no plano material traria consigo os meios necessários para «fazê-lo valer em juízo». Semelhante raciocínio seria resquício de indevido sincretismo, expresso na fórmula do revogado art. 75 do Código Civil de 1916 (a todo direito corresponde uma ação que o assegura) e também estaria a confundir os conceitos de ação e processo.

Mas, aqui convém relembrar a distinção entre norma de direito material e processual (supra n.17), nem sempre tão fácil dada a existência de pontos de grande proximidade ou de «estrangulamento». Assim, enquanto a regra é a de que a norma processual nova, salvo disposição expressa em contrário, aplica-se imediatamente a processos pendentes; isso nem sempre ocorrerá quanto à aplicação do direito material que eventualmente seja superveniente à constituição de dada relação jurídica. Se a norma for autenticamente de direito material, ainda que ela só venha a ser aplicada em processo instaurado depois de sua modificação, a regra (ressalvadas disposições do próprio plano substancial) é a de aplicação da norma antiga; não da nova.

«No caso da regra de *responsabilidade patrimonial*, por exemplo, firmada a premissa de que a sujeição do patrimônio do devedor para satisfação de suas obrigações remontaria ao momento de constituição do débito, poder-se-ia chegar à conclusão de que regra nova que tornasse impenhorável determinado bem (existente ao tempo da constituição da dívida) seria inaplicável, mesmo que o processo instaurado para cobrança da dívida fosse posterior. Para ilustrar situação diversa, lembre-se que, na jurisprudência, prevalece o entendimento de que norma superveniente que trate da forma de cálculo dos acessórios da condenação deve ser tratada como norma processual. Com base nessa premissa – esteja ela certa, ou não – entende-se que novas regras sobre correção monetária e sobre juros incidentes sobre a condenação em face da Fazenda Pública são aplicáveis aos processos em curso.»

Quando a lei processual abre ensejo para a alegação de «direito superveniente» (o que, para ilustrar, está previsto no art. 342 do CPC, ao disciplinar o ônus de alegação que compete ao réu, sob a égide das regras de concentração e de preclusão), isso não quer dizer que qualquer norma nova seja invocável no processo apenas por ser superveniente; ou apenas porque a lei processual autoriza a alegação. O que compete à lei processual é excepcionar o ônus de alegação concentrada do réu, e assim o faz pela óbvia razão de que, se o direito é superveniente, não haveria como ser alegado anteriormente. Contudo, é preciso consultar o ordenamento material para saber se e em que condições a norma nova pode ou não ter incidência sobre a relação posta em juízo.

> «O conceito de *preclusão* tem capital importância no estudo do processo, porque ligado ao caráter rígido do procedimento (infra n. 247). Objetivamente, ela é definida como um impedimento ao retrocesso, isto é, como um mecanismo que assegura que o processo cumpra seu papel de ser marcha adiante, para consecução do resultado dele esperado. Subjetivamente, preclusão é concebida como perda de uma posição jurídica decorrente da relação processual. Usualmente, fala-se em perda de faculdade, porque também usualmente se relaciona o fenômeno da preclusão às posições jurídicas de que são titulares as partes (e não propriamente o juiz) – o que é apenas parcialmente correto (ainda, infra n. 248). Em complemento, fala-se em três espécies de preclusão: a *consumativa*, que decorre do exercício da faculdade e, portanto, da prática do correspondente ato – e que, portanto, é a forma mais usual e ordinária de preclusão; a *temporal*, que é a perda da faculdade pelo decurso do respectivo prazo, sem que ela tenha sido exercida e que, portanto, ato tenha sido praticado; e a *lógica*, em que a perda se dá por força de um comportamento – ativo ou omissivo – incompatível com certa faculdade processual. A lei processual não prevê essa classificação, mas é possível identificar casos de preclusão que se ajustam a uma dessas figuras.».

26. Segue: a regra do «isolamento» dos atos processuais. A regra no direito positivo é a de que, salvo disposição em contrário, a lei processual nova tem aplicação imediata aos processos pendentes (CPC, arts. 14 e 1.046); respeitados os atos já praticados, por força da norma inscrita no inciso XXXVI do art. 5.º da CF.

A instauração de um dado processo (assim como o início de uma fase dele) não estabelece, por si só, um determinado regime legal - o anterior - a ser aplicado até o final. Em matéria processual, as soluções de direito intertemporal são diversas das que vigoram em direito privado e, em particular, em matéria contratual; em que, por regra, a relação é regida pelas normas vigentes quando da celebração da avença (ressalvada a disposição do art. 2.035 do CC). Em suma: no âmbito processual, descartam-se os sistemas da «unidade processual» ou de «fases processuais», adotando-se o do chamado «isolamento dos atos processuais», com integral preservação daqueles atos já consumados.

Mas o caráter complexo e dinâmico da relação processual (infra n. 280) pode trazer dificuldades adicionais para aplicação da regra. É que o processo abrange um aspecto substancial - a *relação jurídica processual* - e outro formal - o *procedimento*: quando um dos sujeitos exercita uma das posições emergentes daquela relação, ele pratica um ato; que, por seu turno, faz nascer uma nova posição jurídica, que redunda na prática de outro ato, que novamente faz nascer outra posição jurídica, e assim por diante.

Ora, se a posição jurídica tem origem no ato que a precedeu (e, a rigor, na posição anterior, cujo exercício levou à prática do ato), então a ideia de «isolamento» dos atos só pode ser vista com essa ressalva; do contrário, estar-se-ia a negar a preservação do ato já consumado. Vale dizer: o isolamento deve ser visto com a ressalva de que o ato subsequente guarda não apenas nexo causal com o precedente, mas nele encontra seu fundamento lógico. Daí se dizer que os efeitos processuais ainda não verificados do ato ou fato já consumados permanecem regulados pela lei antiga.

> «No caso da prolação da sentença, para ilustrar, se houver modificação sobre a regra de preparo do recurso após a publicação (que lhe confere existência), aplicar-se a regra nova seria, a pretexto do isolamento dos atos processuais, desconsiderar a ligação acima mencionada. O mesmo pode ser dito no caso de regra nova que eventualmente suprima ou restrinja cabimento de recurso, mas após a publicação (=existência jurídica) da sentença ou acórdão.»

Por outro lado, não se pode estender a ideia de «efeito» se não para o ato subsequente. Do contrário, tendo em vista a interligação de todos os atos, reputar-se-ia que todos os seguintes (até o final) seriam efeito do ato antecedente e, dessa forma, ficaria esvaziada a regra do isolamento. Por outras palavras, projetar indefinidamente a eficácia de um ato processual seria, por vias indiretas, consagrar a unidade - que, como já foi visto, não foi a opção legislativa. Assim, garantir o ato processual já consumado é preservar o efeito determinante do ato que lhe é imediatamente seguinte.

27. Segue: atos processuais complexos. Com menor intensidade, alguma dificuldade também pode surgir se o ato processual for objetivamente *complexo*, isto é, se puder ser decomposto em outros. Essa não é a hipótese mais comum no processo civil, mas pode ocorrer, por exemplo, no caso da audiência de instrução (CPC, arts. 358 e ss.), que envolve uma somatória de atos, que começam com a tentativa de conciliação, passam pela colheita da prova e, eventualmente, por alegações finais e até prolação de sentença. Também os julgamentos colegiados – que são objetiva e subjetivamente complexos – estão sujeitos a modificação legislativa no respectivo curso; que, por exemplo, pode envolver a alteração de regra de competência ou supressão de recurso; ou, ainda, modificações de sua composição, decorrentes da saída de algum dos membros.

> «Esse último aspecto é objeto de disciplina pelos regimentos internos dos tribunais. O art. 61 do Regimento Interno do Tribunal de Justiça de São Paulo estabelece que, em caso de remoção e permuta de desembargador, com mudança na composição da Câmara, o magistrado removido que assume o acervo e as prevenções da nova cadeira permanece vinculado aos processos em que tiver lançado visto. Já o § 1.º do art. 105 dispõe que o afastamento dos juízes que participaram do julgamento anterior não rompe a prevenção da Câmara, assumindo a relatoria do processo o magistrado que substituir ou assumir a cadeira vaga. No Superior Tribunal de Justiça, o art. 71, § 1.º, do Regimento Interno estabelece prevenção do órgão colegiado de que tenha eventualmente se desligado o anterior relator, seja por deixar o Tribunal ou por se transferir de Seção. De forma diversa, no Supremo Tribunal Federal, o § 3.º do art. 10 do Regimento Interno preceitua que a prevenção da Turma cessa se dela não fizer parte nenhum dos Ministros que funcionaram em julgamento anterior ou se tiver havido total alteração da composição das Turmas.»

28. Segue: lei nova e modulação de efeitos. A preservação dos atos processuais já praticados (e respectivos efeitos, nos limites apontados) se justifica diante da norma constitucional que assegura o direito adquirido (CF, art. 5.º, XXXVI) e, portanto, prestigia a segurança, a boa-fé e a confiança legítima. Se a lei nova pudesse alcançar atos processuais já consumados, comprometido ficaria o devido processo legal. Mas as mesmas razões que inspiram e justificam a irretroatividade da lei nova também podem ser invocadas para eventualmente limitar sua aplicação aos atos vindouros de processo pendente, num fenômeno que pode ser qualificado como «modulação» de efeitos.

> «Em certo sentido, o período de *vacatio legis* não deixa de ser uma forma de modulação de efeitos porque considera, conforme as circunstâncias, um período de assimilação do novo regime pelos respectivos destinatários; período durante o qual a lei nova obviamente não se aplica.

É preciso especial atenção com as reformas legislativas de maior extensão; nem sempre acompanhadas de *vacatio legis* proporcional ao grau das mudanças que irão operar. Diante da nova ordem, não se trata de tolerar o erro ou muito menos a má-fé; nem de postergar a aplicação das novas normas; nem de negar a regra de «isolamento dos atos processuais»; nem de dar às partes ou a quem quer que seja um tratamento condescendente. Mas é preciso considerar as incertezas que as alterações legislativas produzem, de tal sorte que, se os próprios tribunais vacilam e divergem na interpretação do novo corpo de leis, não é jurídico ou ético exigir das partes e advogados algo substancialmente diverso; menos ainda como pretexto para a contenção de recursos.»

No direito brasileiro, a *modulação* é expressamente prevista no controle concentrado de constitucionalidade: razões de «segurança jurídica ou de excepcional interesse social» podem autorizar o STF a restringir os efeitos da declaração de inconstitucionalidade ou decidir que ela «só tenha eficácia a partir de seu trânsito em julgado ou de outro momento que venha a ser fixado» (Lei 9.868/1999, art. 27). No Código de Processo Civil vigente, essa possibilidade é mencionada ao ensejo das decisões que, embora transitadas em julgado, estejam fundadas em lei ou ato normativo reputado inconstitucional pelo STF, em controle concentrado ou mesmo difuso; caso em que os efeitos da decisão «poderão ser modulados no tempo, em atenção à segurança jurídica» (CPC, art. 525, § 13, e art. 535, § 6.º, embora este com redação um pouco diversa). Essa técnica envolve um juízo de ponderação, que remete à proporcionalidade. Tal é sua importância que a modulação foi qualificada pelo STF, sob o ângulo da relação processual, como autêntico dever do órgão julgador, a autorizar não apenas a provocação da parte por embargos de declaração, mas bem assim seu reconhecimento de ofício.

Mas, além disso (e também por isso), no âmbito da lei federal, a modulação já vinha sendo preconizada pela doutrina e encampada pela jurisprudência, embora em casos excepcionais, diante da alteração da jurisprudência até então consolidada (o que, diga-se, também é admitido no âmbito da jurisprudência administrativa).

Certo que lei e jurisprudência são fontes distintas, mas o fundamento é essencialmente o mesmo: busca-se evitar que alterações normativas, que tomam situações já consolidadas, venham a gerar insegurança e, assim, a frustrar legítimas expectativas geradas pelo próprio Estado. Pode ocorrer que a modulação – que se traduz em exceção à regra de imediata aplicação da lei nova – seja trazida pela própria lei; como ocorreu com a Lei 8.245/1991, que afastou expressamente sua incidência aos processos em curso, em matéria de locação (certamente pela respectiva relevância social). Mas pode ser que ela seja construída pela jurisprudência.

«Exemplo significativo de modulação ocorreu na aplicação da EC 45/2004, no tocante à ampliação da competência da Justiça do Trabalho, que passou a abarcar temas antes afeitos à Justiça Comum. Consolidou-se entendimento nos tribunais superiores de que a nova regra não deveria ser aplicada aos processos nos quais já tivesse sido prolatada sentença (afastada, portanto, a aplicação da regra nova a esses processos pendentes). Aliás, quando se trata de lei nova em matéria de competência, a aplicação precisa considerar a garantia do juiz natural e consectários (infra ns. 130 e 140).

Exemplo de modulação por alteração de orientação jurisprudencial pode ser detectado no âmbito recursal, quando se conhece de um recurso no lugar de outro (fungibilidade recursal), se e enquanto perdurar dúvida razoável a respeito de qual seria o efetivamente cabível.

Outro caso de modulação ocorreu na aplicação do § 3.º do art. 542 do CPC/1973, que previa a retenção do recurso especial ou extraordinário interposto contra decisão interlocutória em processo de conhecimento, cautelar ou embargos à execução, que somente seria processado se a parte o reiterasse, no prazo para a interposição do recurso cabível contra a decisão final, ou para as contrarrazões. O Superior Tribunal de Justiça admitiu, por determinado tempo, a quebra da retenção do recurso mediante o emprego de medida cautelar (quando o correto, ao ver do tribunal, seria o recurso de agravo de instrumento).»

No vigente Código de Processo Civil, a possibilidade de modulação – justificada no interesse social e na segurança jurídica – foi prevista para a hipótese de «alteração de jurisprudência dominante do Supremo Tribunal Federal e dos tribunais superiores ou daquela oriunda de julgamento de casos repetitivos» (CPC, art. 927, § 3.º). É certo que a regra não se refere à lei processual nova. Mas, em eventuais situações em que a regra de isolamento dos atos processuais se afigure insuficiente para tutelar os valores acima referidos, não se pode descartar, ainda que reconhecidamente em caráter excepcional, que a jurisprudência module no tempo a eficácia da lei processual nova.

29. Segue: normas processuais sancionadoras. O direito processual civil – não apenas na esfera de direitos disponíveis – considera de forma relevante a posição jurídica do ônus; que é um encargo ou, em feliz expressão usada pela doutrina, *um dever do sujeito para consigo mesmo*. A falta de observância do ônus acarreta consequências (processuais) desfavoráveis e não gera propriamente uma *sanção*, entendida como penalidade; que é a consequência para as hipóteses de descumprimento de *deveres*. Esses últimos se referem principalmente à litigância leal e proba (CPC, art. 77), de tal sorte que a lei, em diferentes dispositivos, sanciona com penas pecuniárias (multas) o litigante que viola referidos deveres (infra ns. 79 e 80).

O art. 5.º da CF autoriza a aplicação retroativa da *lei penal* mais benéfica e a doutrina afirma que, para esse efeito, lei penal deve ser abrangente de todas as normas que impõem penalidades – não somente aquelas constantes das leis penais em sentido estrito; a abranger, portanto, a imposição de multas. Assim, lei processual nova que eventualmente seja mais benéfica nesse aspecto pode ser aplicada de forma retroativa, desde que o produto da multa não reverta em prol do adversário (como é o caso das regras dos arts. 81 e 774, parágrafo único, do CPC), mas em proveito do Estado (como ocorre no caso do § 2.º do art. 77 do CPC). É que, se a multa aproveita à parte lesada, não obstante a lei também preveja indenização pelo mesmo fato, a sanção deixa de ter propriamente um caráter penal, ainda que em sentido amplo, situando-se exclusivamente na esfera patrimonial, pelo ganho que se agrega à parte prejudicada pela litigância ímproba.

30. Norma processual no espaço. Se a lei processual disciplina o exercício da jurisdição; se a jurisdição estatal é manifestação do poder soberano e, como tal, encontra limites no *território* do Estado (infra n. 127), é natural que a eficácia da norma processual esteja submetida aos mesmos limites. Dessa forma, quando se vê a questão sob o ângulo da jurisdição estatal, a lei processual brasileira não se aplica fora do território brasileiro, e vice-versa, de modo que aqui – ressalva que possa ser feita à convenção processual válida e eficaz (CPC, art. 190) – a regra é a de que não são aplicáveis normas processuais estrangeiras (CPC, art. 16); ao contrário do que pode ocorrer no plano do direito material, quando eventualmente o juiz brasileiro está autorizado, conforme o caso, a aplicar o direito vigente em outros Estados.

> «A propósito, vide o art. 16 da Lei de Introdução às Normas do Direito Brasileiro (Decreto-lei 4.657/1942), antes chamada de Lei de Introdução ao Código Civil (LICC). Justamente por considerar a possibilidade de aplicação do direito material estrangeiro é que o art. 376 do CPC estabelece o respectivo ônus da prova.»

Como dito acima, as partes podem convencionar a aplicação de regras processuais estrangeiras, mediante negócio processual bilateral. Essa possibilidade resulta da regra do art. 190 do Código de Processo Civil vigente, na premissa de que o processo verse sobre direitos que admitam autocomposição e de que o negócio seja válido e eficaz. Nesse caso, afigura-se mais adequado e racional que as partes desde logo estabeleçam (e que oportunamente apresentem ao juízo) a literalidade das regras que pretendem ver aplicadas a seu processo; ao invés de fazerem mera referência a leis ou códigos estrangeiros, aos quais pretenderiam aderir. Essa explícita adoção poderá evitar dúvidas sobre o teor e a vigência do direito estrangeiro; que, nesse caso, e a rigor, perde essa qualidade para se tornar uma norma tipicamente interna, fruto da vontade das partes e não da lei.

De forma coerente, quando se trata de *arbitragem*, as normas processuais são eleitas pelas partes e, portanto, com maior razão é possível sejam aplicadas regras e institutos vigentes no direito estrangeiro, desde que isso seja aceito pelos interessados e, principalmente, tanto que observados os cânones do devido processo legal, aí sim conforme disposições contidas na nossa Constituição Federal. Nesse caso, é usual que as partes, ao invés de transcrever a literalidade das normas processuais que serão aplicadas, apenas se limitem a aderir - desde a convenção de arbitragem - às regras do regulamento interno de determinada Câmara arbitral (inclusive internacional).

De outra parte, o direito processual estrangeiro (incluindo-se aí sua aplicação pelos respectivos tribunais) pode, eventualmente, ser considerado como ferramenta na interpretação da norma brasileira, quando se recorrer ao assim denominado método *comparativo* (supra n. 22); cujo alcance é, contudo, limitado e cede diante de outros que considerem nossa própria realidade e destinação da norma. Naturalmente, não se considera direito estrangeiro a norma que resulta da incorporação ao direito positivo brasileiro de tratado internacional. Ainda que a regra possa ser aplicável perante diferentes Estados soberanos que aderiram à convenção, mas na premissa de que o conteúdo normativo passou regularmente a integrar o ordenamento jurídico nacional, considera-se a regra como de direito nacional.

Internamente, como a competência legislativa para o direito processual é exclusiva da União (CF, art. 22, I), as normas processuais têm eficácia em todo o território nacional e não há margem para conflito nesse particular. Contudo, a interpretação das normas federais está a cargo dos diferentes tribunais dos Estados membros da Federação e, ainda, de tribunais federais que abarcam diferentes Estados, que compõem uma dada *região*. Por isso é que o sistema prevê um órgão - que é o Superior Tribunal de Justiça - cuja missão precípua é a de uniformizar a aplicação do direito federal em todo território nacional. De todo modo, nas esferas locais, existe a possibilidade da uniformização pela via do assim chamado incidente de resolução de demandas repetitivas (supra n. 22).

«Observação crítica: reservar a legislação federal para temas como direito civil, comercial, penal, processual, eleitoral, agrário, marítimo, aeronáutico, espacial, do trabalho e para tudo mais que consta dos outros vinte e oito incisos do art. 22 da Constituição Federal, de um lado; e limitar o acesso ao Superior Tribunal de Justiça (pelos inúmeros óbices impostos pela jurisprudência dessa Corte), de outro lado, é, por vias reflexas, negar substancialmente a distribuição de competências prevista pelo Constituinte: se os Estados não podem legislar sobre essas matérias, a interpretação que prevalece, paradoxalmente, é aquela ditada por seus tribunais. Por outras palavras: a União tem competência para legislar, mas os Estados - com as ressalvas acima - têm competência para, em termos concretos, dar a interpretação às normas federais. Isso fica tanto mais evidente no contexto da jurisprudência dos tribunais superiores, consideravelmente restritiva do instituto da reclamação, mesmo que ela tenha por objeto a observância de entendimento fixado em regime de repercussão geral (STF) ou de recursos repetitivos (STJ).

Não se nega que a autonomia dos Estados é mais coerente com uma Federação. Mas, nesse contexto, parece mais coerente caminhar para dar aos Estados maior competência legislativa; não a de limitar a atuação dos tribunais superiores em seu papel uniformizador.»

É certo que os Estados têm competência normativa concorrente com a União em matéria de *procedimento* (elemento formal, integrante do conceito de processo, ao lado da relação jurídica processual - infra n. 238). Isso em tese autoriza aplicar a regra da territorialidade, de tal sorte que as normas eventualmente editadas nesses limites por um Estado membro têm a eficácia restrita ao respectivo território. Essa limitação ocorre nos casos de processo administrativo, quando houver legislação estadual a respeito.

TÍTULO II

PRINCÍPIOS DO DIREITO PROCESSUAL CIVIL

CAPÍTULO I

OS PRINCÍPIOS, A JURISDIÇÃO E A CONSTITUIÇÃO

31. Princípios e escopos da jurisdição. Como ocorre em outros campos da ciência jurídica, no Direito processual a doutrina dedica grande importância ao exame de seus assim denominados *princípios*.

Em boa parte da doutrina processual, identifica-se o conceito de princípio com postulados nucleares ou fundamentais, os quais inspiram e orientam as regras vigentes no sistema. A partir deles seria possível definir o *modelo* processual vigente. Contudo, nota-se expressiva variação terminológica e de conteúdo, com aparente e nem sempre construtiva tendência ampliativa do respectivo rol, não raramente desvinculada da distinção entre os conceitos de *princípio*s e de *regras*.

Sob essa ótica, em que os princípios são vistos mais genericamente como «vigas mestras» que dão sustentação ao sistema processual, a qualificação daqueles merece ficar reservada aos postulados que sejam indissociáveis dos escopos da jurisdição e do processo: sob o ângulo jurídico, a atuação do direito objetivo em concreto; sob o prisma social, a superação da controvérsia, da qual decorre a pacificação social.

Esses objetivos são complementares: pacifica-se mediante a atuação em concreto do direito e só se justifica a atuação do direito para pacificar - o que explica, por exemplo, a inércia da jurisdição. Contudo, em alguma medida esses escopos se repelem: enquanto o jurídico reclama tempo, o outro exige celeridade. De um lado, excessiva brevidade pode impedir haja cognição adequada e suficiente para que se cumpra, em concreto, a vontade do direito objetivo; de outro lado, quanto mais o litígio perdura no tempo sem solução, maior a insatisfação - individual e social - daí decorrente. Vale dizer: quanto mais abreviado o processo, maior o risco de prolação de decisões injustas; quanto mais dilatado o curso do processo, maiores os riscos decorrentes da subsistência dos litígios.

> «Exemplo disso pode ser pensado à luz do chamado efeito suspensivo dos recursos, que, *grosso modo*, suspende a eficácia da decisão recorrida enquanto não for julgado o recurso contra ela interposto. Especialmente no que diz respeito ao recurso de apelação, a regra é a de que ele conta com efeito suspensivo (CPC, art. 1.012), e, não exatamente de hoje, discute-se a conveniência da supressão desse efeito como regra geral, mediante alteração legislativa; que o CPC/2015 acabou por não consagrar.
>
> A resistência a tal modificação está associada ao temor de se dar poder excessivo aos juízes de primeiro grau. A sociedade, porém, precisa enfrentar o dilema que aí se encerra e fazer uma opção consciente. Se existe a queixa de uma Justiça morosa, e se essa morosidade, dentre outros fatores, decorre da circunstância de que recursos impedem o cumprimento imediato de decisões, então de duas uma: ou persiste a queixa sobre a morosidade, a pretexto de não se colocar a segurança em risco; ou se consagra uma regra que, afinal de contas, não será novidade no sistema e que, apenas para lembrar, já vigora nos processos que tratam de locação, entre outros.
>
> Não se trata de dar maiores poderes ao juiz, mas de assumir os riscos que mais celeridade processual acarreta. Não há como fugir do dilema: para fazer justiça, é preciso tempo para bem conhecer e aplicar o direito ao caso concreto; para eliminar a controvérsia e pacificar, é preciso presteza.
>
> Quanto mais rápido o processo, maior o risco de injustiças; quanto mais moroso, maior a sensação geral de ineficiência e de impunidade. Uma coisa é certa: não há solução fácil para um problema sabidamente complexo, embora a existência de recursos humanos e materiais adequados e corretamente geridos possa contribuir de forma relevante para uma prestação jurisdicional ao mesmo tempo célere e aderente aos desígnios do direito material.»

A consciência acerca dessa contraposição é fundamental. O equilíbrio entre esses dois diferentes aspectos é busca constante e constitui o grande desafio do Legislador, cujas opções ora prestigiam o escopo jurídico, ora pendem para o escopo social. Naturalmente, esse conflito se projeta sobre o tema dos princípios: se os escopos são, em alguma medida, conflitantes, isso se refletirá no convívio dos princípios. Além disso, é preciso considerar que a dualidade de valores acima descrita leva o Legislador a fazer opções quando da edição de regras, que não podem ser simplesmente desconsideradas pela pura invocação de princípios; não ao menos sem eventual e prévio confronto entre eles.

32. Princípios e regras. Embora a compreensão dos princípios processuais acima exposta – como preceitos fundamentais do sistema, relacionados aos escopos da jurisdição e do processo – seja correta, ela soa incompleta se não vier acompanhada da distinção entre *princípios* e *regras*, conforme já mencionado. De fato, se as regras são inspiradas pelos princípios e, como eles, devem se alinhar à consecução dos escopos da jurisdição, a vinculação entre princípios e escopos acaba sendo insuficiente para explicar o fenômeno.

Distinção de tal ordem é necessária diante da superação do positivismo jurídico, em que a subsunção dá lugar à argumentação e ao convencimento. Nesse contexto, no qual o intérprete não se limita à revelação da norma, têm papel relevante os princípios que, como as regras, são normas. A diferença está nas respectivas estruturas e modo de atuação. Na doutrina, fala-se em «mandamentos de otimização», cujo conteúdo deve ser realizado na maior extensão possível, consideradas as circunstâncias fáticas e jurídicas de cada situação concreta. Eles são preceitos «abertos», dos quais não decorre imediatamente uma solução a que se possa chegar por subsunção. A eles se associa uma dimensão de peso. Já as regras, segundo ainda se extrai de parte da extensa doutrina que se formou a respeito, são «deveres definitivos» e sua aplicação, mediante subsunção, se dá numa operação lógica de «tudo ou nada».

Embora o critério distintivo – que considera a estrutura e a forma de aplicação da norma – seja claro (e propicie relevante contribuição, conforme exposto em seguida), ainda assim ele pode, ao menos na seara processual, ensejar dúvida sobre o que efetivamente seja um princípio ou apenas uma regra (infra n. 37/108, sobre o que se entende sejam os princípios processuais).

Sem prejuízo disso, a distinção também é relevante na busca de soluções para hipóteses de conflito. A esse respeito, guardadas as limitações desta obra, aceita-se o que igualmente está exposto em doutrina: a) o conflito entre *regras* se resolve por invalidação de uma delas, mediante recurso aos mecanismos de revogação, derrogação, ressalva de vigência, dentre outros; b) o conflito entre *princípios* – se deles efetivamente se tratar – se resolve por ponderação no caso concreto; c) o conflito entre *regra* e *princípio*, salvo se da inconstitucionalidade daquela se puder cogitar, resolve-se pela prevalência da primeira porque, do contrário, a atividade de interpretação iria para além da argumentação e tornaria inócua a vontade do Legislador e da opção feita por ele.

No processo legislativo que redundou na edição do CPC/2015, a versão produzida no Senado chegou a empregar a terminologia *princípios*. Mas, acabou prevalecendo a versão da Câmara e, assim, restou positivada a expressão *normas fundamentais*; ainda que o *Código use aquela outra terminologia em diferentes passagens:* no art. 41, parágrafo único, ao tratar da cooperação jurídica internacional, falou-se na «aplicação pelo Estado brasileiro do *princípio* da reciprocidade de tratamento»; no art. 166, consignou-se que a conciliação e da mediação são «informadas pelos *princípios* da independência, da imparcialidade, da autonomia da vontade, da confidencialidade, da oralidade, da informalidade e da decisão informada»; no art. 167, § 2.º, ao tratar da atuação do conciliador e do mediador, exigiu-se seja «respeitado o *princípio* da igualdade dentro da mesma área de atuação profissional»; os arts. 322, § 2.º, e 489, § 3.º, referiram o «*princípio* da boa-fé», que deveria inspirar quer a interpretação do objeto da demanda, quer a decisão judicial, respectivamente - sendo curioso observar que nem mesmo o art. 5º, que tratou da boa-fé como «norma fundamental» chegou a qualificar o postulado como autêntico princípio; o art. 685, ao tratar da tramitação da *oposição,* ressalvou que seu ajuizamento pode operar o efeito suspensivo ali descrito, salvo se a unidade da instrução atender melhor «ao *princípio* da duração razoável do processo» (curioso observar que ao tratar da prova antecipada, o Código, para limitar o objeto do processo, empregou a locução negativa «excessiva demora»); finalmente, o art. 927, § 4.º, foi pródigo ao aludir aos «*princípios* da segurança jurídica, da proteção da confiança e da isonomia», ao tratar da possibilidade de modificação de enunciado de súmula, de jurisprudência pacificada ou de tese adotada em julgamento de casos repetitivos, mediante adequada fundamentação.

Mas, a terminologia empregada pelo Código - sem que possa ser simplesmente desconsiderada - não altera a essência das coisas: as «normas fundamentais» - possam ou não ser qualificadas autênticos *princípios* (conforme parâmetros acima mencionados) - devem servir como de elemento de interpretação (sistemática e teleológica) para as regras contidas na lei; e, eventualmente, como elemento de integração diante de eventual lacuna. Assim, não pode o juiz deixar de aplicar a norma positivada a pretexto da prevalência de outra genérica e dita «fundamental»; nem pode assim proceder a pretexto de preservar os fins sociais, de atender às exigências de bem comum ou de qualquer outro fundamento que, sob a roupagem supostamente democrática, signifique invalidar o que produziu o Legislador - e que não possa ser tido como em desconformidade com a Constituição.

Tampouco é possível que, a pretexto de julgar com base em «normas fundamentais», o juiz pretenda suprir o que ele entenda ser uma suposta lacuna - aqui, então, distorcidamente concebida como norma que o aplicador desejaria que tivesse sido positivada; mas que não foi. Isso é particularmente importante em matéria de boa-fé, tendo em vista a proposta contida no art. 5.º do CPC: ao descrever as condutas que configuram má-fé - que não pode ser presumida em qualquer hipótese - e ao sancioná-las, o legislador impediu que o juiz pudesse criar outras tipificações ou reprimendas para condutas supostamente contrárias a tal postulado. Algo análogo pode ser dito acerca da regra de cooperação (art. 8.º) que, à míngua de outras normas que lhe possam dar conteúdo compatível com o caráter dialético do processo, não pode ser simplesmente alargada pelo magistrado, como se ele estivesse a interpretar como suposta falta de cooperação qualquer conduta da parte que, dentro dos limites da lei, pretendesse questionar o quanto se decidiu (infra n. 79).

Dessa forma, reiterando o que já foi dito, agora à luz da terminologia empregada pelo Código: a) em caso de eventual conflito entre «normas fundamentais» que verdadeiramente possam ser erigidas à condição de *princípios*, será preciso recorrer à ponderação no caso concreto; b) em caso de eventual conflito entre *regras* da lei vigente e de leis precedentes, será caso de se verificar se e em que medida houve revogação, derrogação ou outro mecanismo análogo de invalidação de normas; c) em caso de conflito entre *regras* contidas (ainda que qualificadas como «normas fundamentais») no próprio texto, estar-se-á diante de antinomia – que deverá ser superada pelos tradicionais métodos de interpretação, que, contudo, não se resolvem na singela prevalência da norma «fundamental» sobre outra (salvo se for caso de inconstitucionalidade), seja ela uma regra, seja ela um princípio.

E, quando aqui se fala em *conflito* de normas, parte-se da premissa de insuperável conciliação entre os respectivos enunciados; o que é coisa diversa da possibilidade de interpretação de determinada regra à luz de um princípio (ou mesmo de uma «norma fundamental»), sem que isso represente, na verdade, a pura e simples negativa de aplicação da regra. Isso ocorre inclusive no campo do controle de constitucionalidade, pelo recurso à técnica da «interpretação conforme», pela qual se preserva a validade da norma, em leitura consentânea com o texto constitucional.

> «Além disso, é preciso considerar se aparente conflito entre regra e princípio não encerra, na verdade, conflito de princípios. Bom exemplo está na regra do § 3.º do art. 300 do CPC, segundo a qual não se antecipa tutela caso haja «perigo de irreversibilidade dos efeitos da decisão». A doutrina dominante sustenta – e assim já o fazia sob a égide do CPC/1973 – que o óbice não é intransponível dado que a irreversibilidade pode ser um risco tanto se concedida, quanto se não concedida a antecipação; isto é, para o réu, mas também para o autor. Poder-se-ia dizer que, dentre as duas opções possíveis, o Legislador teria optado por sacrificar o autor e não o réu. Mas a solução doutrinária parece correta porque, na realidade, o que existe nesse caso é conflito entre princípios: ação e defesa (ou contraditório sob a ótica do réu).»

Finalmente, quando se fala da ponderação, pensa-se na *proporcionalidade*; que, sem embargo da terminologia muitas vezes empregada pela doutrina e também pela jurisprudência, não deve ser vista exatamente como um *princípio*, mas como técnica de superação de conflito entre princípios; ou, sob ótica diversa, como técnica de controle de constitucionalidade, mediante aplicação do tríplice critério da *adequação*, *necessidade* e *proporcionalidade em sentido estrito* ou *vedação do excesso*.

A propósito, o Código de Processo Civil vigente empregou em uma única oportunidade a palavra *proporcionalidade*, fazendo-o na disciplina das acima referidas «normas fundamentais» - em vezo semelhante ao acima destacado, de tratar a proporcionalidade como princípio (art. 8.º). Valendo-se parcialmente da dicção do art. 5.º da Lei de Introdução às normas do Direito Brasileiro (o juiz «atenderá aos fins sociais e às exigências do bem comum»); empregando o indeterminado e abrangente conceito de *dignidade da pessoa humana*; e fazendo alusão aos postulados de *legalidade, publicidade* e *eficiência*, a lei determinou que se observem a *proporcionalidade* e a *razoabilidade* - palavra que, também ela, só se encontra no art. 8.º. Sem embargo de ressalvas que possam ser feitas a uma norma que justapôs postulados com conteúdo diverso e, em certa medida, conflitante, tal disposição legal não infirma o que foi dito acima - e em eventuais outros tópicos - a respeito da proporcionalidade.

33. Princípios «gerais» do direito processual. Conquanto essa terminologia seja empregada correntemente pela doutrina, ela deve ser vista com alguma reserva. Primeiro, ela é mais apropriada no contexto da *teoria geral do processo*, que busca postulados comuns ao processo civil e ao penal. Mas essa não é a preocupação desta obra, que se limita aos postulados do processo civil. Segundo, fora do contexto acima referido, a qualificação de «geral» sugere redundância porque a característica da generalidade já é um aspecto conceitual do princípio; que, tanto quanto a regra, é uma norma (dotada de generalidade quiçá ainda mais acentuada). Terceiro, a ideia de princípios «gerais» pode contribuir, ainda que involuntariamente, para equívocos na relação entre *princípios* e *regras*, a ensejar indevida desconsideração de normas positivadas - e cuja constitucionalidade não se põe em dúvida - em nome da incidência de princípios «gerais». Esse tipo de desvirtuamento pode dar azo a não autorizados juízos de equidade, incorretamente sobrepostos a juízos de direito, com prevalência não da norma editada pelo Legislador, mas de norma que o intérprete gostaria que o Legislador tivesse editado, na esteira do que foi exposto no tópico precedente.

Não obstante tudo isso, é possível falar - e o sistema reiteradamente recorre a esse expediente - em «regras gerais», que orientam um corpo de regras e que se aplicam subsidiariamente, diante da ausência de regra especial. É usual que subsistemas - como é o caso dos Juizados Especiais (Lei 9.099/1995, art. 2.º) ou do Código de Defesa do Consumidor (Lei 8.078/1990) - adotem suas próprias regras «gerais», utilizadas (paradoxalmente) para marcar a especialidade da respectiva disciplina, no confronto com o restante do ordenamento. O tema, aliás, está relacionado ao da interpretação das normas processuais (supra n. 19).

Dentro do Código, as ditas «normas fundamentais» talvez pudessem ser melhor qualificadas dessa forma, isto é, como *regras gerais*, invocáveis ao longo de todo o exercício da atividade jurisdicional (com as ressalvas feitas acima). Também dentro do Código há normas que integram «disposições gerais» – expressão que o diploma emprega duas dezenas de vezes – estabelecidas de forma segmentada: em matéria de cooperação (arts. 26 e ss.); em tema de competência (arts. 42 e ss.); ao se tratar dos prazos (arts. 218 e ss.); na comunicação dos atos processuais (arts. 236 e ss.); na disciplina da tutela provisória (arts. 294 e ss.) e da tutela de urgência (arts. 300 e ss.); no procedimento comum (arts. 318 e ss.); em matéria de provas (arts. 369 e ss.); ao se tratar da sentença e da coisa julgada (arts. 485 e ss.); no cumprimento da sentença (arts. 513 e ss.); na disciplina de alguns dos procedimentos especiais – como no caso das ações possessórias (arts. 554 e ss.), ação de divisão e de demarcação de terras particulares (arts. 569 e ss.), inventário e a partilha (arts. 610 e ss.) e procedimentos de jurisdição voluntária (arts. 719 e ss.); em matéria de execução em geral (arts. 771 e ss.); nas diversas espécies de execução (arts. 797 e ss.) e mesmo na execução por quantia certa (arts. 824 e ss.); no trato da ordem dos processos e da competência originária dos tribunais (arts. 926 e ss.); nas diferentes espécies de recursos (arts. 994 e ss.), e por fim, na disciplina dos recursos extraordinário e especial (arts. 1.029 e ss.).

Eventualmente, em alguns desses segmentos de «disposições gerais» poderá haver a identificação, não exatamente pela lei, mas a partir do que estabelecem doutrina ou jurisprudência, de algum «princípio» (mereça ele, ou não, esse qualificativo): em matéria recursal, por exemplo, fala-se no «princípio» de taxatividade, para expressar o fenômeno de que só cabem os recursos previstos em lei (art. 994); ou, na mesma seara, fala-se no «princípio» da unicidade recursal, para designar a ideia de que contra um dato pronunciamento é cabível apenas um recurso (vide, por exemplo, o disposto no art. 1.009, 3.°) – nesse caso, um princípio curiosamente estabelecido fora das disposições gerais, mas na disciplina do recurso de apelação, cujas regras também podem funcionar como «gerais», tal como ocorre em alguma medida com as regras sobre o efeito devolutivo (art. 1.013); na execução, há quem fale em «princípio» de menor onerosidade ou menor gravidade da execução, por conta do que estabelece o art. 805.

A função dessas regras «gerais» no sistema é semelhante àquela acima referida para as ditas «normas fundamentais», embora essas sejam dotadas de maior generalidade do que as outras; que, conquanto «gerais» por definição, estão mais diretamente ligadas a institutos específicos da lei. Assim, para além das hipóteses que expressamente regulam, elas podem eventualmente servir como de elemento de interpretação (sistemática e teleológica) para as regras «específicas» contidas na lei. Mas, não pode o juiz deixar de aplicar norma positivada a pretexto da prevalência de outra genérica – ainda que sob o argumento de se tratar de suposto «princípio». Nem pode o juiz desconsiderar a norma especial que derroga a geral.

34. Princípios constitucionais do processo. Essa terminologia, não raro, é associada à ideia de princípios «fundamentais», que não se confundem com a locução «direitos fundamentais». Naturalmente, a circunstância de um postulado estar positivado na Constituição é relevante porque aí se trata de saber se as regras editadas no plano legislativo estão em conformidade com o texto constitucional. Mas, sob o ângulo dos postulados que não estão incluídos expressamente na Constituição, o problema, em certa medida, remanesce. Basta lembrar que a Constituição precedente somente aludia ao contraditório em relação ao processo penal; nem por isso tal prerrogativa deixava de ser erigida como princípio de todo o direito processual pela doutrina, em peso. Por outras palavras, remanesce a questão consistente em saber se há outros princípios processuais que não aqueles positivados na Constituição; e vice-versa, porque nem tudo o que está expresso na Constituição, em matéria processual, pode ser qualificado como princípio, mesmo que eventualmente o texto empregue essa terminologia – como é o caso do art. 93 da CF, que evidentemente não encerra princípios, mas meras regras.

Embora seja inviável o exame da natureza de cada uma dessas normas, é possível detectar regras de organização judiciária, aí incluídas normas sobre a estruturação da magistratura; algumas das quais vão além e preveem autênticos direitos subjetivos dos juízes (art. 93, I a VIII-A). Há também regras que podem ser consideradas processuais porque regulam posições emergentes da relação jurídica processual, como é o caso daquela que estabelece o dever de motivação (inciso IX); a que estatui o caráter ininterrupto da atividade jurisdicional (inciso XII); e a que traz o dever de imediata distribuição dos recursos nos tribunais (inciso XV).

Então, não é a sede da norma (constitucional, ou não) o que determina se ela é, ou não, um princípio, embora, como dito, a inserção da norma na Constituição imponha a necessidade de correspondente adequação das normas de hierarquia inferior; o que pode ser objeto de controle de constitucionalidade. Em matéria processual, essa é a função mais relevante das normas constitucionais, conquanto não seja a única. Isso é dito a partir da constatação de que a reiterada jurisprudência do Supremo Tribunal Federal se recusa ao exame de questões processuais sob o enfoque constitucional ao argumento de que a regulação da matéria pela lei processual transfere para o âmbito da «processualística ordinária» – portanto, legislativo – o verdadeiro palco da questão; o que, quando muito, fica a cargo de controle pelo Superior Tribunal de Justiça, esse sim encarregado de uniformizar a interpretação da lei federal.

> «Para ilustrar, ainda que a CF estabeleça as garantias da inafastabilidade e do contraditório; assim como exija a motivação e a publicidade, nada disso comporta exame sob o enfoque constitucional se adotada a premissa de que, para tanto, seria preciso examinar o tema à luz das regras processuais apli-

cáveis em cada caso. Dessa forma, o STF não examina a questão processual em que se discute ofensa «meramente reflexa» (isto é, que não seja direta) à Constituição.»

Sem prejuízo disso, na esteira do que foi exposto nos tópicos precedentes, sendo o caso de verdadeiros princípios inseridos na Constituição, como «mandamentos de otimização» que são, eles devem inspirar a interpretação a ser dada à regra processual (para que sejam realizados na maior extensão possível). Vale dizer: não sendo caso de simplesmente negar o que está expresso no texto legal, é preciso dele extrair o sentido mais fiel aos princípios (estejam ou não inseridos na Constituição).

35. Princípios constitucionais e direito processual constitucional. Não há dúvida da importância de estudar o direito processual - ramo do direito público e, portanto, corpo de regras que regula a atuação do poder (não apenas estatal) - a partir da Constituição. Ao longo de décadas, desde que o direito processual ganhou foros de autonomia, exame dessa natureza tem sido feito pela doutrina processualista civil, penal e de teoria geral, com relevantes ganhos já consolidados, a ponto de se falar em um «direito processual constitucional».

Segundo se reconhece, não se trata de objeto autônomo, mas de postura metodológica a partir da qual se busca sistematizar dois aspectos que podem ser assim sintetizados: primeiro, a assim denominada *tutela constitucional do processo*; segundo, a chamada *jurisdição constitucional*. Nesta obra, o primeiro desses temas será analisado ao ensejo do exame do que se reputa sejam os verdadeiros princípios do direito processual (infra n. 37 e ss.). Ali serão tratados tópicos que usualmente são desenvolvidos pela doutrina sob aquela rubrica: devido processo legal, inafastabilidade do controle jurisdicional, acesso à Justiça, contraditório, imparcialidade, dentre outros. Já o tema da jurisdição constitucional será tratado ao ensejo do princípio acima mencionado, da inafastabilidade, uma vez que trata de um conjunto de «remédios» ou de medidas previstas pela Constituição - quer para a tutela da liberdade (*habeas corpus*, *habeas data*, mandado de segurança, mandado de injunção e ação popular), quer para o controle concentrado de constitucionalidade das leis - e que, em última análise, reportam-se ao mencionado princípio.

De todo modo, as «raízes constitucionais» do Direito processual não são apenas metodologicamente relevantes por supostamente emprestarem a esse ramo do Direito uma especial dignidade, ditada pela respectiva origem; afinal de contas, de um modo ou de outro, todos os demais ramos também descendem da Constituição. Além da mais óbvia e já tratada função de ensejar o controle de constitucionalidade da lei processual (sob o ângulo material), a ligação entre processo e Constituição tem desdobramentos potencialmente importantes: a interpretação sistemática das regras processuais, se e quando isso for necessário, pode e deve considerar referidas raízes. Sempre que necessário, os institutos processuais devem ser interpretados à luz do princípio da inafastabilidade de controle jurisdicional (infra n. 38). Isso é relevante, apenas para ilustrar, em matéria probatória: se o direito à prova (ou direito de provar) é desdobramento da ação e da defesa (enfim, do contraditório), é preciso interpretar as normas legais sobre prova com essa perspectiva - especialmente quando se trata de dar limites à liberdade de formação de convencimento do magistrado (apesar de a redação do vigente art. 371 ser diversa da precedentemente adotada pelo art. 131 do CPC/1973).

Outro dado relevante está na circunstância de que o Código de Processo Civil vigente, no afã de estabelecer «normas fundamentais», repetiu normas já positivadas na Constituição Federal - de certa forma e, para ilustrar, de forma análoga ao que fazem muitas das Constituições dos Estados membros da Federação, ao simplesmente reeditarem de forma literal dispositivos da carta federal. Isso ocorreu, por exemplo, no art. 3.º, que repetiu a norma inscrita no inciso XXXV do art. 5.º da CF, ao tratar da assim chamada inafastabilidade do controle jurisdicional; e no art. 4.º, quanto à duração razoável do processo, que consta do inciso LXXVIII do art. 5.º da CF.

Essa espécie de repetição não é exatamente uma novidade porque as normas legais sobre *motivação* e *publicidade*, por exemplo, de certa forma já incidiam - e continuam a incidir (CPC, art. 11) - nessa redundância. Mas, a incorporação da regra constitucional ao plano legislativo tem potencial relevância: se a questão processual dificilmente é tratada como constitucional porque, antes, é objeto e problema de normas infraconstitucionais (supra n. 34), quando o legislador traz para a lei a norma constitucional ocorre o fenômeno contrário: o que seria apenas uma possível violação constitucional agora passa ser negativa de vigência de lei federal; o que pode abrir caminho para o cabimento de recurso especial (CF, art. 105, III, *a*), tornando prejudicada a discussão sobre ofensa direta ou reflexa à Constituição (porque agora a ofensa é diretamente à lei). Eventualmente, a redundância poderá - se superado o argumento de ofensa reflexa à Constituição - inclusive ensejar problemas ligados à concomitância de recurso especial e extraordinário, a ensejar a aplicação do disposto no arts. 1.031 e ss. do CPC.

36. Princípios informativos do direito processual. Embora de forma mais escassa, essa terminologia também é empregada. São quatro os princípios designados por essa locução: *lógico*, a sugerir a adoção dos meios mais eficazes e rápidos para a descoberta da verdade; *jurídico*, a preconizar igualdade no processo e justiça na decisão; *político*, a determinar que se obtenha o máximo de garantia social com o mínimo de sacrifício individual; e *econômico*, a impor que o processo tenha o menor custo e duração possíveis. Contudo, sem embargo da excelência da respectiva origem doutrinária, é de se duvidar do alcance metodológico e prático dessa construção; que, desde logo, não se sabe ao certo se é dirigida ao Legislador ou ao aplicador da norma (ou se a ambos).

Primeiro, conquanto a ideia de lógica seja obviamente universal, o conteúdo acima apontado aparentemente não consegue ter esse atributo. A ideia de eficácia dos meios varia conforme a maior ou menor prevalência que se dê, em dado momento histórico, ao escopo jurídico ou social da jurisdição (que, embora se complementem, em certa medida se contrapõem) – o que bem pode ser ilustrado pelas alterações legislativas havidas entre nós nas últimas décadas, que prestigiaram os mecanismos de aceleração (por exemplo, a generalização da regra de antecipação de tutela e a adoção da ação monitória). Além disso, o modo pelo qual cada sistema encara a busca da verdade varia conforme opções axiológicas e, nessa área, o sistema, sem comprometer o contraditório, pode trabalhar, com maior ou menor intensidade, com juízos de probabilidade (expressos, por exemplo, em presunções legais ou em técnicas como a do título executivo).

Segundo, a busca de igualdade e justiça no processo deve ser vista em harmonia com opções feitas no plano material. Embora a igualdade possa ser erigida como verdadeiro princípio processual (infra n. 91), identificá-la com o princípio informativo «jurídico» não parece ser exato porque o escopo da jurisdição (e do processo) – portanto, sob a ótica do resultado – não é exatamente o restabelecimento de desigualdades existentes no plano pré-processual. A parte mais fraca pode, no processo, não ter razão e o resultado por si só não é e não pode ser ditado pela busca de superação de desigualdades. De forma análoga, a justiça da decisão não pode ser erigida como princípio jurídico porque ela é – deseja-se que seja – o resultado de uma atividade que, como regra, considera opções feitas pelo Estado em outros planos, que não propriamente o jurisdicional.

Mesmo os princípios político e econômico precisam ser vistos com reservas. A relação entre o social e o individual varia conforme valores prestigiados num dado momento histórico e assim também ocorre, portanto, com a medida do sacrifício que se quer impor ao segundo em nome do primeiro. De outra parte, embora seja desejável reduzir custo e duração do processo, esse postulado precisa ser lido com prudência.

É certo que a *economia* pode ser associada ao postulado da *eficiência*. Previsto pelo art. 37, *caput*, da Constituição Federal como regente da Administração, esse valor foi também positivado ao lado de outros constantes do art. 8.º. Mas, é preciso distinguir as atividades administrativas – que o juiz também pode desempenhar – das tipicamente jurisdicionais; atividades cujos escopos são sabidamente diversos. Na atuação propriamente jurisdicional, a ideia de *economia* tem caráter rigorosamente subsidiário, sendo intolerável que, em nome dela, postulados verdadeiramente essenciais sejam preteridos – o Código em vigor, aliás, simplesmente não emprega o termo. Não bastasse isso, respeitada a garantia de acesso à Justiça, o custo do processo – pela via da imposição de encargos financeiros – pode eventualmente ser manejado pelo legislador como opção para desestimular a interposição de recursos (por exemplo, pela imposição gradual de honorários advocatícios, por instância, tal como disposto no § 11 do art. 85 do CPC).

No terreno das invalidades processuais, sem embargo de doutrina em contrário, não é o argumento da economia que justifica o aproveitamento de atos praticados em desconformidade com o modelo legal. Outras são as razões que justificam, naquela seara, a manutenção de atos e respectivos efeitos. O processo e respectivos atos têm natureza instrumental. Se a finalidade é atingida, preservado o contraditório, não há utilidade na repetição do que proporcionou o resultado esperado pelo ordenamento (instrumentalidade das formas). Isso não tem qualquer fundamento na economia porque está assentado na ideia de finalidade e de possível prejuízo (ou inexistência dele).

Mesmo os mecanismos de cúmulo objetivo (CPC, art. 327) ou subjetivo (CPC, art. 113) e, ainda, de reunião de causas conexas para julgamento conjunto (CPC, art. 55, § 1.º) não são ditados propriamente pela economia, mas principalmente pela racionalidade dos trabalhos, pela busca de preservação da harmonia dos julgamentos e, quando muito, pela celeridade. A economia de recursos surge apenas como efeito colateral; tanto que dela sequer cogita a regra inscrita no § 1.º do art. 113, quando trata da limitação do litisconsórcio facultativo. Em suma, se economia tem alguma serventia no processo, ela é a última a ser cogitada, justamente para que, em nome dela, não se reduza a pó a somatória de garantias que compõe o devido processo legal ou processo justo.

É certo que cada vez mais se voltam atenções para os temas do *gerenciamento* e da *gestão* dos processos – conceitos que, de alguma forma, poderiam ser relacionados ao princípio aqui comentado.

O *gerenciamento* pode ser entendido como o conjunto de poderes conferidos ao órgão judicial (notadamente de primeiro grau) para que promova o mais racional e célere desenvolvimento do processo, considerando as peculiaridades de determinado caso concreto. No direito inglês – em que o instituto ganhou relevância a partir de reforma havida na década de 90 – ele é referido como *case management*, expressão que passou a ser empregada de forma generalizada, inclusive entre nós. No CPC/2015, esse instituto é ilustrado pela regra do art. 357, que prevê a realização de uma audiência de «saneamento e de organização» do processo que, dentre outros, envolve debate e deliberação sobre questões relativas à prova – fala-se, inclusive, de «saneamento compartilhado», isto é, fruto da atuação conjunta do juiz e das partes, em cooperação. Na realidade, esse gerenciamento deve começar já por ocasião da audiência de conciliação e mediação (CPC, art. 334) em que estas – e eventuais outras técnicas de solução consensual – sejam propostas e discutidas.

Já quando se pensa na *gestão de processos*, está-se a pensar em métodos de trabalho aptos a racionalizar o julgamento de causas com fundamentos idênticos, isto é, aptos a lidar com a litigiosidade repetida. Nesse particular, o CPC/2015 ampliou as técnicas que o diploma precedente já positivara, sendo consideráveis as disposições que, de alguma forma, procuram lidar com esse fenômeno: o art. 55, § 3.º, prevê a reunião de processos para julgamento conjunto que possam gerar risco de decisões conflitantes, «mesmo sem conexão entre eles»; o art. 332 autoriza o julgamento de improcedência da demanda, antes mesmo da citação do réu, em hipóteses nas quais determinada matéria já tenha sido objeto de súmula ou de outros mecanismos de uniformização; os arts. 976 e ss. preveem o julgamento do assim chamado incidente de resolução de demandas repetitivas; os arts. 1.036 e ss. tratam do julgamento dos recursos repetitivos perante tribunais superiores.

CAPÍTULO II

PRINCÍPIO DA INAFASTABILIDADE DO CONTROLE JURISDICIONAL (OU DA TUTELA JURISDICIONAL)

37. Inafastabilidade e poder (ou direito) de ação. Não obstante o papel desempenhado pelos diferentes princípios e, especialmente, a relação que os une, o postulado aqui tratado antecede os demais, sob o prisma lógico. O mesmo Estado que impede a autotutela - salvo casos excepcionais - é aquele que deve garantir que nenhuma alegação de lesão ou ameaça de lesão a direito pode ser subtraída do conhecimento do Poder Judiciário (CF, art. 5.º, XXXV). Sem essa garantia não haveria como verdadeiramente chegar-se às demais porque o processo nasce pelo exercício do poder ou do direito de provocar o exercício da jurisdição.

Sob o ângulo do jurisdicionado, a posição jurídica de vantagem é qualificada de diferentes maneiras na doutrina. É possível falar em *direito constitucional de ação* ou *direito de ação incondicionado* - por oposição ao direito de ação visto sob a ótica «processual», cujo exercício fica sujeito às condições da ação, que nada mais fazem do que aproximar o direito de ação de uma dada relação de direito material, diante do caráter instrumental daquele (infra n. 201). Também se fala em *direito à administração da Justiça*, ou *direito fundamental à jurisdição*, ou *direito de demandar*, ou *direito de ingressar em juízo*, dentre outros. Em alguma medida, o princípio garante o acesso à Justiça, entendido como direito de recorrer ao Poder Judiciário. Eventualmente, há quem identifique o conteúdo dessa prerrogativa com o assim denominado *direito de petição* (CF, art. 5.º, XXXIV, *a*). Mas esse último tem conteúdo mais genérico e abrangente, que melhor se ajusta na relação entre a Administração Pública e os administrados: e, portanto, é inconfundível com o direito de ação ou o direito à jurisdição. Quando muito e apenas para argumentar, o *direito de petição* poderia ser considerado um gênero do qual o direito de invocar um provimento jurisdicional seria espécie.

Conquanto seja mais usual falar-se em «direito de ação», parte da doutrina aponta ser mais correto falar em autêntico *poder*. É que o exercício dessa posição jurídica de vantagem não encerra o conflito de interesses que é típico da estrutura dos direitos subjetivos, na medida em que o Estado, na realidade, tem interesse na atuação, em concreto, do preceito que editou antes de forma geral e abstrata. Nessa ótica e diversamente do direito subjetivo, o exercício da ação gera para o Judiciário estado de verdadeira *sujeição*: mesmo que o juiz possa eventualmente indeferir a petição inicial por ser inepta (CPC, art. 330), ainda não pode sonegar adequada resposta ao reclamo contido na demanda, ato resultante do exercício da ação. Assim, embora a preferência no uso da terminologia não a prestigie, afigura-se correta a locução *poder de ação*. Isso é relevante porque, sob a ótica analítica (e não sintética), o poder de ação não se esgota na mera instauração da atividade jurisdicional, mas se desdobra em variadas posições de vantagem ao longo do processo, isto é, numa gama de poderes; de que é ilustração o *poder de provar*.

> «Se por um lado, realmente não há o conflito de interesses próprio do direito subjetivo, por outro, há algo de inexato na assertiva de que o exercício da ação gera a *sujeição* do Estado. Compreende-se a utilidade - metodológica, pedagógica e até ideológica - dessa perspectiva: quer-se deixar claro que não pode haver recusa do Estado em dar resposta ao pleito de tutela, por mais imperfeito que seja. Mas falar em sujeição diante do Estado, que é aquele que, em última análise, concentra o poder - e que, por isso, tem a prerrogativa de decidir e impor suas decisões - soa quando menos irrealista. Ou seja, no confronto do poder de ação e do poder do Estado que deve dar a resposta, não há dúvida de que acaba prevalecendo esse último; que, portanto e em termos mais rigorosos, não é objeto de sujeição.»

38. Inafastabilidade e tutela jurisdicional. A depender do conceito que se tenha de *tutela jurisdicional*, também é possível incluí-la no conteúdo do princípio aqui examinado. Com efeito, na premissa - aqui expressamente aceita - de que referida locução não se limita a designar o *resultado* favorável a uma das partes (aquela a quem se deu razão no processo); mas que ela seja igualmente abrangente dos *meios* predispostos para o exercício da jurisdição, então é correto falar na inafastabilidade não apenas sob a perspectiva do ingresso ou da provocação da atividade estatal. Sob essa ótica, de forma coerente com o reconhecido caráter bilateral da ação, é possível falar em tutela jurisdicional do demandado e até mesmo do vencido (demandante ou demandado) porque a tutela não está apenas no resultado do processo, mas *nele próprio*.

> «Embora a coisa julgada material – imutabilidade da decisão de mérito ou dos respectivos efeitos – não seja indissociável do exercício da jurisdição e não se preste a conceituá-la, fato é que a estabilidade dela decorrente configura autêntica forma de tutela, não apenas para o vencedor, mas também para o vencido, se considerada a superação da controvérsia; e, a rigor, também para o Estado. Isso fica claro quando se associa o elemento «pacificação» ao conceito de jurisdição. Nesse contexto, não se pacifica apenas o vencedor, porque a ideia se relaciona à eliminação do litígio; conceito que deve valer, até por lógica, para vencedor, vencido e para o próprio Estado.»

Com esse conteúdo mais abrangente, supera-se a ideia de que o princípio da inafastabilidade se limitaria apenas à ruptura da inércia da jurisdição; o que certamente o empobreceria. Mais ainda: com tal espectro, o princípio se completa porque o *direito à jurisdição* é igualmente o *direito ao processo*, que é o instrumento da jurisdição, abrindo-se campo para a conexão desse princípio aos demais. Ainda mais: a consideração dos *meios* supera a visão do princípio da inafastabilidade como mero exercício formal da jurisdição, tornando-o abrangente daquilo que parte da doutrina qualifica como *«processo justo»*. A esse último só se pode chegar mediante o recurso à ideia dos *meios* que compõem o processo e, a partir deles, aos demais princípios que alicerçam o sistema processual. A justiça que possa estar contida no processo, na verdade, não está propriamente no resultado (ou não apenas nele), mas nos *meios* empregados para sua consecução. Dessa maneira, o princípio inscrito no art. 5.º, XXXV, da CF pode e deve ser lido como garantidor da tutela jurisdicional.

39. «Remédios» processuais e atipicidade da ação. No plano teórico e também no pragmático, emprega-se com alguma frequência a expressão *remédios processuais* – que, conquanto possa ter um significado técnico, não deixa de ser uma metáfora (que, não raramente, se busca explicar pelo recurso a outras metáforas, tal como «caminho» ou «via» processual). Na doutrina, a locução oscila entre a correspondência com o conceito de *ação* e o de *processo*; que, embora traduzam fenômenos distintos, relacionam-se intimamente: sob a ótica da tutela das situações substanciais (ou das pessoas que são suas protagonistas), é difícil isolar os fenômenos da estimulação da atividade jurisdicional (ação), de um lado, e do respectivo desenvolvimento (processo), de outro lado. Em qualquer uma dessas perspectivas, *remédio* se harmoniza com o conteúdo de *tutela jurisdicional*, que compreende os *meios* para a consecução dos *resultados* desejados pelo plano substancial do ordenamento.

Além disso, a existência de *remédios* processuais deve ser encarada sob o prisma da cobertura geral que se contém no princípio da inafastabilidade e, portanto, do poder ou direito de ação, com a marca da atipicidade que os caracteriza. Para usar a mesma imagem, o princípio da inafastabilidade estabelece um remédio de amplo espectro, apto a atingir as mais variadas situações substanciais carentes de tutela.

> «Nos sistemas de *common law* vigora a máxima de que «o remédio precede o direito». Os direitos são cristalizados em torno dos remédios. Guardadas as diferenças entre tais sistemas e os de *civil law*, tal modo de ver as coisas é útil para romper com a ideia de *tipicidade* de remédios que, por vezes, conduz a situações de perplexidade, em que se reconhece a existência do direito (no plano material), mas não se divisa o *meio* para que ele seja tutelado (declarado ou atuado).»

40. Segue: remédios constitucionais e jurisdição constitucional das liberdades. Nesse contexto estão inseridos os assim denominados «remédios constitucionais», integrantes da chamada *jurisdição constitucional das liberdades* (supra n. 35).

Aquela primeira locução designa os meios aptos a provocar a intervenção estatal para corrigir ilegalidade e abuso de poder. Quando esses remédios são meios de provocar a atividade jurisdicional, fala-se em *ações constitucionais*. Elas seriam espécies de garantias que, pelo seu caráter específico e por sua função saneadora, receberiam o nome de *remédios*; qualificados como *constitucionais* porque consignados na Constituição, conforme se fala em doutrina. Esses remédios constitucionais se prestam à tutela da liberdade – *habeas corpus*, *habeas data*, mandado de segurança (individual e coletivo), mandado de injunção – e ao controle concentrado de constitucionalidade das leis.

A esta altura da história e do desenvolvimento do direito processual, ninguém haverá de se bater contra a previsão constitucional desses «remédios», fazendo-o a pretexto de que ela seria desnecessária diante do princípio da inafastabilidade do controle jurisdicional e da cobertura geral dada pelo direito ou poder de ação. É preferível, até por razões práticas e pedagógicas, que a previsão expressa e específica permaneça, inclusive pela dignidade que o assento constitucional sugere aos aplicadores das normas.

Contudo, é preciso não esquecer que todos esses remédios são, na verdade, abrangidos pelo princípio e pelo direito já mencionados. Isso é importante pelo ângulo inverso: a previsão constitucional de alguns remédios não significa dizer que não haja outros que encontram fundamento na regra inscrita no inciso XXXV do art. 5.º da CF; há tantos «remédios» quantos forem necessários para que se dê adequada resposta às diferentes situações carentes de tutela no plano substancial.

41. Segue: os assim denominados «remédios heroicos». As considerações expostas no tópico precedente são bem ilustradas pela hipótese do mandado de segurança, previsto no inciso LXIX do art. 5.º da CF, em relação ao qual se consagrou a expressão «remédio heroico» - igualmente emprestada ao *habeas corpus*, outra medida com assento constitucional, destinada à tutela da liberdade de locomoção (art. 5.º, inciso LXVIII). Pensando apenas no primeiro desses «remédios», e não obstante os avanços da ciência processual e do direito positivo brasileiro, não raramente doutrina e jurisprudência acabam por tratá-lo como uma forma de tutela supostamente desvinculada do princípio da inafastabilidade; o que, contraditoriamente, pode redundar em entendimentos restritivos ao emprego da medida.

Em doutrina, de um modo geral, proclama-se que o mandado de segurança tem natureza de *ação*; contudo e de forma paradoxal, eventualmente se fala que esse (assim como outros remédios constitucionais) não poderia ser reduzido à condição de «simples» ação; ou de «mais uma» ação. Argumenta-se que, estivesse o mandado de segurança na «vala-comum», não haveria necessidade de o texto constitucional dele ter tratado separadamente. Dessa forma, ao lado do princípio da inafastabilidade do controle jurisdicional, haveria o repúdio à ofensa a direitos líquidos e certos por atos de autoridade. Daí se falar que o mandado de segurança seria uma espécie de ação com «provimento reforçado» e com procedimento «simplificado e célere».

Essas são ideias que devem ser entendidas no contexto histórico em que originalmente concebidas: até as reformas que o direito processual brasileiro experimentou no final do século passado e início do atual, tais ponderações faziam sentido. A previsão constitucional específica para tais institutos justificava, então, que o mandado de segurança fosse tratado de forma especial, no contexto dos «instrumentos» de acesso ao controle jurisdicional. Mas, já naquela perspectiva, a especialidade da medida não poderia ir ao ponto de fazer com que ela superasse a garantia «geral» da ação e da inafastabilidade; nem que ficasse aquém, naturalmente. A inafastabilidade, em um senso *positivo*, implica amplo acesso a uma tutela efetiva e adequada: nenhuma alegação de lesão (ou ameaça de lesão) de direito pode ser excluída da apreciação judicial. Mas o postulado revela também um sentido *negativo*: a efetiva alegação (exercício do direito de ação) e o correspondente controle jurisdicional excluem o cabimento de novas formas de apreciação; mesmo que seja através do «remédio» que é o mandado de segurança que, antes de ser uma «ação especial», é uma «ação».

Portanto, mesmo na perspectiva anterior às referidas alterações legislativas, era possível e necessário delimitar, com maior rigor científico, no que consistiria a especialidade do mandado de segurança. Ela residia na limitação - em profundidade - da cognição, pela exigência de prova pré-constituída, isto é, na liquidez e certeza. Além disso, a especialidade também podia ser identificada no provimento ou na respectiva eficácia, que se falava ser «potenciada». Mas o que significava isso? Naquela perspectiva história, a doutrina tinha em mira efeitos que se produziam independentemente da instauração de um (novo) processo de execução, isto é, em que a execução se operava «por ordem do juiz», mediante expedição de simples mandado (sem um *intervalo* entre fase de cognição e fase de atuação da sanção). Além disso, pensava-se em efeitos que ensejassem meios de coerção eficazes, aptos a garantir a autoridade da ordem - o que, de resto, sempre foi desejável para todas as modalidades de provimentos. Fora daí, já naquela perspectiva mais remota, não se poderia identificar na tal «eficácia potenciada» algo que superasse a garantia (maior, geral e «atípica») da ação.

A evolução dos estudos processuais e do direito positivo deixou isso tudo ainda mais claro, na medida em que o sistema evoluiu para fazer da tutela sumária - aspecto diferencial do mandado de segurança - uma possibilidade generalizada. Assim ocorreu com a edição das regras dos arts. 273, 461 e 461-A do CPC/1973, além da legislação especial que as antecedeu e sucedeu; tudo a autorizar tutelas sumárias, na forma de provimentos de urgência, cautelares ou antecipatórios. Isso se manteve - e nem poderia ser diferente - com o vigente diploma, que estabeleceu um regime (tanto quanto possível) unitário para a tutela provisória e, dentro dela, para as tutelas de urgência e de evidência (arts. 294 e ss.).

Hoje, então, devemos ter claro que a expressão «remédio heroico» se tornou anacrônica: o «heroísmo» não é mais apenas do mandado de segurança, mas do considerável arcabouço de medidas diferenciadas de que o sistema processual dispõe para tutela sumária dos direitos; todas fundadas na cobertura geral do sistema, tal como consta do inciso XXXV do art. 5.º da CF. Portanto, num sistema processual em que a tutela sumária passou a ser objeto de regra geral, com possibilidade ampla de tutela de urgência, fundada em cognição não exaustiva; e no qual todas as sentenças passaram a ter caráter executivo ou mandamental (isso em função da supressão da autonomia do processo de execução fundado em sentença), o que de mais relevante restou de especialidade no *mandamus* foi o fato de ser instrumento de controlar atos ilegais ou abusivos de *autoridade*. Aí sim remanesce o caráter «heroico» do remédio, como instrumento de tutela de liberdades públicas.

No caso do mandado de segurança coletivo (CF, art. 5.º, inciso LXX), esse aspecto fica ainda mais evidente, pela simples razão de que se trata de demanda que veicula pretensão relativa a uma pluralidade de sujeitos. Considerações análogas podem ser feitas quanto a essa medida, não raramente identificada como mais um «instrumento» para a tutela de direitos. Pelo referido instituto, o que ocorreu foi que o sistema avançou para superar situações de litisconsórcio ativo multitudinário (CPC, art. 113, § 1.º) e para ir além do exercício da mera *representação*, de que já tratava o texto constitucional (art. 5.º, XXI). A inovação trazida pela medida, quando de sua implantação, consistiu na superação da regra tradicional e estreita da legitimação individual, com a atribuição de legitimação extraordinária a determinados entes, presumidamente investidos de representação para tanto (infra n. 43).

Nesse caso, não foi preciso sequer regulamentar pontos afetos à competência e ao processo, uma vez que o «novo» instrumento apenas alargou a legitimação então vigente para a tutela de direito líquido e certo. Assim, com o advento da Constituição de 1988, não se criou um novo «tipo» de ação, dado que a garantia - entendida como possibilidade de se levar ao controle jurisdicional uma dada situação de direito material - já vigorava no sistema. Por outras palavras, o direito de ação (no qual se inclui o mandado de segurança coletivo) não necessitou de regulamentação para permitir o alargamento das vias de acesso ao Judiciário, eis que a via já estava criada, tendo apenas sido alargada.

42. Inafastabilidade e a defesa dos direitos transindividuais. A inafastabilidade da tutela jurisdicional ficaria incompleta se pensada exclusivamente sob a ótica individual. Dessa forma, o princípio inscrito no inciso XXXV do art. 5.º da CF também alcança as alegações de lesão - ou de ameaça - a direitos que transcendam aquele âmbito: quer porque seus titulares sejam indeterminados, quer porque seu objeto seja indivisível. O sistema brasileiro fala em direitos ou interesses difusos, coletivos e individuais homogêneos (Lei 8.078/1990, Código de Defesa do Consumidor, art. 81). Nesse âmbito, inscreve-se a tutela do meio ambiente, do consumidor, do patrimônio artístico, estético e cultural, dentre outros (Lei 7.347/1985, que disciplina a «ação civil pública», art. 1.º). Estão aí inseridas controvérsias típicas da sociedade de produção e consumo de massa, que bem ilustram a migração de parte do processo civil do *individual* para o *coletivo*.

Um dos obstáculos à vinda de controvérsias dessa natureza ao Poder Judiciário residia na relativa estreiteza do conceito de legitimação ordinária, tal como concebida pela lei processual ordinária, segundo a qual a ninguém é dado postular direito alheio em nome próprio, salvo se autorizado por lei (ou, na dicção do CPC vigente (art. 18, *caput*), pelo «ordenamento jurídico»). Assim, tratando-se de direito pertencente a uma pluralidade de pessoas, era inviável que apenas uma delas viesse a juízo para, em nome próprio, falar por direito que não era seu, mas sim alheio. Portanto, a falta de previsão legal para a legitimação ativa funcionava como obstáculo para que tais conflitos pudessem chegar ao Judiciário, em sua dimensão coletiva (em sentido amplo).

«Isso significa dizer que eventuais violações ao meio ambiente ou a outros bens tipicamente difusos até chegavam ao Poder Judiciário, mas na forma do pleito individual. Por exemplo, a demanda indenizatória da vítima de determinado agente poluente ou de consumidor afetado por prática abusiva (sobre a legitimação extraordinária, infra n. 211).»

A abertura para demandas que tivessem por objeto direitos coletivos (em sentido amplo) ocorreu progressivamente no Brasil. A Constituição Federal de 1934 assegurava a quem quer que fosse representar, mediante petição, sobre abusos das autoridades, para promover a respectiva responsabilidade (art. 113, item 10); na de 1946, a regra foi reeditada, acrescendo-se que – «qualquer cidadão» era «parte legítima para pleitear a anulação ou a declaração de nulidade de atos lesivos do patrimônio da União, dos Estados, dos Municípios, das entidades autárquicas e das sociedades de economia mista» (art. 141, §§ 37 e 38). Posteriormente, a Lei 4.717/1965, que permitiu a qualquer cidadão a defesa do patrimônio público, entendido como bens e direitos de valor econômico, artístico, estético, histórico e turístico (art. 1.º, § 1.º). Sobrevieram ainda a Lei 6.938/1981 (sobre a Política Nacional do Meio Ambiente), autorizando iniciativa do Ministério Público para reparação dos danos causados ao meio ambiente e a terceiros eventualmente afetados por ato lesivo (art. 14, §1º); a Lei Orgânica do Ministério Público (Lei Complementar 40/1981), que previu como atribuição do referido órgão a propositura de ação civil pública (art. 3.º, III); a Lei 7.913/1989, permitindo também ao Ministério Público a propositura de ação visando à reparação dos danos causados aos investidores no mercado de valores mobiliários (art. 1.º).

Relevantes nesse aspecto também foram: a Lei da Ação Civil Pública (Lei 7.347/1985), ampliando o rol de legitimados para a propositura de ação civil pública, nela incluindo a defesa do meio-ambiente, dos direitos do consumidor, de bens e direitos de valor artístico, estético, histórico, turístico e paisagístico, e à ordem urbanística. Em seguida, veio o Código de Defesa do Consumidor (Lei 8.078/1990) que, além de trazer normas de proteção ao consumidor individual, tornou possível a tutela coletiva dos assim denominados direitos individuais homogêneos; além de incluir no objeto da Lei da Ação Civil Pública a proteção «a qualquer outro interesse difuso ou coletivo». Na esteira da legislação – por mais paradoxal que isso possa ser – seguiram-se as disposições da Constituição Federal de 1988.

Esse arcabouço normativo compõe o assim denominado microssistema processual coletivo, que encontra também raízes na inafastabilidade do controle jurisdicional. Ele desempenha função relevante na propagação dos efeitos da tutela jurisdicional compatível com as dimensões das controvérsias próprias dessa seara.

43. Segue: tratamento coletivo de demandas individuais (crítica). A evolução do ordenamento jurídico brasileiro mostra que o tratamento coletivo (em sentido amplo) de direitos ou interesses *individuais homogêneos* cedeu espaço a técnica processual diversa.

Para entender esse fenômeno é preciso considerar que, nessa específica matéria, o ordenamento brasileiro adotou, em legislação especial, a regra de coisa julgada com eficácia *erga omnes,* nos seguintes termos: a) ela se opera em relação a todos os demais legitimados (aos quais a lei reconheceu adequada representação), seja em caso de acolhimento ou de rejeição da demanda; b) em relação às pretensões individuais, a coisa julgada favorável pode ser aproveitada (em subsequentes liquidação e cumprimento do julgado); c) ainda em relação às pretensões individuais, a coisa julgada coletiva não obsta que sejam deduzidas (individualmente), dada a inexistência de litispendência (CDC, art. 103).

Nesse contexto, a regra é a de que, mesmo se julgada improcedente a demanda coletiva, ações individuais poderiam obter resultado diferente. Pior do que isso, a convivência - que o sistema tolera de forma complacente - entre demandas coletivas e individuais, que tratam precisamente do mesmo tema, gerou contradição e perplexidade: o esforço de tratar o conflito de forma «molecularizada», mediante a demanda coletiva, é perdido em boa medida quando o conflito continua a ser tratado de forma pulverizada, porque individualizada (para empregar a mesma imagem, de forma «atomizada»).

Não é que uma decisão no processo coletivo não tenha peso em relação aos julgamentos a serem feitos nos pleitos individuais, embora sem força vinculante; aliás, justamente porque tem peso é que a regra inserta no art. 103, § 2.°, do Código de Defesa do Consumidor não tem repercussão prática relevante. Não soa factível que houvesse decisão desfavorável ao autor da ação coletiva, em julgamento oriundo de órgão colegiado (possivelmente no Superior Tribunal de Justiça) e, depois, viessem decisões contrárias a esse entendimento, em demandas individuais.

Mas, o cerne do problema está no fato de que a coexistência de demandas coletivas e de uma plêiade de demandas individuais - que a propositura da demanda coletiva simplesmente não consegue impedir - faz com que o sistema compreensivelmente fique sobrecarregado. Isso então explica porque o direito positivo brasileiro criou mecanismos de administração da litigiosidade repetida; que, contudo, parte da base individual: diante da constatação de que há litigiosidade repetida, colhem-se processos representativos da tese debatida, que são então submetidos a julgamento, do qual resultará uma decisão cuja eficácia será expandida para outros. Isso já era verificável no CPC/1973 (por exemplo, arts. 285-A, 518, §1°, 557 e, especialmente, 543-A, 543-B e 543-C) e decididamente está presente no CPC vigente. As técnicas empregadas são parcialmente diversas entre si, mas têm em comum a circunstância de que são mecanismos tendentes a lidar com o grande volume de demandas individuais, em que fundamentos de fato ou de direito comuns são discutidos. Ou seja: busca-se a gestão de uma massa de demandas individuais que apresentam o mesmo conflito; que as ações coletivas, apesar do esforço de tratamento «molecularizado», simplesmente não conseguiram evitar.

A introdução de tais dispositivos legais é o reconhecimento de que, ao menos na realidade brasileira, as demandas coletivas para tutela de direitos individuais homogêneos acabaram em boa medida esvaziadas pela massa de ações individuais.

Nesse modelo, perdeu-se a preocupação com a representatividade adequada dos sujeitos que, no processo, buscam a tutela dos interesses do grupo. Além disso, o gerenciamento das causas - notadamente quando isso ocorre no âmbito recursal - abre margem para que os processos individuais fiquem suspensos, aguardando o julgamento do recurso representativo da controvérsia enquanto, em contrapartida, poderiam ser concluídos antecipadamente, nos casos em que o recurso deixou de atender a algum pressuposto para sua admissibilidade. Embora a lei preveja uma técnica de distinção, o volume de causas pode fazer com que isso não seja suficiente para evitar prejudicar a parte que não deveria estar sujeita à suspensão.

E nem se diga que a propositura das demandas coletivas (em sentido amplo) não poderia impedir o ingresso de demandas individuais porque isso violaria a garantia inscrita no inciso XXXV do art. 5.º da Constituição Federal, aqui tratada. Mas, na premissa de que o autor da demanda seja efetivamente um adequado representante, então seu ingresso em juízo há de ter algum efeito limitador aos pleitos individuais, pelo reconhecimento de que já há uma lide pendente em relação àquele objeto e respectivos titulares.

44. Inafastabilidade e devido processo legal. Em parcela expressiva da doutrina se encontra a ideia de que a locução *devido processo legal* enfeixa os princípios constitucionais que tutelam o processo. Devido processo legal seria uma espécie de síntese ou ponto de convergência desses postulados, dentre os quais usualmente são destacados o juiz natural, o acesso à Justiça, o contraditório, a motivação e a publicidade. Daí porque, eventualmente, fala-se também em devido processo *constitucional*, em razão do plano do ordenamento em que situados seus cânones fundamentais.

Ao contrário do que possa resultar da literalidade da expressão, não há relação necessária entre o que se entende por *devido processo legal*, de um lado, e *lei*, de outro. A origem histórica - inclusive pela diversidade entre os sistemas de *common law* e de *civil law* - parece confirmar a assertiva: o vocábulo *law* não corresponde exatamente ao nosso significado de *lei* (que melhor seria designada pela palavra *act*), mas sim a *direito*. Mas o que é relevante aí é que, embora a *legalidade* seja uma regra consagrada na Constituição Federal (art. 5.º, II), não se deve entender que esse postulado esteja inserido na locução devido processo legal; nem mesmo como um dos elementos que para ele convergem, conforme acima exposto. Até pelo contrário, a ideia de um processo justo remete à transcendência da mera legalidade, que não deixa de ser importante, mas que não pode ser erigida à condição de princípio processual.

Por esses motivos, é correto associar os conceitos de *tutela jurisdicional* - abrangente do resultado e dos meios processuais - e *direito ao processo*; que só pode ser entendido como o devido processo legal, isto é, composto pela somatória de princípios, que estão positivados na Constituição, ou que, não estando lá expressamente previstos, são indissociáveis do exercício e dos escopos da jurisdição. Em suma: o princípio da inafastabilidade só pode ser substancialmente entendido como princípio pelo qual o controle jurisdicional ocorre mediante o devido processo legal. E no devido processo legal, conforme exposto, há autêntica tutela jurisdicional.

45. Inafastabilidade e segurança. Na doutrina dedicada ao direito público de um modo geral, tem especial relevância o postulado da *segurança jurídica*, qualificada como verdadeiro princípio que protege o indivíduo no confronto com o Estado, a ensejar confiabilidade e previsibilidade. Sem propriamente negar que assim seja, no direito processual, contudo, não se pode dizer que segurança tenha conteúdo autônomo e possa ser considerada como princípio processual.

Segurança está ligada, sem dúvida, ao conceito de devido processo legal e de tutela jurisdicional, quando pensada nos *meios* predispostos para o exercício da jurisdição: os princípios que regem o direito processual - e que o tutelam - são, na verdade, geradores de segurança. Em certa medida, a garantia de que as controvérsias serão solucionadas mediante a intervenção de um terceiro imparcial (e não pela imposição do mais forte); e com a observância da igualdade, do contraditório e da publicidade (dentre outros) é determinante de segurança e, em alguma medida, geradora de pacificação - se não com o sentido de eliminação da controvérsia, ao menos como eliminação de dúvida quanto ao modo pelo qual o litígio há que ser resolvido. Não se sabe ainda o resultado, mas se sabe *como* a controvérsia será tratada e resolvida. Em suma: o cidadão tem a segurança do direito ao devido processo legal (ou «justo», na dimensão antes examinada).

> «A produção da certeza jurídica - apta a gerar confiança, exatidão e tranquilidade nas relações humanas - é resultado a ser proporcionado pelo processo civil. Não há razão plausível que exclua idêntico raciocínio quando

se pensa no desenrolar do processo, que é o instrumento pelo qual o Estado exerce o poder. Embora a jurisdição atue para, com seu resultado final, superar crises existentes no plano substancial, crises também há dentro da relação jurídica processual e que, quando menos analogamente, são objeto de tutela. Só assim se pode entender o conteúdo de um processo «justo» porque a justiça do processo não pode ser medida - não ao menos exclusivamente - pelo resultado que ele proporciona.»

Mas a segurança está igualmente na resolução da controvérsia, isto é, no resultado final do processo; e nem poderia deixar de estar. Se o escopo da jurisdição é o de eliminar a controvérsia, há de haver alguma estabilidade na superação do litígio porque, do contrário, não é possível falar em pacificação. Em cada caso concreto, essa estabilidade é proporcionada pela *coisa julgada material* (imutabilidade da decisão de mérito ou de seus efeitos), que leva à extinção do poder ou direito de ação. Diante dela, até mesmo em termos lógicos, não há mais que se falar em inafastabilidade porque o controle jurisdicional já se consumou.

É certo, de outra parte, que o instituto da coisa julgada não é absolutamente indissociável da jurisdição (infra n. 113): pode haver atividade substitutiva (e imparcial), com escopo de atuar a vontade do direito objetivo em concreto, sem que a decisão final se torne necessariamente imutável. Corretamente, a doutrina aponta que as decisões jurisdicionais estão sujeitas a diferentes graus de «imunização». Contudo, embora isso seja certo, o sistema só reabre a apreciação de uma controvérsia já decidida (por decisão irrecorrível) diante de fatos ou fundamentos novos (não importando aqui, por ora, discutir se são fatos surgidos depois da resolução da controvérsia ou mesmo ocorridos antes disso). Ora, se há fatos e fundamentos novos que não possam ser cobertos pela coisa julgada (na verdade, pela respectiva eficácia preclusiva, ditada pelo art. 508 do CPC), está-se diante de uma nova demanda; portanto, aí sim de volta à ideia da inafastabilidade, preservado o princípio segundo o qual as decisões devem ser estáveis, para gerar segurança (de que decorrem confiança e previsibilidade).

A segurança não decorre exclusivamente da coisa julgada material. Mas a intangibilidade dessa última está expressamente consagrada na Constituição Federal (art. 5.º, XXXVI). Vale dizer: a segurança é um valor consagrado no plano constitucional, independentemente do processo. A coisa julgada material é um instrumento para consecução da segurança que, conforme observado anteriormente, é um princípio. A coisa julgada só pode ser desconsiderada no âmbito do devido processo legal, no prazo previsto para a assim denominada ação rescisória (CPC, art. 966). Excepcionalmente, havendo conflito de princípios (isto é, da segurança e de algum eventual outro), poderá ser necessário recorrer ao mecanismo da proporcionalidade (supra n. 32).

«O CPC/1973 admitia que a coisa julgada, independentemente de ação rescisória, deixasse de prevalecer quando a decisão estivesse fundada em norma reputada inconstitucional pelo Supremo Tribunal Federal (art. 475-L, § 1.º). O vigente diploma alterou essa disciplina, ao prever que alegação de tal desconformidade deve necessariamente vir antes do trânsito em julgado. Se esse tiver ocorrido, a decisão terá que ser desconstituída por ação rescisória, embora o prazo para a respectiva propositura só se inicie com a decisão final do STF sobre o tema (art. 525, §§ 12, 14 e 15). A opção, que de certa forma prestigia a coisa julgada, considerou a segurança jurídica. De todo modo, para preservação dessa última, a lei ressalvou que a decisão fundada em norma inconstitucional poderá, excepcionalmente, prevalecer, mediante modulação no tempo, que considere para segurança jurídica (art. 525, § 13; o que é repetido na regra do art. 535, § 6.º).»

Sob ângulo diverso, o CPC emprega a locução *segurança jurídica* no contexto dos mecanismos predispostos à formação de jurisprudência *estável, íntegra* e *coerente* (art. 926, *caput*). Bem ilustrativo disso é a disposição contida no § 3.º do art. 927, segundo a qual, havendo de alteração de jurisprudência dominante do Supremo Tribunal Federal e dos tribunais superiores ou daquela oriunda de julgamento de casos repetitivos, pode haver modulação dos efeitos da alteração no «interesse social e no da *segurança jurídica*»; e também aquela do § 4.º do art. 927 que, ao tratar da modificação de entendimento jurisprudencial antes consolidado, refere-se à observância dos «princípios da *segurança jurídica*, da *proteção da confiança* e da *isonomia*». Aliás, é justamente a preocupação com a segurança jurídica que justifica a instauração do assim chamado incidente de resolução de demandas repetitivas: além da efetiva repetição de processos sobre uma mesma questão de direito, a lei exige que haja «risco de ofensa à isonomia e à *segurança jurídica*» (art. 976, I e II). Ainda nesse contexto, a segurança jurídica é invocada como fundamento para a «suspensão de todos os processos individuais ou coletivos em curso no território nacional que versem sobre a questão objeto do incidente já instaurado» (art. 982, § 3.º; e art. 1.029, § 4.º).

46. Inafastabilidade e disciplina da competência. Em última análise, regras acerca da competência (infra n. 139) nada mais fazem que «regulamentar» o exercício da ação, na medida em que determinam perante *quem* se deve postular, em concreto, a tutela jurisdicional; e, consequentemente, quem pode e deve prestá-la. Vale dizer: as regras de competência integram o caminho que o interessado deve percorrer até o provimento final e, nessa medida, mantêm um ponto em comum com as regras que disciplinam o desenvolvimento do processo. Por isso é que há órgãos com competência *residual*, isto é, competentes quando outros, por regras especiais ou expressas, não o forem. Assim, ninguém ficará privado do controle jurisdicional em concreto, pela falta de um órgão competente.

Isso é igualmente válido para as hipóteses de arbitragem: enquanto não tiver sido regularmente instaurado o painel arbitral, e suposto não haver na câmara arbitral eleita pelas partes a previsão do assim chamado «árbitro de urgência» (isto é, que possa apreciar pleito de medida urgente até que o painel esteja constituído), o Judiciário segue como competente para determinar eventuais medidas de urgência (Lei 9.307/1996, arts. 22-A e 22-B).

47. Inafastabilidade e solução adjudicada da controvérsia. Entendida na dimensão acima preconizada, a inafastabilidade – que se traduz no direito à jurisdição e ao processo que é seu instrumento – é o direito à superação da controvérsia mediante a atuação da vontade do direito objetivo, mediante ato de poder, no ambiente do devido processo legal ou do «justo» processo. Por outras palavras, o princípio significa que a parte tem direito à solução adjudicada pelo Poder Judiciário; o que traz como desdobramento o direito da parte de não se submeter à pretensão do adversário e, a *fortiori*, de não transigir, ficando obviamente submetida aos riscos e aos encargos decorrentes de eventual insucesso.

Essa constatação é importante para que não se vislumbre na recusa à autocomposição, só por si, eventual conduta temerária ou ímproba. Nem mesmo o apelo ao dever de cooperação ou de colaboração (infra n. 79) altera esse dado, com a ressalva de eventual e equilibrada repressão à litigância de má-fé. Qualquer forma de coação ou pressão imposta à parte para que abra mão do que entende ser seu direito conflita abertamente com o conteúdo do princípio ora examinado e, nessa medida, é intolerável; o que será tanto mais grave se a coação se der a pretexto da incapacidade de solução estatal tempestiva. Isso não quer dizer, por outro lado, que o Estado não possa e não deva estimular solução do litígio pelas próprias partes, mediante prestígio aos assim denominados meios «adequados» (antes, «alternativos») de solução de controvérsias. A experiência mostra que a superação do conflito pelos próprios envolvidos é superior àquela decorrente da solução adjudicada pelo Estado.

Isso tudo não infirma as considerações feitas a propósito das formas de resolução de controvérsias, quanto à tendência de que solução estatal seja vista como forma subsidiária, se consideradas as demais alternativas. Reitere-se que, sem prejuízo da premissa de que a tutela jurisdicional não pode ser afastada, o próprio Estado estimula, cada vez mais, que a decisão a ser por ele adjudicada seja precedida de efetiva tentativa de solução por alguma das formas de autocomposição (supra n. 8). Para ilustrar, o CPC prevê a realização de audiência preliminar (após o recebimento da petição inicial) destinada à tentativa de conciliação ou mediação (art. 334) e chega ao ponto de estabelecer que a ausência injustificada à referida sessão é considerada «ato atentatório à dignidade da justiça», passível de sanção com multa (art. 334, §8.º). Mas a busca da solução consensual deve ocorrer em ambiente de liberdade de escolha. Ela não deve configurar negação, por vias oblíquas, do dever estatal de prestar jurisdição (supra n. 37).

De outra parte, reconhecer que o Estado deve se esmerar na busca de soluções de autocomposição não é suficiente para dizer que o conceito de inafastabilidade abrangeria atividades exclusivamente voltadas a tal escopo. O poder ou direito de ação segue definido como prerrogativa a uma decisão imparcial adjudicada, isto é, imperativa. Por outras palavras, sem embargo de se reconhecer a necessidade de estímulo às soluções não adjudicadas, não parece metodologicamente útil empregar a mesma terminologia (direito ou poder de ação) para designar fenômenos consideravelmente distintos. Coisa diversa disso é eventualmente reconhecer que exista um autêntico poder ou direito das partes que sujeitaria o Estado a realizar apenas atividades de conciliação ou mesmo de mediação, sem que haja um pleito de solução imperativa. Ou seja: se efetivamente há um direito, cujo sujeito passivo é o Estado, à instauração de um processo (estatal) cujo objeto seja exclusivamente atividade tendente à solução autocompositiva, não convém denominar essa posição jurídica de direito de ação.

> «Sobre isso, o art. 24 da Lei 13.140/2015 (Lei de mediação) estabelece que os tribunais criarão centros judiciários de solução consensual de conflitos, «pré-processuais e processuais». Em interpretação sistemática, os demais dispositivos da lei na disciplina da mediação judicial parecem indicar que, entre nós, a mediação judicial é sempre incidental em processo cujo objeto é mesmo a solução imperativa do conflito: o art. 27 da lei remete a uma demanda de solução adjudicada da controvérsia; o art. 29 fala em dispensa de «custas judiciais finais» (portanto, pressupõe iniciais que, por seu turno, só fazem sentido diante de um pedido). Coisa diversa ocorre, portanto, no caso de ser instaurado processo, com regular demanda de solução adjudicada: nesse caso, há autêntico dever do magistrado de designar a audiência a que se refere o art. 334 do CPC, ressalva a hipótese de desinteresse das partes (§ 5.º). Assim, uma coisa é admitir que o órgão judicial deixe de designar a audiência, sob fundamento de que a autocomposição é, no caso concreto, inviável ou de muito difícil obtenção. Outra coisa é, diante da expressa vontade do interessado, deixar-se de designar a audiência. Fora do contexto do Poder Judiciário, é possível que as coisas se passem de forma diversa, sem que, como sustentado, seja conveniente alterar o sentido da expressão *direito de ação*. Para ilustrar, no caso do programa de leniência (Lei 12.529/11, arts. 86 e ss.), parece mesmo haver um autêntico direito subjetivo do (primeiro) sujeito à obtenção de solução não adjudicada, a impor resposta do Estado. De forma análoga, assim também parece ocorrer nos casos de regularização cambial e tributária, tal qual instituída pelas Leis 13.254/16 e 13.428/17.»

48. Inafastabilidade e (inexistência de) monopólio estatal da jurisdição: arbitragem. A arbitragem é meio de solução de controvérsias que resulta essencialmente da vontade das partes. A doutrina clássica se referia ao instituto como «equivalente jurisdicional». Hoje, contudo, é correto dizer que ela encerra típica atividade jurisdicional: nos limites dos litígios que envolvem direitos patrimoniais disponíveis entre pessoas maiores e capazes, a arbitragem está a cargo de terceiro imparcial e, portanto, nela está presente o caráter de substituição. Ela se dá mediante atuação do direito objetivo no caso concreto com o escopo de eliminação da controvérsia (pacificação). Dessa forma, afasta-se o dogma segundo o qual a garantia da inafastabilidade confere ao Poder Judiciário o monopólio do exercício da jurisdição. O controle estatal sobre a decisão arbitral fica limitado à estrita observância do devido processo legal, conforme hipóteses previstas pelo art. 32 da Lei 9.307/1996; mas o mérito da decisão não é passível de revisão.

Nesse e em todos os casos em que o Judiciário intervém para garantia do devido processo legal, fica ainda mais claro que existe autêntica *tutela jurisdicional* na preservação das posições processuais, que, nessas hipóteses, é justamente o resultado perseguido. Isso demonstra que não há tutela apenas no reconhecimento de direito material em prol de um dos contendores.

49. Inafastabilidade e jurisdição fora do Poder Judiciário. Por regra, a função jurisdicional estatal é exercida pelo Poder Judiciário. Excepcionalmente, ela pode ser atribuída a órgão estranho a esses quadros, como é o caso, no direito positivo brasileiro, do julgamento do Presidente da República, pelo Senado Federal, no caso de impedimento (CF, art. 86). Na premissa de que aí se trata de jurisdição, poder-se-ia falar na impossibilidade de – prévio ou posterior – controle de tal julgamento pelo Judiciário. Mas prevalece entendimento segundo o qual isso é possível para garantir a observância do devido processo legal, analogamente ao que se passa no controle da decisão arbitral.

50. Segue: comissões parlamentares de inquérito. O art. 58, § 3.º, da CF estabelece que as *comissões parlamentares de inquérito* – constituídas para apuração de «fato determinado e por prazo certo» – têm poderes de investigação «próprios das autoridades judiciais». Tais órgãos, sem embargo da equiparação a que alude o texto, decididamente não exercem função jurisdicional. É que, sob o prisma exclusivamente jurídico, seu ato culminante não contém atuação da vontade do direito objetivo. O relatório final – para além das consequências políticas que possa gerar – presta-se apenas a eventualmente subsidiar a adoção de outras medidas, conforme indica a parte final do dispositivo (que fala em encaminhamento ao Ministério Público, «para que promova a responsabilidade civil ou criminal dos infratores»).

Além disso, a equiparação à autoridade judicial está restrita a poderes de investigação, isto é, a medidas de instrução, dentre as quais aquelas que normalmente dependeriam de autorização do Poder Judiciário, como ocorre nos casos de quebra de sigilo. Mas, mesmo em relação à tomada dessas medidas, não está descartado o controle jurisdicional sobre a respectiva legalidade (por exemplo, para assegurar que a providência não extrapole o fato determinado justificador da criação da CPI).

Mais ainda, é duvidosa a eficácia da prova ali colhida em momento posterior, em juízo. Se no caso da prova documental, por sua natureza, não há maior problema, no caso da colheita de depoimentos não parece possível justificar decisão em posterior processo jurisdicional apenas com base em tais elementos. Para além da constatação realista de que as interferências políticas – próprias do ambiente das comissões – podem contaminar a colheita da prova, não há regras garantidoras da imparcialidade daqueles que presidem os trabalhos (ainda que se presuma, em relação a eles, a impessoalidade, até prova em contrário). Nessa medida, portanto, os elementos de prova colhidos pela CPI mais se assemelham aos do inquérito policial.

51. Segue: atividade desempenhada pelo Conselho Administrativo de Defesa Econômica (CADE). A Lei 12.529/2011 estatui que esse órgão – autarquia federal vinculada ao Ministério da Justiça – é «entidade judicante» com «jurisdição em todo território nacional» (art. 4.º); o que, aliás, repete a dicção do art. 3.º da precedente Lei 8.884/1994. A função desse órgão, em essência, é a de reprimir o abuso do poder econômico e tutelar a livre concorrência; quer mediante políticas públicas, quer pela aplicação de sanções. Sobre sua natureza, não há uniformidade na doutrina, que ora alude a uma função «judicante administrativa», ora «quase» judicial.

Estruturalmente, a atividade desempenhada pelo CADE na repressão de ilícitos que atentam contra a livre concorrência é – como ocorre com outros «tribunais» administrativos – análoga, de fato, à jurisdicional. Nela se dá a atuação do direito objetivo em concreto, por terceiro (isto é, com caráter substitutivo). Contudo, em essência, ela remanesce como atividade tipicamente administrativa, não apenas pelo aspecto orgânico. Primeiro, embora a atuação dos conselheiros deva observar a impessoalidade (CF, art. 37), não se pode dizer que as regras garantidoras de sua imparcialidade sejam idênticas às dos magistrados. Segundo, não há imutabilidade das decisões que podem ser revistas justamente por conta do princípio da inafastabilidade do controle jurisdicional.

Embora esse controle possa ter por objeto tanto aspectos de legalidade como de mérito, quanto a esse último é preciso considerar o elevado grau de especialização detido pelo CADE. Assim, a considerável complexidade que as controvérsias a ele submetidas apresentam não pode se resolver de forma simplista na nomeação de perito pelo juiz em processo judicial. Guardadas as peculiaridades de cada caso, substituir-se o exame técnico do CADE pelo de um perito judicial, na premissa de que o juiz não detém conhecimento técnico adequado, seria negar a função atribuída pela lei ao citado órgão, sem que propriamente houvesse um controle jurisdicional adequado.

52. Segue: agências reguladoras e políticas públicas. A criação das agências reguladoras busca superar dificuldades estruturais e técnicas do Estado na normatização e fiscalização de setores específicos da atividade econômica. Elas assumiram papel de órgãos públicos dotados de especialização, autonomia e independência. Estão incumbidas da fiscalização da atividade econômica, com poder normativo e decisório - inclusive sancionador - sobre a atividade regulada. Quanto a esse último, há dúvida análoga àquela mencionada para a atividade desempenhada pelo CADE.

O problema que surge no contexto do princípio da inafastabilidade do controle jurisdicional está associado à autonomia e à especialização técnica. Esse controle deve considerar a exigência de eficiência e deve ser exercido com base na razoabilidade do ato, que abrange *adequação* aos fins propostos; verificação do êxito dos resultados e proporcionalidade dos meios com relação aos ônus impostos aos administrados. Fora desses limites, aos quais naturalmente se soma a estrita observância do devido processo legal, as decisões das agências devem ser prestigiadas, sob pena de insegurança resultante da prevalência do subjetivismo judicial sobre lícitas opções do Administrador.

Esses mesmos limites coincidem com aqueles que se impõem ao Judiciário para a implantação de *políticas públicas* - programas e ações do Poder Público para atingir os objetivos fundamentais do Estado. Nesse domínio, a intervenção do Judiciário para estabelecer tais diretrizes - direta ou indiretamente - só se justifica diante de ações ou omissões desprovidas de razoabilidade. Assim, o Poder Judiciário pode aferir a conformidade das políticas públicas aos objetivos fundamentais da República Federativa do Brasil (CF, art. 3.º) e deve considerar a garantia ao «mínimo existencial» e a «reserva do possível».

53. Inafastabilidade da tutela jurisdicional e duração razoável do processo. Embora positivado no ordenamento brasileiro de forma destacada (pela adesão do Brasil ao Pacto de São José da Costa Rica; pelo inciso LXXVIII do art. 5.º da CF; e pelos arts. 4.º, 139, II, do CPC), o direito à duração razoável do processo é decorrência necessária da inafastabilidade da tutela jurisdicional. Portanto, ele não pode e nem precisa ser visto como um princípio autônomo.

Só há sentido em se falar em direito à jurisdição e ao processo se a atuação estatal - quer sob a ótica de atuação dos meios, quer sob o prisma do resultado final proporcionado - for tempestiva. De nada adiantaria garantir a apreciação de alegação de lesão a direito se esse controle não fosse tempestivo. Não haveria espaço para processo «justo» se ele fosse tardio. A intempestividade da tutela jurisdicional prejudica o escopo jurídico e o escopo social da jurisdição. Ela também afeta negativamente a igualdade na medida em que a demora tende a prejudicar os mais fragilizados sob a ótica econômica, social e cultural. Conforme apontado pela doutrina, os critérios para a identificação do lapso «razoável» para a duração de dado processo são a natureza e a complexidade da causa; o comportamento dos litigantes e do juiz; e até mesmo as condições regionais ou locais.

Quanto às condições locais, a razoabilidade da duração pode até levar em conta dados relativos à infraestrutura de fóruns e tribunais, disponibilidade de recursos materiais e humanos; ou, mais propriamente, a carência de tudo isso. Mas essas circunstâncias devem ser vistas com reserva: se por um lado elas até podem se prestar a escusar o magistrado oficiante, por outro, elas não podem servir de justificativa para o próprio Estado porque, do contrário, a regra estaria simplesmente anulada. Portanto, é dever do Estado suprir as deficiências que sejam as causas do indevido retardamento.

A duração do processo também é ditada, ao menos em parte, pela disciplina legal do tempo dos atos processuais (CPC, arts. 212 e ss.); e, em particular, pela disciplina dos *prazos* - lapsos temporais que a lei estabelece para o exercício das posições jurídicas que prevê, a cargo dos sujeitos do processo. Quanto aos prazos das partes, eles são estabelecidos pela lei ou, eventualmente pelo juiz, que haverá de considerar a complexidade do ato a praticar (art. 218, *caput* e § 1.º). A lei fez a opção pela contagem dos prazos (apenas os processuais) em dias úteis (art. 219); o que, por um lado, representa um conforto dado às partes e procuradores, mas que inevitavelmente dilata o tempo do processo. Também o juiz está adstrito à observância de prazos, conquanto possa excedê-los se houver «motivo justificado» (art. 227), regra que deve ser vista e aplicada com boa-fé e transparência.

Excetuando a regra do art. 4.º, que associa «prazo razoável» à duração do processo conforme a norma constitucional aqui comentada, nas demais passagens em que o Código emprega essa locução, ele o faz com atenção voltada não exatamente à «duração razoável», mas ao efetivo *contradit*ório: nestas situações, o juiz deve dar às partes tempo proporcional à tarefa da qual devem se desincumbir, isto é, proporcional ao ônus estabelecido pela lei.

Além disso, é preciso considerar que a busca das soluções consensuais também tende a dilatar o tempo para que seja proferida decisão adjudicada do conflito. Basta ver a regra do art. 334 do CPC, que trata da audiência preliminar destinada à tentativa de conciliação e mediação, e confrontá-la com a estrutura e a disponibilidade (ou falta delas) dos diferentes órgãos judiciais para tanto. Esse investimento de tempo deve ser feito, não apenas porque a lei assim o determina, mas também para que se possa superar a cultura de que os conflitos se resolvem apenas por decisões imperativas; e, assim, para que as partes sejam verdadeiramente estimuladas a buscar o consenso possível. Mas, o emprego do tempo, como foi dito, deve ser útil: não se deve permitir que a previsão legal funcione indevidamente como forma de protelação e, portanto, contrária ao postulado da solução da controvérsia de forma tempestiva. Não havendo estrutura material e humana que permita seja designada a sessão em tempo razoável; ou sabendo-se de antemão que a autocomposição, conquanto juridicamente viável, é de fato muito improvável, não se afigura incorreto deixar o juiz de designar a sessão, inclusive na consideração de que as partes, por seus advogados, podem e devem dar sua própria contribuição na tentativa de se obter a autocomposição.

54. Processo eletrônico, acesso à Justiça e inafastabilidade. O uso de meio eletrônico na tramitação de processos - inicialmente autorizado pela Lei 11.419/2006 e depois encampado de forma abrangente pelo CPC/2015 (arts. 193/199) - pode contribuir para o acesso à Justiça, quer pela ampliação dos canais para ingresso em juízo, quer pela melhoria no gerenciamento e na gestão dos processos existentes (supra n. 36); do que tende a resultar mais eficiência e celeridade. Mas é preciso considerar que a tecnologia necessária para tanto nem sempre é plena ou facilmente acessível a todos. Portanto, é preciso evitar o paradoxo consistente em que uma ferramenta pensada para superar óbices de acesso à Justiça acabe por criar novas e relevantes dificuldades, a gerar mais um fator de ilegítima exclusão.

O CPC/2015 não revogou expressamente as precedentes disposições da Lei 11.419/2006, que é aplicável não apenas ao processo civil, mas ao penal e ao trabalhista; donde pode ser qualificada como uma lei «geral» do processo eletrônico. Ela convive com as disposições especiais da lei processual civil, com as quais se harmoniza.

A lei «geral» se preocupou com o princípio da inafastabilidade (ou do acesso) ao estatuir, por exemplo: «Quando, por motivo técnico, for inviável o uso do meio eletrônico para a realização de citação, intimação ou notificação, esses atos processuais poderão ser praticados segundo as regras ordinárias, digitalizando-se o documento físico, que deverá ser posteriormente destruído» (art. 9.º, § 2.º). Dispôs-se «Os órgãos do Poder Judiciário deverão manter equipamentos de digitalização e de acesso à rede mundial de computadores à disposição dos interessados para distribuição de peças processuais» (art. 10, § 3.º) – disposições análogas estão contidas nos arts. 12, § 2.º, 14 e 15. Mas isso não basta: eventuais falhas, oscilações ou quedas do sistema eletrônico não podem, em hipótese alguma, prejudicar o acesso à Justiça, especialmente considerando as situações de urgência, em que tais imperfeições não podem retardar a resposta estatal; caso em que será imprescindível admitir-se imediatamente o retorno ao emprego da forma física.

Na mesma linha, o CPC/2015 estabeleceu que «Os sistemas de automação processual respeitarão», dentre outros, «a publicidade dos atos, o acesso e a participação das partes e de seus procuradores, inclusive nas audiências e sessões de julgamento, observadas as garantias da disponibilidade, independência da plataforma computacional, acessibilidade e interoperabilidade dos sistemas, serviços, dados e informações que o Poder Judiciário administre no exercício de suas funções» (art. 194). Dessa forma, os tribunais devem divulgar «as informações constantes de seu sistema de automação em página própria na rede mundial de computadores, gozando a divulgação de presunção de veracidade e confiabilidade» (art. 197). E, como antes já previra a lei «geral», estabeleceu o CPC que: «Nos casos de problema técnico do sistema e de erro ou omissão do auxiliar da justiça responsável pelo registro dos andamentos, poderá ser configurada a justa causa prevista no art. 223, *caput* e § 1.º» (art. 197, parágrafo único). Para preservar a inafastabilidade, dispôs-se que «As unidades do Poder Judiciário deverão manter gratuitamente, à disposição dos interessados, equipamentos necessários à prática de atos processuais e à consulta e ao acesso ao sistema e aos documentos dele constantes»; e que «Será admitida a prática de atos por meio não eletrônico no local onde não estiverem disponibilizados os equipamentos previstos no *caput*» (art. 198, *caput* e parágrafo único). Também deverá ser assegurado o acesso «às pessoas com deficiência acessibilidade aos seus sítios na rede mundial de computadores, ao meio eletrônico de prática de atos judiciais, à comunicação eletrônica dos atos processuais e à assinatura eletrônica» (art. 199).

A ferramenta eletrônica pode também contribuir para a duração razoável do processo, que, conforme acima observado, é decorrência necessária da inafastabilidade da tutela jurisdicional (supra n. 53). Pela melhoria na gestão dos processos ela pode reduzir o tempo em que os autos ficam inertes no aguardo de algum andamento ou de decisões («tempo morto», conforme expressão empregada ocasionalmente em doutrina). Contudo, a contribuição é relativa porque o meio eletrônico não pode suprir limitações em que a intervenção do operador – seja serventuário, seja especialmente o julgador – se faz indispensável.

55. Duração razoável, metas e produtividade dos órgãos judiciais. Não obstante a norma a ditar que o processo deve durar tempo razoável, tornar mais ágil e célere a tramitação dos processos é um desafio complexo; e que não pode ser superado por soluções simplistas, comprometidas com *metas* e sem preocupação com a justiça no caso concreto.

Antes de tudo, é preciso considerar que a justiça não se resolve em estatísticas, ainda que elas possam ser uma ferramenta útil para o diagnóstico das causas da morosidade e, portanto, para que sejam encontradas soluções. O conceito de produtividade mal se ajusta à ideia de fazer justiça porque, por mais massificadas que tenham se tornado as relações na sociedade contemporânea, atrás de cada processo ainda há pessoas de carne e osso, a reclamar dedicação e empenho para que se faça justiça naquele caso concreto. Não se pode e não se deve, em suma, aplicar à solução de controvérsias pelo Judiciário uma espécie de lógica de guerra.

Também é preciso considerar que a busca de soluções equilibradas e efetivas para problema de tal dimensão encontra hoje pouco campo nas alterações legislativas, não obstante reiteradas expectativas sobre alteração das leis processuais. É preciso considerar que parte relevante do problema da Justiça está na disponibilidade e gestão de recursos materiais e humanos; menos do que nas deficiências das regras legais. Alterações na lei processual podem eventualmente ajudar, mas é ilusório supor que resolverão problemas estruturais. Até pelo contrário, sucessivas alterações – ainda que a pretexto de tornar mais ágil o processo – tendem a gerar instabilidade que mais prejuízos do que ganhos podem causar.

Nesse contexto, compreende-se a fixação de metas para os órgãos integrantes do Judiciário, entendidas como limites de tempo fora dos quais se reputa que a resposta estatal desatende o comando constitucional. Mas é preciso cuidado para que, a pretexto de dar resposta à sociedade, não se perca o compromisso com o exame das peculiaridades do caso concreto, e, dentro do humanamente possível, nele seja feita verdadeira justiça.

> «O controle da produtividade dos magistrados é objeto da atuação do Conselho Nacional de Justiça. Para ilustrar, o tema está inserido nas metas nacionais de nivelamento dos tribunais estabelecidas anualmente nos Encontros Nacionais do Judiciário, que reúnem representantes dos diferentes tribunais do país. As primeiras metas surgiram no Encontro de 2009 (Belo Horizonte-MG). Em 2010, vieram outras metas: julgar quantidade igual à de processos de conhecimento distribuídos em 2010 e parcela do estoque, com acompanhamento mensal; julgar todos os processos de conhecimento distribuídos até 31.12.2006 e, quanto aos processos trabalhistas, eleitorais, militares e da competência do tribunal do Júri, até 31.12.2007; reduzir em pelo menos

10% o acervo de processos na fase de cumprimento ou de execução, e em 20% o acervo de execuções fiscais, tomando-se como referência o ano de 2009; lavrar e publicar todos os acórdãos em até dez dias após a sessão de julgamento; disponibilizar mensalmente a produtividade dos magistrados no portal do tribunal, em especial a quantidade de julgamentos com e sem resolução de mérito e homologatórios de acordos, subdivididos por competência. Em 2011 vieram outras, dentre as quais a de julgar quantidade igual a de processos de conhecimento distribuídos em 2011 e parcela do estoque, com acompanhamento mensal. Outras vieram em 2012: julgar mais processos de conhecimento do que os distribuídos em 2012; julgar, até 31.12.2012, pelo menos, 80% dos processos distribuídos em 2007, no STJ. Da mesma forma ocorreu em 2013: julgar quantidade maior de processos de conhecimento do que os distribuídos em 2013; julgar, até 31.12.2013, pelo menos, 80% dos processos distribuídos em 2008, no STJ; 70%, e por aí afora. Contudo, como está dito no texto, convém indagar se todas essas metas são factíveis e se estão respaldadas em estudo de incremento proporcional de meios (materiais e humanos); ou se são apenas uma tentativa de superar os indicadores do ano anterior e de dar uma resposta formal à sociedade – *formal* porque desvinculada da busca da justiça. Além disso, não parece possível simplesmente estabelecer metas sem considerar as particularidades locais, como se a realidade fosse igual em toda a Federação.»

O CPC/2015, como já foi referido em outros tópicos (supra n. 36), estabeleceu diferentes mecanismos para lidar com a litigiosidade repetida e, dessa forma, potencializar os resultados da atividade jurisdicional. Isso se dá mediante o julgamento de casos individuais, representativos de controvérsia repetida em inúmeros outros, com eficácia expandida para todos os processos em que se debata o mesmo tema. Isso ocorre na reunião de processos para julgamento conjunto, se houver risco de decisões conflitantes, «mesmo sem conexão entre eles» (art. 55, § 3.º); no assim chamado incidente de resolução de demandas repetitivas (arts. 976 e ss.); e no julgamento de «recursos repetitivos» perante tribunais superiores (arts. 1.036 e ss.). Esse tratamento massificado pode levar à *suspensão* dos processos «repetidos» até que o entendimento seja uniformizado para todos (arts. 313, IV; art. 982, I). Essa paralisação, contudo, precisa ser feita com cuidado para que, a pretexto de se tratar de forma eficiente uma plêiade de causas, não se gere resultado inverso: não devem ser indevidamente protelados julgamentos de casos que, por suas características individuais, não devem se submeter ao resultado do julgamento uniformizador. Por isso é que, na disciplina dos «recursos repetitivos» – em regra que se aplica também ao incidente de resolução de demandas repetitivas – há disposição segundo a qual, «Demonstrando *distinção* entre a questão a ser decidida no processo e aquela a ser julgada no recurso especial ou extraordinário afetado, a parte poderá requerer o prosseguimento do seu processo» (art. 1.037, § 9.º).

56. Princípio da inafastabilidade e denegação da tutela jurisdicional. Por mais que repute inepta a petição inicial ou improcedente o pedido, o órgão judicial não pode deixar a demanda do autor sem resposta adequada. Se não houver óbice ao julgamento do mérito (que também precisa ser devidamente explicitado, se for o caso), recusa à apreciação de pedido e respectivos desdobramentos representa violação ao princípio aqui examinado.

Se o juiz deixar de apreciar *pedido* (não exatamente as questões suscitadas nos autos, porque aí o vício é de falta de adequada *motivação*), a sentença será qualificada como *citra* ou *infra petita*, entendendo-se como tal aquela que decidiu *menos* do que foi pedido. Ela não se confunde com a sentença de improcedência, em que o pedido é apreciado, mas rejeitado. No primeiro caso, eventual erro será de procedimento (*error in procedendo*) e no segundo, se houver, será de julgamento (*error in judicando*).

Sob a ótica da técnica processual, tal decisão é, antes de qualquer coisa, *omissa* e enseja embargos de declaração (CPC, art. 1.022, II). Se esse recurso for acolhido, em princípio restará superado o vício; se for rejeitado (na premissa de que o vício realmente existe e que persiste), terá havido violação ao princípio da inafastabilidade.

Não sendo eliminada a omissão (quer porque os embargos sejam rejeitados, quer porque não tenham sido interpostos), abrem-se, em tese, duas alternativas, consectárias do princípio da inafastabilidade: ou a decisão deve ser anulada pela instância superior, para que outra seja proferida; ou, se a omissão tiver sido parcial, remanesce o que foi decidido, com abertura para a propositura de nova demanda quanto ao pedido que não foi decidido; e que, portanto, não está sujeito à imutabilidade da coisa julgada material.

A solução depende do alcance da omissão: tratando-se de pedidos autônomos, em princípio a omissão sobre um deles não impede a remessa da parte para uma nova demanda. Contudo, se a omissão recai sobre pedido cujo acolhimento é antecedente lógico de outro, cumulado em ordem sucessiva, então, é caso de anulação. Essa última pode não ocorrer se o tribunal aplicar a regra do § 3.º do art. 1.013 do CPC e, nas condições ali previstas, apreciar diretamente o pedido não conhecido no grau de jurisdição inferior; de modo a atender, assim, ao princípio da inafastabilidade da jurisdição.

CAPÍTULO III

PRINCÍPIO DA IMPARCIALIDADE

57. Imparcialidade e jurisdição. Conforme resulta do conceito de jurisdição, dele é elemento indissociável a *substituição* das partes pelo Estado ou painel arbitral na solução do conflito. Dizer que o juiz ou o árbitro se substituem às partes é, por outras palavras, dizer que a jurisdição está assentada na imparcialidade. Se a solução da controvérsia resulta da vontade das próprias partes (por submissão, renúncia ou transação), em termos mais rigorosos não há atividade jurisdicional. Mas quando se trata de solução por terceira pessoa, é preciso que ela seja equidistante das partes e que seu compromisso seja exclusivamente com a garantia de um processo pautado pela Constituição e pela lei; e com uma decisão final ajustada aos parâmetros do direito objetivo e com os elementos submetidos ao contraditório. Além disso, a vedação à justiça de mão própria também justifica que o Estado garanta às partes um juiz imparcial.

Embora seja correto relacionar o caráter substitutivo da jurisdição e a imparcialidade do julgador, em termos lógicos eles são conceitos autônomos. A substituição está presente porque a controvérsia é resolvida pela intervenção de um terceiro, que se substitui às partes. Mas só isso não é garantia de imparcialidade, o que pode ser ilustrado nas hipóteses de processos administrativos (em que tanto uma das partes interessadas quanto o órgão julgador são a própria Administração), cujas decisões estão sujeitas ao controle jurisdicional. Vale dizer: em termos lógicos, é possível que haja substituição, mas que o terceiro (substituto) não seja - ao menos substancialmente falando - imparcial.

58. Imparcialidade e independência. A imparcialidade do juiz no processo tem como pressuposto sua *independência*, que é um dado anterior e, por assim dizer, externo ao processo. Se o juiz não é independente, sua imparcialidade no processo fica comprometida e é para preservação dessa liberdade que a Constituição Federal estabelece as garantias e as vedações constantes do art. 95, *caput* e parágrafo único.

Sem embargo dessas disposições, o problema é consideravelmente mais complexo porque a atuação dos juízes, de uma forma ou de outra, é reflexo da carga axiológica de que são portadores, fruto de sua formação e inserção social e econômica. Por isso, corretamente, costuma-se dizer que imparcialidade não é sinônimo de neutralidade. Além disso, juízes de todos os graus estão expostos ao julgamento e à cobrança por diferentes segmentos da sociedade. Em especial, é preciso atenção com posições defendidas por - ou em - veículos de comunicação que, embora legítimas e adequadas ao convívio democrático, não devem tolher a liberdade do julgador, por mais contundentes ou rumorosas que sejam as razões que as subsidiam.

O mesmo pode ser dito de juízos ou assertivas feitas nas assim denominadas «redes sociais» que se valem da rede mundial de computadores, cujo poder de mobilização é relevante e cuja interação com os tradicionais veículos de comunicação parece ser ainda uma incógnita, até mesmo para a Imprensa. Juiz independente - e, portanto, imparcial - não julga segundo suposto *clamor popular*, mas fica apenas adstrito, como acima salientado, ao quanto debatido em contraditório e ao direito aplicável ao caso concreto, sem que isso seja negar os valores que estão à base da regra aplicável.

59. Independência e técnicas de uniformização da jurisprudência. De outra parte, a independência do juiz não chega ao ponto de impedir a adoção de técnicas pelas quais o magistrado fique vinculado a decisões proferidas por instâncias superiores, por força de hierarquia que vigora não apenas em matéria administrativa, mas também na esfera jurisdicional. Isso já ocorre em cada caso concreto, quando o tribunal conhece de recursos, por força do efeito substitutivo estabelecido no art. 1.008 do CPC: ainda que a decisão recorrida seja mantida, tecnicamente ela é substituída pela decisão do tribunal, que é a que passa então a vigorar. Porém, mais do que isso, juízes ficam jungidos ao teor de súmulas vinculantes (CF, art. 103-A) e de julgamentos em controle de constitucionalidade com eficácia *erga omnes* (CF, art. 102, § 2.º), sem que se possa dizer que sua independência tenha sido prejudicada.

Além disso, a independência do juiz não deve ser pretexto para que, em matéria de direito, ele deliberadamente contrarie orientação jurisprudencial firmada por tribunais para tanto competentes. Independência, nesse contexto, não é garantia pessoal do magistrado, que supostamente teria liberdade para decidir como se o pudesse fazer de forma isolada, sem qualquer conexão com o corpo que integra. Independência, portanto, deve ser vista como garantia do jurisdicionado, em prol do bom funcionamento do sistema de justiça. Da mesma forma que o sistema, com base no conceito de «jurisprudência dominante», inibe a interposição de recursos sobre temas já pacificados (vide arts. 932, IV e V, e 1.011, I, do CPC), afigura-se coerente que os órgãos de graus inferiores considerem a orientação firmada por instâncias superiores, notadamente as que detêm competência para uniformizar a interpretação da lei. Isso não impede que, em cada caso concreto, à luz do objeto do processo, o juiz tenha liberdade para decidir se os fatos se subsomem ao entendimento geral fixado pela jurisprudência.

60. Independência e controle (interno e externo) da Magistratura. Sob o ponto de vista estritamente jurisdicional, os atos dos juízes estão sujeitos a revisão pelo emprego de *recursos* – meios voluntários de impugnação dentro da mesma relação processual – e, eventualmente, das assim chamadas ações autônomas de impugnação. Em relação à Fazenda Pública, há, ainda, o mecanismo do reexame necessário (CPC, art. 496, I), que não é tecnicamente um recurso, mas que se presta também à revisão de decisões em determinadas hipóteses. Fala-se que os recursos *devolvem* a matéria impugnada ao conhecimento das instâncias superiores.

Mas, além do controle de seus atos jurisdicionais, os magistrados estão sujeitos a controle administrativo-disciplinar, tendo em vista os deveres jurídicos e éticos a que estão sujeitos (vide art. 35 da LC 35/1979). Nesse terreno, é comum dizer-se que o juiz deve manter comportamento irrepreensível, porque dele se exigem padrões de conduta superiores aos do homem comum, tudo para assegurar a confiança da sociedade naquele que tem o papel de julgá-la.

Tendo em vista a regra de autonomia positivada no art. 99 da CF, coube inicialmente às *corregedorias* dos tribunais o controle ético-disciplinar dos membros da Magistratura. Elas são incumbidas, em síntese, de instaurar investigações e processos administrativos disciplinares, tendentes à aplicação de sanções que podem consistir em advertência, censura, remoção compulsória, disponibilidade com vencimentos proporcionais ao tempo de serviço, aposentadoria compulsória com vencimentos proporcionais ao tempo de serviço ou demissão. Trata-se de um controle não jurisdicional porque não pretende examinar o acerto ou desacerto do convencimento do juiz, mas sim sua conduta enquanto servidor público e Magistrado; tanto na vida pública quanto na vida privada. Mas esse controle pode ser qualificado como *interno* na medida em que exercido por órgão formado a partir de membros da Justiça a cujos quadros o juiz pertence.

Além disso, com a Emenda Constitucional 45/2004, criou-se o Conselho Nacional de Justiça, (CF, art. 92, I-A), composto por representantes da magistratura nacional, membros do Ministério Público, da Advocacia e dois cidadãos de notável saber jurídico e reputação ilibada (CF, art. 103-B). Cabe ao CNJ, dentre outros, o controle do cumprimento dos deveres funcionais dos juízes (art. 103-B, § 4.º), quer de forma originária, quer mediante revisão (inciso V). Ainda que a Constituição defina o CNJ como órgão integrante do Poder Judiciário, o controle por ele exercido – especialmente se considerada sua composição – pode ser qualificado de *externo*.

> «Ao contrário do CNJ, o Conselho da Justiça Federal (CJF) não é qualificado pela Constituição como um órgão do Judiciário. A Carta da República diz que ele funciona «junto ao STJ»; o que aparentemente basta para qualificar o controle que o CJF exerce como *externo* é que referido órgão é composto por membros de diferentes tribunais (portanto, não apenas ou necessariamente do tribunal ao qual um juiz ou desembargador está vinculado, por exemplo). Ainda sobre ele, diante das atribuições exercidas por corregedorias locais e pelo Conselho Nacional de Justiça, é quando menos discutível sua atribuição em matéria disciplinar, especialmente diante da locução «supervisão administrativa» que a Constituição adotou a respeito.
>
> Quanto ao CNJ, é até possível – diversamente do que está dito no texto acima – afirmar que se trata de controle interno, diante do argumento de que ele integra o Poder Judiciário, tal como disposto na Constituição Federal.
>
> A assertiva de que os Conselhos exercem controle *externo* considera que eles são órgãos administrativos independentes do órgão jurisdicional ao qual o magistrado está vinculado. No caso do CNJ, em particular, ele tem composição mista, que abrange membros da Advocacia, do Ministério Público e também da sociedade; o que indica que o julgamento não é feito por pares.»

Diante da atribuição conferida às corregedorias locais e ao CNJ, há quem sustente que os órgãos podem atuar de forma concorrente. Contudo, a atuação do CNJ há que ser tida como subsidiária, isto é, ocorrer apenas diante de eventual inércia ou inoperância dos órgãos, como nos casos de eventual simulação investigatória, protelação indevida ou reconhecida incapacidade de atuação independente. E assim deve ser, não só porque ajustada à estrutura do Estado federal e à consequente autonomia administrativa dos tribunais, mas igualmente porque a coexistência de diferentes processos com idêntico objeto fere a razoabilidade. Naturalmente, o caráter subsidiário não pode, em hipótese alguma, servir de pretexto para esvaziamento da atribuição conferida ao CNJ.

Em qualquer dos casos (seja no âmbito das corregedorias ou perante o Conselho Nacional de Justiça), o controle *administrativo* não pode enveredar, ainda que indiretamente, para o controle *jurisdicional*, que é acometido exclusivamente aos tribunais, conforme regras do sistema recursal. O controle administrativo-disciplinar, desde que exercido nesses limites e sob a égide do devido processo legal, é legítimo e não infirma a independência de que deve desfrutar o magistrado. Por isso, no exercício da atividade estrita e tipicamente jurisdicional, os magistrados não apenas não estão submetidos a controle disciplinar, como não ficam sujeitos ao campo da abrangência da Lei 8.429/1992, de tal sorte que naquela esfera não é possível falar, sequer em tese, em improbidade administrativa.

61. Imparcialidade e juiz natural. Do princípio da imparcialidade se extrai o princípio do *juiz natural*, cujo conteúdo convém fixar. Modernamente, não há razão para equipará-lo à exigência de *investidura* (infra n. 126) - o que fazia sentido na perspectiva histórica do direito inglês, de aplicação de sanções pelo órgão legislativo (não por juízes), sem observância do devido processo. Presentemente, entende-se que julgamento proferido por agente não investido de jurisdição é exemplo clássico de ato inexistente, um vício que não está sujeito a qualquer tipo de preclusão. Mas, se não há tal identidade, a investidura se liga ao tema do juiz natural na medida em que, para determinar quais os órgãos aptos ao exercício da jurisdição, é preciso recorrer ao texto constitucional. Daí a correta assertiva de que, por força do princípio do juiz natural, órgãos jurisdicionais são aqueles estabelecidos pela Constituição. Há aí, portanto, uma espécie de reserva legal (ou, mais do que isso, constitucional).

Numa espécie de escalada, firmada a investidura do agente ou do órgão, do princípio do juiz natural decorre a garantia do *juiz competente*, conforme previsão contida no art. 5.º, LIII, da CF. Mas a competência aí aludida não pode ser vista sob a ótica de sua disciplina legal, que passa pelo Código de Processo Civil e chega a regras de organização judiciária. O conteúdo do princípio se limita a estabelecer que, dentre os órgãos previstos pela Constituição, suas competências são estabelecidas de forma taxativa; o que, naturalmente, implica a vigência de uma competência residual porque, pelo princípio da inafastabilidade, nenhuma alegação de lesão (ou ameaça de lesão) a direito pode ficar excluída do controle jurisdicional; menos ainda por falta de órgão competente.

No sistema brasileiro, a regra de competência originária é dos juízos singulares, de primeiro grau. Assim, *tribunais* – que são órgãos colegiados – têm, como regra, competência recursal, de tal sorte que sua competência originária não pode ser ampliada pelo intérprete. Sob a ótica inversa, isso quer dizer que órgãos de primeiro grau não podem exercer competências que são reservadas para os tribunais.

Finalmente, firmada a investidura e a competência (nos limites acima mencionados), o princípio do juiz natural significa óbice aos assim denominados *tribunais de exceção*. Usualmente se diz que ninguém pode ser julgado por órgão constituído após a ocorrência do fato. Embora isso seja correto, é possível ir além, para tornar mais precisa a assertiva.

Com efeito, o sistema prevê – sem qualquer mácula de inconstitucionalidade – hipóteses em que o julgamento da controvérsia fica sim sujeito a órgão cuja competência é criada não apenas após o fato, mas após a propositura da demanda. É pensar nas exceções previstas à regra da assim denominada perpetuação da competência (CPC, art. 43), quando ocorrer supressão do órgão ou, ainda, alteração de competência ditada pelo critério objetivo da matéria ou pelo critério funcional (que o art. 87 do CPC/1973 referia como de «hierarquia»). É pensar ainda no entendimento firmado ao ensejo da EC 45/2004, na parte em que ampliou a competência da Justiça do Trabalho. Entendeu-se que apenas os feitos já sentenciados continuariam sujeitos à Justiça Comum e, portanto, todos os demais casos acabaram submetidos ao órgão estabelecido após o fato e após a propositura da demanda; inclusive nos casos em que a sentença proferida viesse a ser anulada.

Portanto, o que mais exatamente não se tolera é a criação do órgão de exceção (*ad hoc*), isto é, aquele constituído não apenas após o fato, mas em função dele, porque isso conduz a um julgamento meramente formal, cujo resultado já está de alguma forma determinado antes mesmo do processo.

62. Imparcialidade e princípio da demanda. A jurisdição, por regra, é inerte e sua movimentação depende da iniciativa do interessado (infra n. 96). Uma das justificativas para tanto, que foi amplamente destacada pela doutrina, é a preservação da imparcialidade. Trata-se do modelo acusatório, que se opõe ao inquisitivo: o órgão de cuja iniciativa resulta a instauração do processo reputa-se de alguma forma vinculado ao resultado do processo e, portanto, quem requer não julga. Isso é válido igualmente na esfera civil e nem mesmo a posterior observância do contraditório pode superar o vício de origem. Isso vale mesmo nas hipóteses de direitos indisponíveis.

Isso não significa dizer que seja vedado ao ordenamento prever que certos provimentos ou efeitos substanciais (isto é, não com eficácia meramente processual) possam ser impostos de ofício pelo magistrado; usualmente como consequência ou desdobramento de um pleito já deduzido. Havendo previsão legal, a parte não será surpreendida e tampouco se poderá dizer que o julgador terá assumido indevidamente o papel simultâneo de acusador e juiz. São exemplos de tais disposições aquelas contidas nos arts. 81, *caput*, 142, e 536, do CPC.

63. Imparcialidade e providências de instrução determinadas de ofício. A doutrina brasileira, salvo exceções, repele a ideia segundo a qual o exercício do poder de instrução oficial, diante de prova não requerida pela parte interessada, poderia prejudicar a imparcialidade do juiz. Em síntese, entende-

-se que, não sendo caso de instauração do processo pelo juiz, não há como afrontar a imparcialidade; que o juiz não sabe a quem favorecerá a prova que tenha determinado de ofício; e que, sendo o processo um instrumento posto a serviço de escopo que é, antes de tudo, do Estado, deve fazer o que estiver ao seu alcance para esclarecimentos dos fatos, para que, tanto quanto possível, possa fazer justiça no caso concreto. Mas de forma diversa do que aqui se passa, preocupação com a imparcialidade, nesse contexto, está presente na doutrina do *common law*, conquanto se reconheça que aí, jurídica e culturalmente, a relação estabelecida entre prova e iniciativa da parte seja consideravelmente diversa (mais intensa naquele sistema).

Sem embargo do entendimento dominante, a iniciativa da prova pelo juiz brasileiro, diante da eventual inércia dos interessados, deve ter caráter subsidiário. Apenas no contexto de desigualdades substanciais ou de direitos indisponíveis é que ela se justifica. Fora dessas situações, a iniciativa probatória oficial deve se resolver pela ótica do ônus (CPC, art. 373), que inclusive pode ser objeto de *presunções* – em que se parte de um fato conhecido para se chegar a outro que se pretende conhecer – e de regras que diretamente interfiram na distribuição do ônus da prova às partes.

Sobre esse último aspecto, a legislação especial já previa que o consumidor poderia ser dispensado do encargo probatório dos fatos por ele alegados (art. 6.º, VIII, do CDC). De forma geral e consideravelmente ampla, o CPC/2015 passou a estabelecer que «Nos casos previstos em lei ou diante de peculiaridades da causa relacionadas à impossibilidade ou à excessiva dificuldade de cumprir o encargo nos termos do *caput* ou à maior facilidade de obtenção da prova do fato contrário, poderá o juiz atribuir o ônus da prova de modo diverso, desde que o faça por decisão fundamentada, caso em que deverá dar à parte a oportunidade de se desincumbir do ônus que lhe foi atribuído» (art. 373, § 1.º). Assim, sendo possível ao juiz dispor sobre a distribuição do ônus da prova – o que significa um antecipado alerta feito às partes sobre o desfecho da controvérsia em caso de remanescer ignorância ou dúvida acerca da dinâmica dos fatos controvertidos – aparentemente não faz sentido que o juiz determine de ofício a produção de prova; o que reforça que tal iniciativa tem caráter excepcional ou, quando menos, subsidiário.

No processo arbitral, fundado na autonomia da vontade, é campo fértil para o assim denominado *princípio dispositivo*, pelo qual são atribuídos ônus de alegação e de prova aos interessados. Isso significa que a iniciativa oficial da prova na arbitragem deve decididamente se operar de forma supletiva à atuação das partes.

Assim ocorre porque a ideia segundo qual um julgador rigorosamente inerte não poderia ser tido como suficiente para garantir o verdadeiro acesso à justiça não parece ter na arbitragem a mesma dimensão. Esta última forma de solução de controvérsias se limita a direitos disponíveis entre maiores e capazes e considera a presumível igualdade entre as partes, como requisitos de validade da própria convenção de arbitragem. Neste campo, portanto, não faz maior sentido se falar de um juiz menos atuante em relação à prova como uma indevida projeção liberal, incompatível com a busca de decisões justas.

Além disso, e tanto mais no campo da arbitragem, é preciso enxergar o ônus da prova não apenas como uma regra de julgamento (ônus objetivo), mas, sim, como tema ligado diretamente à atuação das partes, como autêntica regra de conduta ou de comportamento dos interessados e, portanto, ligada de alguma forma ao momento da correspondente produção (ônus subjetivo). E quanto maior a ênfase para o ônus, menor para o poder; e vice-versa.

64. Imparcialidade: impedimento e suspeição. No plano legislativo, a garantia da imparcialidade se dá pelo estabelecimento de hipóteses de impedimento e de suspeição (CPC, arts. 144 e 145), situações nas quais há indesejável quebra da isenção esperada do órgão julgador. Diz-se que a primeira categoria seria mais grave do que a segunda, o que não deixa de encontrar respaldo no sistema: somente o impedimento do juiz é fundamento para a assim denominada ação rescisória, via excepcional para desconstituição de decisões de mérito transitadas em julgado (CPC, art. 966, II).

Também se diz que o impedimento decorreria de fatores objetivos e que a suspeição estaria associada a vínculos subjetivos do magistrado com uma das partes. Isso se afigura correto quando são considerados os casos de impedimento (inclusive na hipótese do art. 147). Contudo, isso não vale em qualquer caso para a suspeição, que também pode decorrer de dados objetivos, como se dá nas hipóteses dos incisos II e III do art. 145 CPC (naturalmente, desde que comprovados os fatos referidos pelas normas legais).

65. Caráter taxativo da previsão legal de impedimento e de suspeição? Diz-se ainda, em doutrina e em jurisprudência, que o rol das hipóteses de impedimento e de suspeição seria taxativo. A assertiva merece ser vista com reserva. Como visto, a imparcialidade do juiz é elemento presente no conceito de jurisdição e, em cada caso, é preciso considerar se os fatos trazidos pela parte, ainda que não exatamente previstos pelas normas legais referidas, não são comprometedores da imprescindível isenção que deve presidir o ofício do magistrado.

Não se nega que as hipóteses de impedimento e de suspeição devem ser tidas como excepcionais. Contudo, se a imparcialidade é um princípio, a norma é também um mandamento cujo conteúdo deve ser realizado na maior extensão possível. As regras dos arts. 144 e 145 não fixam expressamente um rol taxativo e, sem que se transforme a exceção em regra, aqueles preceitos legais devem ser interpretados à luz do princípio aqui mencionado. Quando menos, se a taxatividade vale para o impedimento, não afasta a eventual ampliação das hipóteses de suspeição, ainda que de forma excepcional, mas sempre para preservar a imparcialidade que é essencial ao conceito de jurisdição e de devido processo legal.

Em abono do que se poderia chamar de relativização do caráter taxativo do rol de causas de impedimento ou de suspeição deve pesar a circunstância de que a lei permite que o magistrado pode se declarar suspeito «por motivo de foro íntimo, sem necessidade de declarar suas razões (art. 145, § 1.º). Não parece possível interpretar essa possibilidade apenas como sendo prerrogativa do magistrado de, diante de alguma das hipóteses legais, reconhecer sua suspeição sem declinar o motivo; mas, como prerrogativa de reconhecer sua suspeição mesmo fora daquelas estritas hipóteses – o que se afigura razoável, mas que também deve inspirar a interpretação da norma, na forma aqui preconizada.

66. Adiantamento de juízos de mérito. Tradicionalmente, reputava-se que o *momento* adequado para resolução das questões de mérito e julgamento do pedido era o da *sentença*. Antes disso, juízos sobre o desfecho da controvérsia seriam indesejados, ainda que a pretexto de estimular a parte a transigir. Essa é a razão que inspira, por exemplo, a norma inscrita no inciso II do art. 144 do CPC e que gera relevantes dificuldades nos casos em que tribunais proferem julgamentos administrativos (especialmente de natureza disciplinar) e, em seguida, deparam-se com o mesmo objeto agora sob o enfoque jurisdicional. Igualmente delicada é a situação na qual a decisão do mérito é anulada por instância superior e retorna para novo julgamento pelo mesmo juiz ou órgão – e cuja imparcialidade, a rigor, pode restar afetada por conta dos juízos anteriormente emitidos.

Sem embargo disso tudo, é preciso considerar que a lei prevê a possibilidade de concessão de tutela provisória (CPC, arts. 294 e ss.). Seja essa tutela fundada na urgência ou na evidência, e precisamente porque ela deve ser motivada (art. 298) – o juiz acabará por tratar de questões de mérito, sem que se comprometa, só por isso, sua imparcialidade. Tal se justifica diante das hipóteses autorizadoras da antecipação e, principalmente, diante da ressalva de que a cognição é provisória e ainda não exauriente; do que resulta que ela pode ser modificada (art. 296). Se o magistrado efetivamente estará disposto a rever juízos provisoriamente já formulados, isso é um outro – embora não menos relevante – problema. Também é preciso lembrar que o CPC/2015 passou a expressamente admitir o «julgamento antecipado parcial do mérito». Aliás, o inciso I do art. 356 reedita – ainda que com redação parcialmente diversa – a norma do § 6.º do art. 273 do CPC/1973: acolhe-se o pedido desde logo quando ele se mostrar incontroverso.

Além disso, o *local* adequado para que sejam feitas considerações acerca do mérito (questões ou pedido propriamente dito) é o processo. Isso quer dizer que o magistrado deve se abster de fazer declarações públicas que, de forma indevida, possam antecipar juízos que deverá fazer em controvérsias concreta ou potencialmente judicializadas (ou, quando menos, ser bastante cauteloso e prudente). Assim deve ser por razões jurídicas ligadas ao exercício da jurisdição, mas também razões funcionais do magistrado; a quem a lei veda «manifestar, por qualquer meio de comunicação, opinião sobre processo pendente de julgamento, seu ou de outrem, ou juízo depreciativo sobre despachos, votos ou sentenças, de órgãos judiciais, ressalvada a crítica nos autos e em obras técnicas ou no exercício do magistério» (art. 36, III, da Lei Complementar 35/1979). Aliás, falar fora dos autos pode configurar conduta incompatível com a dignidade, a honra e o decoro das funções de magistrado.

Isso não quer dizer que magistrados fiquem impedidos de emitir opiniões, em tese, acerca de temas jurídicos (em aulas ou em outras formas de pública exposição), como não lhes inibe de tratar de temas jurídicos sob o enfoque científico ou acadêmico, sem que isso possa de qualquer forma prejudicar sua isenção.

67. Imparcialidade e independência do árbitro (confronto com o juiz estatal). O árbitro é pessoa de estrita *confiança* das partes, que reputam ser pessoa idônea, independente, imparcial e tecnicamente qualificada (Lei 9.307/1996, art. 13). Por isso, a exigência de imparcialidade para ele vigora até mais rigorosa do que no processo estatal: as hipóteses de suspeição e de impedimento dos árbitros são diversas e mais abrangentes do que as dos magistrados, que são agentes estatais. O árbitro e a câmara que integra não podem manter relação de qualquer natureza com as partes, a ponto de se falar na exigência de sua «neutralidade». Para verificação desse pressuposto, os interessados devem ter acesso às informações relativas aos árbitros e que sejam pertinentes à arbitragem. O árbitro tem o dever de revelar fatos e informações que indiquem a perda (ainda que potencial) de sua imparcialidade. Isso vale não apenas para o momento em que busca constituir o painel arbitral, mas igualmente para o tempo durante o qual ele se desenvolver, até final decisão.

De outra parte, os modos de tutelar a independência e a imparcialidade do juiz estatal e do árbitro são em alguma medida diversos, conquanto ambos sejam investidos de jurisdição. Em favor do primeiro, Constituição Federal estabelece garantias de *vitaliciedade, inamovibilidade* e de *irredutibilidade de subsídios* (art.

95), mas lhes veda o exercício de outro cargo ou função, salvo a de um único magistério; ele não pode receber valores a título de custas ou de participação em processo, nem tampouco auxílios ou contribuições; não pode se dedicar a atividades político-partidárias; submete-se a quarentena para eventual retorno à advocacia, após a aposentadoria ou exoneração (art. 95, parágrafo único). Além disso, juízes estatais – no exercício de sua função estatal e eventualmente até em momentos da vida privada – têm o Estado efetivamente por trás de si, conforme prerrogativas que lhes são outorgadas pelo respectivo Estatuto (Lei Orgânica da Magistratura), dentre as quais a de não ser preso senão por ordem escrita de tribunal e o de portar arma de defesa pessoal (art. 33). Apenas os juízes estatais têm poder de coerção. Algumas dessas prerrogativas, aliás, são outorgadas a outros agentes públicos, a quem o Estado, por diferentes formas, protege diretamente no exercício de sua função; como é o caso do Ministério Público (CF, art. 128, §§ 5.º e 6.º) e da Advocacia Pública (CF, art. 132, parágrafo único).

Já quanto ao árbitro, embora seja juiz de fato e de direito (Lei 9.307/1996, art. 18) e esteja equiparado ao funcionário público para efeitos da legislação penal (art. 17), ele não ostenta as garantias constitucionais acima referidas. Ele é agente privado, usualmente profissional liberal ou ligado a corporações privadas, sem garantia efetiva de manutenção de cargo ou de vencimentos. É usual que ele exerça também outra atividade profissional privada (especialmente a advocacia), desde não tenha impedimento para tanto. Isso quer dizer que, diversamente dos juízes que integram uma autêntica carreira, árbitros são profissionais inseridos no mercado, de tal sorte que sua sobrevivência nesse ambiente depende essencialmente de seu nome e reputação; o que em boa medida os torna consideravelmente mais vulneráveis a pressões externas do que os juízes estatais. Diferentemente do juiz togado, o árbitro não tem o Estado a diretamente lhe dar respaldo e lhe tutelar a independência funcional. Como se costuma dizer, ele é um juiz eventual e não se subordina a nenhuma hierarquia. Se e quando experimenta a interferência do Estado, é no limite do interesse em litígio. Isso, mais uma vez, mostra que o árbitro – especialmente no confronto do juiz estatal – está mais exposto a ataques externos, não sendo raro que a imputação de falta de imparcialidade, ainda que rechaçada, acabe por produzir o resultado de levar à renúncia da investidura, conforme bem detectou a doutrina.

68. Imparcialidade e outros partícipes do processo. A imparcialidade é exigida do juiz, mas não apenas dele. Primeiro, o atributo se exige das pessoas de cujo auxílio o magistrado dependa. Assim ocorre em relação aos auxiliares da justiça, como os serventuários, ao perito e ao intérprete (CPC, art. 148, II e III) porque de nada adiantará a garantia de um juiz imparcial se sua decisão, de alguma forma, depender da contribuição de alguém que não se paute pelo mesmo princípio. Isso é particularmente relevante nos casos em que a controvérsia depende de conhecimento técnico ou científico e, portanto, enseja a assistência por perito (CPC, art. 156). Ainda que o juiz esteja autorizado a eventualmente julgar segundo regras de experiência comum ou mesmo técnica (CPC, art. 375); ainda que se repute que o juiz - por ser o «perito dos peritos» - não está adstrito às conclusões do laudo (CPC, art. 479), é fato que, nesse tipo de situação, a decisão depende de dados e de juízos trazidos pelo perito. Como dito, de nada adiantaria ter assegurada a imparcialidade do juiz, diante da constatação da parcialidade do experto.

Nessa linha de raciocínio, no caso da prova testemunhal, conquanto não se possa falar mais rigorosamente em imparcialidade da testemunha, fato é que a lei também estabelece hipóteses de impedimento e de suspeição. É certo que a lei abre margem para oitiva de pessoas marcadas por tais óbices (art. 457, § 2.º) e que consagra a regra de persuasão racional (CPC, art. 371). Contudo, também é preciso considerar que de nada adiantaria garantir a imparcialidade do julgador se o julgamento tivesse como fundamento único ou relevante as declarações prestadas por pessoa não isenta. Esse aspecto pode ser relevante também no eventual confronto entre depoimentos conflitantes de testemunhas, situação na qual, ainda que não vigore regra de prova legal ou tarifada, não se pode admitir - não ao menos como regra - que a declaração de mero informante prevaleça sobre a de testemunha devidamente compromissada (CPC, art. 458).

69. Segue: imparcialidade do membro do Ministério Público. Também do representante do Ministério Público a lei exige imparcialidade, não apenas quando atua na condição de fiscal do ordenamento jurídico (CPC, art. 178), mas também quando figura como autor de demanda - ao contrário do que ocorria no ordenamento precedente, o atual inciso I do art. 148 do CPC não distingue mais entre essas duas formas de atuação. Sem embargo da dicção legal, mais adequado seria dizer que, nesses e em quais outros casos, o representante do Ministério Público deve agir com *impessoalidade*, nos termos do art. 37 da CF. Há equívoco em supor que essa instituição aja de forma imparcial no processo. Aliás, sob o ponto de vista lógico, seria difícil conciliar essa suposta imparcialidade e a livre apreciação do objeto do processo pelo Poder Judiciário; esse sim tecnicamente imparcial.

Quando o Ministério atua na posição de autor (não apenas de fiscal do ordenamento), não é possível tratá-lo como *parte imparcial* - conceito que construção doutrinária equiparou à tentativa de reduzir um círculo a um quadrado: a oposição das partes é inerente ao debate judicial. Assim, não há como sustentar que uma parte seja imparcial; o que, em última análise, significaria equipará-la ao juiz, a ponto de se desvirtuar, no caso do Ministério Público, de sua função institucional.

Se o Ministério Público agisse rigorosamente de forma imparcial, não haveria necessidade de um juiz para decidir sobre o objeto do processo, sob pena de verdadeira redundância. Quando referida Instituição (pelos agentes públicos que a integram) decide ir a juízo, há aí uma tomada de posição acerca do que se reputa ser uma crise e sobre o que deve ser a respectiva solução. Daí porque é compreensível que o Ministério Público - como qualquer outro autor de uma demanda - acaba empenhado em demonstrar o acerto da tese exposta na inicial. Aliás, justamente porque tal atuação, conquanto marcada por impessoalidade, não é imparcial, o Ministério Público se submete ao regime de distribuição do ônus da prova, encargo do qual não se desincumbe simplesmente por essa condição.

É certo que a credibilidade pessoal de cada qual dos litigantes, associada à verossimilhança das respectivas alegações, pode atuar como fator relevante na formação do convencimento do juiz. Mas, esse tipo de raciocínio não deve autorizar a pura e simples aceitação - explícita ou mesmo implícita - de que a alegação daquele ente deve se presumir verdadeira até prova em contrário; o que, então, equivaleria a uma inversão do ônus da prova justificada na suposta imparcialidade daquele órgão. A circunstância de ter sido atribuída à instituição a missão de defesa do interesse social, à qual se pode somar o fato de que seus membros são ordinariamente orientados pelos princípios da legalidade e da impessoalidade, não é suficiente para fazer das alegações ministeriais algo mais plausível só por tal circunstância.

Além disso, a prova que possa ter sido pré-constituída pelo Ministério Público (via inquérito civil ou procedimentos de investigação) tem peso relativo na medida em que sua produção não tenha contado com a presença do juiz, que é sujeito verdadeiramente imparcial; nem se dado sob o mais amplo crivo do contraditório. Para ele vigora em sua plenitude o princípio dispositivo: ele tem o ônus de alegação e especialmente de prova dos fatos alegados. Os requerimentos de prova feitos por ele devem ser considerados como quaisquer outros pleitos e, havendo atividade constritiva na produção da prova (mediante quebra de sigilo fiscal ou bancário ou, ainda, mediante busca e apreensão, por exemplo), é preciso que o órgão julgador a considere antes de deferir a providência; especialmente se, do deferimento da prova puder decorrer situação irreversível.

De qualquer forma, nas hipóteses referidas pela lei, o impedimento de atuação do Ministério Público é objetivo e deve ser observado. Mas isso não quer dizer que a impessoalidade não possa ser ofendida em outras situações, quando então será dado à parte recusar a atuação do membro do Ministério Público, valendo aqui, por analogia, as considerações feitas acima acerca do suposto caráter taxativo do rol previsto pelos arts. 144 e 145 do CPC (supra n. 65).

70. Segue: imparcialidade de conciliadores e mediadores. A lei também exige imparcialidade do *conciliador* e do *mediador*, cujas atividades estão reguladas no Código pelos arts. 165/175 e, fora dele, pela Lei 13.140/2015, que regula a mediação - judicial e também extrajudicial. *Conciliação* e *mediação* são atividades diferentes, que a lei tratou de maneira conjunta, mas que têm suas peculiaridades: naquela, o terceiro poderá sugerir soluções para o litígio, embora deva se abster de qualquer tipo de constrangimento ou intimidação para que as partes se componham; na outra, o terceiro «auxiliará aos interessados a compreender as questões e os interesses em conflito, de modo que eles possam, pelo restabelecimento da comunicação, identificar, por si próprios, soluções consensuais que gerem benefícios mútuos» (CPC/2015, art. 165, §§ 2.º e 3.º). Ou, segundo a dicção da lei especial, o terceiro deve auxiliar e a estimular a identificação ou desenvolvimento de soluções consensuais para a controvérsia (art. 1.º, parágrafo único; também o art. 4.º, § 1.º).

A atuação de conciliadores e mediadores deve se pautar pelos critérios (ou «princípios») arrolados pelo art. 166, *caput* do CPC/2015 que, no tocante à mediação, encontra parcial correspondência no art. 2.º da Lei 13.140/2015. Dentre esses cânones, a lei falou em «independência e imparcialidade». Isso é correto (até porque é texto positivado), mas deve ser entendido à luz da atividade que tais agentes desempenham: não lhes cabe poder decisório relativamente ao conflito; ainda que, no desempenho de suas atividades obviamente devam tomar decisões quanto ao rumo da conciliação ou da mediação. Portanto, a isenção e equidistância que deles se exige deve ser entendida como condição essencial para que possam cumprir as tarefas e os objetivos que a lei lhes determinou, tal como acima referido.

Aliás, talvez fosse mais adequado que a lei tivesse falado em exigência de *impessoalidade*. Afinal, se o mediador nada decide (quanto ao conflito), então, bastará que ela aja de forma isenta e proporcione às partes, nos limites de sua atuação, tratamento isonômico, conforme exige o art. 2.º, II, da Lei 13.140/2015. Sobre esse último aspecto, eventual desigualdade substancial entre partes é natural e, conquanto possa reclamar do sistema providência de tutela à parte mais fraca, não significa que o litígio eventualmente não comportaria autocomposição. Mas é preciso cautela para a recuperação da igualdade real, para que, a esse pretexto, não sejam comprometidas as atividades de conciliação e mediação.

Além disso, a exigência de independência e de imparcialidade dos conciliadores e mediadores deve ser entendida no contexto dos demais «princípios» estabelecidos pela lei, notadamente a exigência de confidencialidade (art. 166, *caput* e § 2.º), que é fundamental na separação entre tais atividades, de um lado, e a propriamente jurisdicional, de outro.

Finalmente, convém lembrar que o juiz, justamente para que preserve a imparcialidade necessária para a atividade tipicamente jurisdicional que lhe cabe, não pode atuar como mediador. Também é desejável que ele não figure como conciliador, ainda que isso não signifique privá-lo da prerrogativa de, no curso do processo, estimular as partes à obtenção da solução consensual. Essa restrição é compreensível porque, de duas uma: ou as partes, diante do juiz, ficariam receosas de fazer considerações e de fornecer informações que, embora voltadas à perspectiva de solução amigável, pudessem depois ser consideradas e empregadas pelo juiz (ainda que não explicitamente) na decisão adjudicada da controvérsia - o que tornaria improdutiva ou até inócua a tentativa de conciliação, dada a postura tímida ou defensiva das partes; ou, diante do debate sobre possibilidades de acordo, haveria o sério risco de que, não obtida a composição, o que foi revelado pelas partes para aquele propósito viesse a ser considerado (ainda que de forma não deliberada ou até inconscientemente) pelo julgador - numa situação em tudo análoga ao ingresso de prova ilícita nos autos.

CAPÍTULO IV

PRINCÍPIO DO CONTRADITÓRIO

71. Contraditório e processo. Da mesma forma que o caráter substitutivo é elemento conceitual de jurisdição, o contraditório é usualmente tido como indissociável do conceito de processo (infra n. 246). Sem o contraditório, costuma-se dizer, o que existe é apenas procedimento, como é o caso sempre lembrado do inquérito (penal ou mesmo civil). É o contraditório - quando menos em potência - que justifica a vinculação do destinatário ao ato de poder. Como já se disse em doutrina, o contraditório decorre da exigência política de participação e dela é a expressão jurídica.

Por isso o contraditório se impõe em qualquer esfera - estatal ou não - em que se exerça alguma forma de *poder*. Exemplos disso são as previsões contidas no art. 5.º, LV, da CF, quando menciona também o processo administrativo; e nos arts. 57 e 1.085, parágrafo único, do CC, que garantem o contraditório ao membro de associação ou sócio que se pretende seja excluído, respectivamente. Além da previsão constitucional, o contraditório é objeto da lei processual, quando estabelece o tempo, a forma e o lugar dos atos e, mais do que isso, quando disciplina as posições contidas na relação jurídica processual (poderes, sujeições, ônus, faculdades, deveres). Isso não quer dizer que o conceito de processo se esgote na fórmula procedimento em contraditório (infra n. 240).

72. Informação e reação. É clássica a definição de contraditório segundo a qual ele consiste na ciência bilateral dos atos e termos do processo, com a possibilidade de impugnação pelas partes. A doutrina determinou o conteúdo do princípio que, no processo civil, traduz-se em informação *necessária* e em reação *possível*.

O contraditório é princípio que não se limita à defesa do réu, sem embargo da dicção empregada pelo inciso LV do art. 5.º da CF. O contraditório pode ser extraído da garantia da ação (CF, art. 5.º, XXXV), especialmente quando vista de forma analítica, isto é, não apenas como o direito de ingressar em juízo ou de obter um provimento de mérito; mas como o conjunto das posições jurídicas de vantagem de que desfruta o autor ao longo do processo (o que inclui o direito de provar). O princípio também pode ser extraído do direito de defesa, que é a contrapartida da ação, cujo caráter bilateral, sob essa ótica, é comumente destacado pela doutrina. Assim, autor, réu e todos os demais integrantes da relação processual (por exemplo, o assistente, o denunciado, o chamado, dentre outros) são destinatários do princípio e, quando muito, «defesa» só pode ser entendida genericamente como sustentação de determinada posição no processo. Todos eles são qualificáveis como *partes*, justamente porque em contraditório perante o juiz.

73. Informação. A ciência dada às partes é regulada pela lei processual e se traduz na *citação* – que a lei processual define como ato pelo qual se chama a juízo o réu ou interessado para que se defenda (CPC, art. 238) e pelo qual se completa a relação jurídica processual; e na *intimação* – que, mais uma vez, a lei se encarregou de definir como ato pelo qual se dá ciência a alguém dos atos e termos do processo (CPC, art. 269).

Eventualmente a lei processual civil emprega o termo *notificação*, como ocorre no caso da ciência dada à autoridade coatora no mandado de segurança (Lei 12.016/2009, art. 7.º, I) ou da menção genérica à notificação como forma de comunicação de atos (CPC, art. 230). Em sentido diverso e mais abrangente, *notificação* – justaposta ao vocábulo interpelação – designa medida pela qual se formaliza declaração de vontade, em que o notificante dá «ciência de seu propósito» a outrem (CPC, art. 726, *caput*). A lei reserva a palavra *interpelação* para o ato em que se insta alguém a fazer ou deixar de fazer algo «que o requerente entenda ser de seu direito» (art. 727).

Para que se atenda ao contraditório, a citação, por regra, deve ser pessoal. Mas a lei processual admite que, em processos já instaurados, essa convocação seja feita na pessoa do advogado, como se dá na reconvenção (CPC, art. 343, § 1.º), não obstante a lei fale em «intimação» (certamente na premissa de que, como acima destacado, trata-se de ato de comunicação em relação processual já instaurada). Em certos casos, a lei admite a assim denominada *citação ficta* – com hora certa (CPC, art. 252) e por edital (CPC, art. 256); casos em que, havendo revelia (CPC, art. 344), o contraditório é observado mediante a nomeação de um curador especial (CPC, art. 72, II).

No caso das intimações, elas são feitas por regra na pessoa do advogado constituído nos autos uma vez que, em virtude da exigência de capacidade postulatória, é ele quem, salvo exceções, pratica os atos. Se a intimação serve para cientificação a respeito de ordem para a prática de ato pela própria parte (ou conduta da qual deva se abster), parece lógico dizer que a intimação deva mesmo ser pessoal a ela, não bastando que o seja na pessoa do advogado. Embora essa ainda possa ser considerada como regra, há, contudo, casos relevantes nos quais, embora a intimação seja para a prática de ato a cargo da parte, permite-se a intimação na pessoa do advogado. Assim ocorre no já mencionado caso de reconvenção (CPC, art. 343, § 1.º), não obstante ela tenha natureza de ação e acarrete o ônus de contestação, cuja falta de observância, em tese, pode levar à revelia e à confissão ficta daí decorrente. Algo semelhante ocorre na intimação do advogado para responder embargos de terceiro, se o embargado já tiver procurador constituído nos autos (CPC, art. 677, § 3.º). Também assim ocorre em cumprimento de sentença (CPC, art. 513, § 2.º, I), ainda que se reconheça que a prestação – pagar, fazer ou entregar – obviamente está a cargo da parte e não do advogado.

A falta de citação do réu configura caso de inexistência do processo em relação a ele; embora o processo exista desde a propositura da demanda, numa relação jurídica linear entre autor e Estado. Fora daquela hipótese, imperfeições nos atos de comunicação são geradoras de invalidade, sujeitas, portanto, a serem sanadas pela eficácia preclusiva da coisa julgada (com a ressalva de eventual ação rescisória).

74. Segue: informação e processo eletrônico. O emprego de meio eletrônico é autorizado na comunicação de atos e na «transmissão de peças processuais», na forma da Lei 11.419/2006. Esse recurso tecnológico pode servir ao contraditório na medida em que facilite o acesso à informação pelas partes e advogados – especialmente pela atenuação da necessidade de deslocamento físico, que acarreta custo.

Mas não só pelas razões apontadas ao ensejo do exame do princípio da igualdade (infra n. 94), é preciso cuidado para que a tecnologia, paradoxalmente, não prejudique o contraditório. Deve haver controle eficiente sobre possíveis falhas do recurso tecnológico, que não pode ser visto como fator de reforço de tendências restritivas ao conhecimento de recursos, por exemplo. Ademais, não se deve confundir informatização do Poder Judiciário – que eventualmente pode ser objeto de regras editadas pelos tribunais – e informatização do processo, a depender sempre de lei federal, nos termos do art. 22, I, da CF.

> «O art. 5.º da Lei 11.419/2006 estabelece o ônus de consulta eletrônica ao teor da intimação feita por meio eletrônico em portal próprio e traz como

consequência considerar-se a ciência automaticamente operada quando findar o prazo ali estabelecido (§ 3.º).»

75. Reação. Em se tratando de direitos *disponíveis*, a reação é mera potencialidade porque corresponde à posição processual de ônus, no contexto do assim denominado princípio dispositivo (infra n. 97). Sob a ótica do réu, a lei considera a hipótese de revelia (ausência de contestação regular e tempestiva) e estabelece as consequências para a falta de observância do ônus de responder (art. 344); dentre as quais a admissão de veracidade dos fatos afirmados pelo autor, assim denominada *confissão ficta* - que o sistema também considera em outras hipóteses de falta de reação da parte instada à prática de determinado ato (vide arts. 307, 385, § 1.º, 400, e 524, § 5.º do CPC).

Ainda sob a ótica do réu, no caso de direitos *indisponíveis* (infra n. 99), ao contrário do que se passa no processo penal, não há - não ao menos como regra - a nomeação de defensor *ad hoc*. A solução legal é a não incidência da confissão ficta (CPC, arts. 345, II, 373, § 3.º, I, e 392) e, portanto, a subsistência do ônus probatório quanto aos fatos alegados (porque não aceitos como verdadeiros os fatos afirmados pelo autor e não impugnados pelo réu).

A possibilidade de reação, conquanto ordinariamente submetida à iniciativa da parte, deve sempre ser efetiva. Sua forma e extensão variam, segundo a natureza e a finalidade da atividade jurisdicional realizada no processo. Trata-se de tema relacionado à extensão e à profundidade da *cognição* (infra n. 88).

Na fase de conhecimento, o contraditório - ressalvadas limitações próprias de especialidade do procedimento (infra n. 250) - é amplo, simétrico e adequado à função ali desempenhada: reconstrução dos fatos relevantes e discussão do direito aplicável para *declaração* do direito no caso concreto.

Já na fase de cumprimento e na execução (fundada em título extrajudicial), a possibilidade de reação do réu é limitada. Isso ocorre pela circunstância de que o processo aí está estruturado para a prática de atos materiais, de invasão da esfera patrimonial do devedor, para satisfação do credor - em situação de relativa desigualdade (infra n. 93). Matérias não cobertas pela eficácia preclusiva da coisa julgada (CPC, art. 508) podem ser articuladas pelo executado mediante impugnação (CPC, art. 525) ou por embargos do devedor (CPC, arts. 910 e 917), conforme se trate de cumprimento ou execução, respectivamente. Essas medidas têm natureza de ação de conhecimento e, com os limites indicados, permitem que o executado discuta o mérito da execução. Sem prejuízo, o contraditório também assegura que o executado, independentemente de tais medidas, articule diretamente na execução matérias cuja cognição possa ser feita de plano pelo magistrado, sem dilação probatória (usualmente matérias de ordem pública, que poderiam ser conhecidas de ofício pelo juiz). A essa última forma de intervenção convencionou-se dar o nome (impróprio) de exceção ou de objeção de pré-executividade (ou, ainda, de defesa heterotópica).

Na disciplina da tutela provisória – de urgência ou mesmo de evidência (art. 9.º, parágrafo único, incisos I e II) – há a possibilidade de concessão de liminar sem prévia audiência do réu; caso em que a sua reação fica diferida, mas não excluída. Além disso, o caráter sumário da cognição – que é limitada à plausibilidade da existência do direito material alegado e ao perigo da demora (infra n. 190) – se reflete na menor amplitude do contraditório. De todo modo, o contraditório e a possibilidade de reação que nele se contêm asseguram que (i) as decisões liminares sem prévia audiência do réu correspondam à exceção, não à regra; e (ii) as decisões liminares de natureza satisfativa (infra n. 191) e com efeitos irreversíveis não possam ser tomadas – salvo se for o caso marcadamente excepcional de ponderação de valores – sem prévia oitiva e possibilidade de reação do réu.

> «Na fase recursal, o contraditório se exerce no ato de interposição e no de resposta, que deve sempre ser facultada. No caso especial de agravo de instrumento (CPC, arts. 1.015 e ss.), contudo, quando se voltar contra decisão que indeferiu liminar requerida sem prévia audiência da parte, o recurso também pode excepcionalmente ser julgado pelo tribunal sem que se tenha a resposta do réu, ainda não integrado ao processo (na premissa de que a prévia audiência seja incompatível com a utilidade da medida). Mas é preciso cautela redobrada porque, nessa hipótese, o réu terá ficado privado da possibilidade de recurso para o tribunal local, justamente porque já terá apreciado a questão. Restará ao réu apresentar elementos ao juízo de primeiro grau e, com base neles, postular uma nova decisão, a ensejar nova devolução do tema ao tribunal, por eventual novo recurso.»

76. Contraditório e prova. De nada valeria estabelecer os princípios da inafastabilidade (supra n. 37) e do contraditório se tais postulados se limitassem à prerrogativa de alegação, sem abranger a eventual necessidade de prova do quanto se alegou. Ainda que a Constituição Federal brasileira não consagre expressamente o direito à prova, é correto entender que o direito ou poder de provar não são mais do que desdobramentos da ação e da defesa.

A relação entre contraditório e prova pode ser vista por diferentes ângulos, na premissa de que a efetiva participação seja assegurada.

Assim, o contraditório envolve a prerrogativa de requerer ou de propor a produção da prova. Isso exige prévio conhecimento das regras acerca de distribuição do ônus da prova, porque não há como aquilatar a necessidade da prova sem saber a quem está imputado o respectivo encargo. A prévia e clara atribuição do ônus da prova se afeiçoa ao que se convencionou chamar de *confiança legítima*, expressão do direito fundamental à segurança (art. 5.º, *caput*, da CF).

Isso não significa dizer que o juiz deva aceitar todo e qualquer pleito de prova porque, a exemplo de todo e qualquer ato processual, a prática de atos de instrução está sujeita ao interesse (infra n. 215): a prova tem por objeto fatos controvertidos, pertinentes e relevantes. Além disso, a lei exclui da prova os fatos notórios, os não controvertidos, os confessados e aqueles em favor dos quais milita uma presunção (CPC, art. 374). Ademais, é preciso existir uma relação de adequação entre o meio de prova e o fato que se pretende reconstituir. Portanto, o juiz pode limitar a prova (CPC, art. 370). Em caso de dúvida sobre a admissibilidade do pleito, será mais prudente que a prova seja admitida e produzida, preservando-se o contraditório; até porque o juiz poderá fazer eventuais correções ao ensejo da valoração.

O contraditório também deve estar presente no decorrer da produção da prova. Não basta que se dê ciência à parte de prova produzida sem sua participação (ressalva feita à formação da prova documental, por sua própria condição de ser prova pré-constituída).

O contraditório, assim, é verdadeira condição de eficácia da prova, sendo viciada tanto a prova colhida sem a presença do juiz, quanto a colhida sem a presença das partes. Por essa razão que se diz que, em princípio, não possuem eficácia probatória os elementos informativos se tiverem sido colhidos sem a possibilidade efetiva e real de participação dos interessados na produção daquela prova, ou seja, os sujeitos que podem sofrer os efeitos do provimento a ser editado no processo.

Isso tem particular importância em matéria de prova pericial, na qual o contraditório se aperfeiçoa pela possibilidade da participação de assistentes técnicos (CPC, arts. 473, § 3.º, e 477, § 1.º). Esse é o motivo pelo qual as partes devem ser previamente informadas da data e local da perícia (CPC, art. 474). Com isso evitam-se diligências e atos secretos, permitindo-se que as partes e seus assistentes participem, diretamente, da produção da prova.

Esse mesmo direito de participação existe no que diz respeito à produção da prova oral. No decorrer da colheita, a parte pode exercer o seu direito de formular questionamentos, impedir sejam feitas perguntas inadequadas ou impertinentes, e até mesmo, eventualmente, oferecer contradita à testemunha. Poderá, portanto, participar, diretamente, da produção da prova e, assim, influenciar o seu resultado.

> «Daí porque se a testemunha eventualmente tiver prestado declarações anteriormente, em outro processo, não bastará que o juiz se limite a indagar se

aquela ratifica o que dissera antes; não ao menos como pretexto para impedir eventual e completa reinquirição com a efetiva observância do contraditório.»

Naturalmente, o fato de participar da produção ou da colheita da prova (no caso de prova oral) não afasta a necessidade de se facultar às partes manifestação sobre o resultado da atividade probatória.

Tais considerações são feitas sob a ótica da prova como elemento dirigido à formação do convencimento do magistrado, na perspectiva de uma solução adjudicada do conflito. Contudo, convém lembrar que o sistema admite a produção de prova de forma autônoma, como forma de permitir que os interessados tenham prévio conhecimento de fatos, para que avaliem suas chances, riscos e ônus, quer sob a ótica do ajuizamento de uma demanda, quer sob o prisma de sua defesa (CPC, art. 381, III). Nesse caso, destinatários da prova são as partes e não exatamente o juiz. De todo modo, também nesse caso a relação entre prova e contraditório, ainda que sob perspectiva diferente, pode ser identificada (infra n. 81).

77. Contraditório: defesa técnica e autodefesa. No processo penal, entende-se que a defesa técnica - a cargo do advogado - e a autodefesa - que consiste na participação direta da parte - são vertentes que integram o contraditório, tendo a segunda delas especial importância na fase de colheita da prova. Lá se entende que a autodefesa engloba o *direito de audiência* e o *direito de presença*. O primeiro deles se traduz na defesa que o acusado exerce ao ensejo do interrogatório; o segundo se materializa com a imediação entre réu e juiz na instrução. Já no processo civil, a defesa costuma ser vista apenas sob o primeiro daqueles enfoques. Nele, o depoimento pessoal - segundo tradicionalmente se aceita - não tem a mesma conotação de defesa não técnica que tem o interrogatório, consistindo apenas em ônus da parte; cuja falta de observância pode levar ao fenômeno da confissão ficta.

Não obstante os sistemas sejam realmente distintos, em comum entre ambos, nesse particular, há a circunstância de que a parte é efetivamente quem possui melhores condições para fornecer ao advogado as informações necessárias para a mais adequada e completa colheita da prova; com especial ênfase para a prova oral. Da mesma forma que ocorre no processo penal, o contraditório envolve a coordenação entre a atuação da parte e de seu advogado. Isso quer dizer que, embora a presença da parte não seja obrigatória nas audiências, ela é desejável e conveniente, inclusive sob o ângulo de eventual solução da controvérsia mediante autocomposição. Além disso, se houver intenção de tomada de depoimento pessoal, a intimação há que ser prévia, para que a parte possa ter adequado, prévio e reservado contato com seu procurador, não sendo tolerável que seja tomada de surpresa com sua intimação, na própria audiência, com a imediata colheita do depoimento.

78. Contraditório e direito a recurso. O texto constitucional (CF, art. 5.º, LV) refere-se ao conteúdo do princípio como abrangente dos «meios e *recursos* a ele inerentes». Daí, contudo, não se pode extrair o direito a recurso, termo empregado de forma genérica pela CF – e não especificamente como meio voluntário pelo qual se postula a anulação ou reforma de uma decisão, dentro da relação processual em que editada (conceito estrito de recurso).

Da mesma forma, dali não se pode extrair o assim denominado *duplo grau de jurisdição*, que não foi positivado na Constituição e que nem mesmo nas origens históricas integra a ideia de devido processo legal. Tampouco é possível extrair da garantia da inafastabilidade da tutela jurisdicional o direito ao recurso. O que faz a Constituição é assegurar a competência originária e recursal dos tribunais Superiores e dos Tribunais Regionais Federais. Isso quer dizer que a disciplina dos recursos – e, portanto, do duplo grau – está situada no plano das regras, legais ou até mesmo constitucionais, mas não dos princípios. É preciso, portanto, verificar a adequação dessas regras aos princípios do direito processual.

Além disso, é preciso considerar que se a existência de recursos – e especialmente o efeito suspensivo de que possam ser portadores – pode retardar a consecução do escopo social (eliminação da controvérsia), de outro lado ela é ferramenta a serviço do escopo jurídico da jurisdição. Portanto, a existência de recursos – sem que possa ser erigida propriamente à condição de um princípio – é desejável para aperfeiçoamento do sistema.

> «Para ilustrar, não se poderia reputar inconstitucional uma regra que limitasse o cabimento do recurso de apelação às questões de direito, excluídas as questões de fato. Regra dessa natureza não inviabilizaria os escopos da jurisdição e, de forma coerente, não seria inconciliável com os princípios do direito processual, com a extensão e conteúdo aqui estabelecidos. Mas coisa diversa seria saber se alteração dessa ordem seria desejável para o sistema e para a realidade brasileira.
>
> Outro exemplo: poder-se-ia indagar se o Legislador estaria autorizado a reduzir o prazo do recurso de apelação para, por exemplo, três dias, em nome do escopo social, a pretexto de que isso poderia tornar mais ágil o processo. Nesse caso, a avaliação a ser feita seria a seguinte: firmada a premissa de que a lei estabelece o recurso, há razão plausível e compatível com o princípio do contraditório para redução dessa ordem? A redução seria idônea a atingir o objetivo de tornar mais célere a prestação jurisdicional?»

79. Contraditório e dever de colaboração (ou de cooperação). A disciplina legal do contraditório se dá pelo estabelecimento das posições resultantes da relação processual, que é a expressão da exigência política de participação, própria do convívio democrático. Sob a ótica da *reação* possível, o princípio deve ser visto no contexto do princípio dispositivo, que confere às partes o ônus de alegação e prova dos fatos objeto do processo e da controvérsia - o que é válido, ainda que com temperamentos, mesmo em matéria de direitos e interesses indisponíveis. Nesse ambiente, é no mínimo discutível - não de hoje, certamente - falar-se em dever de colaboração ou de cooperação das partes, não obstante o CPC/2015 tenha positivado regra - que incluiu dentre as assim denominadas «normas fundamentais do processo civil» - segundo a qual «Todos os sujeitos do processo devem cooperar entre si para que se obtenha, em tempo razoável, decisão de mérito justa e efetiva» (art. 6.º).

Desde logo há uma questão terminológica não pouco relevante. É que o próprio CPC/2015 cuidou de empregar a palavra *cooperação* em sentido diverso daquele expresso no art. 6.º: no contexto dos limites da jurisdição nacional, o diploma empregou a locução «cooperação jurídica internacional» - por exemplo, arts. 26, 27, 37, 39, 40, 41, 237, II); e, na relação entre órgãos internos, o diploma se referiu à «cooperação nacional» - por exemplo, art. 67, 68, 69, 237, III e IV. Portanto, rigorosamente nenhuma relação tem a «cooperação» de que tratou o art. 6.º, de um lado, e esses outros dispositivos legais, de outro lado.

É certo que, para alimentar essa relativa perplexidade, o Código - ao menos aparentemente com o sentido que lhe deu no art. 6.º - estabeleceu, no contexto da disciplina das «cartas», que «A parte a quem interessar o cumprimento da diligência cooperará para que o prazo a que se refere o caput seja cumprido» (art. 261, § 3.º). Contudo, nesse caso, talvez se pudesse dizer com maior precisão que se trata de um típico ônus, cuja observância tornará mais ágil a tramitação e cuja falta de observância poderá eventualmente ser «sancionada» com preclusão (perda da faculdade de obter a diligência); ou tecnicamente sancionada, com a imposição de multa por violar a parte o dever inscrito no inciso IV, do art. 77.

Com o significado mais específico de *colaboração* entre sujeitos do processo, o art. 357, § 3.º estabeleceu que, tratando-se de causa que apresente «complexidade em matéria de fato ou de direito», o juiz deverá designar audiência «para que o saneamento seja feito em cooperação com as partes, oportunidade em que o juiz, se for o caso, convidará as partes a integrar ou esclarecer suas alegações».

Além disso, a sugerir exista um descompasso entre o que alvitra parte da doutrina e o que efetivamente restou positivado, é curioso observar que o Código empregou o vocábulo *colaboração* apenas em duas oportunidades, ambas no contexto probatório: no art. 378, estabeleceu que ninguém se exime «do dever de colaborar com o Poder Judiciário para o descobrimento da verdade»; e no art. 379, II, não sem antes fazer a ressalva de que ninguém poderia ser compelido a produzir prova contra si mesmo, estabeleceu incumbir à parte «colaborar com o juízo na realização de inspeção judicial que for considerada necessária». Mas, nesses dois casos, o novo diploma não fez mais que repetir regras do Código anterior (arts. 339 e 340, II) e, portanto, sem qualquer inovação relevante. Mais ainda: a primeira regra, ao falar em dever, dirige-se a terceiros e não propriamente às partes, que são titulares de ônus e faculdades; a segunda regra, conquanto fale que «incumbe», trata de típico ônus, não de dever: o sujeito que se recusar à inspeção poderá ter reconhecida a confissão ficta em seu desfavor.

De todo modo, não apenas pelas importantes dúvidas terminológicas, a colaboração não deve ser entendida como um princípio processual, mas quando muito como uma forma de compreender o contraditório. Concebido como método de investigação dialética da verdade, esse último - ele sim verdadeiro princípio - não deve ser reduzido a mero postulado formal, que se esgota na observância da audiência bilateral. A ênfase ao caráter público do processo - com maior intervenção do juiz (notadamente em matéria de poderes de instrução) - confere ao contraditório destaque como «diálogo» na formação do juízo (infra n. 86). Nesse contexto, a colaboração das partes surge como consequência natural da nova dimensão do papel reservado ao órgão judicial. Com esse conteúdo - que não pode e não deve se desvirtuar em justificativa para proliferação de sanções por litigância de má-fé - é que pode ser aceita a ideia de colaboração. Sob essa ótica, o diálogo travado entre as partes e o juiz contribui para uma decisão mais aperfeiçoada, na medida em que favorece um juízo mais aberto e ponderado. Isso acaba por relacionar contraditório e resultado do processo.

80. Contraditório e lealdade processual. A lealdade processual, não obstante sua relevância, não pode ser tida como princípio processual. Ela está associada à ideia de abuso de direito: a exigência de litigância proba funciona como limite - que vigora de um modo geral para as posições jurídicas de vantagem - ao exercício da ação e da defesa; e, portanto, ao contraditório.

Não há dúvida de que o processo é instrumento a serviço do Estado, para consecução de objetivos que, antes de tudo, são seus (atuação do direito objetivo, pacificação e afirmação do poder estatal, dentre outros). Daí a necessidade de que todos os sujeitos da relação processual ajam com dignidade compatível com o caráter público do processo. Contudo, é preciso considerar que esse último, por sua estrutura dialética, é infenso a uma disciplina «moralista» do comportamento da parte, de quem não se pode exigir que forneça elementos desfavoráveis a si e favoráveis ao adversário; o que, conforme bem observado na doutrina, seria um dever fadado ao descumprimento e tendente a prejudicar a parte mais honesta.

> «É interessante observar que, no processo penal - também instrumento estatal com marcante presença de componente ético - a ênfase para a defesa do demandado, sem propriamente autorizar que se proceda de forma contrária ao direito, afasta a cogitação de situações caracterizadoras de litigância de má-fé; ou mesmo da presença de um dever processual de colaboração. Mas, se a preponderância do contraditório sobre a exigência de lealdade e de colaboração resulta da indisponibilidade do direito substancial (no caso do direito penal, a liberdade), então, seria lícito excluir ou mitigar tais deveres nos processos civis que versam direitos indisponíveis? Lembre-se de que justamente neles não prevalece a técnica do ônus processual. Não bastasse isso, a reforçar o problema terminológico de que se falou no tópico precedente, no Direito penal e processual penal o termo colaboração tem significado diverso do que poderia traduzir um dever processual: a colaboração premiada, tal como regida pela Lei 12.850/2015, estabeleceu a possibilidade um acordo de colaboração premiada (art. 4.º), que deve ser entendido como negócio jurídico de conteúdo processual (na medida em que é uma convenção sobre prova ou obtenção dela) e substancial (porque envolve sanções nesse plano).»

Assim, a repressão às eventuais violações ao dever de lealdade (CPC, arts. 79/81) deve ser vista com equilíbrio e ponderação. Um sistema excessivamente calcado em sanções (mesmo que pecuniárias) dirigidas à contenção de litigância de má-fé (que não se presume) pode enveredar para indireta - mas não menos grave - limitação à garantia do contraditório. Mesmo o argumento da consolidação de jurisprudência dominante - ao ensejo de recurso interposto contra essa orientação prevalecente - deve ser visto com um grão de sal. É que a uniformidade no entendimento dos tribunais não significa sua petrificação e, portanto, a possível revisão de entendimentos depende, diante da inércia que preside a atuação dos órgãos jurisdicionais, da iniciativa das partes (que, no caso de recursos, traduz-se em inconformismo). Para uniformização de teses válidas para casos que se repetem nos tribunais, a lei processual dispõe de mecanismos de racionalização - quer pelo ângulo da tutela coletiva (Lei da Ação Popular, Lei da Ação Civil Pública, Código de Defesa do Consumidor), quer pelo ângulo da tutela individual (CPC, arts. 323 e 1.036, dentre outros). Além disso, é preciso cuidado para se preservar a coerência: não se pode simplesmente qualificar de litigante de má-fé a parte que busca rever certo entendimento jurisprudencial; e, ao mesmo tempo, qualificar de independente o juiz que, de forma deliberada e sem justificativa de eventual distinção, não ajusta suas decisões ao entendimento já consolidado do tribunal competente para a uniformização e ao qual se encontra funcionalmente ligado.

81. Contraditório e formação do convencimento das partes. A perspectiva do princípio do contraditório como fator de legitimação do provimento está, por seus próprios termos, centrada na solução a ser adjudicada às partes; sem, portanto, considerar solução que, a respeito de uma dada controvérsia, possa se originar delas próprias. Assim, quando se fala em ciência bilateral dos atos e termos do processo, com a possibilidade de impugnação, pensa-se em intervenção voltada à formação do convencimento do juiz; ou, mais amplamente, de quem deva – na esfera estatal ou fora dela – proferir decisões resultantes do exercício de alguma forma de poder.

Mas em matéria de prova – relevante projeção do contraditório – o princípio pode e deve ganhar dimensão diversa, para se dirigir à formação do convencimento das partes, acerca de suas chances de êxito, quer na propositura de uma demanda, quer na resistência a uma dada pretensão. Assim, o contraditório não deve apenas assegurar a produção da prova dentro do processo declaratório (como elemento que prepara o julgamento estatal), mas deve assegurá-la antes daquele momento. O contraditório deixa de ser apenas a ciência bilateral dos atos e termos do processo, com a possibilidade de impugnação. Ele passa a ser também a possibilidade de ciência, pelos interessados, dos fatos relevantes no âmbito de dada controvérsia e da correspondente prova disponível (ou passível de se constituir, de um lado ou de outro da controvérsia), para formação de seu próprio convencimento. Essa perspectiva está ajustada não exatamente ao escopo jurídico da jurisdição, mas a seu escopo social, porque a ciência das partes acerca daqueles elementos pode contribuir de forma relevante para soluções de autocomposição. Isso ocorre mediante a antecipação da prova, sem limitação a situações em que haja perigo da demora, conforme positivado no art. 381, II e III do CPC/2015.

82. Contraditório e motivação. Embora a Constituição Federal seja explícita quanto à exigência de motivação das decisões judiciais (art. 93, IX), é possível simplesmente extraí-la do princípio do contraditório. Com efeito, de nada adiantaria afirmar, por um lado, que as partes devem ter ciência e possibilidade de contribuir para a formação do convencimento judicial se, de outro, não houvesse o dever do Estado de considerar e dar adequada resposta às alegações e provas apresentadas; ainda que para não as acolher.

Da mesma forma que o contraditório pode ser extraído da garantia da ação (supra n. 38), a motivação também pode ser daí extraída, ao menos em alguma medida: novamente, de nada adiantaria assegurar o ingresso em juízo se, em contrapartida, não houvesse o dever de apreciar os pedidos e respectivos fundamentos deduzidos pelo autor e, sob a ótica do demandado, de considerar os argumentos defensivos (ainda que, novamente, para rejeitá-los). Em sentido negativo, o contraditório garante, em contrapartida, que o juiz fique limitado ao objeto do processo, tal qual posto pelo autor, uma vez que é dele – fatos, fundamento jurídico e pedido – que o réu se defende.

83. Contraditório, motivação e persuasão racional. De forma análoga, não é correto erigir a persuasão racional – também chamada eventualmente de *livre convencimento motivado* – à condição de princípio do direito processual. Segundo tal postulado, o juiz tem liberdade para formar seu convencimento na medida em que não está adstrito a peso ou tarifa deste ou daquele meio de prova. Tal conteúdo, no entanto, já decorre do princípio da inafastabilidade da tutela jurisdicional e do princípio do contraditório. Contudo, essa liberdade é limitada porque, no tocante aos fatos e à prova, ela deve considerar elementos submetidos ao contraditório, por força do objeto do processo (delimitado pelo autor) e do objeto da controvérsia (a depender da resistência oposta pelo réu). Ademais, o dever de motivar impõe que o juiz efetivamente aprecie as questões de fato e de direito suscitadas pelas partes ou as que deva conhecer de ofício; o que, por si só, também atua como limite para o magistrado, a quem, a pretexto de exercer liberdade na formação do convencimento, não é dado incidir em qualquer das hipóteses previstas pelos incisos do § 1.º do art. 489 do CPC. Nesse contexto, portanto, tem pouca ou nenhuma relevância a circunstância de que o art. 371 do CPC/2015 não repetiu o advérbio «livremente» que o precedente art. 131 do CPC/1973 empregava ao tratar do tema. O juiz segue livre para, motivadamente, apreciar os fatos e as provas segundo o que entenda decorrer da aplicação do direito objetivo.

A adstrição do juiz aos elementos contidos nos autos, como dito, é assegurada pelo contraditório, que deve ser observado mesmo quando se trate de matéria que, conquanto não agitada pelas partes, possa ser conhecida de ofício pelo juiz (CPC, arts. 9.º e 10). Isso também exclui motivação que pudesse resultar de convicção íntima não declarada pelo magistrado. Além disso, a exclusão da assim denominada «prova legal» encontra exceções no sistema, quer quando ele pretende privar eficácia probatória – por exemplo, no caso de prova ilícita (CF, art. 5.º, LVI) ou de limitação à prova testemunhal (CPC, art. 443); quer quando busca estabelecê-la – como no caso da «prova plena» feita pela escritura pública, quando essa forma for exigida como requisito de validade do negócio jurídico (CC, art. 108).

84. Motivação *ad relationem*. Também referida como *per relationem*, esse modo de motivar consiste em se reportar o juiz aos fundamentos adotados em outra decisão. Há pelo menos duas situações a analisar.

Uma delas está situada no contexto das técnicas de gerenciamento de demandas que, com identidade de fundamentos, repetem-se. O art. 285-A do CPC/1973 previa que, tratando-se de controvérsia exclusivamente de direito, se no juízo (de primeiro grau) já houvesse sido prolatada sentença de improcedência em «casos idênticos', poderia ser dispensada a citação e proferida sentença, «reproduzindo-se o teor da anteriormente prolatada»; o que, de fato, sugeria a possibilidade de adoção do expediente aqui comentado. Contudo, a regra do art. 332 do CPC/2015 – que tratou da «improcedência liminar do pedido» – tem redação substancialmente diversa e, ao contrário de tomar como parâmetro decisões proferidas pelo próprio juízo, remete-o para decisões tomadas por instâncias superiores, em consonância com o que dispõe o art. 927. Sendo assim, incide o disposto no art. 489, § 1.º, inciso V, segundo o qual não se considera adequadamente motivada a decisão que «se limitar a invocar precedente ou enunciado de súmula, sem identificar seus fundamentos determinantes nem demonstrar que o caso sob julgamento se ajusta àqueles fundamentos».

Do que se cogita, nesse caso (de improcedência liminar), seria afronta ao princípio do contraditório porque a lei autoriza o indeferimento da inicial, com julgamento do mérito, sem a prévia citação do réu. Mas essa violação não ocorre na medida em que a sentença é favorável ao réu e, portanto, qualquer subsídio que pudesse trazer em defesa não seria apto a gerar situação mais favorável do que aquela estabelecida pela sentença (de total improcedência). Ainda sob o ângulo do contraditório, do que se pode cogitar é que o juiz, antes de julgar improcedente o pedido, atento ao disposto nos arts. 9.º e 10 do CPC, dê ao autor a oportunidade de nova manifestação.

Outra situação de possível motivação *ad relationem* é aquela na qual o órgão competente para julgamento do recurso adota como razão de decidir os fundamentos encampados pela decisão recorrida. Ela não se ajusta à garantia do contraditório: se o recurso impugna os fundamentos da decisão recorrida (e, caso não o faça, ele será inepto por vício formal), essa impugnação não pode ficar sem resposta. Portanto, não é viável que razões da decisão recorrida prevaleçam sem que sejam apreciados os fundamentos pelos quais o recorrente as combateu. Em suma, referido expediente esvazia a função de controle – interno e também externo – que a exigência de motivação (desdobramento do contraditório) contém.

Não obstante, essa forma de motivação – não exatamente de hoje – foi encampada pela regra do art. 46 da Lei 9.099/1995, segundo a qual, no âmbito dos assim denominados Juizados Especiais, «Se a sentença for confirmada pelos próprios fundamentos, a súmula do julgamento servirá de acórdão», sem que se tenha notícia do reconhecimento – principal ou mesmo incidental – da inconstitucionalidade da referida norma. A circunstância de a controvérsia ser de «menor complexidade», por si só, não justifica que o tribunal competente deixe de apreciar a impugnação que foi dirigida aos fundamentos da decisão recorrida; sob pena de se esvaziar o recurso.

85. Contraditório e igualdade. Sob a égide da Constituição Federal precedente, diante da omissão do texto, parte da doutrina pretendeu extrair a garantia do contraditório no processo civil a partir do postulado da igualdade. Contudo, superada a omissão pelo texto vigente, não há mais sentido ou razão para buscar referida identidade. Embora contraditório e igualdade estejam relacionados, eles têm conteúdo diverso.

Em tese, é possível suprimir igualmente o contraditório, como ocorre, para ilustrar, no caso de decisão colegiada tomada sem prévia intimação das partes para defesa oral, quando cabível. Também é possível preservar o contraditório diante de tratamento desigual, pela própria natureza da atividade realizada no processo, como ocorre, em certa medida, na execução ou cumprimento de sentença. Em determinadas circunstâncias, o tratamento desigual é condição para que o contraditório seja efetivamente observado. Tal é o que ocorre quando se dá prazo diferenciado às partes, como nas hipóteses dos arts. 180 e 229 do CPC.

Tanto os princípios são diversos que, embora em caráter excepcional, o contraditório pode ser postergado em nome da preservação da igualdade processual, um dos escopos que pode ser associado à técnica das medidas cautelares (infra n. 190).

86. O juiz e o contraditório. Na esteira de outros ordenamentos – para ilustrar, do art. 16 do CPC francês e, de forma semelhante, do art. 278, III, do Código alemão – o CPC/2015 foi particularmente atento à explicitação e à regulação legal do princípio do contraditório. Conforme as regras dos arts. 9.º e 10, dentre outras, o juiz deve observar e fazer observar o contraditório; deve exercer o que se convencionou chamar de direção material do processo (embora da expressão se possa eventualmente extrair mais do que a observância do contraditório). Na dicção da parte final do art. 7.º, compete ao juiz «zelar pelo efetivo contraditório». Daí porque o magistrado não pode decidir com base em fundamento a respeito do qual não se tenha dado oportunidade de debate pelas partes, ainda que se trate de matéria a ser conhecida de ofício. É preciso impedir decisões que as tomem de surpresa. No exercício desse princípio se consubstancia o verdadeiro diálogo entre partes e juiz. Isso deve ser um fenômeno real, com conteúdo relevante, e não mera promessa ou assunto para debates doutrinários desligados da realidade. Daí, então, a ideia de que os sujeitos do processo devem cooperar ou colaborar entre si, conforme alude o art. 6.º (supra n. 79). Tudo isso tem aplicação em toda e qualquer forma de exercício de poder jurisdicional, inclusive nos processos perante as assim chamadas Justiças especializadas.

Isso é particularmente importante num sistema jurídico no qual há uma gama considerável de matérias que podem ser conhecidas de ofício pelo juiz; ao que se dá o nome de *objeções* (infra n. 230). Isso não ocorre apenas em matéria processual, mas também substancial, como se passa na disciplina das relações de consumo, quanto às práticas abusivas (Lei 8.078/1990, art. 51), que devem ser pronunciadas de ofício pelo juiz. E, em matéria processual, a exigência não se aplica apenas aos temas das condições da ação e dos pressupostos processuais, mas também em matéria probatória: quer quanto a eventual inversão da regra legal de distribuição do ônus da prova (art. 373, § 1.º), quer se o juiz pretender determinar alguma providência de instrução não requerida pelas partes (CPC, art. 370).

Ao ouvir previamente as partes, não há quebra de imparcialidade (supra n. 63), na premissa de que o juiz considerará os respectivos argumentos ao decidir. Nesses termos, é preferível que, embora inclinado a tomar esta ou aquela decisão (o que não se pode negar porque, do contrário, não haveria sentido na prévia oitiva), o juiz dê oportunidade de os interessados atuarem de forma útil sobre a formação do convencimento judicial.

87. Derrogação ao princípio. O contraditório, como foi dito acima, legitima o provimento e justifica a vinculação dos destinatários ao ato resultante do exercício de poder. Ele não pode ser suprimido, embora se admita possa ser postergado, nos casos em que não haja tempo útil para a citação do réu (sem que ocorra o perecimento do direito alegado pelo autor) ou nos quais a prévia citação possa levar à ineficácia da decisão. Nesses casos, no âmbito da tutela de urgência (cautelar e antecipada), o juiz pode decidir provisoriamente sem a prévia audiência da outra parte.

Conquanto medidas liminares sejam frequentemente concedidas *inaudita altera parte*, não é demasiado lembrar que essa é a exceção, e não a regra. No caso de tutela provisória de urgência antecipada - em que se cogita da produção de efeitos substanciais da sentença de mérito - o § 3.º do art. 300 do CPC, atento ao princípio do contraditório, veda a concessão quando houver «perigo de irreversibilidade dos efeitos da decisão». A eventual superação desse óbice, conforme doutrina majoritária (que se formara à luz do Código precedente, mas que pode ser tida como aplicável no contexto do diploma vigente), pode ocorrer excepcionalmente, pela ponderação de valores (proporcionalidade).

Em se tratando de providência de instrução ordenada de ofício pelo magistrado, é inviável que ela seja executada sem prévia audiência das partes; ou mesmo de uma delas. Nem mesmo a pretexto de buscar a assim denominada verdade real pode o magistrado realizar inspeção judicial (CPC, arts. 481/484); ou determinar vistoria a ser realizada por perito; ou ainda constatação por oficial de justiça (essa para efeito de possível formação de prova) sem que seja observado o contraditório. É que o exercício do poder de determinar prova de ofício - que já deve ser considerado com cautela e limites, pelas implicações em relação à imparcialidade (supra n. 63) - não pode chegar ao ponto de o juiz se tornar verdadeiro protagonista do litígio que vai julgar. Tal conduta daria ao ato um caráter secreto que é incompatível com o contraditório e com a publicidade.

88. Contraditório e limites de cognição. O princípio do contraditório está relacionado ao tema da *cognição*. A plenitude do contraditório corresponde à cognição sem prévia limitação quanto à extensão (objeto) ou à profundidade (dilação probatória). Sempre com a ressalva de processo de cognição ampla e exaustiva, o sistema pode eventualmente limitar a cognição - e, portanto, o contraditório. Isso ocorre, por exemplo, em extensão, no processo de desapropriação e de conversão de separação em divórcio; em profundidade, no processo de inventário e de mandado de segurança.

A concentração dos atos, com maior ênfase para a oralidade, não configura, por si só, limite ao contraditório ou à profundidade da cognição. Mesmo o procedimento sumário disciplinado pela Lei 9.099/1995, em tese, pode comportar prova pericial, por exemplo; ainda que eventualmente adaptada às peculiaridades decorrentes da referida concentração de atos em audiência. Portanto, ainda que o CPC/2015 não preveja mais uma forma de procedimento sumário (e, portanto, não trate mais da conversão desse para o ordinário), continua a ser um equívoco dizer que seria livre a adoção do procedimento ordinário no lugar do sumário a pretexto de que aquele comportaria maior amplitude de defesa. No caso dos Juizados Especiais, o que ocorre é que eventualmente vigora para o autor a faculdade de optar entre ele e a Justiça «comum», de tal sorte que, nas hipóteses em que possível o acesso ao Juizado, caberia ao demandante optar eventualmente pelos órgãos não especializados. Contudo, embora essa opção se possa extrair da Lei 9.099/1995, ela não é regra absoluta porque, no caso dos Juizados Especiais da Fazenda Pública (Lei 10.259/2001, art. 3.º, § 3.º e Lei 12.153/2009, art. 2.º, § 4.º), a obrigatoriedade foi imposta pelo Legislador. Além disso, não se pode cogitar da adoção do procedimento ordinário perante os Juizados Especiais, perante os quais imperativamente só poderá ter lugar o procedimento sumário previsto pela lei; a demonstrar que não se trata de maior amplitude do contraditório, mas de adequação do processo e do procedimento,

89. Princípio do contraditório no Código Civil. A referência do Código Civil ao contraditório – a demonstrar que o princípio atua em esferas de poder não estatal – aparece em diferentes oportunidades.

Na exclusão de membro de associação, o art. 57 só a admite diante de justa causa «assim reconhecida em procedimento que assegure direito de defesa e de recurso, nos termos previstos no estatuto». Regra análoga está inscrita no art. 1.085, ao tratar da possibilidade de exclusão de sócio minoritário mediante alteração do contrato social, a ser determinada em reunião ou assembleia «especialmente convocada para esse fim, ciente o acusado em tempo hábil para permitir seu comparecimento e o exercício do direito de defesa» (parágrafo único). Nessas duas hipóteses, a possibilidade de a exclusão ser feita de forma extrajudicial não retira interesse de agir para pedido de exclusão judicial; inclusive porque isso se afina com o espírito das normas, quando consagram o princípio do contraditório.

> «As mencionadas regras convidam a refletir sobre a relação entre contraditório efetivo e atuação imparcial de terceiro. Embora a possibilidade de defesa seja assegurada nessas situações, a perda da *affectio* entre sócios – no contexto em que uma maioria pretende a exclusão de uma minoria – impossibilita julgamento imparcial das razões expostas pelo sócio cuja exclusão se pretende. Em termos mais rigorosos, talvez nem de impessoalidade se pudesse falar, dada a existência de um conflito entre as partes. Nessa medida, o contraditório que se exerce, em termos realistas, não vai além da possibilidade formal de exposição de razões contrárias à exclusão. Nesse contexto, a função real da «defesa» que se assegura não vai além da explicitação e do registro formal dos termos da controvérsia entre as partes. Pode até ser que essa formalização tenha alguma relevância ou utilidade nos desdobramentos (inclusive judiciais) do ato de exclusão. Mas daí a se qualificar a prerrogativa aberta ao sócio cuja exclusão se pretende como autêntica «defesa» vai uma distância razoável.»

Ao disciplinar o seguro obrigatório, determina o art. 788 que o segurador demandado pelo terceiro prejudicado não poderá alegar exceção do contrato não cumprido pelo segurado, «sem promover a citação deste para integrar o contraditório» (parágrafo único). A preocupação aí não está exatamente na garantia da defesa, porque o segurado não poderia ficar vinculado por decisão (menos ainda pelos respectivos fundamentos) proferida entre outrem, diante dos limites subjetivos da coisa julgada (CPC, art. 506, aí sim inspirado no princípio do contraditório). O que se busca é a resolução mais completa do litígio, evitando-se comandos eventualmente conflitantes a respeito de uma relação unitária.

Há, ainda, hipóteses em que o Código Civil não explicitou a garantia do contraditório, mas nas quais os dispositivos legais só podem ser interpretados à luz desse princípio. No caso do parágrafo único do art. 404, só se pode entender que a concessão de «indenização suplementar» – diante da insuficiência dos juros de mora para cobrir os prejuízos – seja, antes de tudo, objeto de pedido (ainda que eventual). Só assim poderá o réu exercer o direito de defesa em relação a tal provimento. Portanto, não é possível tomar-se de surpresa o demandado, impingindo-lhe condenação não pedida e, pior, sobre a qual não houve adequado debate (infra n. 97). Outro exemplo está no art. 1.573, que, ao tratar das causas de impossibilidade de comunhão de vida, arrola motivos para o pedido de separação judicial (hoje apenas divórcio) e finaliza estatuindo que o juiz «poderá considerar outros fatos que tornem evidente a impossibilidade da vida em comum» (parágrafo único). A regra deve ser entendida como norma de encerramento, diante da impossibilidade de o Legislador prever todos os fatos que possam caracterizar o caráter inviável da vida em comum; mas nunca sob o ângulo processual, que supostamente autorizaria o juiz a julgar fora da causa de pedir e, portanto, sem proporcionar ao réu o adequado exercício do contraditório.

90. Contraditório e atuação de organizações privadas. O ordenamento jurídico reserva papel ativo a diferentes organizações civis privadas, na colaboração com órgãos públicos para a tutela de determinadas categorias de direitos. É o que ocorre em matéria de *consumo*, *ambiental* ou até *eleitoral*, para ilustrar. Nesse contexto, é razoável invocar o princípio do contraditório sempre que a atuação dessas entidades possa representar alguma forma de acusação ou de imputação, apta a colocar em risco o nome ou o patrimônio de outrem (por exemplo, dos fornecedores, nas relações com consumidores).

Tal se dá diante da constatação pragmática de que tais entidades exercem *pressão* com diferentes graus de eficácia, que podem levar a publicidade negativa, ou a boicotes, ou a condutas mais assertivas, quiçá até violentas (a ponto de algumas delas serem verdadeiramente temidas); o que pode ser potencializado pela capacidade de difusão de informações das ferramentas próprias da rede mundial de comunicação e respectivas redes sociais.

Há aí uma inequívoca forma de *poder* que conta com o respaldo, ainda que indireto, do Estado (na medida em que permita e até estimule a atuação de tais entidades). O escopo de tal atuação é o de influir no convencimento e comportamento das pessoas. Portanto, tais órgãos, ainda que privados, estão sujeitos à assim chamada regra de *objetividade*, isto é, a informação divulgada deve ser verídica, equidistante, clara e passível de verificação e confirmação. E a observância do contraditório pode se prestar a garantir tal regra e a impedir que informações equivocadas sejam indevida ou prematuramente divulgadas.

Idênticas razões inspiram a incidência do contraditório em relação aos meios de comunicação de um modo geral. Para ilustrar, lembre-se a regra inserta no Código de Ética dos Jornalistas Brasileiros, segundo a qual o jornalista, «ressalvadas as especificidades da assessoria de imprensa», deve «ouvir sempre, antes da divulgação dos fatos, o maior número de pessoas e instituições envolvidas em uma cobertura jornalística, principalmente aquelas que são objeto de acusações não suficientemente demonstradas ou verificadas» (art. 12, I). Afinal de contas, a atuação da mídia contribui de forma relevante para a formação da opinião e tem poder de influência e de persuasão.

> «Neste terreno, a exemplo do que foi feito no tópico precedente, é preciso refletir sobre a relação entre contraditório efetivo e atuação imparcial de terceiro. Embora a imparcialidade das entidades aqui mencionadas não seja legalmente garantida, não é possível simplesmente colocá-las no mesmo patamar dos sócios que pretendem a exclusão de outro(s) porque, nessa situação, o conflito entre as partes é o fato justificador da convocação para a «defesa». No caso das entidades acima referidas, se não há um dever de imparcialidade, a natureza da função impõe quando menos atuação de forma impessoal. Os argumentos expostos pelo interessado devem ser levados em conta e eventual indiferença da entidade a esse respeito pode, conforme cada caso, ser razão para obstar a divulgação de dados ou de conclusões. Portanto, aqui - diferentemente do que se dá no campo societário ou associativo - há verdadeiro sentido em se exigir o contraditório.»

CAPÍTULO V

PRINCÍPIO DA IGUALDADE

91. Igualdade e escopos da jurisdição. A Constituição Federal estabelece que todos são iguais perante a lei (art. 5.º, *caput* e I) e, mais do que isso, inclui dentre os «objetivos fundamentais» da República o de «reduzir as desigualdades sociais e regionais» (art. 3.º, III). A igualdade está ligada ao conceito de dignidade da pessoa humana, que a Constituição trata como direito fundamental, a partir do qual se reconhece a existência de sujeitos dotados de autodeterminação, cuja integridade - sob todos os ângulos - é merecedora de idêntico respeito, a impedir sua marginalização.

A igualdade é usualmente considerada em duas dimensões: a formal e a real. É preciso considerar que a função da lei, no mais das vezes, é exatamente a de discriminar pessoas e situações, restando apenas saber se o critério de discriminação é, ou não, compatível com a ordem constitucional (e, portanto, com a dignidade da pessoa humana). Isso tudo se reflete no processo, que é instrumento de uma das formas de atuação do poder estatal. Portanto, para delimitação correta do princípio é preciso, antes de tudo, considerar o conteúdo e os escopos da jurisdição, que não se confundem com os objetivos das atividades desenvolvidas pelo Legislativo e pela Administração.

Embora a regra segundo a qual todos são iguais perante a lei se aplique em todas as esferas de poder, cada uma delas atua segundo os limites da função desempenhada. Ao Judiciário, por regra, compete promover a pacificação social mediante a atuação do direito objetivo em casos concretos, por provocação do interessado. Portanto, esse é o primeiro e mais relevante parâmetro para exame do princípio da igualdade na seara processual.

92. Igualdade e acesso à Justiça. Uma forma de tratar da igualdade é considerá-la *antes, durante* e *depois* do processo. Sob o primeiro desses prismas é preciso considerar que, no plano material, há desigualdades reais, que não se limitam a variações de natureza social, econômica e cultural. Juridicamente, há diferenças entre as pessoas: há pessoas físicas e jurídicas; dentre as pessoas jurídicas, há aquelas de direito público e as de direito privado; dentre as de direito privado, há associações sem fins lucrativos, há sociedades de estrutura relativamente simples e outras mais complexas. Pelo princípio da igualdade, a todos, sem exceção, deve ser proporcionado acesso ao Poder Judiciário, pela superação dos eventuais óbices à consecução dessa tarefa.

O sistema dispõe de diferentes mecanismos tendentes a restabelecer fragilidades no plano que precede o ingresso em juízo, para que o acesso à Justiça não reste uma promessa vazia. Dentre eles, destacam-se a assistência jurídica (CF, art. 5.º, LXXIV), a gratuidade da justiça (CPC, arts. 98 e ss.) e os Juizados Especiais (Leis 9.099/1995, 10.259/2001 e 12.153/2009). No exercício do direito de ação e de defesa - visto em perspectiva analítica (como somatória das posições jurídicas de vantagem de autor e réu ao longo do processo) - o que o sistema deseja é, tanto quanto possível, o que a doutrina qualifica como «*paridade de armas*».

> «Embora nem sempre seja feita, convém ressalvar a diferença - encontrada em parte da doutrina - entre «acesso à Justiça» e «acesso à justiça». A primeira expressão designa o fenômeno mais restrito - conquanto não menos relevante - de ingresso no Poder Judiciário. A segunda expressão, sem embargo do uso da letra minúscula para «justiça», presta-se a designar fenômeno mais abrangente, não limitado ao ato de instauração do processo, mas ao complexo de posições que o integram e, mais do que isso, à ideia de «processo justo», conforme anteriormente exposto ao ensejo do tema da garantia da inafastabilidade e da tutela jurisdicional (supra n. 43).
>
> A propósito, observe-se que a Constituição Federal adotou terminologia mais refinada do que empregava a Lei 1.060/1950 e mesmo daquela utilizada pelo então vigente CPC. Isso indica espectro de proteção mais amplo a partir de 1988: não basta assegurar a assistência meramente «judiciária», mediante a «gratuidade da justiça» (ou seja, restrita ao momento posterior à instauração formal da controvérsia mediante a propositura do processo). Para além da perspectiva do processo como instrumento de solução adjudicada, é preciso garantir aos necessitados assistência «jurídica», o que deve abranger orientação jurídica e acesso a métodos de solução não adjudicada de controvérsias.»

Ainda, mesmo que sem a intenção de corrigir desigualdades substanciais derivadas de hipossuficiência, a lei traz outras regras que buscam garantir a isonomia no momento do acesso. Exemplos disso podem ser encontrados na regra que, no âmbito da cooperação jurídica internacional, dentre outros postulados, impõe a observância da «igualdade de tratamento entre nacionais e estrangeiros, residentes ou não no Brasil, em relação ao acesso à justiça e à tramitação dos processos» (CPC, art. 26, II); e naquela segundo a qual a distribuição será alternada, aleatória e observará «rigorosa igualdade» (CPC, art. 285) – o que se traduz em garantia não apenas dos jurisdicionados, mas também dos próprios magistrados.

93. Igualdade na relação jurídica processual. O art. 139, I, do CPC estabelece que, na direção do processo, compete ao juiz «assegurar às partes igualdade de tratamento». Contudo, antes disso – e como ocorre de modo geral no plano legislativo – a lei processual considera que as partes são desiguais e, justamente por isso, estabelece disciplina tendente à prevalência da igualdade real. Mais uma vez (supra n. 91), a questão é saber se o critério de discriminação eleito pela lei processual é, ou não, compatível com os valores consagrados no plano constitucional.

Em matéria de *competência*, são diversos os casos em que se dá a prerrogativa de demandar ou de ser demandado no foro de seu próprio domicílio, como forma de tratar desigualmente sujeitos em situações desiguais. Isso ocorre, apenas para ilustrar, em favor do incapaz (CPC, art. 50) e de seu guardião (CPC, art. 53, I, *a*); do credor de alimentos (CPC, art. 53, II); do consumidor (CDC, art. 101, I) e da pessoa idosa (Lei 10.741/2003, art. 80).

Em se tratando de *prazos* (infra n. 266), tratamento diferenciado (mais benéfico) é dispensado à Fazenda Pública (CPC, arts. 183), ao Ministério Público (CPC, art. 180) e aos litigantes com procuradores diferentes (CPC, art. 229) – embora, nesse último caso, a implantação do processo eletrônico supere o tratamento diferenciado (art. 229, § 2.º). Embora de forma um tanto diversa, mas de modo que pretende interferir sobre o *tempo* do processo, há casos em que a lei estabelece prioridade para o julgamento de determinados processos, como ocorre nos casos de mandado de segurança (Lei 12.016/2009, arts. 7.º, § 4.º, e 20); ou de certas pessoas (como é, novamente, o caso dos idosos, conforme art. 71 da Lei 10.741/2003).

Além disso, a discriminação pode residir na própria atividade jurisdicional, ainda que isso ocorra por razões originadas no direito material. Tal é o que, em alguma medida, ocorre diante da desigualdade que existe entre credor e devedor na execução ou no cumprimento de sentença. Nesses casos, embora o executado possa exercer o contraditório, a desigualdade entre as partes reside na circunstância de que o credor é portador de título executivo, que encerra elevada probabilidade (faz presumir) quanto à existência de direito a determinada prestação. Daí porque o processo de execução (ou cumprimento) é composto de atos tendentes à satisfação do exequente, que se apresenta como credor.

Em matéria de prova, a lei autoriza que o juiz trate desigualmente as partes quando permite a assim (impropriamente) denominada inversão do ônus da prova em favor do consumidor (CDC, art. 6.º, VIII); e, de forma genérica e mais ampla, quando permite que esse encargo seja distribuído na consideração das «peculiaridades da causa relacionadas à impossibilidade ou à excessiva dificuldade de cumprir o encargo»; ou da «maior facilidade de obtenção da prova do fato contrário» (CPC, art. 373, § 1.º) - ambos mecanismos tendentes à recuperação da igualdade real.

A preservação da igualdade também deve ser observada em relação a terceiros que de alguma forma atuem no processo. Para ilustrar, preocupação dessa ordem inspirou a regra que trata da escolha de conciliadores e mediadores (CPC, art. 167, § 2º).

94. Igualdade e processo eletrônico. O uso de meio eletrônico na tramitação de processos, autorizado pela Lei 11.419/2006 e incorporado pelo CPC/2015, foi concebido para incorporar as vantagens do avanço tecnológico à administração dos processos submetidos ao Poder Judiciário, de sorte a lhe conferir maior racionalidade e celeridade. Contudo, é preciso considerar que o acesso à tecnologia, em país de notórias discrepâncias econômicas e sociais, não é uniforme entre os jurisdicionados. Assim, não obstante as vantagens que a tecnologia oferece, a aplicação dos dispositivos que disciplinam a matéria há que considerar as desigualdades substanciais, sem potencializá-las - quer por favorecer apenas determinados sujeitos; quer por dificultar o acesso à Justiça dos que não dispõem de tais recursos com maior facilidade.

95. Igualdade e resultado do processo. Ao ensejo dos assim denominados princípios «informativos» do processo, observações críticas foram feitas ao princípio jurídico, quando relaciona processo a igualdade e justiça (supra n. 36). Tais considerações ficam aqui reiteradas. O escopo social do processo é o de pacificação. Mas esse resultado, no âmbito do Poder Judiciário, deve ser obtido mediante a atuação da vontade do direito objetivo (com a expressa ressalva de que o direito não se limita à norma positivada na lei).

Sendo assim, o resultado justo deve ser considerado como aquele que é fruto da observância dos princípios regentes do direito processual, conforme aqui examinado, e que, tanto quanto possível, seja fiel aos fatos efetivamente ocorridos e aos desígnios do direito material. Não é missão do Poder Judiciário o restabelecimento de desigualdades reais, salvo se isso decorrer do direito material a ser aplicado pelo juiz e for o objeto do processo, em concreto.

Por isso é que o conceito de tutela jurisdicional (supra n. 38) não se limita ao *resultado* do processo, mas envolve os *meios* empregados para tanto: o caráter «justo e équo» do processo reside primeiramente nos meios e, apenas indiretamente, no resultado, que apenas surge como consequência da observância dos princípios que regem o exercício do poder na esfera jurisdicional. Só assim se pode qualificar de «équo» o resultado do processo.

Coisa um tanto diversa disso, mas ainda assim relevante, é a preocupação da lei com a preservação da isonomia no contexto de conflitos abrangentes de uma dada coletividade de pessoas, isto é, em «casos repetitivos». Assim, a lei estabeleceu que eventual «modificação de enunciado de súmula, de jurisprudência pacificada ou de tese adotada em julgamento de casos repetitivos observará a necessidade de fundamentação adequada e específica, considerando os princípios da segurança jurídica, da proteção da confiança e da isonomia.» (CPC, art. 927, §.4.º) Preocupação dessa ordem, aliás, inspira o instituto do incidente de resolução de demandas repetitivas (CPC, art. 979, § 2º) e, de certa forma, as regras do art. 525, §§ 12 e ss., quando relacionam a eficácia da decisão do STF em controle de constitucionalidade, de um lado, com decisões editadas em processos individuais, de outro.

CAPÍTULO VI

PRINCÍPIO DA AÇÃO OU DA DEMANDA

96. Inércia da jurisdição e iniciativa do interessado. Pode soar paradoxal, à primeira vista, que o mesmo Estado que editou regras gerais e abstratas - pela atividade legislativa - dependa da iniciativa do interessado para atuá-las em concreto, caso não observadas; e que, portanto, os juízes não possam e não devam tomar a iniciativa da atividade jurisdicional - sob essa ótica, função complementar à legislativa. Por outras palavras, se é escopo da jurisdição atuar, em concreto, normas que o Estado antes editara de forma geral e abstrata (com o intuito de pacificar), então parece difícil conciliar a inércia da jurisdição com referido objetivo.

Mas a inércia se explica, antes de tudo, porque o escopo jurídico convive com o escopo social: o Estado não quer atuar o direito objetivo em concreto como atividade que teria fim nela própria, mas se vale dessa atuação para atingir outro escopo, que é o de eliminação da controvérsia e consequente pacificação social (supra n. 31). Assim, a busca do escopo social impõe que o Estado busque superar - e não fomentar - controvérsias e que, portanto, somente se disponha a atuar o direito objetivo em concreto se aquela outra finalidade puder ser atingida. É essa ligação com os escopos da jurisdição que sugere seja a inércia da jurisdição tratada como um princípio (se visto esse como elemento nuclear ou viga mestra do sistema) - que também se traduz na locução princípio da ação ou da demanda.

Isso ocorre mesmo nas situações de direitos indisponíveis, dentre outras razões, porque indisponibilidade não se confunde com impossibilidade de superação eventual da controvérsia por atuação de seus protagonistas. Portanto, não é possível simplesmente desvincular o escopo de pacificação dos direitos indisponíveis, como se neles supostamente a atuação do direito estivesse acima da busca de eliminação de uma controvérsia.

97. Princípio da demanda e (o assim denominado) princípio dispositivo. Com base nas premissas acima fixadas, o sistema processual está fundado no seguinte postulado: é ônus do interessado invocar o exercício da jurisdição, mediante o exercício do poder ou direito de ação, do qual resulta a prática de um ato – o primeiro do processo – que é chamado de demanda. Dessa forma, é vedado ao juiz proceder de ofício para tal finalidade. Além de decorrer da correta conjugação dos escopos jurídico e social, o preceito está expresso – embora de diferentes maneiras – nas regras dos arts. 2.º, 141, 322, § 2.º e 492 do CPC. Dele decorre, portanto, um ônus de alegação que, indo além, traduz-se no encargo de exposição de fatos, de fundamentos jurídicos – que compõem a chamada *causa de pedir* – e de um ou mais pedidos.

> «A relação entre os conceitos de ação e demanda explica o porquê de ora se falar em princípio da ação, ora em princípio da demanda. Essa variação voltará a aparecer em outros tópicos, por exemplo, quando se tratar do exame dos *elementos identificadores da ação* ou, até mais corretamente da demanda (porque esses elementos são aferidos a partir de um ato concreto de invocação da tutela jurisdicional, que é justamente a demanda). Não se fala, contudo, em «condições da demanda», mas em *condições da ação* porque aí se pensa não no ato que inaugura o processo, mas no direito ou poder de invocar a tutela jurisdicional e na sua relação com o direito material alegado pelo autor (infra n. 201).»

A circunstância de o princípio da demanda estar associado à figura de um ônus de alegação explica a sinonímia aceita por parte da doutrina entre ele e o assim denominado *princípio dispositivo*. Por essa expressão se designa o ônus dos interessados de alegação e prova dos fatos dos quais possam extrair consequências favoráveis no processo. Esse encargo vigora tanto para o autor quanto para o réu, inclusive para as pessoas jurídicas de direito público. Assim, se por um lado o demandante tem o *ônus* de romper a inércia da jurisdição, de afirmar e de alegar (expondo fatos, fundamentos jurídicos e deduzindo pedido), por outro lado, o demandado tem o *ônus de* responder; se não o exercer, será considerado revel e poderá se sujeitar aos seus efeitos (CPC, art. 344).

Mas considerando que a ruptura da inércia da jurisdição – por essência e por tratamento legal – está submetida a regime parcialmente diverso das alegações que se seguem no curso do processo, adota-se a distinção: reserva-se a locução *princípio da demanda* apenas para designar o ônus de invocação da tutela jurisdicional – ele sim um autêntico princípio e não apenas uma regra processual (como é o «princípio» dispositivo). O ônus associado ao princípio da demanda não convive com qualquer poder do juiz, justamente porque ele não deve agir de ofício. Já os ônus associados ao princípio dispositivo – notadamente em matéria de prova – devem ser vistos no confronto com os *poderes* do juiz.

98. Segue: impulso oficial. Não obstante seja certo que o processo civil comece por iniciativa do interessado, vige a regra de que ele se desenvolve por impulso oficial (CPC, art. 2.º). Ela não infirma o princípio e se justifica diante da circunstância de que a ação – quando vista de forma analítica – não se resume ao ato inicial de instauração do processo, mas engloba todas as posições jurídicas de vantagem do autor, até que o objeto do processo seja adequadamente enfrentado. Além disso, tanto o escopo social quanto o jurídico justificam que o processo, uma vez instaurado por iniciativa da parte interessada, siga por impulso do Estado, também interessado na solução da controvérsia. Isso explica por que os poderes do juiz – inclusive em matéria probatória – convivem com os ônus das partes, no ambiente do (assim denominado) princípio dispositivo.

Contudo, é justamente o convívio de posições jurídicas que explica situações nas quais prevalece o encargo da parte na tomada de determinada providência; cuja inércia impede o prosseguimento do processo. Somente dessa forma – pelo convívio entre a regra de impulso oficial e ônus a cargo das partes – é possível entender as hipóteses previstas pelos incisos II e III do art. 485 do CPC, que tratam da extinção anormal do processo (isto é, sem resolução do mérito) quando «parado durante mais de 1 (um) ano por negligência das partes» ou em caso de o autor «abandonar a causa por mais de 30 (trinta) dias».

Hipóteses de ônus cuja falta de observância pode impedir o prosseguimento do processo, apesar do impulso oficial, estão no recolhimento de preparo inicial (CPC, art. 290) e recursal (CPC, art. 1.007); e de recusa do autor à emenda da petição inicial (CPC, arts. 321 e 330), inclusive quanto à inclusão de litisconsorte passivo necessário (CPC, art. 115, parágrafo único).

> «Outro exemplo bem ilustra o confronto entre impulso oficial e ônus inerentes ao princípio dispositivo. Pode ocorrer que, depois de o perito apresentar o laudo pericial, a parte requerente da perícia se recuse ao pagamento (normalmente, sob a forma de complemento) dos honorários do experto – dentre outras razões possíveis, provavelmente pelo resultado desfavorável do laudo. Nesse caso, o juiz não deve extinguir o processo sem julgamento do mérito, mas ordenar seu prosseguimento. Fica dúvida sobre se deve ordenar que a prova – encargo do requerente recalcitrante – deve ser excluída do processo e o mérito julgado sem esse elemento; ou se o laudo deve remanescer, remetendo-se o perito para a cobrança do valor devido por vias próprias.»

99. Disponibilidade e indisponibilidade. A menção ao «princípio dispositivo» (que não é mais do que uma regra, diversamente do *princípio* da demanda) remete à ideia de *disponibilidade*. Direito disponível é aquele cujo exercício, ou não, fica ao exclusivo critério do respectivo titular; que, como resulta da locução, dele pode abrir mão, parcial ou totalmente. A disponibilidade deve ser considerada primeiramente no plano material do ordenamento. É nesse que, conforme a relevância do valor tutelado, há casos em que não se permite que o titular disponha de determinado direito. Isso ocorre, por exemplo, nos direitos fundamentais (que se alicerçam na dignidade da pessoa humana), nos direitos da personalidade e nos direitos relacionados ao estado e capacidade das pessoas.

O art. 247 do CPC, embora em contexto particularizado (trata das hipóteses nas quais não se admite a citação pelo correio), contém um bom indicativo de causas que envolvem direitos indisponíveis: as «ações de estado», de que são exemplos o divórcio, a interdição e os processos cujo objeto seja a guarda de incapazes e o pátrio poder; os processos que envolvem interesses de incapazes; e aqueles em que é parte pessoa de direito público. Nessa última hipótese, a indisponibilidade deve ser vista com reservas: é preciso considerar a diversidade entre interesse público primário e secundário (infra n. 111) e considerar que tais pessoas têm seus próprios defensores.

Não obstante a autonomia da relação jurídica processual, que não se confunde com a relação material (diversa por seus sujeitos, seu objeto e seus pressupostos), a indisponibilidade vigente no plano substancial repercute no processo, considerando o caráter instrumental desse último. A primeira das posições jurídicas dessa relação é justamente o poder ou direito de *ação*. Para ilustrar o raciocínio, lembre-se que, no âmbito penal, em razão da natureza de suas normas materiais, a regra é a da indisponibilidade da ação: diante de um fato típico, a regra – ditada pela indisponibilidade do direito material – é a de que não há margem de escolha para o titular da ação penal (pública), isto é, o Ministério Público.

> «O que pode ocorrer é que o titular da ação penal não se convença da existência de elementos suficientes para a instauração do processo e que, dessa forma, requeira o arquivamento dos autos do inquérito, destinado justamente à colheita de elementos para formar o convencimento do órgão acusador. Mas, independentemente disso, mesmo no direito penal, a indisponibilidade da ação, como corolário da indisponibilidade do direito material respectivo, não é absoluta no nosso ordenamento, que admite a *transação penal* e a suspensão *condicional do processo* (Lei 9.099/1995, arts. 2.°, 60, parágrafo único, e 89; Código Penal, arts. 77 e ss.); e, com ainda maior amplitude, a assim denominada *colaboração premiada* (Lei 12.850/2013, art. 4.°),»

Já na esfera civil, são mais escassas – e com origens diversas – as hipóteses de indisponibilidade, a impor o correspondente exercício do poder ou direito de ação.

A atuação do Ministério Público na defesa dos interesses sociais e individuais indisponíveis (CF, art. 127, *caput)* se dá mediante o exercício da ação civil pública, destinada à tutela do patrimônio público e social, do meio ambiente e de outros interesses difusos e coletivos (CF, art. 129, III). Nos casos em que a defesa de interesses coletivos (em sentido amplo), está a cargo de associação legitimada, a indisponibilidade justifica a regra contida no art. 5.º, § 3.º, da Lei 7.347/1985: em caso de «desistência infundada ou abandono da ação», o Ministério Público ou outro legitimado assumirá o polo ativo. Regra análoga, pelas mesmas razões, consta do art. 9.º da Lei 4.717/1965, quanto à ação popular.

Mas a indisponibilidade não é absoluta: para além da possibilidade de arquivamento dos autos do inquérito civil, tal como ocorre na esfera penal (Lei 7.347/1985, art. 9.º), a lei prevê a possibilidade da celebração de compromisso de ajustamento de conduta, que acaba por ter contornos de transação (art. 5.º, § 6.º). A possibilidade de transação também aparece na legislação extravagante: por exemplo, os arts. 85 e 86 da Lei 12.529/2011 tratam do assim denominado compromisso de cessação de prática e do «acordo de leniência».

Algo semelhante ocorre em relação às pessoas jurídicas de direito público, por força da indisponibilidade do patrimônio público que incorporam. Em relação a elas, a possibilidade de transação não está totalmente excluída, mas depende de expressa autorização legislativa.

No terreno dos direitos individuais, a indisponibilidade do direito material pode acarretar o caráter necessário do processo. Isso quer dizer que a produção de determinados efeitos jurídicos só pode ocorrer no ambiente processual, mediante intervenção do Judiciário. É o que acontece nos casos de estado e capacidade das pessoas, nas hipóteses de interdição (CPC, arts. 747/758) e extinção, suspensão ou perda do poder familiar (CC, arts. 1.635, V, 1.637 e 1.638), dentre outros. Isso também se dá nos casos de improbidade administrativa, quando a sanção consiste em suspensão de direitos políticos (Lei 8.429/1992, art. 12), a qual não pode ser imposta senão mediante o processo. Mas isso não significa que não possam as partes transigir, desde que preservados os valores que o direito material buscou tutelar.

Com efeito, o caráter indisponível do direito não deve ser confundido com impossibilidade de transação, isto é, de solução por autocomposição, mediante concessões recíprocas (admitida pelo ordenamento, com limites, até na esfera penal). Boa ilustração disso está na redação do revogado art. 331 do CPC/1973: alterada que fora pela Lei 8.952/1994 – que se referia à designação de audiência na condição de que os direitos fossem «disponíveis» – sua redação foi novamente modificada pela Lei 10.444/2002, que corretamente passou a falar em «direitos que admitam a transação».

Além de repercutir sobre o poder ou direito de ação, a indisponibilidade do direito material interfere com a disciplina dos ônus processuais. Conforme já observado ao ensejo do princípio do contraditório (supra n. 75), nesse terreno a inércia da parte não autoriza – ao menos em princípio – a presunção de veracidade dos fatos alegados pela parte adversária (confissão ficta), conforme resulta das regras dos arts. 341, I, 345, II e 392 do CPC.

100. Segue: princípio dispositivo e matérias que o juiz pode e deve conhecer de ofício. A atribuição do ônus de alegação às partes não significa dizer que o conhecimento do juiz fica invariavelmente condicionado a essa iniciativa. Assim, há matérias reputadas de «ordem pública» que o juiz pode e deve conhecer de ofício, sobre as quais não se opera a preclusão (ressalvados os limites impostos pelo sistema ao conhecimento de recursos para os tribunais superiores, que não julgam fatos, mas apenas direito). Essas matérias podem ser afetas ao processo (lembrando-se que esse é instrumento para consecução de objetivos que, antes de tudo, são do Estado) e também à relação de direito material. Elas são chamadas de *objeções*, por oposição às *exceções*, que dependem de alegação da parte interessada (infra n. 230).

No plano substancial, detecta-se tendência de ampliação do rol de matérias que o juiz pode e deve conhecer de ofício, inclusive no âmbito das obrigações e dos contratos – o que pode ser constatado tanto no Código de Defesa do Consumidor quanto no Código Civil. Assim, dizer que o juiz tem maiores poderes para conhecer de ofício certas matérias; ou que tem poderes para investigar determinados fatos de forma ampla e não limitada à iniciativa das partes envolvidas; ou, ainda, que tem poderes para decidir de forma a modificar, rever ou integrar o conteúdo dos atos praticados pelas partes, tudo isso significa reconhecer que razões de ordem pública impõem a atenuação – ou até mesmo a exclusão – do princípio dispositivo. Por outras palavras, a indisponibilidade estabelecida no plano material se projeta no processo e, nessa medida, a atuação do juiz deve buscar preservar os valores tutelados naquele plano do ordenamento.

> «O parágrafo único do art. 2.035 do Código Civil, encartado nas disposições «finais e transitórias», após ressalvar a aplicação do novo diploma aos atos constituídos antes da vigência do Código, mas cujos efeitos se produzam após esse momento, estabelece que «Nenhuma convenção prevalecerá se contrariar preceitos de ordem pública, tais como os estabelecidos por este Código para assegurar a função social da propriedade e dos contratos». De forma análoga são as disposições dos arts. 421 – ao dispor que a liberdade de contratar será exercida «em razão e nos limites da função social do

contrato» - e 422 - ao estatuir que os contratantes são obrigados a guardar, assim na conclusão do contrato, como em sua execução, «os princípios de probidade e boa-fé».»

A amplitude das matérias passíveis de conhecimento de ofício pelo magistrado não deve ficar divorciada do princípio do contraditório (supra n. 86). Assim, suposto tratar-se de matéria que possa ser conhecida de ofício, o juiz deve fazer valer o postulado, ouvindo as partes a propósito do tema, dando-lhes a oportunidade de expor suas razões a respeito e, nessa medida, de contribuir para formar a convicção do julgador; e, antes disso, para sua própria, de sorte a que possam eventualmente reavaliar suas chances de êxito ou de derrota (supra n. 81) - tudo conforme hoje positivado, dentre outros, nos arts. 9.º e 10 do CPC.

101. Desdobramentos do princípio da demanda. Se o autor tem o ônus de romper a inércia da jurisdição, isso quer dizer que é ele quem determina o objeto do processo, aqui entendido como o pedido deduzido, à luz da respectiva causa de pedir. Então, para que o princípio seja efetivo, dele decorre a seguinte e necessária consequência: o juiz deve julgar nos limites do objeto do processo delimitado pelo autor (CPC, art. 492) - o que se costuma designar como regra de adstrição ou de congruência ou, ainda, de adstrição. Como consequência, os pedidos devem ser interpretados de forma estrita, isto é, não extensiva, conforme dicção empregada pelo art. 293 do CPC/1973. Sobre isso, ainda que esse dispositivo não encontre exata correspondência no Código vigente, deve prevalecer a interpretação estrita porque, como foi dito, ela se impõe como um desdobramento do princípio da demanda.

Assim, quando o Código estabeleceu que a interpretação do pedido «considerará o conjunto da postulação» (art. 322, § 2.º), o que aparentemente se buscou foi uma simetria com o ônus de impugnação específica, que está a cargo do réu, conforme regra inserta, nesse particular, no inciso III do art. 341 - segundo a qual aquele encargo não se considera desatendido quando as alegações de fato do demandante «estiverem em contradição com a defesa, considerada em seu conjunto». Contudo, ainda que a tentativa de tratamento isonômico e coerente entre as partes seja correta, isso não infirma a circunstância de que o objeto do processo é, ao menos por regra, definido pelo autor. E a busca do escopo social da jurisdição, como foi visto, justifica que o juiz (assim como o árbitro) fique adstrito àquele objeto, ainda que repute que outro - mais amplo ou diverso - pudesse ter sido deduzido.

Além disso, a referência feita no art. 322, § 2.º do CPC ao princípio da boa-fé, para além de conter impropriedade lógica, não altera a conclusão sobre o tema: como quem interpreta o pedido é o juiz (ou árbitro), não faz sentido falar-se em boa-fé do julgador. Tampouco é relevante para a delimitação do objeto do processo o elemento subjetivo da parte que, embora de boa-fé, pudesse ter pedido o que não pediu. O elemento subjetivo do autor tende a ser irrelevante nessa específica situação porque a delimitação, pelo próprio conceito em jogo, é essencialmente objetiva e não está o juiz autorizado - nem mesmo em nome do dever de cooperação (art. 6.º) - a suprir a omissão da parte, relativamente ao pedido não deduzido. Coisa diversa é atuação oficial do juiz sobre o direito aplicável e eventualmente sobre a prova dos fatos alegados. Fora daí o princípio da demanda impõe que o juiz se limite a superar controvérsias, não a cria-las. Então, quando a lei fala em «boa-fé» há de se entender que o juiz deve receber a declaração de vontade expressa na demanda inicial sem restringi-la, atentando inclusive para a regra geral inserta no art. 112 do Código Civil.

Tudo isso se aplica também em matéria recursal porque, pelas mesmas razões e ao menos em princípio, devolve-se ao tribunal o que foi objeto de impugnação (CPC, art. 1.013). Isso não quer dizer que o exercício do recurso represente novo exercício do poder ou direito de ação, que se limita à ruptura da jurisdição em seu grau originário. Além disso, é preciso considerar que a devolução de certas matérias ao tribunal competente pode também se operar independentemente da iniciativa da parte, tal como ocorre no caso da assim denominada «remessa necessária» (CPC, art. 496); ou no caso em que a desistência do recurso «não impede a análise de questão cuja repercussão geral já tenha sido reconhecida e daquela objeto de recursos extraordinários ou especiais repetitivos» (CPC, art. 998, parágrafo único).

Para o réu - se e quando restrito a essa posição - não vigora o princípio que está ligado à ruptura da inércia da jurisdição, a cargo do autor. Diz-se que tecnicamente o réu não pede, mas simplesmente impede. Ainda: tecnicamente, pedido não se confunde com *requerimentos*, que são pleitos feitos no curso do processo. O pedido, em termos estritos, é a invocação do provimento jurisdicional e o bem da vida correspondente (pedido imediato e mediato). Se vencedor, o réu obtém a rejeição do pedido do autor, isto é, a improcedência do pedido ou da demanda (o que vem expresso em sentença de natureza meramente declaratória). Mas é possível que o réu deduza autêntico *pedido*. Isso ocorre nas hipóteses de reconvenção, de pedido contraposto e nas assim denominadas ações dúplices (nas quais a defesa do demandado pode constituir automaticamente formulação de pedido em benefício próprio). Nesses casos, o princípio da demanda se aplica ao réu porque assume a posição de autor.

102. Princípio da demanda e outros princípios. O postulado segundo o qual é ônus do interessado romper a inércia da jurisdição pode ser tido como verdadeiro princípio, se e quando entendido esse último como elemento que alicerça um determinado sistema. Já sob a ótica da teoria dos princípios anteriormente lembrada, o postulado mais se aproxima de verdadeira *regra*, porque sua aplicação se dá por subsunção, numa operação lógica de «tudo ou nada» (supra n. 32).

De qualquer modo, o preceito está efetivamente ligado a verdadeiros princípios, em relação aos quais - quando menos e para argumentar - ele atua de forma instrumental.

Assim ocorre quanto ao princípio da imparcialidade: se o juiz instaurasse o processo de ofício haveria o risco de se vincular, ainda que de forma inconsciente, ao resultado. Prevalece, portanto, o modelo *acusatório*, que se opõe ao *inquisitivo*: no primeiro, quem dá início ao processo não julga porque não tem a necessária isenção para tanto. E, dessa forma, a atribuição ao interessado do ônus de ruptura da inércia da jurisdição é forma de garantir a imparcialidade do juiz. Também assim ocorre em relação ao princípio do contraditório: se o juiz deferisse o que não lhe foi pedido, tomaria a parte de surpresa, subtraindo-lhe a possibilidade de adequada manifestação. O demandado exerce a defesa nos limites do objeto do processo (pedido e respectiva causa de pedir).

103. Segue: (aparentes) exceções. Precisamente porque o ônus de ruptura da inércia da jurisdição - seja ou não ele próprio um princípio - está atrelado a outros postulados que inegavelmente merecem esse *status*, é preciso cautela com a admissão de exceções, que devem estar devidamente justificadas.

Uma delas ocorre nos casos do deferimento de ofício do *habeas corpus* (que, embora escasso na prática, em tese é admissível na esfera civil, em se tratando de prisão por dívida de alimentos, única hipótese na qual ainda subsiste esse tipo de meio de coerção para cumprimento de obrigações civis). Mas nesse caso - que talvez nem pudesse ser tido como verdadeira exceção, porque o afastamento da constrição integra a defesa que o devedor de alimentos eventualmente apresenta - o que justifica a providência é a tutela da liberdade de locomoção. Sob o ângulo dos princípios, poder-se-ia quiçá dizer que, no conflito, a ponderação leva à prevalência do direito de ir e vir.

Outro exemplo era, sob a égide do CPC/1973, o da instauração do *processo de inventário*, conforme art. 989. De forma correta, o vigente diploma não reproduziu essa regra. De todo modo, a mera instauração do processo de inventário não significava, para o juiz, tomar partido em prol do interesse de um dado herdeiro ou de credor do espólio (os quais poderão defender seus interesses a partir de quando forem intimados); nem a assumir posição de «parte», inclusive pela circunstância de que à instauração de ofício seguir-se-á necessariamente a nomeação de inventariante (CPC/1973, art. 990). Convém relembrar que, entre nós, permite-se que o inventário seja celebrado extrajudicialmente e formalizado por escritura pública, desde que todos os interessados sejam capazes, estejam concordes e não haja disposições testamentárias (CPC, art. 610, §1.º); o que reforça ainda mais o caráter ordinariamente não contencioso da providência.

No caso da execução trabalhista (CLT, art. 878), considerando-se que ela corresponde ao cumprimento do que foi decidido no processo (ou fase) de conhecimento, e que ali o juiz presumivelmente julgou nos limites do objeto do processo definido pelo autor, então não há propriamente uma exceção; de todo modo, o juiz só pode instaurá-la de ofício se o demandante não estiver representado por advogado. Raciocínio análogo pode ser feito quando, para cumprimento de decisões, o juiz impõe de ofício medidas coercitivas (ou «de apoio»), tendentes a pressionar o devedor ao adimplemento voluntário (CPC, arts. 536, § 1.º, e 537, § 1.º).

Afora esses casos, é preciso considerar se alguma outra aparente exceção não é, em realidade, caso de *pedido implícito*. Ilustram o conceito: a imposição de juros legais e correção monetária (CPC, art. 322, § 1.º); a regra do art. 323 do CPC (inclusão de prestações vincendas no curso do processo, mesmo sem pedido expresso); e a imposição das verbas decorrentes da assim denominada sucumbência (ou que, mais precisamente decorrem da causalidade), conforme arts. 82, § 2.º e 85 do CPC. Nesses casos, não se trata sequer de exceção ao princípio da demanda porque pedido da parte existe; o que ocorre é que a lei se encarrega de agregar outro pleito àquele que foi expresso e que desse se entende ser consequência - sem que isso afronte a regra de adstrição.

> «Na jurisprudência, eventualmente são também considerados implícitos (de forma discutível), os seguintes pedidos: a) o de alimentos, na ação de separação e na posse e guarda de filhos menores; b) o de rescisão do contrato, quando se pede a reintegração da posse que resulta daquele ato; c) o de cancelamento do registro, quando há pedido de rescisão de compromisso de venda e compra e reintegração na posse; d) a alteração do registro civil, no caso de procedência de investigação de paternidade; e e) nulidade de partilha, se procedente pedido de investigação de paternidade e petição de herança.»

CAPÍTULO VII

PRINCÍPIO DA PUBLICIDADE

104. Conteúdo do princípio. A publicidade do processo significa liberdade de acesso, a qualquer pessoa do povo, aos atos que integram o procedimento (incluindo as dependências em que se realizam), assim como à respectiva documentação. Dele decorre a prerrogativa de obter certidões ou cópias dos atos e termos dos processos (o que pode ser qualificado como publicidade indireta). O postulado – que norteia também a Administração (CF, art. 37, *caput*) e que é condição para a vigência da lei (Decreto-lei 4.657/1942, art. 1.º) – está consagrado, relativamente ao processo, no texto constitucional (CF, art. 93, IX). Ele também é objeto de regra legal (CPC, art. 189).

Conforme usualmente destacado pela doutrina, sua finalidade é a de proporcionar o conhecimento e a fiscalização dos atos praticados pelos sujeitos do processo e, sob essa ótica, ele pode ser também visto como projeção do *direito à informação* (CF, art. 5.º, XIV). Embora não seja usual, a publicidade – na medida em que é universal – também pode ser relacionada à ideia de *impessoalidade*. Isso pode ser encarado sob dois prismas: de um lado, os dados do processo não pertencem às partes, mas à generalidade dos cidadãos, indistintamente; de outro, a publicidade se dirige a toda e qualquer pessoa, independentemente de vantagem ou interesse direto ou indireto. O interesse está na ciência do modo pelo qual se praticam os atos estatais.

Para além de sua expressa inserção constitucional, e embora ele possa ser concebido como autêntico princípio (na medida em que se ajusta à estrutura e ao modo de aplicação de normas de tal natureza), forçoso reconhecer que o postulado, em termos mais rigorosos, tem mais a função de proporcionar controle externo («popular») do que finalidade autônoma e interna no processo.

Com efeito, reputar-se que a publicidade seria forma de ensejar a adequada reação dos destinatários da decisão judicial seria confundi-la com o princípio do contraditório, que a tanto basta. Assim, o direito à informação que se possa associar à publicidade só pode ser entendido como prerrogativa de terceiros, e não exatamente das partes, que já estão em contraditório perante o juiz. O mesmo pode ser dito em relação à transparência: o que obsta decisões secretas e arbitrárias em relação às partes é o princípio do contraditório e seus corolários.

Ademais, a publicidade – na medida em que afasta a prática secreta de atos processuais – é fator que contribui para a imparcialidade dos julgamentos; e, portanto, também atua para que outro princípio seja efetivado.

Mesmo nos casos em que a CF admite a limitação à publicidade (infra n. 106), não é correto – embora seja usual – falar-se em publicidade limitada às partes. Repita-se: informação para a parte é dado indissociável do contraditório e não decorre da publicidade.

105. Publicidade e veículos de comunicação de massa. Uma das formas mais relevantes da publicidade (mediata) é a divulgação do conteúdo de processos judiciais pelos meios de comunicação de massa. Não há a menor dúvida de sua relevância para a (verdadeira) função da publicidade, que é a de propiciar fiscalização popular e controle externo, por vias e nos limites adequados ao exercício da atividade jurisdicional. Daí a doutrina falar, nessa matéria, em *regra de objetividade*, segundo a qual é preciso considerar o interesse público da informação a ser divulgada, além da veracidade e a exatidão da informação veiculada, resultantes de isenção do veículo que faz a divulgação.

É natural que, quanto maior o grau de exposição dos atos praticados em processos judiciais, maior o juízo crítico expressado por esses veículos (por editoriais ou por matérias identificadas); tanto mais quando se trata de assunto de repercussão, potencializada pelas «redes sociais» que se valem da internet. Considerados os limites da tutela da honra objetiva e subjetiva pelo ordenamento, fenômeno dessa ordem é legítimo. Contudo, é preciso cuidado para que ele não prejudique a independência do magistrado (supra n. 58).

> «Para a finalidade apontada no texto, há inclusive um canal estatal, denominado TV Justiça. Mas ao ensejo da menção a esse canal de comunicação, convém fazer uma distinção: as considerações feitas acima se referem à publicidade mediata, isto é, à divulgação de atos do processo, que são relatados depois de ocorridos. Mas, além disso, o Poder Judiciário dispõe de canais que propiciam acesso direto – por televisão ou internet – a sessões de julgamento. Isso ocorre com as sessões do Supremo Tribunal Federal e do Tribunal Superior Eleitoral (TV Justiça) e, no Estado de São Paulo, com as sessões do Órgão Especial do Tribunal de Justiça (internet). Como essa

forma de divulgação apanha o exato momento de realização do ato, ela pode ser considerada direta ou imediata, ainda que não haja a presença física nas dependências do Judiciário. De um lado, essa divulgação pode ser vantajosa porque, ao dispensar a intermediação de quem relata o fato, garante a qualidade e a fidelidade da informação e abre ao expectador a formação de seus próprios juízos. De outro lado, ainda está por ser mais adequadamente estudada eventual repercussão negativa que exposição dessa ordem pode ter sobre o conteúdo dos julgamentos colegiados.»

106. Limites à publicidade. Nos termos da redação dada ao inciso IX do art. 93 da CF pela EC 45/2004, o Legislador está autorizado a limitar a publicidade do processo em casos nos quais a preservação do direito à intimidade do interessado no sigilo não prejudique o interesse público à informação. Sob a ótica da teoria dos princípios, a situação é interessante: a CF consagra dois princípios – publicidade e direito à informação – que podem ser tidos como «mandamentos de otimização» e que não se ajustam à subsunção. Ao mesmo tempo, a CF remete a disciplina para o Legislador, com uma condição que soa impossível: conceitualmente falando, quando se limita a publicidade, o direito à informação também fica prejudicado.

E nem se diga que essa obrigatória repercussão não haveria se os fatos retratados nos autos não despertassem, eventualmente, interesse em divulgação em veículos de comunicação de massa. É que, para saber se o fato é relevante, é preciso ter acesso ao conteúdo do processo; e, para ter acesso – e, portanto, a informação – é preciso que a regra de publicidade vigore em sua plenitude. Ainda que se pudesse, para argumentar, dizer que a publicidade seria uma regra e não um princípio, isso teria pouca ou nenhuma valia para resolver o problema porque, aqui, a publicidade – se não pudesse ser vista como um valor autônomo – funcionaria como instrumento do direito à informação. Portanto, a questão verdadeira está em saber o que justifica restringir a publicidade e, por consequência, o direito à informação.

Embora possa haver conflito entre princípio e regra, nesse caso específico, a CF proíbe que o legislador edite uma regra que contrarie o princípio consistente no direito à informação; exceto, naturalmente, se o Legislador o fizer com base em outros princípios constitucionais – portanto, situados no mesmo patamar. Isso significa que o Legislador só pode permitir que a publicidade ceda diante de outro princípio positivado na Constituição. Isso, aliás, é previsto pelo inciso LX do art. 5.º, cuja redação não foi alterada pela EC 45/2004. Segundo ele, a publicidade dos atos processuais pode ser restringida para prevalência da intimidade e do interesse social. Portanto, não há como simplesmente supor que nunca haveria limitação à publicidade sem prejuízo à informação.

Há prejuízo, mas esse conflito foi resolvido pela própria Constituição, que, diante dos princípios da publicidade e do direito à informação optou pelos princípios da intimidade e do interesse social – também esses verdadeiros mandados de otimização. É isso o que resulta da regra inscrita no inciso LX do art. 5.º, que permite ao Legislador a opção pela intimidade e pelo interesse social. E o art. 189 do CPC está ajustado à regra constitucional, conforme se extrai das hipóteses retratadas nos seus quatro incisos. Portanto, não há como, a pretexto de fazer valer o direito à informação, desprestigiar a intimidade e o interesse público.

Tudo isso precisa ser complementado por uma observação realista: de nada adianta restringir a publicidade e preservar o sigilo, se sua quebra se torna rotineira e não sancionada na prática. Volta-se ao tema da publicidade indireta pelos veículos de comunicação que, cobertos pelo sigilo da fonte, acabam praticando uma publicidade que não encontra respaldo na Constituição. Nesse caso, o fenômeno sociológico prevalece sobre o jurídico e à prevalência do interesse na informação se chega por vias oblíquas.

107. Publicidade e processo eletrônico. Na premissa de que o uso do meio eletrônico na tramitação de processos (Lei 11.419/2006) seja fator que potencializa o acesso à informação por terceiros (essência da publicidade), ele gera ganhos e riscos. O ganho está na ampliação das possibilidades de controle social do exercício da jurisdição. O risco – que, de resto é generalizado no ambiente em questão – está na eventual fragilidade do sistema diante de fraudes, do que podem decorrer violações à intimidade, quando essa última for elemento a justificar limites à publicidade.

> «O art. 11, § 6.º, da Lei 11.419/2006, com redação pela Lei 13.793/2019, prevê que: «Os documentos digitalizados juntados em processo eletrônico estarão disponíveis para acesso por meio da rede externa pelas respectivas partes processuais, pelos advogados, independentemente de procuração nos autos, pelos membros do Ministério Público e pelos magistrados, sem prejuízo da possibilidade de visualização nas secretarias dos órgãos julgadores, à exceção daqueles que tramitem em segredo de justiça». Quanto à possibilidade de fraude, o art. 12, § 1.º, determina que «Os autos dos processos eletrônicos deverão ser protegidos por meio de sistemas de segurança de acesso e armazenados em meio que garanta a preservação e integridade dos dados, sendo dispensada a formação de autos suplementares.»

108. Publicidade e presunção de conhecimento. A publicidade não é apenas uma forma de proporcionar controle dos atos estatais, de sorte a legitimar o exercício do poder. Ela está ligada também à presunção de conhecimento de determinados fatos por outrem que não as partes; presunção essa com a qual trabalha o ordenamento jurídico, inclusive como ferramenta para segurança das relações jurídicas. Daí falar-se na oponibilidade junto a terceiros (*erga omnes*) que resulta dos registros públicos, conceito no qual se enquadra a documentação dos atos processuais. No caso do processo, os autos são repositórios de tais informações.

A publicação de editais usualmente tem a função de preservar o contraditório, nos casos em que o réu não pode ser citado pessoalmente (CPC, art. 256). Contudo, os editais podem igualmente ter a função de amplificar a publicidade de atos processuais, como ocorre no caso de chamamento para leilão (CPC, art. 886); ou na divulgação do plano de recuperação e da decisão que decreta e/ou encerra falência (Lei 11.101/2005, arts. 7.º, 14, 36, 53, parágrafo único, 156, parágrafo único, e 164). Aliás, o mesmo fenômeno é proporcionado pelas intimações realizadas via imprensa oficial (CPC, art. 272), que, embora destinadas a garantir o contraditório (dado que dirigidas às partes), acabam por potencializar a possibilidade de conhecimento por terceiros.

A presunção de conhecimento resultante da publicidade do processo, contudo, deve ser vista com ressalvas. Ela se resolve pela eventual existência de ônus, isto é, pelo encargo que alguém (terceiro alheio à causa) possa ter, de buscar se informar sobre a existência e conteúdo de dado processo, respondendo por eventual omissão quando assim não o fizer. Se o encargo existir, não será possível a alegação de ignorância, nem se poderá falar em boa fé.

> «Exemplo disso está na regra segundo a qual a penhora de bem imóvel, conquanto formalizada nos autos de um dado processo, só é oponível ao adquirente do bem se a constrição for levada ao Cartório de Registro de Imóveis (CPC, art. 844). Fenômeno diverso ocorre quanto à ação rescisória, na hipótese do art. 966, VII, do CPC, isto é, fundada em documento novo. Para essa finalidade, entende-se como tal aquele que já existia ao tempo da sentença de mérito, mas que não pode ser utilizado pela parte, sem que, para tanto, tivesse concorrido culposamente. Conforme expressiva corrente doutrinária, não se encaixa nesse conceito o documento já constante de registro público – aí eventualmente incluído processo judicial ao alcance da parte – precisamente porque não é dado à parte invocar sua ignorância a propósito da respectiva existência e conteúdo.
>
> Há casos em que a publicidade acerca da existência do processo é potencializada pelo registro em Cartório de Registro de Imóveis, como ocorre nas hipóteses previstas pelo já lembrado art. 844, e também no art. 828, ambos do CPC; e pelo art. 167, I, item 21, da Lei 6.015/1973 (Lei de Registros Públicos).»

Convém lembrar que, no caso das sentenças meramente declaratórias e constitutivas, poderá ter lugar a chamada execução «imprópria»; que justamente consiste na prática de atos de natureza administrativa, tendentes a potencializar a publicidade da sentença e a garantir sua eficácia perante terceiros (infra n. 115).

«Para ilustrar, sejam lembrados os seguintes casos de registro da sentença: a) de usucapião (Lei 6.015/1973, art. 167, I, 28); b) de separação e divórcio (Lei 6.015/1973, art. 167, II, 14 e CC art. 10, I); c) de interdição (art. 9.º, III, do CC, art. 755, § 3.º do CPC e art. 29 da LRP); d) de emancipação declarada por sentença (art. 9.º, II, do CC e art. 29 da LRP); e) declaratória de ausência (art. 9.º, IV, do CC e art. 29, VI, da LRP); f) de anulação de casamento (art. 10, I do CC e art. 29, § 1.º, *a*, da LRP); g) de reconhecimento de filiação (art. 10, II, do CC e art. 29, § 1.º, *b*, da LRP); h) de anotação da recuperação judicial ou da falência no registro público de empresas (art. 69, parágrafo único, e art. 99, VIII, da Lei 11.101/2005); i) de desapropriação por interesse público (art. 29 do Decreto-lei 3.365/1941).»

TÍTULO III

OS INSTITUTOS FUNDAMENTAIS DO PROCESSO CIVIL: JURISDIÇÃO

CAPÍTULO I

CONCEITO E ESCOPOS

109. A jurisdição no contexto das funções do Estado Moderno. É consideravelmente difícil determinar o papel desempenhado pelo Estado moderno, a começar pela circunstância de que não se afigura possível uma visão homogênea do fenômeno. Nesse particular, não há simplesmente como equiparar as realidades dos diferentes países, não apenas por relevantes diferenças culturais, mas também pelos diferentes estados de desenvolvimento econômico e social, os quais se refletem na intensidade e na forma da intervenção estatal.

Além disso, muito embora seja possível constatar que historicamente o Estado liberal cedeu lugar ao Estado «providência», não se pode simplesmente ignorar tendências que se seguiram, qualificáveis como «neoliberais», e que, mais uma vez, levaram a repensar o papel do Estado – especialmente no campo econômico, com inevitável repercussão na esfera jurídica. Trata-se de fenômeno pendular, que enseja discussão dinâmica e certamente inacabada.

No que diz com a atividade estatal jurisdicional – ainda que se reconheça ter sido ela tradicionalmente vista e aceita como um encargo do Estado – é preciso considerar as circunstâncias acima destacadas, que impedem uma visão universal do fenômeno; o que pode ser bem ilustrado pela circunstância de que na tradição europeia continental os litígios envolvendo a Fazenda Pública não estão submetidos ao Poder Judiciário (mas sim aos «tribunais administrativos», no âmbito do chamado *contencioso administrativo*). No Brasil, embora ainda prevaleça a perspectiva de um Estado «social», o papel desempenhado pelo Judiciário oscila, de um lado, entre uma maior intervenção – que, por exemplo, leva a doutrina a identificar fenômenos como os da «politização do Judiciário» e da «judicialização da política» – e, de outro lado, um estímulo a soluções não adjudicadas pelo Estado, ou seja, a cargo das partes. Daí o estímulo aos *meios alternativos* - mais recentemente requalificados para *meios adequados - de solução de controvérsias* (infra n. 118).

Esse último aspecto é detectável não apenas na esfera civil e trabalhista - nas quais não raramente se dá ênfase para os meios alternativos de solução de controvérsias (como a conciliação, a mediação e a arbitragem, inclusive envolvendo o Poder Público) - mas também no âmbito penal e administrativo. Para além das normas que permitem a transação e a suspensão condicional do processo (Lei 9.099/1995, arts. 60, parágrafo único, e 89), o sistema caminhou para a colaboração premiada (Lei 12.850/2013, arts. 3-A a 7º) e, no campo administrativo, para os programas de leniência (no caso do Conselho Administrativo de Defesa Econômica (CADE), mediante a Lei 12.529/2011, arts. 86 e 87) e acordos administrativos (no caso do Banco Central do Brasil e da Comissão de Valores Mobiliários (CVM) nos termos da Lei 13.506/2017, arts. 30 a 32). Em grande medida, o que tradicionalmente se aceitava como um valor indisponível perdeu tal condição.

Nesse contexto, suposto se possa dizer que o objetivo maior do Estado é a busca do *bem comum*, o que se espera do Poder Judiciário é que ofereça meios para a eliminação das controvérsias ou dos conflitos mediante atuação do direito objetivo. Daí falar a doutrina em *pacificação com justiça* como o escopo-síntese da jurisdição no contexto do Estado moderno.

A ideia de pacificação passa pela de estabilidade das decisões. Esse aspecto é relevante porque do Judiciário - e do Estado de um modo geral - se espera legitimamente que tutele o valor *segurança*, em dupla perspectiva. A primeira se coloca em relação às decisões proferidas, que devem permanecer imutáveis, ainda que admitidas formas ordinárias e eventualmente excepcionais de impugnação previstas pela Constituição e pelas leis processuais. A segunda diz respeito às *mensagens* que o Judiciário transmite aos jurisdicionados: a relação entre órgãos judiciais e litígios não se esgota na edição de sentenças, mas abrange as expectativas que tais decisões provocam nas pessoas, de sorte a orientar seu comportamento. Para isso tem papel decisivo a motivação das decisões, tanto mais num sistema que, como o brasileiro, busca prestigiar os precedentes judiciais, de sorte a que os tribunais cumpram a tarefa de uniformizar sua jurisprudência e mantê-la estável, íntegra e coerente (CPC, art. 926).

110. Jurisdição e legislação. É tradicional na doutrina a busca da distinção entre as diferentes atividades estatais. Isso é correto e metodologicamente útil porque permite examinar com maior profundidade os elementos integrantes do conceito de jurisdição. É preciso considerar a origem comum das diferentes funções do Estado: nelas está presente a ideia de *poder*, que somente se exerce de forma legítima por meio do processo, isto é, de um procedimento em contraditório. Ainda que elas estejam organizadas de forma diversa e busquem resultados diferentes, o conceito de processo as aproxima.

Sem embargo disso, é preciso considerar que as tentativas de distinção não conseguem ser exatas porque a perspectiva moderna de separação de poderes é informada pela ideia de preponderância, e não propriamente pela de exclusividade.

Principie-se, então, pelo confronto entre atividades jurisdicional e legislativa, que é marcante a começar da circunstância, comumente destacada em doutrina, de que a primeira funciona como uma espécie de complemento da segunda. Nessa visão tradicional, ao Legislador cabe a edição de regras gerais e abstratas, que ordinariamente são observadas pelos respectivos destinatários (fisiologia do Direito). Mas a falta de observância de tais normas (situação patológica) dá ensejo a uma nova intervenção estatal, que então se opera *em concreto*, para que prevaleça a vontade antes editada em abstrato pelo Legislador. Daí, portanto, a clássica diferença entre legislação e jurisdição: embora ambas estejam direcionadas à obtenção da paz social, a primeira atua de forma *geral* e *abstrata*, a segunda de forma *concreta*.

Mas distinção dessa ordem comporta atenuações – ditadas inclusive pelo direito positivo – que, se não chegam a infirmar os conceitos, recomendam sua revisão crítica.

Com efeito, não se afigura exato confinar as decisões jurisdicionais ao campo da formulação de regras em concreto quando, por exemplo, se considera o complexo sistema de controle de constitucionalidade que vigora entre nós, no qual as decisões do Supremo Tribunal Federal, proferidas em controle concentrado e principal, têm caráter vinculante (CF, art. 102, § 3.º). Nesses casos, o que possa haver de concreto é o julgamento de uma determinada regra no confronto com a Constituição. A norma, contudo, é considerada em sua generalidade e abstração. Nesse caso, a decisão é marcada pelas mesmas características da lei – ainda que o Judiciário reconhecidamente não possa funcionar como «Legislador positivo».

Nem mesmo a possibilidade de modulação dos efeitos da declaração de inconstitucionalidade – admitida pelo art. 27 da Lei 9.868/1999 – infirma a constatação acima. É certo que as «razões de segurança jurídica ou de excepcional interesse social» que possam, eventual e excepcionalmente, levar o tribunal a restringir os efeitos da declaração ou limitar sua eficácia «a partir de seu trânsito em julgado ou de outro momento que venha a ser fixado» devem ser colhidas a partir de elementos «concretos». Também é certo que a modulação presumivelmente aproveitará a determinados sujeitos. Ainda assim, a modulação – assim como o prévio reconhecimento da inconstitucionalidade – será feita de forma geral e abstrata.

Também já não parece mais possível dizer que a jurisdição se limite à edição de normas em casos concretos quando é sabido que o sistema brasileiro, cada vez mais, prestigia a força dos precedentes judiciais; o que pode ser ilustrado pela vigência da súmula vinculante (CF, art. 103-A) e também em alguma medida pela técnica empregada para o julgamento de recursos repetitivos (CPC, art. 1.036 e ss.), incidente de resolução de demandas repetitivas (CPC, art. 976 e ss.) e de assunção de competência (CPC, art. 947). Na medida em que a decisão proferida em um caso serve de base para a solução de outros, quando menos fica atenuada a ideia de jurisdição como a formulação de regra em concreto.

Também é preciso considerar o papel desempenhado pelo Judiciário nos processos coletivos (em sentido amplo) - tanto na esfera civil quanto na trabalhista - nos quais a decisão judicial, embora editada em um processo entre partes, tem eficácia *erga omnes* (CDC, art. 103, e CLT, arts. 643 e 868) e, portanto, vai além de uma atuação que se possa reputar exclusivamente em concreto. Lembre-se que, embora excepcional, o Judiciário pode eventualmente ser provocado e fixar *políticas públicas* (supra n. 52); que, por definição, têm caráter geral. Nesse particular, fala-se em litígios - e correspondentes processos - «estruturados», abrangentes de valores dotados de grande amplitude social e que envolvem uma gama complexa de interesses de diferentes sujeitos ou grupos; a reclamar soluções igualmente complexas.

Finalmente, atenua o caráter concreto da jurisdição a possibilidade de edição de normas gerais e abstratas nos regimentos internos dos tribunais; assim como a atribuição de competência normativa e consultiva ao Tribunal Superior Eleitoral (Lei 4.737/1965, art. 23, XII).

> «O confronto entre jurisdição e legislação está relacionado ao debate, aqui já referido, que tem por objeto a relação entre direito material e direito processual e que se traduz no confronto das teorias *unitária* e *dualista* do direito processual. Em síntese (que corre o deliberado risco de simplificar demasiadamente a complexidade do tema), busca-se, respectivamente, determinar se o juiz cria a norma no caso concreto; ou se ele declara uma norma pré-existente (donde a concepção de que o sistema está assentado em dois planos). Afigura-se mais correta a segunda concepção: a declaração dos direitos em juízo é a exceção e não a regra. A lei pode conter lacunas, mas não o ordenamento, de tal sorte que o juiz, até sob o ponto de vista lógico, sempre se reporta a uma norma pré-existente.»

111. Jurisdição e Administração. Já a distinção entre atividade jurisdicional e administrativa se afigura ainda mais problemática, a começar da circunstância de que as duas envolvem a aplicação da lei. Elas também são ordinariamente marcadas pela atuação em concreto, embora seja sabido que à

Administração também cabe relevante papel de editar normas gerais e abstratas (por exemplo, na edição de decretos regulamentadores e mesmo de Medidas Provisórias). Isso a aproxima da Legislação e apenas reafirma a preponderância – e não exclusividade – na divisão de tarefas que incumbem ao Estado.

Costuma-se dizer que a diferença está no papel desempenhado pelo direito objetivo: para o juiz a atuação da norma reside no escopo (que é a atuação da vontade do direito objetivo), enquanto para a Administração a norma funcionaria como um limite – considerado aí o princípio da legalidade, do qual se extrai que ao Administrador só é dado fazer o que a lei autoriza.

Embora esse critério seja relevante, é preciso considerar que a atuação da lei não é o único escopo da jurisdição porque, em alguma medida, ele é instrumental ao escopo social de eliminação da controvérsia (do que decorre a pacificação). Fosse diferente, a jurisdição deveria atuar de ofício, isto é, independentemente de iniciativa do interessado; o que, ao menos por regra, não ocorre nem na seara civil nem na penal. Por outro lado, há casos em que a Administração exerce a função de julgar – como nos já mencionados programas de leniência e acordos administrativos, nos processos disciplinares ou mesmo nas impugnações e recursos dirigidos a ela própria contra seus atos (por exemplo, em matéria tributária). Nessas hipóteses, não há como negar que o escopo também seja o de atuação da vontade concreta do direito objetivo.

Também há quem busque na estabilidade das decisões judiciais – expressa no conceito de *coisa julgada* material – o contraponto das decisões administrativas, passíveis de revisão pelo Poder Judiciário (assim como o seriam os atos emanados do Legislativo).

Contudo, a imutabilidade das decisões judiciais, conquanto seja fator relevante para se atingir o escopo de pacificação, não é elemento hábil a conceituar jurisdição e, portanto, a apartá-la das demais funções estatais. De um lado, a estabilidade é atenuada ou até mesmo eliminada (embora excepcionalmente) pelo sistema (infra n. 123). De outro lado, a revisão das decisões administrativas pelo Judiciário, embora ganhe cada vez mais largueza, encontra limites (que consideram dados como *oportunidade* e *conveniência*); cuja falta de observância pode levar o juiz a indevidamente assumir o papel de administrador, com sérios problemas para um sistema assentado em freios e contrapesos (para não falar na desconsideração da legitimidade democrática decorrente da escolha do administrador pelo voto popular). Além disso, há quem admita o que se poderia denominar de «coisa julgada administrativa» em favor do administrado, em processos presididos pela própria Administração (portanto, não jurisdicionais). Em suma, a imutabilidade não é critério definitivo para que se proceda à distinção.

Então, no final das contas, o critério que se afigura menos impreciso na distinção entre função administrativa e função jurisdicional é o caráter substitutivo dessa última: nela o Estado se substitui aos interessados para, de forma imparcial, atuar o direito objetivo. Mesmo quando tem o escopo de atuar o direito, a Administração não pode ser tida como terceiro, autêntico substituto e, principalmente, imparcial (embora seus agentes estejam sujeitos ao princípio da *impessoalidade*); tanto mais porque, no exercício dessa função, o Poder Executivo não ostenta a qualidade de terceiro. Essa é, aliás, uma das razões que justificam a possibilidade de revisão judicial dos atos administrativos.

Nem mesmo a ideia de que a Administração busca defender o interesse público altera esse panorama. Primeiro porque o administrador não é dotado das garantias proporcionadas aos juízes como forma de lhes assegurar a imparcialidade. Segundo porque mesmo o interesse público, de acordo com a doutrina, pode ser qualificado como *primário* e *secundário*: o primário se identifica com o interesse social enquanto o secundário diz respeito ao interesse da Fazenda Pública; que, paradoxal e eventualmente, pode se contrapor aos interesses individuais ou mesmo da coletividade. Daí lhe faltar a qualidade de terceiro e de substituto imparcial, que caracteriza o órgão jurisdicional (infra n. 112).

Essa distinção não tem apenas relevância teórica. Basta pensar, novamente, na possibilidade de o Judiciário estabelecer políticas públicas (supra n. 52).

112. Elementos conceituais de jurisdição. A partir do confronto entre jurisdição e as demais atividades estatais podem, então, ser extraídos os elementos conceituais daquela primeira: ela é (a) atividade pela qual um (b) terceiro se substitui aos sujeitos de uma dada controvérsia, (c) de forma imperativa, com o (d) escopo de eliminá-la (a controvérsia) mediante a atuação do direito objetivo.

Ela é uma *atividade* porque envolve um conjunto de atos que compõem o procedimento (elemento formal de processo, que é o instrumento pelo qual se exerce a jurisdição). Deve ser uma atividade realizada por terceiro (heterocomposição) porque, do contrário, a solução será fruto da atuação dos próprios interessados (autocomposição) e não terá ocorrido *substituição*. Esse terceiro deve ser imparcial (supra n. 57).

> «É certo que, em termos rigorosos, a substituição pode ser separada da imparcialidade. Ou seja: ainda que o juiz tenha, por qualquer razão, prejudicada sua imparcialidade, ainda assim terá havido atividade realizada por um terceiro, mediante substituição. Isso explica porque a decisão proferida por juiz impedido ou suspeito é inválida e não inexistente. Embora a separação desses elementos seja correta e útil, fato é que o substituto parcial é apenas formalmente um substituto.»

Além disso, é indispensável que a atividade (especialmente seu ato final) se imponha aos interessados – o que se traduz no exercício de verdadeiro *po-*

der porque, do contrário, estar-se-ia diante de mera consulta não vinculante; o que comprometeria a própria substituição. Mesmo quando o Judiciário, por exemplo, produz (por exceção) preceitos gerais e abstratos (supra n. 110) ou até responde consultas, ele o faz de forma imperativa. Finalmente, é preciso que essa atividade ocorra com a *função* de eliminar a controvérsia mediante a atuação do direito objetivo. Esses dois elementos são indissociáveis do conceito e, principalmente, entre si.

113. Elementos excluídos do conceito de jurisdição. Por exclusão, é possível desconsiderar elementos que, embora até tradicionalmente associados ao conceito de jurisdição, não merecem ser reputados como tal.

Ainda que ordinariamente exercida pelo Estado, ela não é uma atividade necessariamente estatal: todos os elementos acima indicados estão presentes na atividade desempenhada na arbitragem, que, portanto, deve ser incluída no conceito de jurisdição. E, dentro do Estado, ainda que a regra seja seu exercício pelo Poder Judiciário, a jurisdição não é seu monopólio (supra n. 48). Portanto, a presença do Estado não é indispensável ao exercício da jurisdição. Essencial é que a atividade (aí incluído o respectivo resultado) tenha caráter imperativo, isto é, que à capacidade de decidir se alie à de imposição.

Também fica excluída do conceito de jurisdição a formação da coisa julgada material. Conforme adiantado em tópico precedente, a imutabilidade da decisão final decorre, antes, de uma opção política. A coisa julgada é ditada por uma exigência prática, de inegável relevância na pacificação dos conflitos. Contudo, ela não deixa de ser uma construção do direito positivo. O caráter imperativo do comando estatal, a possibilidade de sanção e a coerção não decorrem da imutabilidade, sendo inconfundíveis os conceitos de *eficácia da sentença* e de *autoridade da coisa julgada*.

> «Embora excepcionais, há casos (não exatamente homogêneos) nos quais a lei relativiza a coisa julgada material: a) nas hipóteses de ação rescisória (CPC, art. 966); b) tratando-se de «relação jurídica continuativa», quando advém «modificação no estado de fato ou de direito» (CPC, art. 505, I); c) no âmbito da ação popular e da ação civil pública, quando houver novos elementos probatórios, a despeito de decisão anterior de improcedência passada em julgado, com a técnica da coisa julgada *secundum eventum litis* (Lei 4.717/1965, art. 18; Lei 7.347/1965, art. 16, e CDC, art. 103, I e II).»

Tampouco se pode entrever na jurisdição uma atividade destinada à busca da verdade; assertiva que pode soar chocante ou desestimulante para quem se inicia no estudo do direito processual. Mas nada há de errado na afirmação. Com efeito, o sistema busca produzir estado de certeza quanto às relações jurídicas, como forma de propiciar segurança. O escopo social do processo está assentado na eliminação das controvérsias e a busca da verdade é elemento relevante para tanto. Para ilustrar, a doutrina justifica ampliação dos poderes de instrução do juiz (CPC, arts. 139 e 370) com o argumento de que ele busca a verdade para fazer justiça.

Mas daí a se dizer que a jurisdição - conceitualmente falando - busca a verdade (como seu escopo final) vai uma distância grande. Segundo lição clássica, enquanto a verdade está nas coisas, ao espírito não resta mais do que a *certeza*. Nem mesmo a tentativa de dar a essa última contornos de um *convencimento racional* (CPC, art. 371) altera a constatação: certeza continua a ser avaliação intelectual de motivos determinantes. Portanto, à certeza, desprovida de elementos subjetivos, só se pode mesmo chegar mediante decisão imperativa, que define os fatos passados e declara o direito no caso concreto; e ainda assim com ressalvas. No processo - exceção feita ao caráter objetivo que decorre da sentença soberanamente transitada em julgado - não há como atingir a verdade (que está nas coisas), mas apenas buscar-se a certeza; que, por seu turno traduz-se, em termos realistas, não mais que em *probabilidades*.

Nesse contexto, a verdade processual é sempre *relativa* e *formalizada*. Ainda quando eventualmente se enfatiza, em certas situações, a busca da «*verdade real*», não se deve pensar exatamente no resultado dos meios de investigação da realidade, como se ele pudesse ser superior àquele relacionado com uma verdade «*formal*». Aludida dicotomia - que tende a ser empregada de forma cada vez mais escassa no âmbito doutrinário - mais se refere à iniciativa oficial e à extensão da atividade de instrução; do que àquilo que literalmente dela aparente resultar.

> «A contraposição entre verdade *real* e *formal* surge frequentemente quando são confrontados processos que tratam de direitos indisponíveis e disponíveis. Não é à toa que dela se cogita quando são postos em comparação o processo penal e o civil. O que justificaria a busca da verdade real no processo penal seria a indisponibilidade do objeto, por se tratar da liberdade do indivíduo. Mas não deixa de ser paradoxal essa clássica assertiva, que conflita com outra igualmente tradicional: diz-se que o juiz, quando toma a iniciativa da prova, não sabe qual será o respectivo resultado (supra n. 63). Então, por esse raciocínio, no campo penal seria possível que a iniciativa probatória do juiz, a pretexto de tutela da liberdade, acabasse por prejudicá-la, nos casos em que, como resultado da atividade oficial, resultasse elemento incriminador antes não detectado pela prova produzida pelo órgão acusador. Os dogmas devem cair: primeiro, o juiz não sabe a quem favorece o resultado da prova, mas sabe a quem favorece sua falta (donde resultará a aplicação das regras de distribuição do ônus da prova); segundo, o juiz penal não deve buscar verdade *real*, mas deixar a cargo do órgão acusador que se desincumba do respectivo ônus probatório.»

Mesmo quando se admite, eventualmente, que o poder de instrução do juiz seja mais intenso nas controvérsias que versam direitos indisponíveis ou quando uma das partes é mais frágil, isso não se justifica pela busca de uma verdade «material» - imaginada, então, como algo supostamente mais próximo da realidade das coisas. A verdade «processual» é uma só - e, portanto, ela é essencialmente «formal» e limitada, sejam disponíveis ou indisponíveis os interesses discutidos. Não fosse assim, forçoso seria admitir, em nome da busca da verdade «real», que o juiz julgasse com base na ciência privada dos fatos ou que admitisse a prova ilícita sem qualquer ressalva, incluindo-se aí aquela produzida sem a observância do contraditório.

Também não é correto associar os conceitos de jurisdição e de *lide*, se e quando entendida essa última como conflito de interesses qualificado por uma pretensão resistida ou insatisfeita. Não obstante o conceito seja de grande utilidade didática para compreensão especialmente dos processos civis de natureza condenatória; e embora ele seja empregado até com certa frequência pela lei (no CPC são mais de trinta alusões), ele não é indissociável do exercício da jurisdição.

Há casos em que determinado efeito jurídico só pode ser produzido com interferência do Estado, via Poder Judiciário (por exemplo, nos chamados processos necessários). Ainda que, nesses casos, as partes não estejam em conflito, haverá atividade jurisdicional (infra n. 114). Aí, *lide* é conceito que pode ser proveitosamente substituído pelo de *controvérsia*; que, conquanto mais genérico (e, portanto, mais abrangente), pode inclusive ser visto de forma objetiva, como a oposição de uma dada situação fática ao ordenamento jurídico. Isso permite estender a ideia de jurisdição, por exemplo, ao controle concentrado de constitucionalidade.

114. A assim denominada *jurisdição voluntária*. Na doutrina, ainda pode ser tido como dominante o entendimento de que a jurisdição é, por definição, *contenciosa*. Assim, não se enquadraria naquele conceito o de *jurisdição voluntária*, que seria atividade estatal de natureza administrativa, voltada à tutela de direitos privados, em que a eficácia de ato a ser praticado pelas partes, por uma questão de política legislativa, fica condicionada à intervenção judicial. Em expressão célebre, estar-se-ia diante de *administração pública de interesses privados*, regulada pelos arts. 719 a 770 do CPC.

A exclusão acima referida considera que não haveria conflito ou que o eventual conflito existente não seria posto diretamente para ser decidido de forma adjudicada pelo Estado. Não haveria partes, mas apenas interessados; nem processo, mas mero procedimento; nem lide ou mérito.

Mas, com base nos elementos antes associados ao conceito de jurisdição, é correto afirmar que a jurisdição voluntária se enquadra naquele primeiro.

Dizer que na jurisdição voluntária não haveria partes, mas apenas «interessados» é desconsiderar que *parte* é todo aquele que se encontra em contraditório perante o juiz. E, ainda que os «interessados» estejam todos concordes acerca do quanto submeteram à «administração pública», há contraditório na medida em que eles devem ter informação e possibilidade de reação, contribuindo para a formação da convicção de quem julga (ou «administra»). São os «interessados» que fixam o objeto do processo e que atuam para que sua pretensão seja acolhida tal como posta; inclusive eventualmente em âmbito recursal.

Tampouco convence o argumento de que não haveria jurisdição porque inexistiria *lide*. Ainda que as partes estejam de acordo, há um estado de coisas a superar, que decorre do confronto entre o ato das partes (cuja eficácia elas pretendem seja liberada), de um lado, e o ordenamento jurídico (que nesse caso exige a intervenção estatal), de outro.

Nem se pode dizer que não exista *mérito* na dita jurisdição voluntária. O mérito é o objeto do processo e seria despropositado dizer que existe processo – procedimento que fosse – sem objeto. Ainda que a jurisdição voluntária pudesse ser entendida como simples «administração pública de interesses privados», há uma pretensão (supra n. 4) deduzida: busca-se intervenção estatal e consequente liberação de eficácia do ato praticado pelas partes.

Dizer, ainda, que não haveria processo, mas «mero» procedimento, é desconsiderar a existência do contraditório, a estabelecer uma autêntica relação jurídica processual, de que resultam ônus, faculdades, poderes, sujeições e deveres para os respectivos sujeitos. Ademais, processo é instrumento da jurisdição; portanto, até em termos lógicos, não se pode considerá-lo para delimitação conceitual daquela.

O fato de que, ao contrário do que se passa no âmbito da chamada jurisdição contenciosa (CPC, art. 140, parágrafo único), na dita jurisdição voluntária o juiz não está jungido a critério de legalidade estrita e pode «adotar em cada caso a solução que reputar mais conveniente ou oportuna» (CPC, art. 723, parágrafo único) também é irrelevante para determinar se há, ou não, jurisdição (infra n. 134). O que é essencial é que haja a intervenção de um terceiro em substituição às partes e que a superação da controvérsia ocorra mediante atuação do direito objetivo. Isso está presente na jurisdição voluntária justamente porque as partes, por si sós, não podem produzir os efeitos desejados. Se a atuação do direito objetivo se dá mediante a aplicação da lei, ou se a regra é feita no caso concreto, isso não afasta atuação substitutiva. Por isso é que não há sentido na distinção entre jurisdição de direito e de equidade (infra n. 134). Se à norma para o caso concreto se chega pela aplicação da lei ou da equidade, isso não altera a natureza (jurisdicional) da atividade pela qual se chegou a tal conclusão.

> «A Lei 9.307/1996 admite que a arbitragem seja de direito ou de equidade, a critério das partes; nem por isso há de se entrever aí que se trate de jurisdição voluntária (arts. 2.º, §§ 1.º e 2.º, e 26, II).»

Aliás, nem se pode dizer que haja identidade exata entre a discricionariedade administrativa, de um lado, e os julgamentos jurisdicionais por equidade, de outro. Construir a regra para o caso concreto não é adotar solução ditada por conveniência ou oportunidade. Mais do que isso, o que é conveniente ou oportuno sob a ótica do agente da Administração deve ser considerado em função do escopo que é próprio desse Poder; que, embora até se assemelhe, não se confunde com o escopo que é próprio da jurisdição (supra n. 111).

Quanto à suposta ausência de coisa julgada na jurisdição voluntária, além das ponderações já feitas (supra n. 113), é preciso considerar que nova apreciação da situação substancial, pelo Judiciário, só pode ocorrer, mediante alteração das circunstâncias de fato; o que, aliás, já era ressalvado pela regra do art. 1.111 do CPC/1973 (sem correspondência no CPC/2015) e significa que, nesse caso, submete-se ao Judiciário uma nova causa de pedir e um novo pedido. Com isso, afasta-se a identidade que normalmente está associada ao fenômeno da coisa julgada e o efeito negativo que lhe é atribuído, porque, na segunda oportunidade, não se julga novamente a mesma situação, mas situação diversa. Talvez convencido desses e de eventuais outros argumentos, o Legislador deixou de reproduzir a regra acima mencionada, do precedente diploma processual.

Nem se pode desligar o ato das partes do ato estatal necessário para que se produza a eficácia daquele. O que se projeta para o plano substancial do ordenamento não é apenas a eficácia do ato das próprias partes; do contrário, não seria preciso «administrar» publicamente o ato privado, que nesse âmbito permaneceria sem qualquer ingerência estatal. Aliás, é a impossibilidade de as partes produzirem o efeito jurídico sem a intervenção do Estado que permite distinguir essa situação, daquela outra na qual a solução advém dos interessados, mas na qual a eficácia do ato – embora possa até ser homologado em juízo (CPC, art. 487, III, *b*) – não depende da chancela estatal para produzir seus regulares efeitos. Lembre-se que atos como a transação, a renúncia e a submissão estão situados no plano material do ordenamento, ainda que possam eventualmente ser praticados em juízo. Quando a controvérsia é superada por atos das partes, não há propriamente decisão estatal, nem substituição (daí ser possível homologação de transação que verse sobre questão sequer posta em juízo, na forma do art. 515, III, do CPC, sem risco de ferir o princípio da inércia da jurisdição). Mas, se a eficácia do ato das partes depende da intervenção estatal, então com maior razão é correto se falar em típica atividade jurisdicional.

A circunstância de o CPC/2015 estabelecer que a extinção do processo, quando houver transação (CPC, art. 487, III, *b*), dá-se com resolução do mérito, conquanto relevante, não infirma as considerações precedentes. Trata-se de opção legislativa para que sobre a sentença homologatória se forme coisa julgada material, com a imutabilidade de efeitos que lhe é própria. A regra não muda a natureza do fenômeno. Aliás, isso também ocorre nas hipóteses em que o autor renuncia à pretensão formulada na demanda e nas quais o réu se submete à pretensão e, dessa forma, reconhece a procedência do pedido (CPC, art. 487, III, *c* e *a*, respectivamente).

«O CPC/1973 admitia a homologação de transação «ainda que inclua matéria não posta em juízo» (art. 475-N, III). O vigente art. 515, III, do CPC/2015 também admite a homologação «de autocomposição extrajudicial de qualquer natureza», seguindo afinado com a disciplina da Lei 9.099/1995 (art. 57). No plano do direito material, lembre-se que o art. 842 do CC exige forma de escritura pública «ou por termo nos autos» para a transação dos «direitos contestados em juízo». Daí porque não é possível pleitear a homologação sem que o conteúdo essencial (ainda que eventualmente não integral) seja submetido à referida chancela. Isso não quer dizer que o autor esteja impedido de requerer a *desistência* do processo (sem a concordância do réu, desde que ela seja feita antes do oferecimento da contestação); o que é coisa diversa porque, nesse caso, a extinção se dá na forma do art. 485, VIII, do CPC.»

115. Jurisdição e execução. Embora a etimologia das palavras deva ser considerada na determinação de seu significado presente, isso não é – e nem poderia ser – algo absoluto e desvinculado do contexto em que empregado o termo. Portanto, jurisdição – com os elementos conceituais anteriormente indicados – não é atividade que se possa reputar restrita à atividade de «dizer o direito», isto é, à declaração; sem supostamente abranger os atos necessários para atuar de forma prática o que foi declarado. Assim, há efetiva jurisdição na execução (ou no cumprimento de sentença), que, portanto, não se limita a atividade meramente administrativa.

Na execução o que busca o Estado é atuar praticamente o direito já reconhecido (em título judicial ou extrajudicial), mediante atos materiais de invasão da esfera patrimonial do devedor para, independentemente de sua vontade, satisfazer-se o credor. Trata-se da atuação da sanção secundária, diante da recalcitrância do devedor (ideia contraposta, portanto, à prestação voluntária do devedor, que retrata a atuação primária do direito objetivo). Assim, com nitidez aparecem os elementos conceituais de jurisdição.

«A sanção primária está situada no plano material do ordenamento, como ocorre, para ilustrar, na hipótese clássica do art. 186 do CC. Imposto o dever de indenizar, se o devedor, apesar disso, permanecer recalcitrante, é preciso desencadear medidas de invasão de sua esfera patrimonial, contra sua vontade, para satisfação do credor (mediante atos de expropriação ou de outros que variam conforme a natureza da prestação devida). Nesse segundo momento é que se fala de atuar a sanção secundária.»

A atividade é realizada por terceiro imparcial; que, nesse caso (ao menos por regra) é o Estado e está fora do alcance dos poderes exercidos pelos árbitros. Há – talvez até com mais ênfase que no processo declaratório – substituição, justamente porque é vedado ao credor promover diretamente os atos de invasão do patrimônio do devedor. A circunstância de a lei atribuir ao oficial de justiça, e eventualmente a outros agentes (avaliador e leiloeiro, por exemplo) a prática de atos que integram o processo de execução (ou fase de cumprimento) não infirma o caráter jurisdicional da atividade. Tais pessoas são auxiliares do juiz e suas tarefas ficam limitadas a atos materiais, que são praticados por autorização e mediante fiscalização do magistrado; o que, de volta ao início, envolve a atuação da vontade concreta do direito objetivo.

Não deve, é certo, ser ignorada a existência das chamadas *execuções extrajudiciais*. Contudo, o fato de se subtrair ao Poder Judiciário a parte operacional da execução não a transforma, só por isso, em atividade administrativa. A atuação do direito continua a exigir a presença do terceiro, substituto e imparcial, não apenas para controle do mérito da execução, mas para tutela das posições processuais asseguradas ao executado. Uma coisa é racionalizar a prática dos atos executivos e até contar com uma estrutura que não seja a do próprio Judiciário; outra coisa é dizer que a execução não é atividade jurisdicional.

«Para ilustrar o que está no texto acima, são hipóteses de execuções extrajudiciais aquelas previstas no Decreto-lei 70/1966, que trata das dívidas oriundas de financiamento de imóvel pelo Sistema Financeiro de Habitação (arts. 29 e ss.) e na Lei 9.514/1997, que dispõe sobre o Sistema de Financiamento Imobiliário e institui a alienação fiduciária de coisa imóvel (art. 26 e ss.). No âmbito doutrinário e mesmo de tramitação legislativa aventa-se a adoção de mecanismos de cobrança extrajudicial de dívida ativa das Fazendas Públicas.»

Também está clara a atuação do direito de forma imperativa porque justamente se trata do momento de impor decisões. Finalmente, estão presentes os escopos de eliminação da controvérsia e de atuação do direito objetivo que, se ocorre de forma diversa do que se passa na cognição, nem por isso deixa de existir; quando menos, para que a atuação dos meios executivos se dê na medida do estritamente necessário e dentro da legalidade.

No caso de cumprimento de sentença (título executivo judicial), a superação da autonomia do processo de execução (vigente até o advento da Lei 11.232/2005) e a adoção de um modelo «sincrético», em que a execução surge apenas como uma fase (cumprimento) não altera o quadro acima delineado. Até pelo contrário, a unidade, por coerência, apenas reforça que toda a atividade - desde a fase de cognição até a efetiva satisfação do credor - tem natureza jurisdicional.

É certo que nem toda sentença exige a prática de atos de execução. Há casos em que a decisão já permite a produção do resultado desejado. É o que acontece nos casos das sentenças meramente declaratórias e constitutivas, nas quais eventualmente tem lugar o que se convencionou denominar execução «imprópria», que consiste na prática de atos de natureza administrativa (registral), tendentes a potencializar a publicidade da sentença e a garantir sua eficácia perante terceiros (supra n. 108 e infra n. 174).

116. Jurisdição e produção da prova. A atividade probatória - abrangente da verificação e demonstração de fatos, desenvolvida pelo juiz e pelas partes, observadas as posições que ostentam na relação jurídica processual - deve ser qualificada como jurisdicional; e não meramente administrativa.

Assim ocorre porque ela não dispensa a atuação do direito objetivo em situação concreta mediante a edição de atos decisórios. Ela envolve a resolução de questões de fato e de direito - referentes à sua admissibilidade e ao modo de sua realização. Quando deferida a prova, há, quando menos, a afirmação do direito à respectiva produção da prova; quando indeferida, isso representa, para além de uma antecipada valoração negativa da prova, uma forma de preservar a esfera jurídica do adversário, sendo que em ambos os casos há tutela de posições jurídicas (em alguns casos, tipicamente substanciais, como é o caso do sigilo e da intimidade); o que bem se encaixa no conceito de tutela jurisdicional (supra n. 38). Tudo isso demonstra que na produção da prova o juiz não apenas age «em conformidade com a lei», mas verdadeiramente age «atuando a lei», considerando-a em si mesma, e não apenas como norma de sua própria conduta.

Especialmente quando produzida de forma antecipada, sem vinculação com a alegação de urgência (CPC, art. 381, II e III), a prova também contribui para o escopo social da jurisdição (supra n. 81), na medida em que fornece às partes elementos objetivos para avaliação de suas chances e riscos - o que contribui para solução da controvérsia pelos interessados, como superior forma de pacificação.

Isso não significa dizer que a prova não possa, ao menos em tese, ser produzida sem o concurso de terceiro - juiz ou árbitro - e, portanto, diretamente pelas partes. Isso pode ocorrer mediante a celebração de negócio jurídico processual, na forma do art. 190 do CPC, embora essa prática não integre a cultura jurídica brasileira.

117. Atividade administrativa do juiz. A circunstância de que a jurisdição está precipuamente a cargo do Poder Judiciário não exclui que os juízes exerçam – nos diferentes graus de jurisdição – atividade administrativa conexa ao desempenho da função jurisdicional. São exemplos disso os atos praticados com base no poder de polícia (p. ex., CPC, arts. 360 e 139, VII) e os atos de correição.

Ele pode ser entendido como a capacidade que tem o juiz de decidir e impor decisões que assegurem a ordem e o decoro e que, desse modo, permitam que o processo siga sua marcha regular, de forma a atingir seus objetivos jurisdicionais. Isso se dá mediante o afastamento de interferências físicas ou materiais que as partes ou terceiros possam pretender opor ao andamento do processo.

O *poder de polícia* não é exercido propriamente para reprimir ou sancionar a litigância de má-fé. Ele não se dirige a condutas que violam os deveres inscritos no art. 77 e que estão descritas no art. 80, ambos do CPC. Aliás, a diversidade de figuras previstas pelo art. 139, do CPC – que estabelece os poderes e deveres do juiz – sugere isso: numa delas se fala em «prevenir ou reprimir qualquer ato contrário à dignidade da justiça e indeferir postulações meramente protelatórias» (inciso III); noutra se fala em «determinar todas as medidas indutivas, coercitivas, mandamentais ou sub-rogatórias necessárias para assegurar o cumprimento de ordem judicial, inclusive nas ações que tenham por objeto prestação pecuniária» (inciso IV); e noutra, ainda, fala-se em «exercer o poder de polícia, requisitando, quando necessário, força policial, além da segurança interna dos fóruns e tribunais» (inciso VII).

No exercício do poder de polícia o escopo não é o de atuação do direito objetivo: tratando-se de típica atividade administrativa, a lei funciona como limite para a atuação do juiz. O poder de polícia se dá mediante o emprego de meios para atuar de forma prática a autoridade do juiz, no exercício da presidência do processo. Daí a ideia de *força física* que nele potencialmente se contém, embora seja oportuno lembrar que o emprego de força policial vai além do contexto aqui examinado: tal emprego aparece também quando se trata de cumprimento de decisões judiciais, agora no âmbito tipicamente jurisdicional (p. ex., CPC, arts. 403, parágrafo único, 536, *caput,* e § 1.º e 782, *caput,* e § 2.º).

Na arbitragem, o árbitro também tem o poder de ordenar às partes ou a terceiros que mantenham a ordem e o decoro; que se abstenham de condutas inconvenientes e que até mesmo se retirem do recinto. Mas, falta ao árbitro a possibilidade de empregar a força física – para o que precisa da intervenção do Judiciário e esse da força das corporações estatais habilitadas e equipadas para tanto.

Também tem natureza administrativa o processo disciplinar de que sejam alvos os próprios magistrados; quer aqueles instaurados perante os tribunais aos quais estejam subordinados, quer eventualmente por órgão «externo» (supra n. 60), como no caso do Conselho Nacional de Justiça.

Tratando-se de atos e de decisões administrativas, ainda que vinculados organicamente ao Poder Judiciário, eles estão sujeitos a controle jurisdicional, quer quanto a sua legalidade, quer em relação a eventuais aspectos do mérito da decisão (por exemplo, observância da proporcionalidade na dosimetria da pena).

Além disso, também pode ser considerada como espécie de atividade administrativa a consistente na *gestão de processos*, que tem por objeto a massa de processos perante um dado órgão, singular ou colegiado, e que emprega métodos de trabalho aptos a racionalizar o andamento e o julgamento de causas (supra n. 36); coisa diversa do gerenciamento interno de cada processo.

118. Meios alternativos ou adequados de solução de controvérsias. Já foi dito que a solução dos conflitos pode resultar do comportamento de um dos interessados, mediante *autotutela*; de ambos, nos casos de *autocomposição*; ou de terceiro, mediante o exercício da *jurisdição* estatal ou arbitral (supra n. 6). Embora a solução jurisdicional seja constitucionalmente assegurada (CF, art. 5.º, XXXV e LIV, dentre outros), ela é cada vez mais encarada - pelo próprio Estado - como forma subsidiária, no confronto com as demais formas de superação de controvérsias. Isso quer dizer que o Estado - pelos órgãos integrantes do Poder Judiciário e eventualmente por outros que lhe são estranhos - estimula cada vez mais que a decisão adjudicada seja precedida de efetiva tentativa de solução por alguma das formas de autocomposição, respeitados limites da disponibilidade do direito material discutido (supra n. 8).

Em parte, esse estímulo resulta da incapacidade de o Estado dar adequada e pronta resposta à demanda por justiça; o que é uma distorção, diante do óbice que se impõem às pessoas de fazerem justiça pelas próprias mãos, raras vezes excepcionado. Mas o estímulo também decorre da constatação de que a solução consensual é sempre superior à adjudicada, quer pela desoneração do Estado, quer pela maior aptidão a pacificar (desde que isso ocorra em ambiente de igualdade, de informação e de liberdade). Além disso, a maior ou menor capacidade de as pessoas resolverem suas controvérsias sem a intervenção estatal (tanto mais aquela que se dá por imposição de decisão) sugere o grau de amadurecimento - ou de sua falta - de um dado grupo social.

Ademais, a solução das controvérsias há de considerar que os conflitos não são homogêneos e que variam de forma expressiva conforme a matéria e os sujeitos envolvidos; o que leva à constatação de que, conforme essa diversidade, diferentes meios de solução podem se apresentar como mais idôneos, ainda que de seu emprego se considere de forma eventualmente escalonada. Daí, então, porque mais moderna e corretamente se fala não em meios «alternativos», mas em meios «adequados» à solução de controvérsias.

De todo modo, convém que o exame desses meios alternativos ou adequados seja feito no contexto da jurisdição: primeiro, para que aqui seja feita a necessária separação dos conceitos; segundo, para que essas formas sejam vistas com a seriedade e importância que merecem ter, devendo ser estudadas sob a ótica das relações que têm – ou que possam ter – com a tradicional forma de solução heterocompositiva estatal.

119. Arbitragem. Um desses mecanismos é a *arbitragem*; que só pode ser entendido como «alternativo» se considerada a circunstância de que não provém do Estado, mas de juízes privados, que são os árbitros. Na arbitragem, o que há de consensual não é exatamente a solução da controvérsia, mas apenas a forma de resolvê-la. As partes firmam um contrato, que é o compromisso arbitral (precedido ou não de cláusula compromissória), e dessa forma se vinculam à solução que venha a ser ditada pelos árbitros, como se estatal fosse.

Daí se falar no passado que a arbitragem seria um «equivalente jurisdicional». Conquanto ainda eventualmente empregada, a locução pode ser tida como superada diante do reconhecimento de que a arbitragem é espécie do gênero *jurisdição* – que pode ser estatal ou não estatal. Portanto, arbitragem só poderia ser considerada como meio «alternativo» apenas porque provém de terceiro que não é o Estado; mas não em razão da circunstância de que a solução da controvérsia provenha das partes. Isso é enfatizado porque, não raramente, há confusão entre arbitragem e mediação. Essa última pode preceder o processo arbitral porque nele, da mesma forma que ocorre na jurisdição estatal, as partes devem ser estimuladas a obter solução por autocomposição – no âmbito contratual, fala-se em «cláusulas escalonadas», que condicionam a arbitragem à prévia tentativa de mediação. Mas uma coisa é a solução adjudicada (arbitragem), e outra é a intervenção do terceiro para de alguma forma auxiliar as partes na busca da solução de autocomposição (mediação).

Para que tenha lugar a arbitragem, a lei exige que as partes sejam capazes e que os interesses em discussão sejam disponíveis (Lei 9.307/1996, art. 1.º). Isso não significa que pessoas integrantes da Administração pública fiquem dela cabalmente excluídas. Ainda que tais interesses, em regra, sejam indisponíveis, admite-se a *«arbitrabilidade»* de questões relacionadas a contratos administrativos, na premissa de que a realização de determinados fins públicos depende da atuação da Administração em ambiente privado.

A decisão arbitral não está sujeita a prévia homologação estatal, embora possa haver controle pelo Poder Judiciário em hipóteses limitadas (Lei 9.307/1996, art. 33), que, contudo, não deve entrar no mérito do quanto se decidiu. Essa forma de controle estatal é, também em regra, posterior. Apenas em hipóteses excepcionais é que se admite seja ele preventivo.

120. Conciliação e mediação. A *autocomposição* pode consistir em *transação, renúncia* ou *submissão*. Todos eles, embora com características diferentes, são atos consumados pelas partes e, portanto, não precisam necessariamente ser celebrados em ambiente jurisdicional, estatal ou arbitral. Mas, se pendente processo jurisdicional, a celebração de qualquer um daqueles negócios leva à extinção do processo pelo simples fato de que, diante da solução dada pelas próprias partes, não há mais sentido no desenvolvimento de atividade voltada à solução adjudicada (pelo Estado ou pelo árbitro). O que o órgão judicante faz, nesses casos, é homologar o negócio celebrado pelas partes, de tal sorte que, sob o ângulo do escopo jurídico e se considerado o caráter substitutivo como elemento conceitual de *jurisdição,* tal homologação sequer teria caráter tipicamente jurisdicional. Mas o CPC/2015 optou por repetir o modelo precedente e qualificou tais hipóteses como de extinção do processo *com* julgamento do mérito (art. 487, III), de sorte a que a decisão homologatória faça coisa julgada material. A autocomposição, portanto, é o *resultado* da *atividade* das partes.

A distinção entre uma coisa e outra é relevante porque *conciliação* e *mediação* são técnicas engendradas para a obtenção daquele resultado; técnicas que, aliás, não esgotam os métodos pensados para estimular e conduzir as partes à solução consensual, conforme prevê o art. 166, § 3.º do CPC. Assim, embora na disciplina do Código as duas atividades estejam teoricamente inseridas numa mesma audiência, as técnicas são distintas: enquanto o conciliador, «que atuará preferencialmente nos casos em que não houver vínculo anterior entre as partes, poderá sugerir soluções para o litígio, sendo vedada a utilização de qualquer tipo de constrangimento ou intimidação para que as partes conciliem»; o mediador, «que atuará preferencialmente nos casos em que houver vínculo anterior entre as partes, auxiliará aos interessados a compreender as questões e os interesses em conflito, de modo que eles possam, pelo restabelecimento da comunicação, identificar, por si próprios, soluções consensuais que gerem benefícios mútuos» (CPC, art. 165, §§ 2.º e 3.º).

Em relação à mediação, seu conteúdo é também mencionado pela legislação especial: é a «atividade técnica exercida por terceiro imparcial sem poder decisório, que, escolhido ou aceito pelas partes, as auxilia e estimula a identificar ou desenvolver soluções consensuais para a controvérsia» (Lei 13.140/2015, art. 1.º, parágrafo único). Portanto, na esteira do que já preconizara a doutrina, a lei positivou a diversidade dos conceitos: a *mediação* é atividade mais complexa, que procura conhecer as razões determinantes da controvérsia - que nem sempre são aquelas explicitadas pelas partes, menos ainda formalmente no processo - e, dessa forma, funcionar como canal de comunicação entre os contendores, para que eles encontrem uma solução para o litígio.

Essa constatação é relevante porque, mais do que inserir as duas atividades dentro da mesma audiência, a lei procurou estabelecer uma disciplina uniforme para ambas, conforme resulta não apenas da regra do art. 334, do CPC, mas especialmente das disposições constantes do art. 165 e ss. do mesmo diploma. A opção não foi das mais felizes: o tratamento uniforme pode até ser possível para determinados efeitos, mas nem sempre as coisas se passam dessa forma, justamente pela razão de que as atividades são diversas. Assim ocorre, tanto mais, no direito positivo brasileiro, em que a mediação é regida por lei especial (Lei 13.140/2015) que, embora de um modo geral se harmonize com as disposições do Código, contém regras próprias, voltadas apenas a tal atividade.

Para ilustrar, basta pensar que, enquanto a conciliação pode até ser feita pelo juiz (aliás, o que sempre se admitiu, embora não seja o recomendável), a mediação é decididamente incompatível com a posição do magistrado. Isso tem repercussão relevante, dentre outros, por conta da regra de confidencialidade e respectivos desdobramentos (CPC, art. 166, *caput* e §§ 1.º e 2.º; Lei 13.140/2015, art. 30; supra n. 20).

Ademais, embora seja correto reconhecer que as atividades de conciliação e mediação se realizem mediante *processo* (que, portanto, deixa de ser instrumento apenas de atividades voltadas à edição de decisões adjudicadas); mas, de outra parte, de forma coerente com a concepção que se tem do poder ou direito de ação e da inafastabilidade do controle jurisdicional (supra n. 37), não é possível reconhecer natureza jurisdicional a tais atividades. É que, embora se exija isenção do terceiro que intervém na busca da conciliação e da mediação (supra n. 70), não é possível divisar atuação em caráter substitutivo, justamente porque a solução da controvérsia, tal como se busca, depende essencialmente da conduta das partes; que, portanto, não têm sua vontade ou conduta substituída pelo terceiro. Ademais, ainda que tais atividades desenganadamente busquem o escopo social de eliminação da controvérsia, não há - direta ou indiretamente - o escopo de atuação do direito objetivo; que funciona como um limite para a atuação de conciliadores e mediadores.

Mesmo se considerada a disciplina do CPC, conforme regra do art. 334, a participação direta do magistrado não é exigível durante as sessões dedicadas à conciliação ou à mediação; não ao menos na integralidade do tempo. Tais encontros - conquanto em ambiente público e estatal - poderão eventualmente se desenrolar apenas com a presença das partes, dos advogados e dos mediadores ou conciliadores, mediante intervenção do magistrado apenas quando isso se fizer adequado ou necessário. Essa dinâmica pode também ser extraída da legislação especial sobre mediação que, ao tratar especificamente da mediação judicial, consignou que «Se houver acordo, os autos serão *encaminhados ao juiz*», para a devida homologação e encerramento (Lei 13.140/2015, art. 28, parágrafo único). Portanto, o encaminhamento dos autos pressupõe que o juiz, de fato, não esteja diretamente ligado ao desenvolvimento das atividades - o que, no caso da mediação ainda fica mais evidente porque a função é própria de terceiro e a presença do juiz, quando muito, poderia servir a facilitar o desenvolvimento dos trabalhos.

Ademais, tendo em vista a regra de *confidencialidade* estabelecida pela lei, quer para a conciliação, quer para a mediação (CPC, art. 166, *caput* e §§ 1.º e 2.º), o ideal é que a participação direta e presencial do juiz, no decorrer das tratativas, não ocorra. A confidencialidade foi mais detalhadamente disciplinada pela Lei 13.140/2015, taxativa ao estabelecer, para o caso de mediação, que: «Toda e qualquer informação relativa ao procedimento de mediação será confidencial em relação a terceiros, não podendo ser revelada sequer em processo arbitral ou judicial salvo se as partes expressamente decidirem de forma diversa ou quando sua divulgação for exigida por lei ou necessária para cumprimento de acordo obtido pela mediação» (Lei 13.140/2015, art. 30). De um lado, o distanciamento acima proposto dará maior liberdade para que as partes possam discutir as possíveis soluções para o litígio, no caso de *conciliação*; ou para que discutam com o mediador as causas e verdadeira dimensão do conflito, no caso de *mediação*. O receio da parte, de que elementos do diálogo podem ser tomados em seu desfavor mais adiante, se não obtida a autocomposição, tende a prejudicar o desenvolvimento especialmente da mediação.

De outro lado, a ausência do juiz evitará que ele possa ser indevidamente influenciado pelo teor das conversas e tratativas feitas exclusivamente na perspectiva de uma solução consensual, caso a autocomposição reste frustrada e o magistrado tenha que decidir. Esse contato, ainda que inconscientemente, pode prejudicar a imparcialidade do juiz, quer na condução da instrução, quer no julgamento. Assim, abre-se campo para que o juiz seja levado a decidir conforme percepções íntimas, mas insondáveis pelas partes. Nesse caso, a decisão se daria de forma desvinculada de elementos objetivos, numa situação de julgamento segundo a consciência, que a regra de persuasão motivada sabidamente repudia (CPC, art. 371).

121. Outras técnicas para estimular a autocomposição. Há outras técnicas para estimular as partes à autocomposição, que são encontradas na experiência estrangeira, com nenhum ou escasso emprego no Brasil. Justamente para estimular seu conhecimento, elas merecem breve menção.

Uma delas é a chamada «avaliação neutra de terceiro» (*early neutral evaluation*): submete-se a quem desfrute da confiança das partes o material disponível acerca de dada controvérsia (incluindo-se aí as provas disponíveis em dado momento), para que, de modo não vinculante, emita um parecer ou opinião. Não se trata de obter o juízo antecipado de quem, futura e eventualmente, decidirá a controvérsia, mas de ensaiar um julgamento, para que os interessados possam avaliar suas chances e riscos em futuro julgamento (aí sim, verdadeiramente vinculante). Embora não haja solução adjudicada, é fundamental a imparcialidade do terceiro, assim como seu comprometimento com a confidencialidade.

Outro mecanismo é o *minitrial* («minijulgamento» ou «minijuízo»). Trata-se de apresentação, pelas partes ou por advogados, acerca da controvérsia e dos elementos de prova disponíveis, não descartada a possibilidade de produção de prova nessa oportunidade. Essa apresentação tem por escopo a formação do convencimento das partes; e, para tanto, a ela se segue uma tentativa de negociação. Os trabalhos são coordenados por um terceiro e é possível que, à semelhança do que já foi visto, recorra-se à opinião neutra (que, a critério das partes, pode ser eventualmente vinculante).

Outra técnica é a do *special master*, mediante a qual um terceiro que exerce profissão liberal - eventualmente um professor ou um juiz aposentado, mas jamais um membro ativo de tribunal - é chamado a se pronunciar sobre a controvérsia, fazendo com que as partes tenham, assim, uma opinião externa sobre o conflito e, consequentemente, sobre as suas chances de êxito em eventual julgamento.

122. Escopos da jurisdição. Em sua concepção clássica, o conceito de jurisdição foi associado essencialmente a um escopo jurídico; que, em construção doutrinária célebre, consiste na atuação da vontade concreta da lei (ou do direito objetivo). Embora essa concepção seja correta e metodologicamente útil, ela se afigura insuficiente. Sobre isso, já em perspectiva doutrinária mais moderna, se podia entrever a busca de elemento que fosse além do meramente jurídico. Isso se expressou na fórmula da «justa composição da lide» que, sem embargo das críticas que mereceu (por considerar um fenômeno sociológico e não processual), contribuiu para a superação da visão estritamente jurídica do fenômeno.

De fato, a doutrina passou também a considerar a existência de um escopo social da jurisdição, que pode ser traduzido na ideia de pacificação pela eliminação das controvérsias - ideia válida tanto para o campo civil, quanto para o penal. Ainda que a busca desse escopo social possa ser associada historicamente a uma perspectiva autoritária (porque presente na doutrina alemã contemporânea ao Estado nacionalista da primeira metade do século XX), ela é válida se corrigidos os seus termos: ao exercer a jurisdição, o Estado não atua a vontade do direito objetivo como um fim em si mesmo, mas o faz como forma de superar os conflitos e de restabelecer a paz social. Isso ajuda a explicar por que, dentre outros fatores, a jurisdição é inerte. Embora o Estado busque atuar em concreto o direito que editou de forma geral e abstrata, deseja fazê-lo como forma de superar os conflitos; e não para exacerbá-los.

Portanto, há complementação entre o escopo jurídico e o social: é mediante a atuação do direito em concreto que o Estado elimina as controvérsias. Isso, contudo, não afasta a constatação de que os dois escopos também se repelem na medida em que o jurídico exige tempo e o social clama por celeridade. Quanto mais o processo se estende, mais fica prejudicado o escopo de pacificação; quanto mais rápido ele é, maior o risco de se perpetrar injustiça. Daí por que se afigura impreciso dizer que tal ou qual opção do legislador é em prol da *efetividade* do processo sem que se considere a contraposição assim apontada. Esse é um dos dilemas fundamentais no exercício da jurisdição. A busca do equilíbrio entre esses dois vetores – rápida eliminação da controvérsia *versus* justiça – é que deve (ou deveria) pautar as soluções legislativas.

Em linhas gerais, as sucessivas reformas havidas no processo civil brasileiro na última década do século passado e primeira deste século buscaram privilegiar o escopo social. Sob a óptica de soluções adjudicadas, tal é o que se extrai, para ilustrar, da adoção de mecanismos de aceleração da tutela jurisdicional: antecipação da tutela como regra generalizada, fundada na urgência ou na evidência; possibilidade de julgamento parcial do mérito; estabilização da tutela antecipada em determinadas circunstâncias; emprego da técnica monitória; limitações à recorribilidade de decisões interlocutórias; e alteração do regime de cumprimento provisório, para ampliar seu cabimento e para aproximá-lo do cumprimento definitivo. Sob a óptica de soluções não adjudicadas, a ênfase dada aos institutos da mediação e da conciliação também são ilustrativos da assertiva, inclusive à luz do art. 334, do CPC, que prevê a possibilidade de realização de audiência antes mesmo de apresentada a contestação, excetuadas as situações previstas no § 4.º do respectivo dispositivo.

Mas muito pouco disso aproveitou aos processos em que é parte a Fazenda Pública, que representam a maior parcela da massa de trabalho submetida ao Poder Judiciário – com evidente frustração à expectativa de pacificação. Além disso, e paradoxalmente, ao cabo desse período de reformas vêm doutrina e jurisprudência, não de hoje, falar em formas de «relativizar» a coisa julgada, que vão além das alternativas usualmente empregadas e que também podem comprometer o escopo social da jurisdição.

Ainda, o escopo social é completado pela função educativa e orientadora da jurisdição: ao editar decisões, o Judiciário não apenas elimina a controvérsia que lhe é submetida em concreto, mas envia mensagens aos jurisdicionados, as quais interferem com a consciência dos direitos e orientam comportamentos. Assim, na esteira de moderna doutrina, a contribuição dos tribunais para dirimir litígios não pode e não deve ser avaliada apenas a partir dos casos resolvidos por decisão judicial, em que a solução foi adjudicada. É importante que os tribunais forneçam um substrato que sirva de base para as negociações e para a regulamentação das relações de natureza privada. Dessa forma, a atuação jurisdicional leva ao fornecimento de uma base de discussão que os adversários podem aproveitar em suas relações; não apenas no tocante à determinação de regras de direito material, mas igualmente das que permitem fazer valer tais direitos.

Isso se aplica no campo da prova: especialmente quando produzida de forma antecipada, ela contribui para soluções de autocomposição tomadas com base na expectativa de chances e de riscos que as partes podem razoavelmente nutrir acerca da decisão estatal. Assim, a adoção de soluções autocompositivas não fica submetida à premissa de que as partes devem se conciliar porque o sistema não é capaz de cumprir a promessa de fazer justiça. A prova - especialmente na antecipação - oferece às pessoas elementos que estimulam a *aceitação* das soluções autocompositivas; aceitação que é elemento recorrente, em doutrina, na configuração da *legitimidade* da atuação estatal.

123. Escopos (jurídico e social) e segurança jurídica. É inegável que *segurança* está associada ao escopo social da jurisdição: enquanto a controvérsia aguardar uma decisão estável, subsiste a insegurança; para os sujeitos envolvidos e até mesmo para terceiros, quer sob a ótica do interesse jurídico, quer sob o prisma do interesse de fato (econômico ou social). A superação da controvérsia leva à pacificação social - entendendo-se como tal a imunização do conflito, sem propriamente se cogitar do valor de seu conteúdo sob a ótica subjetiva das partes. De um modo ou de outro, haverá uma decisão e ela será o parâmetro a ser seguido pelas partes e, como dito, eventual e indiretamente até por terceiras pessoas.

Por outro lado, é preciso considerar que a segurança não se limita à superação de determinada controvérsia, isto é, não se esgota na consecução do escopo social do processo. Sob o pretexto da obtenção de decisões rápidas - supostamente úteis para definir a relação de direito material entre as partes e aptas a se tornarem estáveis o quanto antes - corre-se o risco do fenômeno da «sumarização da justiça». Isso pode ocorrer, por exemplo, mediante o emprego inadequado de provimentos antecipatórios, que são baseados em juízos de mera probabilidade e não em exame mais aprofundado da controvérsia.

Então, quando, de um lado, associa-se a eliminação rápida da controvérsia à segurança, e, de outro, considera-se essa última sob perspectiva voltada para o passado, segurança aí está empregada no sentido de busca do ideal de imutabilidade. Contudo, é preciso considerar a relação que existe entre segurança e a própria ideia de Direito, pela qual segurança é vista como um valor constitutivo do outro. Sob essa ótica, ressalta-se a função «asseguradora» do Direito. Decisões imutáveis fundadas em cognição não exaustiva da relação material controvertida não são compatíveis com a ideia de segurança. Mesmo os processualistas reconhecem essa assertiva quando condicionam a formação da coisa julgada material à profundidade da cognição – do que é uma boa ilustração a regra do § 2.º do art. 503 do CPC.

A associação entre escopo social da jurisdição (pacificação pela eliminação da controvérsia) e de segurança mostra que o primeiro, em condições mais extremadas, pode conspirar contra a segunda. Basta constatar que a tendência de «relativização da coisa julgada» nasceu de imperfeições em processos que levaram à edição de decisões (tidas como) gravemente injustas. Ainda que, nesses casos, a preocupação com a celeridade não tenha sido necessariamente a causa da injustiça, não deixa de ser paradoxal que o sistema prestigie a celeridade em nome da rápida pacificação e que, depois, tolere passar por cima da garantia da coisa julgada justamente em nome da justiça. Vale dizer: a busca descompensada por decisões rápidas, na medida em que faz crescer o risco de injustiça, acaba estimulando novas formas de impugnação que, por seu turno, desprestigiam o valor segurança diante da perspectiva da alteração do que já se decidira de forma supostamente imutável.

Além disso, convém reafirmar que o escopo jurídico também está a serviço da segurança porque a relação entre órgãos judiciais e litígios não se esgota na edição de sentenças. Processos judiciais podem ser evitados em razão de um dado comportamento dos tribunais que pode despertar expectativas nas pessoas, levando-as eventualmente a ingressar em juízo ou a disso se abster. É que, como já realçado, os tribunais não produzem apenas decisões, mas emitem mensagens que, por seu turno, interferem com a consciência dos direitos, orientando o comportamento das partes. Assim, o papel de orientar comportamentos passa a ter tanto ou mais relevo que o papel de editar sentenças para pôr fim a controvérsias. Portanto, o escopo jurídico, nessa perspectiva, atua em favor da estabilidade e, portanto, da segurança.

Em suma, segurança não está necessariamente associada à ideia de decisões rápidas. Pelo contrário, decisões céleres podem dar azo à insegurança, quer por seu conteúdo, quer pela repercussão que possam ter.

O sistema também busca preservar a segurança mediante a formação de jurisprudência uniforme, estável, íntegra e coerente (CPC, art. 926). Para isso, o CPC/2015 dispõe de instrumentos como os incidentes de assunção de competência (CPC, art. 947), de resolução de demandas repetitivas (CPC, art. 976 e ss.), além das técnicas empregadas nos julgamentos de recurso extraordinário com repercussão geral reconhecida ou recurso especial em regime de recursos repetitivos (CPC, art. 1.036 e ss.). Atento ao referido escopo, para ilustrar, vige a regra segundo a qual, se houver alteração de jurisprudência, poderá haver modulação dos efeitos da nova orientação, «no interesse social e no da segurança jurídica», com especial atenção à exigência de motivação para «proteção da confiança e da isonomia» (CPC, art. 927, §§ 3.º e 4.º) – o que também pode ocorrer nos casos em que se reconhece a inconstitucionalidade de determinada norma, sob cuja égide, contudo, consolidaram-se relações jurídicas. De forma análoga, para preservar a segurança, o sistema admite o sobrestamento de processos que envolvam questão jurídica objeto de uma das apontadas técnicas uniformizadoras, tal como previsto, para ilustrar, no § 3.º do art. 982 do CPC.

124. Escopo político. Costuma-se apontar que a jurisdição tem também um escopo político, que pode ser sintetizado na ideia de afirmação do poder estatal.

Isso fica claro pelo ângulo positivo: a atuação jurisdicional, ainda que sujeita por regra à provocação do interessado, busca dar efetividade ao ordenamento que o Estado editou de forma geral e abstrata (direito objetivo material). E, pelo ângulo negativo, também fica evidente quando se constatam os malefícios que a falta de efetividade dos comandos judiciais (inaptidão de produzirem os efeitos programados) traz para o Estado, na medida em que desprestigia sua atuação. Isso incentiva o desenvolvimento de centros de poder paralelo e contribui para a descrença no papel desempenhado pela ordem jurídica.

Paradoxalmente, a Fazenda Pública – portanto, o próprio Estado – está dentre os que opõem maiores obstáculos ao cumprimento de decisões judiciais – o que é dito de forma objetiva, sem que isso configure má-fé na conduta de agentes públicos e de procuradores das pessoas de direito público. Para ilustrar, tomem-se as condenações transitadas em julgado e já objeto de ofícios requisitórios. A satisfação não raramente ocorre apenas após longo decurso de tempo; sem que o Judiciário possa dar efetividade a suas decisões, diante da premissa de que não há meios coercitivos aptos a superar a resistência: os bens públicos não são penhoráveis; e eventual intervenção na pessoa jurídica devedora não é admitida pela jurisprudência consolidada, diante do argumento de que a providência não sanaria o problema da falta de recursos para o adimplemento.

Nesse contexto, se o Estado está dentre os devedores que mais descumprem – ou que tardam a cumprir – decisões judiciais, é inevitável que a distorção contamine todo o sistema, contribuindo para o desprestígio das decisões judiciais, mesmo quando não se trate da Fazenda Pública. E mesmo se sabendo que o ordenamento dispõe de mecanismos coercitivos eficazes oponíveis a devedores privados, soa incoerente que devedores - públicos e privados - sejam tratados de formas tão distintas quando se cuida, em qualquer um dos casos, de dar efetividade a um comando judicial.

CAPÍTULO II

PRINCÍPIOS DA JURISDIÇÃO

125. Princípios da jurisdição. É usual, em doutrina, sejam destacados os assim denominados princípios da jurisdição. Embora essa forma de tratar o tema tenha inegável serventia didática, como reforço de aspectos realmente relevantes da matéria, não parece correto buscar princípios que sejam apenas deste ou daquele instituto processual. Então, de três, uma: ou os princípios processuais já explicam este ou aquele aspecto da jurisdição; ou não se trata de um princípio, mas apenas de uma regra; ou o que se chama de princípio já é um elemento integrante do conceito de jurisdição.

Um exame dos postulados que usualmente são assim qualificados confirma a asserção.

126. Investidura. Fala-se na exigência de *investidura*, a traduzir a necessidade de que a jurisdição só pode ser exercida por pessoa regularmente habilitada ao exercício da função. Se a jurisdição é estatal, é preciso que o Estado reconheça a pessoa como seu agente, a cuja condição se chega e se mantém conforme regras constantes do ordenamento. A investidura está associada a atos administrativos como os de posse e (primeira) designação para atuar em determinado órgão da Justiça. Se a jurisdição é arbitral, é preciso que ela seja regularmente instituída, o que se dá no momento em que aceita a nomeação pelo(s) árbitro(s) (Lei 9.307/1996, art. 19).

Sem investidura não é sequer possível falar em exercício da jurisdição e o vício é usualmente indicado como inexistência do processo. O conceito não se confunde com o de imparcialidade (supra n. 61), nem com o de competência (infra n. 138).

«Não têm investidura e, portanto, não são juízes integrantes do Poder Judiciário, os assim chamados juízes de casamento (CC, art. 1.554); e os integrantes (ministros e conselheiros) dos *tribunais de contas* (CF, arts. 31, § 1.º, e 73) que são órgãos auxiliares do Poder Legislativo, nas diferentes esferas da Federação.»

127. Aderência ao território. Quando se trata de jurisdição estatal, é natural compreender que ela se limita à base territorial em que o Estado é soberano (CPC, art. 16). Se for necessário praticar ato ou produzir efeitos fora desses limites, será preciso haver *cooperação* do Estado perante o qual isso se materializará. Tal poderá ocorrer, no primeiro caso, mediante a expedição e o cumprimento de *carta rogatória*; ou, no segundo, mediante a homologação da decisão estrangeira.

Sob a ótica do Estado brasileiro, o CPC/2015 dedicou especial atenção à *cooperação jurídica internacional*, que estabeleceu deva ser regida por tratado de que o país faça parte ou com base em reciprocidade, sendo essa última dispensável no caso de homologação de sentenças estrangeiras. Essa cooperação foi estabelecida de forma ampla, abrangente de qualquer medida judicial ou extrajudicial «não proibida pela lei brasileira», e abarca não apenas a homologação e cumprimento de decisões estrangeiras, além prática atos de comunicação, mas também de colheita de provas e até mesmo a concessão de medidas de urgência (CPC, art. 27). Contudo, há limites porque a cooperação se dá mediante as condições estabelecidas no art. 26, do CPC, dentre as quais se inclui a exigência de respeito às garantias do devido processo legal no Estado de origem («requerente»). Ademais, o pedido de cooperação jurídica internacional «será recusado se configurar manifesta ofensa à ordem pública» (CPC, art. 39).

Isso é reforçado no caso em que se pretende produza efeitos no território brasileiro sentença estrangeira que, para tanto e como dito, deverá ser previamente homologada pelo Judiciário brasileiro, tarefa cuja competência um dia já foi do STF e que hoje cabe ao STJ (CF, art. 105, I, *i*). O controle, nesse caso, dá-se pelo que se qualifica como juízo de mera «delibação», isto é, mediante exame que, em tese, não discute ou revê o mérito da decisão, mas apenas a regularidade de sua formação. Portanto, não se confundem o objeto do que foi julgado no estrangeiro, de um lado, e o objeto do processo em que se pretende a homologação, de outro. Essa distinção é correta e válida, embora nem sempre seja tarefa fácil a de distinguir uma coisa da outra quando, para ilustrar, se examina se a decisão estrangeira não violou a ordem pública.

Assim, não é possível homologar sentença estrangeira (nem tampouco conceder *exequatur* à carta rogatória) se for caso de competência exclusiva do Judiciário brasileiro (CPC, art. 964, *caput*, e parágrafo único, respectivamente) ou se ela afrontar decisão brasileira transitada em julgado. Ademais, exige-se expressamente que a decisão estrangeira tenha sido proferida por autoridade competente; tenha sido precedida de citação regular, ainda que verificada revelia; seja eficaz no país em que foi proferida; e, como já foi dito, não contenha «manifesta ofensa à ordem pública». Quanto a esse último conceito, sem embargo da dificuldade de sua delimitação e não obstante opinião de que o parâmetro a ser considerado seja o do país de origem, tratando-se da exigência de observância do devido processo legal, o mais correto se afigura ter como parâmetro o que a ordem jurídica nacional considera como tal. Do contrário, haveria o paradoxo consistente em se tolerar que decisões nacionais respeitassem certas normas tidas como cogentes e, ao mesmo tempo, permitir que tais comandos fossem desrespeitados por autoridades estrangeiras; o que se afigura inconciliável com o conceito de soberania e de ordem pública, incindível e unitário, notadamente no que diz com a observância do devido processo legal.

Também convém lembrar que, após a homologação, será necessário instaurar processo para a prática dos atos necessários ao cumprimento da decisão estrangeira; o que se faz perante a Justiça Federal, residindo aí mais uma oportunidade de reafirmação da regra segundo a qual, no território brasileiro, prevalece a jurisdição desse país.

Internamente, isto é, sob a ótica apenas do Estado brasileiro, os juízes exercem sua autoridade em todo o território nacional; o que significa dizer que a eficácia e a autoridade de suas decisões não estão, ao menos em princípio, sujeitas a limites territoriais internos. Com a ressalva mais evidente de que os limites dessa eficácia consideram as pessoas presentes no processo, isto é, os destinatários do comando (limites subjetivos), e o objeto do processo (limites objetivos), não é pela circunstância de que a sentença tenha sido proferida pelo juiz de um Estado ou Secção Judiciária que não produzirá – dentro daqueles limites – efeitos no território de outro Estado ou de outra Secção Judiciária.

> «Há, no ordenamento, regra que limita a eficácia da sentença ao território, como no caso do art. 16 da Lei 7.347/1985, que vincula a coisa julgada (na verdade, a eficácia da decisão) aos limites da competência territorial. Mas o dispositivo é criticado pela doutrina por confundir competência e eficácia da sentença e, assim, por limitar indevidamente o alcance da tutela coletiva.»

Isso não se confunde com o estabelecimento de regras que determinam a *competência* dos órgãos do Judiciário e, elas sim, fixam limites para a prática de atos. As regras de competência buscam estabelecer critérios para a divisão da massa de processos entre os diferentes órgãos que exercem a jurisdição (infra n. 139). Portanto, elas definem perante qual órgão o processo há de tramitar. Nessa medida a prática dos atos por um órgão fica restrita a seu território e, para que atos sejam realizados em outra base territorial, é necessária a cooperação, analogamente ao que se passa quando se confronta a soberania nacional com outras. Isso – a cooperação entre órgãos judiciários brasileiros – se dá mediante a expedição e o cumprimento de *carta precatória*. Mas, como foi dito, a eficácia da decisão não está, por regra, limitada à competência territorial. Ademais, as regras fundadas em critério territorial de determinação da competência nem sempre são de observância obrigatória e, eventualmente, comportam modificações (infra n. 142 e 158).

Mesmo no caso da prática de atos, ainda sob a ótica interna, a cooperação entre órgãos resulta menos de um limite à jurisdição do que propriamente uma forma de racionalizar os trabalhos, pela proximidade do órgão com o objeto ou destinatários do ato por praticar. Se o limite fosse jurídico, não seria possível, dentre outros, que a citação via postal determinada por juiz de um Estado fosse realizada em outro; assim como a penhora de ativos financeiros por meio eletrônico; ou a expedição de ofícios, como é o caso do art. 855 do CPC. Portanto, ou se trata de um limite físico ou da maior facilidade na prática do ato por outro órgão que não aquele em que tramita o processo. Aliás, a regra é a de que a função jurisdicional não comporta delegação (infra n. 128).

As coisas se passam de forma análoga em matéria de arbitragem. Proferida nos limites territoriais da soberania brasileira, a decisão é eficaz em todo o território nacional (com a ressalva dos limites subjetivos e objetivos já mencionados). Mas as sentenças arbitrais proferidas por órgãos constituídos fora dos limites da soberania estatal estão sujeitas a prévia homologação para que possam produzir efeitos no Brasil.

A aderência da jurisdição ao território está, em alguma medida, relacionada ao tema da *competência internacional* e, a partir dela, à ideia de *efetividade*: a jurisdição de cada Estado está limitada a causas em que o exercício de seu poder possa ser útil e efetivo, isto é, a jurisdição deve ter por objeto as causas nas quais seja possível ao Estado fazer valer o que foi decidido. Isso é coerente com a circunstância de que o conceito de jurisdição não dispensa o caráter imperativo que é próprio do poder (supra n. 112).

Tais considerações, ao menos em essência, parecem ser também válidas no contexto da rede mundial de computadores. Ainda que no ambiente da *internet* – pela extensão e pelo modo pelo qual se difunde e circula a informação – a ideia de limitação territorial tenha outros contornos, segue presente o conceito de soberania estatal; que, por seu turno, está atrelado a limites territoriais. Isso não quer dizer que a decisão oriunda de uma dada soberania estatal não possa produzir efeitos perante outra. Mas, na linha do que foi exposto, para tanto, é preciso que atue o sistema de cooperação. Portanto, saber como se dá a limitação concreta dos efeitos de tal ou qual decisão nesse ambiente é assunto diverso, embora igualmente relevante.

128. Indelegabilidade. Sob prisma mais abrangente, antes de ser um problema de delegação, o tema está ligado à atribuição constitucional de tarefas, na perspectiva moderna de separação de poderes, que é informada pela preponderância, e não pela exclusividade (supra n. 109). Dessa forma, a questão se traduz na divisão constitucional de competências e na necessidade de respectiva observância. Portanto, eventuais dificuldades no convívio entre os Poderes podem advir menos da delegação, mas mais da eventual invasão da esfera de atuação de um por outro.

Ainda sob a mesma ótica, não deve ser qualificada como delegação estatal ao ente privado a jurisdição exercida pelo árbitro. Nesse caso, o que se admite - diante de direitos disponíveis - é solução escolhida pelas partes, por terceiro, desde que observados os cânones do devido processo legal. Basta aceitar que a jurisdição não é monopólio do Judiciário para que seja dispensável recorrer à ideia de possível delegação.

Na perspectiva interna do Poder Judiciário, de forma análoga, um de seus órgãos não pode delegar suas atribuições a outro porque as regras de divisão de competência - que, em concreto, definem um órgão e excluem os demais - devem ser observadas. A competência, dentre outros, considera o critério funcional para estabelecimento de suas regras e, quando isso ocorre, diz-se que a competência é absoluta, isto é, que não comporta modificação pelas partes - e, a rigor, nem pelo órgão judicial competente. Por vias reflexas, a delegação de um órgão para outro significaria quebra do juiz natural, esse sim um princípio em que assentado o sistema processual (infra n. 130).

Nos processos de competência originária dos tribunais, pode haver determinação para a prática de atos para juízo de grau inferior. Isso é autorizado em matéria de comunicação processual (CPC, art. 236, § 2.º) e para a colheita de prova, sendo o art. 972 do CPC (que autoriza a providência em processo de ação rescisória) apenas um exemplo disso.

> «No caso de delegação da colheita da prova oral, poder-se-ia eventualmente cogitar de ofensa à regra da oralidade, pela quebra da imediação e da consequente identidade física do juiz, regra que vigorava no art. 132 do CPC/1973 e que não foi reproduzida no atual Diploma. Mas é forçoso reconhecer que o reexame proporcionado pelo duplo grau de jurisdição (que, por regra, abrange tanto questões de direito, como de fato) já era suficiente para limitar consideravelmente a imediação e seu consectário. Por outro lado, sendo o tribunal um órgão colegiado, a colheita da prova no tribunal deveria ser feita singularmente pelo relator; o que, de qualquer modo, limitaria a imediação a um dos integrantes do órgão competente. Portanto, não há ofensa.»

Tampouco é dado ao juiz delegar suas atribuições, que recebeu da lei e que decorrem de sua investidura, pelo Estado. A propósito, não pode ser considerada delegação indevida a regra contida no § 4.º do art. 203 do CPC, desde que a prática dos atos pelo servidor se limite efetivamente a atos «meramente ordinatórios» e sempre sob a supervisão do magistrado. Fora desses limites, o problema ali não é exatamente de impossibilidade de delegação, mas de falta de investidura de quem não é reconhecido pelo ordenamento como juiz.

«A CF, ao prever a criação dos Juizados Especiais Cíveis (para causas de menor complexidade), autorizou a atuação de juízes «leigos» (CF, art. 98, I). Mas antes mesmo dela, a revogada Lei 7.244/1984 (que dispôs sobre os Juizados de Pequenas Causas) já previra a atuação dessa espécie de agente, a quem não apenas se facultou tentar a conciliação, como ainda presidir a instrução e até proferir sentença, sujeita à «homologação» do juiz togado (arts. 23, 27 e 30, § 1.º).»

129. Inevitabilidade. Esse «princípio» decididamente não pode ser qualificado como tal. Por ele se quer referir a ideia de que a jurisdição, sendo emanação do poder do Estado, impõe-se aos jurisdicionados independentemente de sua vontade. Daí a ideia de que a posição das partes é de sujeição.

Com efeito, o conteúdo assim enunciado já está presente no conceito de jurisdição: ela é atividade substitutiva e tem caráter imperativo, justamente porque está respaldada pelo poder do Estado – mesmo quando se trata de arbitragem, ainda que aí esse respaldo seja indireto. Além disso, na arbitragem o reconhecimento do poder de julgar depende sim da vontade das partes e, portanto, de «inevitabilidade» só se pode falar depois de regularmente instituído o órgão arbitral para determinado caso.

Mas a ideia de que a jurisdição é inevitável – isto é, de que ela não pode ser simplesmente declinada ou recusada pelos jurisdicionados – comporta algum temperamento. Assim é que a jurisdição estatal pode ser legitimamente recusada diante da convenção de arbitragem, que é causa determinante da extinção do processo sem resolução do mérito (CPC, art. 485, VII). E, de forma inversa, a arbitragem também pode ser recusada, por exemplo, quando a cláusula compromissória for inválida ou a controvérsia não comportar essa forma de solução (por exemplo, pela indisponibilidade dos direitos controvertidos). Além disso, a inevitabilidade não afasta o postulado segundo o qual a jurisdição atua mediante provocação e é opção do interessado ir, ou não, a juízo: ninguém pode ser compelido a demandar (embora a inércia possa até gerar consequências jurídicas, como ocorre na hipótese do art. 3.º da Lei 12.016/2009, que regula o mandado de segurança; ou, em termos, no caso previsto pelo art. 834 do CC, quando trata da fiança).

Nas controvérsias passíveis de julgamento pelos Juizados Especiais (Lei 9.099/1995), consolidou-se entendimento de que o ingresso perante tais órgãos é opção para o autor; embora o réu não possa recusar – aí sim aparece a inevitabilidade – o processo. O demandado pode alegar que o Juizado não é competente (Lei 9.099/1995, arts. 3.º e 51, III) ou que é inadmissível o procedimento especial (Lei 9.099/1995, art. 51, II); mas isso é coisa diversa e o réu não deixa de ficar vinculado ao processo.

130. Inafastabilidade, juiz natural e inércia. A inafastabilidade, de fato, pode ser tida como verdadeiro princípio; não da jurisdição, mas a inspirar todo o sistema processual – não apenas o civil (supra n. 37). Ele decorre da premissa segundo a qual é vedada, salvo exceções, a justiça de mão própria (autotutela). Ele significa que o Estado não pode deixar de dar resposta a todo e qualquer reclamo de tutela jurisdicional, por mais inepto, descabido ou improcedente que eventualmente seja o pleito. Assim, não pode o juiz deixar de decidir a pretexto de lacuna ou de obscuridade da lei (CPC, art. 140); nem sob o argumento de que a prova dos autos não é suficiente para o esclarecimento da verdade – o que significa lhe ser vedado proferir o *non liquet* (supra n. 56).

Também o postulado do juiz natural deve ser tido como princípio a nortear todo o sistema. Ele assegura que a atuação da jurisdição (atividade substitutiva da vontade das partes) há que se dar por terceiro independente, imparcial e investido em sua função anteriormente à instalação do litígio. Esse último aspecto significa que o ordenamento veda tribunais de exceção, isto é, constituídos após e para o específico julgamento do litígio (supra n. 61).

Quanto à inércia da jurisdição, disso depende, dentre outros, a consecução de seu escopo social: a atuação do direito objetivo é meio para a superação das controvérsias e consequente pacificação social. Daí o princípio – esse sim a reger todo o sistema – segundo o qual é ônus do interessado provocar a atividade estatal. Trata-se do princípio da demanda (supra n. 97).

CAPÍTULO III

ESPÉCIES DE JURISDIÇÃO

131. Espécies de jurisdição. Entendida a jurisdição como manifestação do poder, ela deve ser considerada una e indivisível (infra n. 136). Mas quando examinada sob a ótica de *atividade* ou *função*, ela costuma ser objeto de classificação pela doutrina, que a divide em espécies ou tipos.

Categorização dessa ordem apresenta utilidade didática por evidenciar certos fenômenos que, à base do exercício da jurisdição, variam segundo diferentes critérios (o objeto do direito material discutido, a posição hierárquica dos órgãos que a exercem ou outros que são exteriores à atividade propriamente dita). Contudo, essa classificação deve ser vista com reservas não apenas porque conflita com a já referida unidade, mas porque nem sempre diz respeito a conceitos estritamente ligados ao de jurisdição, mas sim ao tema da competência (infra n. 138 e ss.).

Com efeito, a aplicação da ideia de especialidade ao tema da jurisdição, para além de ser imperfeita (porque ela deveria designar apenas uma divisão de tarefas entre diferentes órgãos igualmente investidos de poder), pode fomentar distorções, como quebra de unidade na interpretação da lei federal e indesejável segmentação da jurisprudência. A especialidade, que, no mais das vezes, é ditada por critérios colhidos na controvérsia (matéria e pessoa), não afasta a circunstância de que órgãos de diferentes «jurisdições» estão sujeitos a regras gerais - especialmente em matéria processual - que se aplicam a todas elas; e que, portanto, desafiam interpretação uniforme, à qual nem sempre se pode chegar. Para ilustrar, lembre-se que, na estrutura constitucional brasileira, cada uma das Justiças «especializadas» tem seu próprio tribunal superior, encarregado de uniformizar a interpretação da lei: na Justiça do Trabalho, o Tribunal

Superior do Trabalho; na Eleitoral, o Tribunal Superior Eleitoral; e, na Militar, o Tribunal Superior Militar. Acima deles, como órgão recursal, há apenas o Supremo Tribunal Federal, cuja atuação é limitada porque restrita à matéria constitucional, e mesmo assim condicionada à configuração da repercussão geral (CF, art. 102, § 3.º).

O exame da tipologia usualmente encontrada em doutrina e dos respectivos critérios (como segue) confirma as ponderações feitas neste tópico.

132. Segue: critério do objeto. Pelo objeto, costuma-se apartar a jurisdição *civil* da *penal*. Nesse caso, por «objeto» se entende a natureza da relação material controvertida que integra o objeto do processo (juntamente com o pedido deduzido). Mas a utilidade da distinção é relativa. Primeiro, o tema não é de jurisdição, mas de competência: o juiz que julga matéria penal exerce jurisdição da mesma forma. Segundo, o critério é um tanto arbitrário porque, a se considerar o objeto, poder-se-ia subdividir a jurisdição em outras categorias relevantes. Por exemplo, poder-se-ia falar na jurisdição *trabalhista*, que não é penal, mas que com muita dificuldade se enquadra no conceito de jurisdição simplesmente «civil»; ou em jurisdição administrativa, ou tributária, ou empresarial - o que, aliás, só reforça a consideração precedente, de que o critério é sugestivo de diferentes competências (não de tipos de jurisdição).

A circunstância de eventualmente existir relação entre julgamentos afetos a uma e a outra dessas «jurisdições» (civil e penal) - aspecto bastante destacado pela doutrina e considerado pelo direito positivo - também não afasta as restrições feitas à classificação aqui tratada. Antes de ser um problema de jurisdição (ou até de competência), eventual concorrência de efeitos civis e penais de um mesmo fato é questão respeitante ao direito material de cada um desses ramos. A criminalização, ou não, de determinada conduta ilícita indica que o ordenamento a repudia com maior intensidade. Portanto, a diferença está essencialmente no grau da reprovação.

Mas a relação entre as consequências jurídicas previstas em diferentes ramos do direito material, conquanto relevante, não está restrita ao confronto entre o direito civil e o penal. Um mesmo fato pode ter repercussões nessas duas searas, como pode ter simultaneamente nas esferas administrativa, tributária, trabalhista e outras; ou, ainda, pode haver controvérsia sobre se os fatos devem produzir efeitos em um ou outro campo (o que, para ilustrar, pode ocorrer no confronto entre direito civil e direito do trabalho).

Quando relação de tal ordem se apresenta, a premissa de que a jurisdição é una (ainda que seu exercício esteja circunstancialmente dividido entre órgãos distintos) exige *coordenação* entre os diferentes julgamentos; o que se dá mediante a identificação de qual julgamento atua como antecedente lógico e, portanto, *prejudicial* em relação a outro. Isso se impõe para que não haja decisões conflitantes e, eventualmente, para que o trabalho realizado não se perca, com desnecessária repetição de atos processuais. Diante da simultaneidade poderá ser o caso de se aguardar o pronunciamento de um ou de outro órgão (atentando-se para a causa que for prejudicial, conforme regra do art. 313, V, *a* e *b*, do CPC); ou, se for o caso, de se submeter a um órgão superior a decisão sobre a quem compete tratar da matéria.

Mas, como foi dito, relações dessa ordem não ocorrem apenas entre processos civis e penais: a existência de prejudicialidade pode existir entre causas submetidas a outros diferentes órgãos do Judiciário. Então, por coerência, o exame das diferentes jurisdições pelo «objeto» – e das relações entre elas estabelecidas – teria que considerar todas as formas de interação; o que se afigura tarefa extensa e que principalmente extrapola os limites da matéria especificamente aqui tratada. A rigor, relação entre diferentes processos pode ocorrer dentro de uma mesma «jurisdição», a ensejar eventual reunião (CPC, arts. 54 a 57) ou sobrestamento (CPC, arts. 313, V, *a* e *b*, e 315).

> «Apenas para ilustrar, podem ser identificadas as seguintes hipóteses de relação entre processos submetidos a diferentes órgãos do Poder Judiciário: art. 91, I, do CP, que considera como efeito da condenação penal a obrigação de indenizar o dano causado pelo crime, conquanto o cumprimento da sentença penal condenatória (no que diz respeito à indenização) seja da competência do juízo cível (CPC, art. 516, III); art. 66 do CPP, que estabelece o reconhecimento da inexistência material do fato delituoso (no juízo criminal) como pressuposto negativo da propositura da ação civil; art. 65 do CPP, segundo o qual a decisão penal que reconheça estado de necessidade, legítima defesa, estrito cumprimento de dever legal ou exercício regular de direito será imutável perante o juízo cível; art. 966, VI, do CPC, que estabelece caber ação rescisória contra sentença de mérito fundada em prova cuja falsidade tenha sido apurada em processo criminal; art. 405, §3.º, I, do CPC/1973 (sem correspondência no CPC/2015), que enumera a hipótese de ter sido o depoente condenado por crime de falso testemunho por sentença penal transitada em julgado; art. 163, III, do CPC que veda a atuação de intérprete inabilitado ao exercício da profissão por sentença penal condenatória, enquanto durar o seu efeito; art. 6.º, § 2.º, da Lei 11.101/2005, que permite ao detentor de crédito derivado da relação de trabalho pleitear ao administrador judicial da recuperação judicial ou da falência, habilitação, exclusão ou modificação de créditos, depois da respectiva apuração perante a Justiça do Trabalho.»

Além disso, é preciso considerar que a tradicional distinção segundo a qual o direito material civil seria disponível e o penal seria indisponível, se não ficou exatamente superada, perdeu muito de sua relevância. No sistema brasileiro, o direito penal – mercê de institutos como os da *transação penal*, da *suspensão condicional do processo* e, especialmente, da *colaboração premiada* – também apresenta aspectos de disponibilidade, que podem levar à aplicação de sanções menos graves ou até à imunidade, isto é, à não propositura da ação penal pelo respectivo titular. Portanto, se o critério tradicionalmente empregado para distinguir aqueles dois ramos do Direito substancial perdeu relevância, é inevitável que isso se projete sobre a distinção processual fundada em premissas já não mais vigentes. Portanto, a distinção entre atuação da lei civil e penal não é significativa sob o ângulo da jurisdição, mas da competência e, certamente, do processo.

133. Posição hierárquica. É comum (e correto) falar-se em diferentes «graus de jurisdição» – ou instâncias – quando se pensa na atuação de órgãos «superiores» e «inferiores», entre os quais haveria relação hierárquica.

Mas, assim como a circunstância de haver pluralidade de órgãos integrantes do Judiciário não infirma a unidade da jurisdição, o fato de alguns exercerem função de rever o que outros decidiram também não significa dizer que suas «jurisdições» seriam diversas. Mais uma vez, está-se diante de critério de competência, que considera as funções desempenhadas (critério funcional, portanto). Aliás, embora não seja incorreto falar-se em hierarquia nesse contexto, a palavra deve ser vista com ressalvas.

Sob a ótica estritamente jurisdicional, a decisão de um órgão «superior» – entendendo-se como tal o competente para apreciar recurso contra decisão de outro órgão – substitui a do órgão «inferior». Isso está expresso na regra do art. 1.008 do CPC (efeito substitutivo dos recursos). Portanto, na esfera jurisdicional, o problema não é exatamente de hierarquia, mas de competência, de tal sorte que alguns têm competência originária e outros têm competência recursal; do contrário, seria impossível conciliar o efeito substitutivo dos recursos com a subsistência da jurisdição do juízo recorrido.

É certo que os órgãos cujas decisões estão sujeitas a revisão por recurso estão realmente obrigados a dar estrito cumprimento às decisões dos graus «superiores» e, para tanto, além de eventuais novos recursos, o sistema conhece o mecanismo denominado *reclamação* – que consiste justamente no remédio voltado à cassação de decisão proferida por órgão judicial de grau inferior e que descumpra decisão de grau superior (CF, arts. 102, I, *l*, 103-A, § 3.º, 105, I, *f*; RISTF, arts. 156 a 162; e RISTJ, arts. 187 a 192).

Mas isso não transfere o tema para o campo da hierarquia, conceito que melhor se ajusta à seara administrativa que à jurisdicional. Com efeito, sob aquela outra ótica, juízes estão sujeitos a controle disciplinar por conta do exercício da função. Portanto, aí sim eles estão hierarquicamente submetidos a órgãos com atribuição para julgar processos disciplinares e, nesse caso, a terminologia parece mais adequada.

134. Jurisdição de direito e de equidade. Esse é outro critério de distinção de que se vale a doutrina. Contudo, ele também deve ser visto com reserva. Julgar por equidade é fazer a regra para o caso concreto. Por oposição, julgar por critério de direito é aplicar regra pré-existente, colhida no ordenamento (não apenas na lei), que a prevê de forma geral e abstrata.

Contudo, sob a ótica conceitual de jurisdição, assim como de seus escopos, não importa se a atuação do direito objetivo ocorre com base em norma pré-existente (e, portanto, emanada de órgão diverso daquele que a aplica) ou se a regra é fixada no caso concreto, com maior liberdade para o julgador. Até porque, mesmo no caso da equidade, o julgamento deve ser feito motivadamente, a partir de elementos colhidos no ordenamento, que não se limita à lei. Equidade não é sinônimo de arbítrio ou de desvinculação de valores consagrados pelo sistema, que o juiz apenas cuida de aplicar diante das peculiaridades do caso concreto. Além disso, equidade também não é sinônimo de igualdade; equívoco que se encontra com alguma frequência. Para fazer a regra do caso concreto, é até possível que o juiz ou árbitro invoquem a isonomia para chegar a tal ou qual conclusão. Mas os conceitos são inconfundíveis.

Além disso, o julgamento por equidade no sistema brasileiro somente é admitido quando expressamente previsto em lei (CPC, art. 140, parágrafo único). Vigora, então, uma espécie de «reserva legal», de tal sorte que a regra é a do julgamento «de direito». A regra – que em última análise constitui um óbice a eventuais arbitrariedades – é justificada e não desprestigia o papel que cabe ao juiz. Ademais, a decisão jurisdicional por equidade não pode ser simplesmente colocada no mesmo patamar de um ato administrativo, esse sim informado por critérios de conveniência e oportunidade.

> «O art. 6.º da Lei 9.099/1995, que disciplina o processo dos Juizados Especiais, dispõe que «O Juiz adotará em cada caso a decisão que reputar mais justa e equânime, atendendo aos fins sociais da lei e às exigências do bem comum». Contudo, considerando que (i) o juízo de direito é a regra do sistema; (ii) os Juizados e respectivo processo devem ser entendidos apenas como uma forma de dar adequado tratamento a litígios de menor complexidade, mas que, afora esse aspecto, estão no mesmo patamar dos demais órgãos jurisdicionais; (iii) essas controvérsias não podem ser consideradas de menor importância porque o princípio da inafastabilidade não faz esse tipo de discriminação, a qual, ademais, seria incompatível com o princípio da igualdade,

entende-se que o dispositivo legal enseja interpretação que deve restringir o teor da norma, porque o Legislador disse mais do que pretenderia (supra n. 24). Portanto, também nos Juizados, salvo expressa autorização de regras particulares do ordenamento, os juízos são de direito e não de equidade.»

135. Segue: equidade e discricionariedade. Controverte-se acerca da *discricionariedade* do juiz, notadamente quando diante de casos em que o direito material adota modelos abertos. Fala-se em «um arbítrio inevitável» que o juiz usa ao aplicar a norma flexível, praticando «equidade individualizadora»; que não é o arbítrio que despreza critérios objetivos. É o caso da fixação de alimentos, em que o legislador não fez mais que dar os parâmetros da necessidade de quem pede e da possibilidade de quem presta (CC, art. 1.694). Para negar a discricionariedade, afirma-se, de outra parte, que não há opções igualmente válidas para o juiz, dentre as quais poderia livremente escolher; mas uma única opção correta perante o ordenamento. Daí a ausência de discricionariedade em sentido mais exato.

A propósito, em diferentes passagens, o CPC/2015 emprega a expressão «o juiz *poderá*» (assim, ou na fórmula inversa, «*poderá* o juiz»). Considerando que a regra é de juízos de direito e que, em matéria processual, o modelo legal (afeiçoado à Constituição Federal) deve ser visto como integrante do conceito de *tutela jurisdicional* (supra n. 38), deve-se entender que, ao menos em princípio, quando a lei fala «poderá» isso significa «deverá»; o que usualmente é referido pela expressão «poder-dever». Vale dizer: se o juiz reputa que o fato se ajusta à norma, não há margem de escolha. Assim, não se pode dizer que em todos os casos em que a lei usou a fórmula «o juiz poderá», ela tenha conferido ao magistrado poder discricionário.

Mas isso não significa negar peremptoriamente que o juiz possa eventualmente decidir de forma discricionária: em certas circunstâncias, a lei, dentro de limites, confere ao juiz o poder de escolher a providência que adotará, dentre mais de uma que reputa admissíveis.

«No § 1.º do art. 536 do CPC, por exemplo, a discricionariedade não vem do «poderá», mas eventualmente do caráter exemplificativo do rol ali indicado. Ali está o que se convencionou chamar de «medidas de apoio». No caso do § 1.º do art. 113 do CPC, a lei parece mesmo conferir ao juiz a prerrogativa de fazer a regra no caso concreto, de sorte a limitar o litisconsórcio facultativo se esse prejudicar o direito de defesa ou a mais rápida solução do litígio. Há discricionariedade, por exemplo, na fixação do prazo para apresentação do rol de testemunhas, observado um determinado limite (CPC, art. 357, § 4.º); assim como na fixação de prazo para resposta na ação rescisória (CPC, art. 970). Nesses casos, a medida deve ser razoável e proporcional. Para ilustrar, não se concebe que o juiz fixe prazo de cinco dias para apresentação de rol e que designe audiência para dali a seis meses.»

A circunstância de se falar em poder-dever não autoriza, por outro lado, dizer que a parte eventualmente omissa na observância de um ônus processual possa exigir o cumprimento do dever do juiz, como forma de superar sua própria inércia. Boa ilustração disso está na regra do art. 370 do CPC, que, embora positive o poder de instrução oficial, não dispensa as partes dos respectivos encargos probatórios. Vale dizer: não é dado à parte omissa invocar a invalidade do processo a pretexto de que também o órgão judicial permanecera inerte e que, dessa forma, teria descumprido seu poder-dever de produzir prova de ofício.

136. Jurisdição una e dúplice. Outra distinção que se encontra em doutrina considera a relação entre o Judiciário, de um lado, e o julgamento das causas em que seja parte a Fazenda Pública, em qualquer uma de suas esferas. Embora nem sempre seja enfatizada pela doutrina processual, a diferenciação é relevante porque nela reside um dos elementos mais importantes do modelo processual civil brasileiro (do qual depende o acerto do diagnóstico a ser feito acerca das causas de ineficiência do sistema).

Nos países de jurisdição dita *una,* o julgamento de controvérsias entre entes privados e aquelas que envolvem a Administração fica a cargo do Poder Judiciário – ainda que, internamente, haja a previsão de órgãos com competência ditada por esse especial critério (da pessoa). Esse é o caso do Brasil. Aqui, sem embargo da nomenclatura, não exercem atividade que se possa ter como estritamente jurisdicional órgãos como os Tribunais de Contas (CF, arts. 31, § 1.º, e 73); o Tribunal Marítimo Administrativo (Lei 2.180/1954), os Conselhos de Contribuintes (Decreto 16.580/1924 e Lei 11.457/2007) ou mesmo as agências reguladoras (supra n. 52).

Nos países de jurisdição dita *dúplice*, ao contrário, ao Poder Judiciário são atribuídos os julgamentos dos litígios privados, enquanto os que envolvem a Administração ficam submetidos a órgão diverso, em mecanismo genericamente designado de *contencioso administrativo*, cujas decisões, porque sujeitas à formação da coisa julgada material, ficam excluídas da revisão pelo Poder Judiciário.

A circunstância de o Poder Judiciário decidir controvérsias que envolvem a Fazenda Pública leva parte da doutrina a, aí, identificar um fator de reforço do caráter público do processo (cujos escopos, antes de serem das partes, são do Estado), a estimular repúdio a interpretações privatistas do fenômeno processual. Contudo, aquela mesma circunstância pode ser vista por ângulo negativo: da potencial influência negativa sobre a independência dos julgadores, no confronto entre o cidadão e a Fazenda Pública (em prol dessa última); da «politização» da Justiça; do tratamento das diferentes causas de morosidade da Justiça sem a consideração do peso que tem nesse cenário a presença da Fazenda Pública em juízo (como autora e especialmente como ré).

137. Jurisdição estatal e não estatal. Distinção não usual na doutrina tradicional (quiçá porque fundada na premissa de que a jurisdição é monopólio do Poder Judiciário) confronta a jurisdição estatal e a não estatal, que é exercida pelo árbitro.

Isso significa reconhecer que a atividade desempenhada na arbitragem é tipicamente jurisdicional. Tal é o que, entre nós, decorre do art. 31 da Lei 9.307/1996: a sentença arbitral nacional não está sujeita a prévia homologação e enseja cumprimento forçado (CPC, art. 515, VII). Na arbitragem, a inevitabilidade da jurisdição não decorre propriamente da sujeição que impõe a presença do Estado, mas sim da vontade dos interessados.

No caso de sentença arbitral estrangeira, a prévia homologação (tal como a concessão de *exequatur*) – cujos processos são da competência originária do Superior Tribunal de Justiça (CF, art. 105, I, *i*) – é exigida. Mas isso não infirma o caráter jurisdicional da decisão do árbitro na medida em que a atuação estatal se limita a verificar a adequação do ato às normas internas que impõem a observância do devido processo legal. Trata-se, como no caso de homologação de sentença estrangeira, de mera delibação. A resolução do conflito é feita pela decisão arbitral e, portanto, é fundada na liberdade de contratar das partes.

Do caráter contratual da arbitragem decorrem consequências importantes. O controle estatal da sentença proferida pelos árbitros é excepcional e suas hipóteses de cabimento devem ser interpretadas de forma estrita; a regra é a de que o Estado prestigie a decisão arbitral e que lhe dê suporte. Por essa mesma razão, não é admissível o controle do mérito daquele ato, de tal sorte que fica excluída revisão sobre possível *error in judicando*. Não se pode, a pretexto de falta de adequada motivação, pretender que o Judiciário reveja os fundamentos de fato e de direito adotados pelo órgão arbitral.

Outra consequência é que a sujeição à arbitragem só se dá em relação às partes que a contrataram, uma vez que apenas elas estão vinculadas pela manifestação de vontade por elas externada. Isso pode ter reflexos relevantes em matéria de litisconsórcio e de intervenção de terceiros. Para ilustrar, não há como compelir terceiro a ingressar no processo arbitral, nem mesmo a pretexto de se tratar de litisconsórcio necessário.

> «Pode ser traçado um paralelismo entre a ação rescisória e a ação anulatória da sentença arbitral prevista pelo art. 32 da Lei 9.307/1996: ambas são jurisdicionais; buscam a desconstituição de uma decisão e, embora de formas

diversas, podem conduzir a novo julgamento da controvérsia (juízo rescisório). Essa analogia, porém, reclama cautela: a lógica que prevalece no seio da Justiça estatal nem sempre funciona quando se pensa no processo arbitral e, principalmente, quando se cogita da revisão estatal dos atos prolatados pelos árbitros. É um erro supor que o ingresso no Judiciário para controle de decisão arbitral possa ser visto como uma espécie de recurso. Portanto, nem tudo o que é válido em matéria de ação rescisória vale também para a ação anulatória de sentença arbitral. No direito brasileiro, a ação rescisória, embora seja excepcional, não está sujeita à regra que lhe confere caráter subsidiário, isto é, que só a torna admissível diante do prévio esgotamento dos recursos ordinários e extraordinários cabíveis. Já o mesmo não pode ser dito para a ação anulatória de sentença arbitral, especialmente nas hipóteses do inciso IV do art. 32 da Lei 9.307/1996. Assim ocorre porque, a rigor, todo controle estatal em matéria de arbitragem já é subsidiário, quando se considera a premissa de que, estando vinculadas as partes, elas estão submetidas primeiramente ao juízo arbitral.»

CAPÍTULO IV

JURISDIÇÃO E COMPETÊNCIA

138. Jurisdição e competência. Na premissa de ser inviável o exercício da jurisdição de forma rigorosamente unificada (talvez o ideal que se harmonizaria com a unidade do poder), é preciso fracioná-la em órgãos. O que ocorre, então, é uma divisão do trabalho a ser realizado e que tem por objeto a massa de processos. Daí se dizer em doutrina que *competência* é a «medida» ou a «quantidade» da jurisdição. Pelas regras de competência se estabelece uma divisão de tarefas, embora o poder continue uno e indivisível. Daí porque também se fala, sem maior rigor técnico, em diferentes «jurisdições» (supra n. 131); ou, menos corretamente ainda, que determinado órgão judicial (ou até administrativo) não tem «jurisdição» sobre determinado território ou sobre certa controvérsia. Possivelmente, contribui para esse emprego inadequado a transposição indevida do termo inglês *jurisdiction;* que lá designa também o que aqui se entende por competência.

> «O emprego do termo «quantidade» para definir *competência* não deixa de ser impróprio e vale apenas como imagem imperfeita (como costuma ser toda imagem) do fenômeno. A diversidade não está na quantidade e o poder é um dado que sequer comporta quantificação. Ressalvada a competência recursal (infra n. 154), não se pode dizer com maior precisão que um órgão tenha mais ou menos poder que outro, em matéria jurisdicional. O que há é atribuição de diferentes tarefas para que o sistema se viabilize e atue da forma mais racional possível.»

Mas o fracionamento da jurisdição pelos diferentes órgãos do Poder Judiciário (e, eventualmente, fora dele), de acordo com diferentes critérios, significa apenas a existência de estruturas diversas. A especialização que daí acaba por decorrer tem aspectos positivos e negativos: ela pode contribuir para maior eficiência e qualidade das soluções jurisprudenciais. Mas toda especialização traz consigo o risco de certo empobrecimento dos órgãos ordinários (residuais), bem como de uma postura unilateral dos órgãos especiais, em detrimento do desenvolvimento geral do direito positivo.

139. Competência e inafastabilidade do controle jurisdicional. Embora as regras de competência não estabeleçam espécies de jurisdição, elas funcionam como uma espécie de fio condutor na passagem do abstrato para o concreto: no caminho entre o princípio *da inafastabilidade do controle jurisdicional* (conceitual e atípico) de um lado, e a prestação em concreto da tutela jurisdicional, de outro lado, situam-se, entre outras, as regras de competência. Para recorrer a uma imagem, é como se o exercício do direito (ou poder) de ação abrisse uma primeira porta que, superada, conduz o interessado a outras. Para que se alcance o resultado almejado, é preciso identificar qual delas leva ao agente competente, isto é, aquele que em concreto - fixando a «medida da jurisdição» - controlará a alegada lesão (ou ameaça de lesão) de direito. Daí se falar em doutrina que a competência envolve relação de adequação legítima entre o processo e o órgão jurisdicional.

Por essa ótica fica o tema da competência inserido no contexto do princípio da inafastabilidade da tutela jurisdicional (supra n. 46), a ser tratado sempre com tal dignidade. Isso tem particular importância nas situações de urgência, quando o autor invoca tutela cautelar ou antecipada (infra n. 192). Em tais casos, não é admissível que dúvidas acerca da competência - a acarretar retardamento na apreciação de pleito de medida urgente - ponham em risco a efetividade da tutela jurisdicional. Cabe lembrar que todo juiz é investido de jurisdição e, como tal, está apto a decidir; ainda que (excepcionalmente) se reconheça incompetente e, por isso mesmo, que o faça de forma provisória e condicionada ao referendo do órgão competente, para o qual deve imediatamente remeter os autos.

> «A imagem do doente que busca socorro médico, sem ser apelativa, vem bem a calhar. Não há burocracia que possa justificar a recusa ao pronto atendimento. De qualquer forma, no caso do órgão judicial, ele é obrigado a dar resposta; mas é livre para ditar seu conteúdo, isto é, pode indeferir o pleito de urgência, se assim entender correto.»

A relação entre regras de competência e *segurança jurídica* é notória. Incertezas que possam pairar nessa seara colocam em risco não apenas a apreciação de medidas de urgência, mas geram o risco grave de perda de tempo e de energia: a incompetência absoluta (infra n. 156) pode ser reconhecida inclusive de ofício em qualquer grau (ordinário) de jurisdição (CPC, art. 64, § 1.º). Ainda que o CPC/2015 não estabeleça, como fazia o diploma precedente, a necessária invalidade dos atos decisórios (na medida em que determina a conservação do que se decidiu, até decisão em contrário pelo juiz competente, conforme art. 64, § 4.º), todo empenho deve ser feito para evitar possíveis retrocessos ou perda de esforços empreendidos no processo, o que pode comprometer inclusive a promessa constitucional de duração razoável do processo (supra n. 53). Não é mera coincidência, portanto, que o tema da competência – especialmente nas Cortes Superiores – enseje a edição de um considerável número de súmulas que, nesse contexto, têm papel relevante porque funcionam como uma espécie de farol a guiar os que buscam a tutela jurisdicional. Se existe um tema processual em torno do qual a jurisprudência deve ser uniforme, estável, íntegra e coerente (CPC, art. 926), esse tema é o da competência.

De outra parte, a relação entre competência e princípio da inafastabilidade se expressa em normas que procuram considerar desigualdades reais que possam funcionar – já no momento da definição do órgão competente – como um óbice indevido ao acesso ao Poder Judiciário e à Justiça. Embora nem toda regra legal que define competência pelo critério da *pessoa* (infra n. 142) tenha essa inspiração, a desigualdade substancial dos envolvidos é considerada, dentre outros, nos contratos que contenham cláusulas tidas como abusivas (CPC, art. 6.º, § 3.º); quando se trata de incapaz (CPC, art. 50) ou de idoso (Lei 10.741/2002, art. 80) ou consumidor (Lei 8.078/1990, art. 101, I); nos litígios submetidos aos Juizados Especiais (Lei 9.099/1995, art. 4.º), dentre outros.

No caso dos Juizados, a opção pelo procedimento ditado pela Lei 9.099/1995 é, também, uma opção pela competência daqueles órgãos – o que, de resto, evidencia a relação que pode haver entre competência e processo (infra n. 141). O escopo é o de facilitação do acesso ao Poder Judiciário, para que ele aprecie controvérsias que, diante da Justiça «comum», poderiam permanecer excluídas, a fomentar o fenômeno que, não de hoje, se convencionou denominar *litigiosidade contida*. Já no caso dos juízos regionais (que são impropriamente chamados de «foros regionais»), a competência surge como forma de descentralização da Justiça, outrora concentrada nos juízos centrais («foro central»). Daí o interesse público nas regras que estabelecem a competência desses órgãos, que não deixa de ser inspirada na ideia de acesso à Justiça.

140. Competência e princípio do juiz natural. O princípio do juiz natural – que é desdobramento da exigência de imparcialidade – tem tríplice dimensão: ele estabelece uma espécie de reserva legal (ou constitucional), na medida em que órgãos jurisdicionais são aqueles estabelecidos pela Constituição; dentre os órgãos previstos pela Constituição, suas competências são estabelecidas de forma taxativa; não são admitidos juízos ou tribunais de exceção (*ad hoc*), assim entendidos órgãos eventualmente constituídos após o fato que será julgado e em função dele, de sorte a já determinar o resultado antes mesmo de o processo se iniciar (supra n. 61).

Então, firmada a investidura do agente ou do órgão, do princípio do juiz natural decorre o postulado do juiz competente, conforme previsão contida no art. 5.º, LIII, da CF. Mas a *competência* aí aludida não pode ser vista sob a ótica de sua disciplina legal, contida nas regras do CPC/2015 e na legislação extravagante. O que ocorre é que o princípio, como «mandado de otimização» que é, deve ser aplicado na maior extensão possível.

Ilustra a assertiva a regra contida no art. 43 do CPC, que estabelece a *perpetuação da competência*: ela é determinada no momento em que a demanda é proposta, de tal sorte que são irrelevantes as modificações do estado de fato ou de direito ocorridas posteriormente, «salvo quando suprimirem o órgão judiciário ou alterarem a competência em razão da matéria ou da hierarquia». A regra deve ser vista à luz do princípio do juiz natural, da qual é desdobramento na medida em que vincula a causa ao órgão perante o qual proposta. Algo análogo ocorre no fenômeno da *prevenção*, no qual se fixa a competência de um órgão, com a exclusão dos demais em tese competentes.

Por outro lado, regras sobre competência não podem ser pretexto para violação ao princípio do juiz natural. Por exemplo, quando o art. 932 do CPC outorga ao relator competência para decidir singularmente em âmbito recursal, essa atribuição não pode – salvo no caso de apreciação de liminar (decisão provisória) – suprimir a competência do órgão colegiado, para o qual cabe recurso (agravo interno). Nem se pode dar a tal dispositivo interpretação extensiva, para abranger ações de competência originária dos tribunais.

141. Vinculação entre competência e processo. Embora a natureza do processo não seja exatamente um critério determinante da competência, e não obstante *competência* e *processo* sejam conceitos distintos, pode ser feita relevante relação entre os dois institutos.

Quando a lei estabelece para uma dada controvérsia certo conjunto de regras processuais (aí incluído o procedimento), em princípio, é irrelevante a competência do órgão encarregado do julgamento; inclusive porque todos os juízes são igualmente investidos de jurisdição – que é una – e porque a competência nada mais é que uma forma de divisão de trabalho, segundo determinados critérios. Assim, por regra, não há normas processuais ou procedimentais do juízo cível, do juízo da família ou do juízo da Fazenda Pública, para citar alguns exemplos, que sejam determinadas em função de suas competências. Pode até haver – e há – diversidade de regras processuais em razão da matéria e da pessoa (isto é, da controvérsia), mas isso não decorre da competência, por mais que se reconheça que as controvérsias a cargo de tais órgãos são realmente diferenciadas.

Contudo, há uma correspondência entre o caráter comum do processo (aí contido o procedimento), de um lado, e as regras gerais e ordinárias de competência, de outro. Inversamente, processos «especiais» – isto é, marcados por relevantes aspectos diferenciais (abrangentes quer da relação processual, quer do procedimento) – podem estar vinculados a determinadas regras especiais de competência, de tal sorte que aquele determinado corpo diferenciado de regras processuais só tem aplicação perante um órgão igualmente especial. Isso ocorre, por exemplo, no processo trabalhista e nos Juizados Especiais.

Assim, pode ocorrer que controvérsias submetidas a um dado órgão se revistam de particularidades que, a um só tempo, justifiquem e recomendem um órgão diferenciado (tema de competência) e um *procedimento* igualmente particular (ou, mais precisamente, especial). Isso é relevante quando se trata de alteração de competência, que supere a regra de perpetuação (CPC, art. 43). Nesse caso, a premissa de que processo e competência são conceitos distintos deveria levar à conclusão de que a transferência da competência não poderia, por si só, acarretar a alteração das regras processuais. Contudo, havendo a vinculação entre especialidade do órgão e especialidade do processo, uma vez alterada a competência, altera-se o processo.

> «Nos Juizados Especiais somente são aplicáveis as regras processuais (aí contido o procedimento) constantes da Lei 9.099/1995, no âmbito estadual, e da Lei 10.259/2001, no âmbito federal, que, por seu turno, não são aplicáveis perante a Justiça comum. De forma análoga, assim como há um processo dos Juizados, há também um «processo da Justiça do Trabalho»; ou, por outras palavras, aplicável na Justiça do Trabalho. Foi o que ocorreu, por exemplo, ao ensejo da ampliação da competência da Justiça do Trabalho pela EC 45/2004: a alteração de competência trouxe consigo a alteração das regras processuais.»

A especialidade do processo – eventualmente atrelada à especialidade do órgão competente – não afasta a aplicação subsidiária ou supletiva de regras gerais. Isso ocorrerá nas situações não reguladas pelas normas especiais e desde que as regras gerais não conflitem como os postulados fundamentais que orientam a disciplina especial. Para ilustrar, as regras do CPC se aplicam subsidiariamente aos processos regulados por outras leis (CPC, art. 1046, § 2.º) e também aos processos eleitorais, trabalhistas e administrativos (CPC, art. 15). Nesse campo é preciso evitar dois erros: de um lado, desvirtuar o escopo da norma especial e o sistema no qual ela se insere, a pretexto de aplicar uma regra geral; de outro lado, deixar de aplicar a norma geral de forma subsidiária por se confundir especialidade com casuísmo ou até arbitrariedade do aplicador da lei.

CAPÍTULO V

CRITÉRIOS DE DETERMINAÇÃO

142. Critérios de determinação da competência. Para que se realize a divisão de trabalho almejada pelas regras de competência, o legislador se vale de determinados critérios. Conforme a doutrina preponderante, três são os critérios: o *objetivo*, o *territorial* e o *funcional*.

Em termos mais rigorosos, o critério de determinação da competência não se confunde com ela própria, ainda que seja usual, embora inexato, estender à competência a qualificação que se dá ao respectivo critério; daí se falar em competência territorial ou funcional, por exemplo. Essa «promiscuidade» não é correta porque, do ponto de vista lógico, uma coisa é o critério e outra o resultado da respectiva aplicação. O critério funcional (infra n. 145) pode ser determinante da competência de foro, isto é, da competência territorial; o critério territorial (infra n. 144) pode ser determinante da competência de juízo (como ocorre em muitos casos de competência dos juízos regionais) e, em mais alta escala, determinar se o Estado brasileiro está disposto - concorrente ou exclusivamente - a exercer jurisdição sobre determinada controvérsia (CPC, arts. 21 a 23). O critério objetivo (infra n. 143) do valor da causa interfere com a competência de juízo: em São Paulo, o valor é limite para competência dos juízos regionais, ressalvadas regras ditadas por critério da matéria e do território (também esses critérios para determinação de competência de juízo).

Em suma: para mais adequada compreensão do fenômeno parece correto enfatizar que as regras sobre competência levam em conta determinado critério; o critério pode ser objetivo, territorial ou funcional; e a aplicação das regras (que incorporam determinados critérios) dita os diferentes passos necessários para se chegar até aquele que apreciará a controvérsia.

143. Critério objetivo. O critério *objetivo* é extraído da natureza da relação material controvertida e se desdobra nos elementos *matéria*, *valor* e *pessoa*. Mas, quando se diz que esse critério leva em conta dados da situação substancial, é preciso considerar o modo e os limites pelos quais eles são introduzidos no processo.

Sob o ângulo da *matéria*, para ilustrar, a lei considera se a matéria é civil, penal, trabalhista, eleitoral, dentre outros. Sendo civil, eventualmente a busca do critério de determinação de competência pode ser refinada, passando a se considerar, por exemplo, se a controvérsia envolve direito de família e sucessões, temas empresariais ou societários, questões afetas a consumidor ou a registros públicos. Mas, o que verdadeiramente importa verificar, para esse fim, é o *objeto do processo*, que é composto pelo pedido (ou pretensão), à luz dos respectivos fundamentos (ou causa de pedir). Ou seja: a matéria que determina a competência é aquela afirmada na petição inicial. Por isso é que se diz - corretamente, por sinal - que a competência deve ser aferida em estado de asserção, isto é, diante dos termos da demanda. Não há que se aprofundar a cognição nesse momento: saber se os fatos expostos na inicial ocorreram e se deles decorre o efeito jurídico pretendido pelo autor é tema afeto ao julgamento do mérito, que está ligado à procedência ou improcedência da demanda. Eventual confusão entre os conceitos, dentre outras distorções, pode levar a indevida antecipação do julgamento do mérito, com ofensa ao devido processo legal - o que é coisa diversa do indeferimento da inicial, que pode até se justificar, mas por causas diversas (CPC, arts. 330 e 332). Mesmo nos casos em que o mérito possa ser julgado desde logo, como ocorre nos casos de improcedência liminar do pedido (CPC, art. 332), não deve haver confusão entre a qualificação do objeto do processo (e, portanto, da matéria nele veiculada) para efeito de competência, de um lado, e o julgamento do mérito propriamente dito.

> «Exemplo que bem ilustra a assertiva está nas relações jurídicas fronteiriças entre o Direito Civil e o Direito do Trabalho. Se o autor ingressa na Justiça especializada, afirmando que a relação firmada com o réu é típico contrato de trabalho, e o órgão judicial entende que não estão presentes os requisitos próprios dessa espécie de relação jurídica (continuidade, onerosidade, alteridade, subordinação e pessoalidade), a conclusão (tenha ou não havido dilação probatória) não deve ser pela incompetência, mas pela improcedência da demanda. O mesmo vale para a hipótese inversa, de demanda perante a Justiça comum, sob a assertiva de haver contrato de prestação de serviços. A coisa julgada material não será óbice para que nova demanda seja reproposta com base em fundamento diverso, isto é, nova causa de pedir (quem alegara contrato de trabalho, volta agora com o fundamento de prestação de serviços; e vice-versa).»

Também convém lembrar que o objeto do processo está sujeito à regra de estabilização (CPC, art. 329, I e II), e isso assegura não apenas que a competência seja determinada em função das assertivas feitas na petição inicial, como, ainda, que esse objeto permaneça estável; qualidade que também deve ter a determinação da competência, que apenas excepcionalmente pode ser alterada depois da propositura da demanda, por força da regra de perpetuação (infra n. 162).

Considerações análogas podem ser feitas em relação ao *valor* da controvérsia. Para efeito de competência, deve ser considerado aquele dado à causa. Em princípio, o valor da causa deve expressar a dimensão patrimonial da controvérsia (CPC, arts. 291 e 292). Mas pode ocorrer que o valor atribuído na inicial (CPC, art. 319, V) não reflita essa correspondência e que, não impugnado ou corrigido de ofício, venha a prevalecer; ou pode ser que o litígio não tenha uma expressão econômica determinada e, nesse caso, sua quantificação dependerá de atribuição pelo autor, sujeita a impugnação pelo adversário e controle pelo juiz. Em qualquer caso, o valor que é critério para determinar a competência é aquele fixado no processo. Em relação a ele, embora seja relevante a asserção pelo autor, não é a expressão por ele indicada que necessariamente prevalece porque, como dito, ele pode ser objeto de impugnação ou mesmo de alteração de ofício.

De todo modo, a consideração do *valor da causa* como critério de determinação de competência no ordenamento brasileiro tem diminuta importância, ainda menor se tomado como fixador de competência relativa: o CPC, embora o mencione (CPC, art. 63), não estabelece regra de competência com base nele. Fora do CPC, o valor é um dos parâmetros empregados para determinar a competência dos Juizados Especiais; e é tomado para divisão de trabalho entre juízos centrais e regionais, como ocorre na Comarca de São Paulo. Contudo, nesses dois casos, o valor é critério de determinação de competência inspirada no interesse público e, portanto, não qualificável como relativa.

> «Pelas repercussões que pode ter no processo – não apenas sobre competência, mas sobre taxa judiciária (para o que é tomado como base de cálculo), honorários advocatícios, condenação por litigância de má-fé – convém que eventual questão sobre o valor da causa seja resolvida de forma prévia; não ao ensejo da sentença. A decisão intempestiva é fonte de insegurança que deve ser evitada a todo custo.»

Da mesma forma ocorre em relação às *pessoas*, que são consideradas para determinação da competência quando presentes na relação processual, aí incluídas as regras que informam o litisconsórcio (CPC, arts. 113 a 118) e as formas de intervenção de terceiros, inclusive a assistência (CPC, arts. 119 e ss.). Nesse campo, embora a determinação da competência inicialmente considere a asserção feita pelo autor na inicial, não necessariamente ela prevalece por conta disso. De forma análoga ao que se passa em relação ao *valor*, o que prevalece para efeito de determinação de competência é o que concretamente se decida na relação processual: se alguém que fora incluído na demanda, por ato da parte em atenção a decisão do juiz - ou dela excluído (porque parte ilegítima) - isso poderá interferir na determinação da competência, em concreto. Inversamente, se alguém vier a compor a relação processual, embora não incluído pelo autor inicialmente, o fato deverá ser considerado e poderá, eventualmente, acarretar a incompetência do órgão, com necessidade de remessa do processo para outro.

«A estabilização do processo (CPC, art. 329) está assentada na regra de não alteração das partes, que permanecem tal como definidas no ato inaugural, que é a demanda. Contudo, alterações subjetivas podem ocorrer, por exemplo, nos casos de litisconsórcio necessário antes não observado (CPC, art. 114), de assistência (CPC, arts. 119 e ss.) e de outras formas de intervenção de terceiros. Eventualmente, pode ocorrer que a intervenção não seja admitida justamente pela repercussão que teria sobre a competência; como é o caso, que se colhe na jurisprudência, de denunciação da lide em relação a pessoa jurídica de direito público.»

Ainda com relação à *pessoa*, a determinação da competência pode considerar diferentes aspectos que lhes digam respeito, tais como nacionalidade, condição profissional ou pessoal; ser ou não autoridade; ser pessoa física ou jurídica e, nesse último caso, ser pessoa de direito privado ou de direito público. A consideração desse critério não raramente está associada à preocupação de tratar desigualmente os desiguais (na medida da desigualdade) para garantir o acesso à Justiça; ainda que essa não seja exatamente a preocupação do sistema ao atribuir à Justiça Federal as causas envolvendo a União e outras pessoas jurídicas na esfera federal.

A circunstância de que o critério objetivo considera dados da relação material, tal qual introduzida no *processo,* não faz desse último um critério determinante de competência que possa ser colocado ao lado dos demais. A natureza do processo pode eventualmente ser considerada como elemento associado à competência pelo Legislador. Mas isso não ocorre de forma autônoma porque o que se considera é o que está contido no processo, isto é, um dos três elementos que integram o critério objetivo (além, naturalmente, dos demais critérios apontados na sequência).

«No caso da competência originária dos tribunais para ação rescisória, o critério é o funcional (infra n. 145) e, portanto, não é a natureza do processo que prevalece; o mesmo pode ser dito quando a competência é ditada pela relação de um processo com outro anterior. No caso de mandado de segurança de competência originária de tribunais, mais uma vez, não é o processo que determina a competência, porque o critério, decisivo para a competência, nessa hipótese, é a especial condição da autoridade impetrada (portanto, critério objetivo, que considera a pessoa). Mesmo no caso de competência especializada pelo procedimento – sumário, por exemplo – o critério, na verdade, continua a ser o objetivo, porque o procedimento leva em conta a *matéria* e o *valor* (Lei 9.099/1995, art. 3.º), eventualmente associados à pessoa (no caso dos juizados da Fazenda Pública), chegando-se, a partir desses, à competência.»

144. Critério territorial. A expressão é autoexplicativa: o Legislador considerou o território para determinar a competência. Mas é preciso não confundir esse conceito com outro, também inserido no tema. Com efeito, nos passos que devem ser seguidos até a determinação da competência, um deles diz respeito justamente ao *foro*, isto é, ao *território*. Isso ocorre quando se busca a *comarca* ou a *seção judiciária* competente (infra n. 151). Portanto, há casos em que o Legislador, para determinar o foro (= território) competente empregou o critério territorial, como ocorre nos casos do art. 53 do CPC. Mas o território pode ser tomado também como critério para determinar outros passos ou etapas. Assim, o território é considerado para determinar a competência internacional (CPC, arts. 21 e 22) ou até a competência de juízo (Lei 3.947/1983 do Estado de São Paulo), como ocorre com os assim chamados «foros regionais» (que, na verdade, são juízos dentro de uma comarca).

Embora esse critério seja usualmente referido pela doutrina, o território – entendido como critério que determina a competência – não deixa, como no critério objetivo, de ser elemento colhido na relação controvertida. É de se presumir não seja qualquer território o considerado pelo legislador, mas aquele que de alguma forma esteja relacionado à controvérsia; ainda que o território também seja considerado para efeito de desempenho das funções do juiz no processo (infra n. 145). Portanto, não seria propriamente incorreto incluir o território dentro do critério objetivo porque ele também é um elemento objetivo do litígio. Isso fica evidente, para ilustrar, na hipótese prevista pelo art. 21, II, do CPC, que fixa a competência (internacional) a partir do local de cumprimento da obrigação.

145. Critério funcional. Enquanto o critério objetivo parte de elementos extraídos da relação material controvertida, o critério funcional – como a própria nomenclatura sugere – considera as funções (ou atividades) desempenhadas pelo juiz no processo. Esse critério se opõe verdadeiramente ao objetivo e, a rigor, ao territorial (que, conforme foi dito acima, pode ser incluído no objetivo), na medida em que parte de um elemento colhido na relação processual, e não na relação material controvertida.

Mas é preciso fazer algumas considerações complementares.

Primeiro, há casos em que o critério considera as funções a serem desempenhadas pelo juiz num dado *território*. É o que ocorre no art. 47 do CPC ou no art. 2.º da Lei 7.347/1985, nos quais o Legislador considerou o território em razão, por exemplo, da presumida maior facilidade na colheita da prova e no cumprimento da decisão; ou na arrecadação de bens; ou ainda na administração da empresa com vistas à respectiva recuperação (Lei 11.101/2005, art. 3.º). Mais uma vez, o território de que aí se cogita não é qualquer território, mas aquele que tem algum ponto de conexão com a controvérsia. Portanto, embora o critério funcional não parta da relação controvertida, mas sim da atividade a ser realizada pelo juiz ou órgão judicial, por força dessa mesma atividade - que é sempre instrumental, como, de resto, é o processo - aquele primeiro acaba se voltando à relação substancial (que está ligada ao critério objetivo).

Segundo, não é exato dizer que nas regras sobre competência funcional estariam previstos os órgãos que devem atuar em determinado processo, com a previsão, ainda, dos atos que cada qual poderia praticar. Isso é confundir o critério com a própria regra pela qual se atribui uma dada função. Mais uma vez é preciso não confundir os conceitos: toda regra de competência, em última análise, está ligada à atuação do juiz ou de um órgão judicial, ainda que indiretamente. Por outras palavras, em última análise, toda regra de competência - mediata ou imediatamente - está ligada à atividade ou funções do juiz ou do órgão judicial. O que há de diferente no critério aqui examinado é que o Legislador considera funções já desempenhadas (ou por desempenhar) para determinar quem deve realizá-las. Dessa forma, uma função determina outras funções. Em suma: de forma análoga ao que se passa entre competência territorial e competência determinada por critério territorial (supra n. 144), não se pode confundir o critério funcional, de um lado, com regras que atribuem funções aos juízes.

Por isso é que, para ilustrar, o juiz competente para o «pedido principal» também o é para a tutela provisória (CPC, art. 299); que o tribunal é competente para tutela provisória, tanto que interposto recurso (CPC, art. 299, parágrafo único; e 1.012, § 3.º); que a «ação acessória» será proposta perante o juízo competente para a «ação principal» (CPC, art. 61); que o juízo que processou a causa em primeiro grau (fase de conhecimento) é o competente para o cumprimento (CPC, art. 516, II); que os tribunais são competentes para o cumprimento das decisões proferidas em causas de sua competência originária (CPC, art. 516, I). Esse é o verdadeiro sentido do critério funcional porque, do contrário, esvaziar-se-ia o conceito, passando-se a falar simplesmente sobre funções desempenhadas pelo juiz - o que simplesmente acontece o tempo todo em que o processo estiver pendente (salvo em caso de suspensão ou de inércia das partes).

Em todos os casos acima lembrados, uma função determina outra. Mas, a reforçar o que foi dito, nem sempre o critério funcional determina diretamente o órgão que deverá desempenhar a função. Nos casos de competência em que a função está associada ao território (competência «territorial funcional»), o critério funcional determina a competência de foro, isto é, de território (= comarca ou seção judiciária). Isso é o que ocorre no caso do art. 2.º da Lei 7.347/1985 ou no caso do art. 3.º da Lei 11.101/2005, quando considera a sede da empresa para determinar o foro competente para a recuperação judicial, a recuperação extrajudicial ou a falência.

> «No caso particular dos juízos regionais da Comarca da Capital de São Paulo (impropriamente chamados de «foros regionais», como já exposto), há quem diga que a competência seria ditada por um critério funcional. É que o objetivo seria o de descentralizar o exercício das funções dos juízos de primeiro grau, de sorte a não a concentrar apenas nos juízos centrais («foro central»). Embora a indicação do escopo seja correta (e essa é a razão fundamental de se concluir que a competência aí é ditada por razão de ordem pública e não pela conveniência dos interessados), apenas em sentido muito amplo e genérico poder-se-ia falar em competência funcional. Não é preciso recorrer a essa imperfeita qualificação para sustentar que a incompetência nesse âmbito, se for o caso, é absoluta, e não relativa.»

Terceiro, costuma-se dizer que a competência funcional pode ser *horizontal* ou *vertical*; o que certamente considera os diferentes graus de jurisdição. Ajustam-se à primeira categoria as hipóteses previstas pelos arts. 299 e 496 do CPC acima lembradas. No segundo caso, fala-se de competência em razão da *hierarquia*; terminologia, aliás, empregada pela lei (CPC, art. 267, II, e parágrafo único).

Mas, associar-se competência recursal dos tribunais ao critério funcional é algo apenas parcialmente correto. Hierarquia não é critério que determina a competência, exceto se entendida como um dado consideravelmente genérico. Hierarquia é justamente a relação de subordinação que existe entre um órgão inferior e outro superior. Quando muito, a hierarquia qualifica a competência; daí falar-se em «competência hierárquica», quando se trata do confronto entre competência originária e recursal (infra ns. 150 e 154). Mas isso não é propriamente um critério de competência porque o tribunal pode ser hierarquicamente superior ao juízo, mas não ter competência para apreciar o recurso porque a decisão é irrecorrível (inclusive por eventualmente estar preclusa). Além disso, pode haver caso em que a competência para o recurso contra decisão proferida por juiz estadual não seja do tribunal ao qual esteja subordinado, mas de tribunal federal, caso esteja exercendo – de forma excepcional – competência própria da Justiça Federal (CF, arts. 108, II, e 109, §§ 3.º e 4.º).

O juiz não tem – ou deixa de ter – competência para rever suas próprias decisões por hierarquia, mas porque a lei resolve a questão independentemente de tal relação de subordinação. Assim ocorre nos casos de decisões interlocutórias e, especialmente, nas hipóteses dos arts. 331, 332, § 3.º, 485, § 7.º e 1.021,

§ 2.º, do CPC. No caso dos Colégios Recursais, os respectivos integrantes pertencem ao mesmo grau de jurisdição do prolator da decisão, embora àquele órgão se outorgue competência (funcional) para julgar recursos; portanto, mais uma vez, não é a posição hierárquica do órgão judicial que dita a competência.

De qualquer forma, dentro de um tribunal, é usual que o critério *objetivo* – matéria e pessoa – seja o determinante da competência entre seus órgãos fracionários.

146. Conflito entre regras inspiradas em critérios diversos. Embora a adoção de critérios de competência tenda a ser excludente de outro (é isso o que buscam as regras sobre competência, até que, mediante diferentes passos, chegue-se ao órgão concretamente competente), é possível eventualmente que haja colisão entre duas regras, inspiradas por critérios diversos; caso em que, na falta de opção expressamente ditada pelo sistema, cabe ao aplicador considerar os valores envolvidos e fazer prevalecer a que mais se ajuste aos princípios que regem o sistema.

Isso pode ocorrer nos casos em que a competência ditada pelo critério *territorial funcional* (supra n. 145) colida com o critério da *pessoa*; aquele a indicar que a competência deve ser do juiz do foro em que ocorridos os fatos (porque lá serão desempenhadas as funções do juiz) e a outra eventualmente a impor juiz de localidade diversa. É o que pode ocorrer na hipótese do art. 2.º da Lei 7.347/1985, se, em razão de interesse da União, a competência deva ser da Justiça Federal, que, contudo, não tenha juízo na localidade. Nesse segundo exemplo, a solução mais correta – que não é aquela acolhida na jurisprudência – deveria ser a que prestigiasse o critério territorial funcional. Preferir-se a Justiça Federal é presumi-la melhor do que a Estadual; o que é a negação do sistema, que tem como uma das premissas a de que todo juiz é igualmente investido de jurisdição. Para o processo, o mais eficiente e racional desempenho das funções independe de quem seja o juiz.

Já no caso de produção antecipada de prova, o CPC/2015 deu prevalência ao critério *territorial funcional* sobre o da *pessoa*, ao dispor que o juízo estadual tem competência para referida medida quando requerida no confronto da União ou pessoas previstas pelo art. 109, I, da CF, «se, na localidade, não houver vara federal» (CPC, art. 381, § 4.º). A «localidade» é aquela na qual devam ter lugar as atividades de colheita da prova; que, nesse caso, prevalece sobre a pessoa da União, que normalmente determinaria competência da Justiça federal e não estadual.

Também pode haver conflito entre regras que tenham adotado o critério *funcional* e o *territorial* (esse puramente considerado), como nos casos da execução de sentença de alimentos perante órgão diverso do prolator, mas situado no atual domicílio ou residência do credor de alimentos (infra n. 155); ou no caso de liquidação e execução de sentença condenatória genérica, na tutela de direitos individuais homogêneos (CDC, arts. 98, § 2.º, e 101, I). Nesses dois casos, a hipossuficiência da parte é o critério decisivo e que se sobrepõe ao critério funcional: primeiro, a função na execução ou na liquidação considera a precedente função na fase de conhecimento apenas em termos, diante da regra de eficácia preclusiva (CPC, art. 508); segundo, a consideração da pessoa é decisiva para afastar eventual óbice ao acesso à Justiça.

CAPÍTULO VI

ETAPAS NA DETERMINAÇÃO DA COMPETÊNCIA

147. Etapas na determinação da competência. Com base nos critérios já analisados, o Legislador estabelece regras cuja aplicação deve desembocar no órgão concretamente competente em determinado caso. Os passos são os expostos a seguir.

Pelas razões já indicadas, não convém confundir, de um lado, os critérios empregados pelo Legislador para editar regras de competência, e, de outro, cada uma dessas etapas; elas sim parecem adequadas a qualificar o termo *competência* – ainda que com as ressalvas que seguem.

É certo que, nos diferentes passos rumo ao órgão ou juiz competente, os fenômenos não são exatamente homogêneos. No primeiro desses passos, conquanto até se fale em competência do Judiciário brasileiro, o problema aí não é exatamente de competência, mas de jurisdição; e, com ela, de soberania do Estado brasileiro e do reconhecimento que se tenha, ou não, de outras soberanias.

No passo seguinte, chega-se a um tema que realmente é de competência, consistente em determinar a Justiça competente. Mas ele nem sempre é tratado pela doutrina como se fosse apenas isso, quiçá por sua inserção na Constituição Federal e sua relevância no contexto federativo. Na doutrina, eventualmente se afirma ser inexistente – não apenas inválida – a sentença nos casos de «incompetência constitucional». Ou, ainda, busca-se distinguir, com esse mesmo objetivo, a falta de competência para uma entre outras causas de igual relevância, atribuídas a juízes submetidos a uma mesma estrutura hierárquica, de um lado; e, de outro, casos de desrespeito às normas «superiores» da própria Constituição, que levariam a verdadeira ausência de jurisdição.

De qualquer modo, o exame dessas diferentes etapas – desde que feito com a consciência da diversidade acima apontada – é essencial e só por elas é que se pode, em concreto, chegar-se ao órgão ou ao juiz competente para apreciar determinada controvérsia.

148. Competência internacional. Primeiro, determina-se se o Estado brasileiro é competente ou, mais precisamente, se o Estado brasileiro reconhece que determinada situação do direito material está – ou pode estar – sujeita à sua soberania, isto é, ao controle exercido por seu Poder Judiciário. Trata-se de determinar o que, com alguma impropriedade, convencionou-se denominar *competência internacional*. Essa locução melhor expressa o poder de que seja investido órgão de natureza supranacional, isto é, Cortes – aí sim – verdadeiramente internacionais. São exemplos disso, para citar alguns, o Tribunal Penal Internacional, o Tribunal Internacional de Justiça e a Corte Interamericana de Direitos Humanos.

Embora a lei sugira que os critérios objetivo, territorial e funcional inspiram exclusivamente a disciplina da competência interna, eles também estão presentes na disciplina da competência internacional.

O art. 21 do CPC considera o domicílio do réu (qualquer que seja sua nacionalidade), o local do cumprimento da obrigação e o lugar em que ocorrido o fato ou praticado o ato referidos na causa de pedir para determinar que a competência, nesses casos, pode ser do Judiciário brasileiro; o art. 22 considera a matéria (alimentos), o domicílio do réu e outros dados colhidos na relação material (existência de vínculos com o Brasil, tais como posse ou propriedade de bens, recebimento de renda ou obtenção de benefícios econômicos no país); e o art. 23 considera a situação do imóvel e a localização de bens a inventariar e partilhar, para determinar que, nesses casos, a competência é exclusiva do Estado brasileiro. Portanto, todas essas regras de competência tomam como critério o elemento territorial (ainda que ligado ao critério funcional).

O tema da competência internacional é, na verdade, um assunto relativo aos limites da jurisdição brasileira; que está disposta a intervir nas situações referidas nos arts. 21 e 22, e que não tolera qualquer interferência estrangeira nos casos do art. 23 do CPC. Daí porque, neste ponto, poder-se-ia eventualmente empregar a locução «competência de jurisdição», que a doutrina reserva ao passo seguinte, em que se trata de buscar a «Justiça» competente. Mas a expressão continuaria a padecer da mesma impropriedade que apresenta quando empregada nesse outro contexto (infra n. 149).

A jurisdição nacional encontra limites na *efetividade* (supra ns. 124 e 127). Assim, além dos óbices que resultem de falta de reciprocidade, a impossibilidade (ou emprego desproporcional de meios) para cumprir em território estrangeiro decisões aqui proferidas e a irrelevância de certos conflitos para o Estado brasileiro (se considerados os interesses que a ele compete preservar) restringem o exercício da jurisdição às causas em que ele possa ser útil e *efetivo*.

Considera-se que a jurisdição é uma atividade onerosa para o Estado e que, portanto, não deve ser exercida desnecessariamente. Por isso, o Estado se exime de prestar jurisdição quando o resultado for inócuo, isto é, inapto à consecução dos escopos de pacificação (eliminação da controvérsia), de atuação do direito objetivo e de afirmação do poder estatal (respectivamente escopos social, jurídico e político). Ademais, deve existir alguma forma de ligação entre o Estado brasileiro e o objeto da controvérsia (ponto ou elemento de conexão).

Tal é o espírito não só das regras contidas nos arts. 21, 22 e 23 do CPC, como ainda no seu art. 784, §§ 2.º e 3.º. Esse último trata da eficácia do título executivo extrajudicial e, com maior razão (porque a execução consiste na atuação prática do direito mediante atos materiais), exige que o título indique o Brasil como lugar de cumprimento da obrigação. Análoga é a regra do art. 12 da Lei de Introdução às Normas do Direito Brasileiro, cujo espírito se aplica certamente às hipóteses de homologação de sentença estrangeira.

Em todos esses casos, a jurisdição brasileira fica limitada aos conflitos que apresentem ao menos alguma ligação com o poder nacional. Onde o Estado não for apto a decidir e impor decisões – essência do poder – não há sentido para o controle jurisdicional. Dessa forma, inclusive, evita-se eventual invocação arbitrária ou abusiva da jurisdição nacional, no que se convencionou chamar de *forum shopping*.

149. Determinação da «Justiça» competente. Estabelecida a premissa de que a causa esteja submetida (exclusiva ou concorrentemente) à jurisdição brasileira, é preciso determinar o que, em doutrina, denomina-se «competência de jurisdição» – expressão sabidamente imperfeita porque se a competência é a medida da jurisdição, a primeira é o fracionamento da segunda; de tal sorte que não é lógico definir uma parte como se pudesse abranger o todo de onde foi extraída. De qualquer modo, o que se pretende saber é, dentro das grandes estruturas do Judiciário brasileiro, a qual delas deve ser apresentada a demanda.

Para saber qual a Justiça competente é preciso, naturalmente, conhecer as bases da organização judiciária brasileira, que estão essencialmente contidas na Constituição Federal. Essa topologia das normas que disciplinam o tema, conquanto obviamente relevante, não autoriza confundir os conceitos de jurisdição e de competência (supra n. 138). Todos os magistrados integrantes de cada uma das diferentes Justiças são igualmente investidos de jurisdição. A divisão de tarefas - com a especialização que aí se contém - continua a ser tema de competência, ainda que reconhecido o relevante interesse público que inspira as normas pertinentes ao assunto. Eventual desrespeito a tais regras leva à incompetência absoluta, a gerar a invalidade dos atos decisórios, mas não sua inexistência. Nem se pode falar em ausência de jurisdição.

Para análise do tema, com o deliberado propósito de evitar a mera reprodução de dispositivos que estão perfeitamente ao alcance do leitor, fica feita a simples - mas indispensável - remissão ao exame das disposições contidas especialmente nos arts. 106 e ss., da CF. Lá estão os diferentes critérios de determinação da competência já examinados e que foram adotados pelo constituinte.

Em essência, a organização judiciária brasileira está assentada em divisão que confronta categorias *especiais* e categorias *comuns*. Assim, para determinação das assim denominadas Justiças especiais, adotou-se essencialmente o critério objetivo e, dentro dele, mais especificamente, o da matéria. Dessa forma, são consideradas como tal a *Justiça do Trabalho*, a *Justiça Eleitoral* e a *Justiça Militar*. Fora daí, por exclusão, o que não for especial será parte da chamada Justiça *Comum*; que, por seu turno, engloba a *Justiça Federal* e as *Justiças dos Estados* membros da Federação.

Dentro da Justiça Comum, a Justiça Federal - cuja competência é essencialmente ditada pelo critério objetivo da pessoa (art. 109 da CF) - pode ser considerada *especial*, no confronto com a Justiça dos Estados; que, portanto, tem um caráter residual: quando a causa não se inscrever na competência de qualquer uma das Justiças especializadas, e não couber à Justiça comum Federal, competente será, por exclusão, a Justiça de algum dos Estados da Federação ou do Distrito Federal.

A competência para a Justiça Comum Federal, como já foi dito, considera essencialmente o critério da pessoa; notadamente a União, entidades autárquicas federais, empresas públicas federais (CF, art. 109, I) ou autoridades federais (CF, art. 109, VIII), mas também alguma outra, como é o caso de causas que envolvam Estado estrangeiro (CF, art. 109, II e III). Mas a CF também recorre ao critério objetivo, quando submete à Justiça Federal, por exemplo, causas relativas a «direitos humanos» (CF, art. 109, V-A) ou direitos indígenas (CF, art. 109, XI). O critério objetivo é empregado para exclusão parcial dessa competência - no caso de falência e de acidentes do trabalho (CF, art. 109, I), além da exclusão - que está expressa, mas que decorre da lógica do sistema - que resulta da especialidade de outras Justiças (nomeadamente a Eleitoral e a do Trabalho).

Dentro das Justiças tidas como efetivamente especiais, a competência da Justiça do Trabalho - a confirmar o que já fora dito acima - considera essencialmente o critério objetivo da matéria. Com o advento da EC 45/2004, essa competência se alargou consideravelmente. Conforme rol constante do art. 114 da CF, ela abarca, com grande amplitude, as causas «oriundas de relação de trabalho» (incisos I, VI e IX), as que versarem exercício do direito de greve (inciso II) e representação sindical (inciso III).

Também é o critério da matéria o determinante da competência da Justiça Eleitoral (CF, arts. 118 a 121), embora quanto a ela, diversamente do que foi feito para a Justiça do Trabalho, não haja na CF um rol específico de temas. Disciplina com esse conteúdo aproximado está contida na Lei 4.737/1965 (Código Eleitoral), especialmente em seus arts. 22, 29 e 35. As causas submetidas à Justiça Eleitoral consideram principalmente os fatos ocorridos no período situado entre o registro das candidaturas e a diplomação dos vencedores. Mas essa competência se estende consideravelmente no tempo, em função dos desdobramentos dos atos situados nesse lapso temporal ou que gravitam em torno dele, como é, apenas para ilustrar, a perda de mandato por infidelidade partidária (Resolução TSE 22.610/2007).

Quanto à Justiça Militar, é preciso considerá-la no plano federal e nos estaduais. No primeiro, ela tem competência para «processar e julgar os crimes militares definidos em lei» (CF, art. 124), ou seja, os crimes definidos no Código Penal Militar (Decreto-lei 1.001/69). Já as Justiças Militares estaduais - que, de acordo com o § 3.º do art. 125 da CF, com a redação que lhe deu a EC 45/2004, podem ser criadas por leis estaduais – têm também competência para julgar demandas civis que tenham por objeto atos disciplinares militares (CF, art. 125, §§ 4.º e 5.º).

> «De acordo com a CF, apenas as Justiças Militares estaduais possuem competência civil. Por isso, é quando menos duvidosa a constitucionalidade da disposição contida na Lei 8.457/1992 que atribui ao Superior Tribunal Militar temas não penais, como é o caso do *habeas data* (art. 6.º).»

Então, para que se dê o segundo passo na determinação da competência, será preciso, com base nos critérios assim positivados pela CF, saber se a causa está sujeita a alguma das Justiças especializadas; o que naturalmente excluirá a competência da Justiça comum. Se a resposta for negativa, então é preciso verificar, novamente pelos critérios já indicados, se a causa está sujeita à Justiça comum Federal; que, consoante já exposto, é especial se confrontada com as Justiças Estaduais. Por exclusão, a causa deverá submetida à Justiça de algum dos Estados.

Mas há mais uma ressalva a fazer: o Supremo Tribunal Federal e o Superior Tribunal de Justiça não se encaixam propriamente em nenhuma dessas estruturas. O STF, encarregado de tutelar o direito objetivo constitucional (federal), pode receber recursos de todas as Justiças já mencionadas; o STJ, que está encarregado de uniformizar a interpretação do direito federal, recebe recursos oriundos da Justiça Comum (da Federal e das Estaduais), uma vez que as Justiças especializadas (Trabalho, Eleitoral e Militar) possuem seus próprios tribunais superiores – que também têm a função de uniformizar a interpretação da lei federal, dentro de suas competências específicas.

> «Considerando essa pluralidade de graus, costuma-se dizer – frequentemente no contexto de crítica ao que se afirma ser o número excessivo de recursos no sistema brasileiro – que no Brasil há quatro (4) graus de jurisdição; o que é apenas parcialmente correto. Desde logo, a competência recursal ordinária do STF e do STJ (CF, arts. 102, II, e 105, II) já não corresponde a tal multiplicidade. No caso do recurso especial para o STJ, não há «quarta» instância porque ele – a exemplo do que fazem os tribunais superiores eleitoral, militar e do trabalho – atua como instância uniformizadora da interpretação da lei federal; o que, em termos lógicos, é rigorosamente coerente com a outorga de competência legislativa contida no art. 22 da CF. E o STF – quando julga recurso extraordinário – age como guardião da Constituição, apenas em casos relevantes (daí a exigência de repercussão geral). Talvez a crítica faça mais sentido em matéria penal e processual penal, pela abertura que se dá – ou que se quer dar – aos *habeas corpus* para aquela Corte superior.»

De relevante para este tópico (e para o seguinte) é a lembrança de que o STF e o STJ também têm competência originária, isto é, processos começam – e não apenas chegam por recursos – a tais órgãos. Nesses casos, prevalece a já lembrada regra da especialidade: se a causa se inscrever na competência originária de qualquer um daqueles tribunais (arts. 102, I, e 105, I, da CF), então não será caso de se procurar a Justiça competente. A essa busca só se chega se, por exclusão, a causa não estiver afeta originariamente a nenhum dos dois referidos tribunais superiores.

> «Como foi dito acima (supra n. 143), a natureza do processo não é exatamente um critério determinante da competência; não ao menos de forma autônoma. O que determina a competência são os elementos que integram o critério objetivo – matéria, pessoa e valor – tomados, é certo, na forma em que introduzidos no processo, isto é, a partir do respectivo objeto e sujeitos. Considerada apenas a matéria civil, no caso do STF, por exemplo, a competência para as medidas que integram o controle concentrado de constitucionalidade (art. 102, I, *a* e *p*) é substancialmente ditada pela matéria, embora realmente se considere o modo que ela é posta, em que se busca o controle abstrato da constitucionalidade da norma. De resto, a competência do STF é estabelecida também pela matéria nos casos das letras *g* (embora combinado o critério com o da pessoa), *o*, *q* (combinado o critério com o da pessoa); pelo critério da pessoa nos casos das letras *e*, *f*, *n* e *r*; e pelo critério funcional, nos casos das letras *j*, *l* e *m*. No caso do STJ, o critério da matéria é empregado no art. 105, I, *d* e *g* (combinado com o da pessoa), *h* e *i*; o da pessoa na letra *b*; e o funcional nas letras *e* e *f*.

150. Competência originária. As considerações feitas no tópico precedente, ao ensejo da competência do STF e do STJ, já introduziram o tema da competência originária; que, em síntese, estabelecerá a quem competirá dar início ao processo.

No ordenamento brasileiro – a exemplo da generalidade dos sistemas processuais – as diferentes Justiças estão estruturadas em graus ou instâncias. Daí se falar em graus de jurisdição ou – menos corretamente – em jurisdição «superior» e «inferior» (supra ns. 131 e 133); ou também em «competência hierárquica». Nesse contexto, a regra é a de que, originariamente, as causas competem aos órgãos ou juízes do primeiro grau de cada uma das Justiças. Aos tribunais, como regra, ficam reservados os recursos, que não são geradores de novos processos, mas apenas de prolongamento, perante órgão diverso, do processo já instaurado (que é um só). Há casos – expressa e taxativamente previstos – de competência originária dos tribunais (que, a exemplo do que ocorre nos casos do STF e STJ, considera os critérios da matéria, da pessoa e funcional).

No nível recursal é possível e útil dividir os graus em *ordinário* e *extraordinário*: naquele, os recursos usualmente devolvem toda a matéria decidida pelo primeiro grau, isto é, permitem amplo reexame de questões de fato e de direito pelos tribunais competentes – Tribunais Regionais do Trabalho, Tribunais Regionais Eleitorais, Tribunais Militares, Tribunais Regionais Federais e Tribunais de Justiça; já no outro, a devolução é limitada a questões de direito, então a cargo do Tribunal Superior do Trabalho, do Superior Tribunal Militar, do Tribunal Superior Eleitoral, e, para a Justiça Comum, do Superior Tribunal de Justiça, cuja função, nesse «terceiro» grau, é o de uniformizar a interpretação da lei federal.

151. Competência de foro. Conforme já foi visto, um dos critérios empregados pelo ordenamento para definir a competência é o territorial (supra n. 144). Mas isso não deve ser confundido com a fixação do *foro*, isto é, da base territorial competente, que é o passo seguinte à definição da Justiça competente e, dentro dela, da competência originária, quando for o caso.

Já foi dito que as diferentes Justiças estão compostas em graus. No extraordinário (supra ns. 131 e 133), a base territorial de atuação é nacional, inclusive pela função que os tribunais superiores desempenham. Aliás, o mesmo e com mais forte razão pode ser dito em relação ao Supremo Tribunal Federal. Mas, nos graus *ordinários* (supra n. 133), as Justiças estão estruturadas em órgãos cuja base territorial de atuação, para efeito de competência, é limitada (vide limites territoriais da jurisdição, supra n. 127). Vale dizer: o território nacional foi dividido e, a partir disso, foi prevista a divisão de trabalho entre os diferentes órgãos de uma mesma Justiça. Assim, tanto os tribunais quanto os juízos de primeiro grau têm competência territorial limitada, justamente para que se cumpra o objetivo de divisão das tarefas.

O território dos tribunais estaduais, para efeito de competência, é a base territorial do Estado respectivo. O mesmo ocorre com os Tribunais Regionais Eleitorais (apesar da designação «regional», que aí deve ser interpretada como «local» ou «estadual»). O território dos Tribunais Regionais Federais é a base de diferentes Estados Membros que, juntos, compõem uma *região* (daí a expressão tribunais «regionais»). O mesmo ocorre com o Tribunal Regional do Trabalho, já em número superior ao dos Tribunais Regionais Federais.

> «Até junho de 2013 a Constituição Federal previa a existência de apenas 5 (cinco) Tribunais Regionais Federais. A Emenda Constitucional 73/13 acrescentou o § 11 ao art. 27 do Ato das Disposições Constitucionais Transitórias e criou outros 4 (quatro) Tribunais Regionais Federais.»

O território dos juízos de primeiro grau corresponde a áreas designadas como *comarcas*, na Justiça dos Estados; ou *seções judiciárias*, na Justiça Federal - que podem abranger um ou mais de um município.

Em suma: definida a Justiça competente e, dentro dela, qual a competência originária, o passo seguinte é determinar em que foro ou território a demanda deverá ser ajuizada. Se a competência for de um dos tribunais superiores, o problema nem surgirá porque, como dito, eles abrangem todo o território nacional; se a competência for de um tribunal (de Justiça, Regional Federal, Regional Eleitoral, do Trabalho ou Militar), será preciso verificar, à luz dos critérios de determinação de competência encampados pelo ordenamento, na base territorial de qual desses órgãos a demanda deverá ser proposta. O mesmo deverá ser feito se a competência for de um órgão de primeiro grau.

Convém apenas relembrar que a divisão de trabalho estabelecida a partir das normas reguladoras da competência territorial não deve ser confundida com a eficácia das decisões proferidas: os limites territoriais empregados naquela não atuam para restringir os efeitos da sentença, salvo se houver regra expressa a respeito, como é o caso do art. 16 da Lei 7.347/1985. Os limites objetivos e subjetivos da eficácia da sentença - e da correspondente imutabilidade - são determinados na demanda e na respectiva resposta dada pelo Estado.

152. Competência de juízo. Definida a base territorial, é preciso passar mais concretamente a cogitar dos órgãos situados dentro do foro competente.

Há casos em que isso é automático porque num determinado foro existe apenas um órgão competente. No primeiro grau, é possível que, na base territorial, exista apenas um *juízo*; que, por falta de qualquer outra opção, será o competente. Mas, se houver mais de um juízo, será preciso verificar se há regras para divisão de competência entre eles, ou se simplesmente todos estão no mesmo patamar, concorrendo entre si - em livre e equânime distribuição. Pode ocorrer que haja divisão de trabalho considerando, novamente, os diferentes critérios de determinação de competência. Os critérios empregados para tanto são o território (ainda que sob o aspecto funcional também), a matéria e o valor.

Nos tribunais, quando se trata de sua competência originária, ela é abrangente de toda a base territorial, isto é, não há dois ou mais tribunais que, em tese, concorreriam para atuar em uma mesma base territorial. Mas, dentro de um mesmo tribunal, há divisão entre diferentes órgãos e eventualmente pode ser preciso determinar qual deles é competente. O menor órgão fracionário do tribunal é denominado de câmara ou de turma. Esses órgãos - conforme organização interna dos tribunais - podem compor grupos ou seções. Além disso, os tribunais têm seus órgãos plenários.

153. Competência do juiz. Em princípio, é irrelevante a pessoa deste ou daquele magistrado para efeito de competência. Todos são investidos de jurisdição e, firmada a premissa de que o órgão que integra é competente, então ele fala como agente do Estado, no exercício da função desempenhada pelo órgão.

Contudo, há situações em que, na determinação da competência, vai-se além do órgão para se chegar efetivamente à pessoa deste ou daquele magistrado. São situações devidamente justificadas e que não representam risco de violação à imparcialidade ou mesmo impessoalidade, desde que corretamente interpretadas as regras que as disciplinam.

> «Quando a parte alega o impedimento ou a suspeição do juiz (o que deve feito por meio da exceção), a imputação é conceitualmente feita de forma *pessoal* ao juiz (e não ao órgão). Portanto, somente ele pode se manifestar; quer para reconhecer a imputação, quer para rejeitá-la, caso em que o julgamento passará a ser feito pelo órgão colegiado ao qual o juiz estiver diretamente ligado em grau hierárquico.»

Nos tribunais, o art. 932, II, III, IV e V, do CPC confere ao relator não apenas competência para apreciar pedido de tutela provisória em recursos, mas para julgá-los singularmente nas hipóteses ali indicadas, ressalvado recurso para o Colegiado, na forma do art. 1.021 (vide supra n. 61, ao ensejo do exame do princípio do juiz natural). Tais normas, diga-se, devem ser interpretadas de forma estrita, para que não se comprometa o caráter colegiado do julgamento. Aliás, a competência do relator pode ser determinada por critério funcional (p. ex., para julgar o recurso de apelação por ter conhecido de precedente recurso de agravo), a gerar prevenção (infra n. 161). A regra só deve ser aplicada em recursos, não em processos de competência originária.

No caso dos embargos de declaração (CPC, art. 1.022 e ss.), tendo em vista seu escopo (usual) de proporcionar a integração da decisão embargada (para suprir omissão, eliminar contradição, esclarecer obscuridade ou, ainda, corrigir erro material), há competência funcional do prolator da decisão e, nos tribunais, do relator do recurso. Assim ocorrerá, com maior razão, se os embargos tiverem a excepcional finalidade de infringir a decisão, isto é, para postular não apenas sua integração, mas sua anulação ou reforma.

> «Quando, nos tribunais, os embargos se voltam contra acórdão (decisão colegiada), não se afigura correto (nem conveniente) seu julgamento de forma singular, com apoio no art. 932 do CPC. É que, se já houve decisão colegiada, não parece possível que o relator, singularmente, assuma a tarefa de reexprimir o que, em termos mais rigorosos, não é mais apenas a expressão de sua vontade, mas do órgão. Admitir o julgamento singular depois do plural seria inverter o que prevê o art. 932 do CPC, conferindo-lhe uma interpretação extensiva que não se coaduna com a exceção nele contida. Afinal de contas, a regra, inclusive a partir da Constituição Federal, é de que o julgamento pelos tribunais seja colegiado. A eventual unanimidade no julgamento de um agravo ou de uma apelação não significa dizer que haverá também unanimidade no julgamento dos declaratórios; é perfeitamente possível haver divergência e o julgamento singular acabaria por desconsiderar isso. Pior ainda será se os embargos tiverem caráter infringente porque, nesse caso, seria inviável que o relator simplesmente anulasse ou reformasse o que antes decidira o órgão plural.»

Ainda nos tribunais, a lei e os regimentos internos atribuem determinadas competências - não apenas administrativas (aí então qualificáveis como *atribuições*), mas também jurisdicionais - a seus Presidentes e Vice-Presidentes; assim como, eventualmente, aos Presidentes de seus órgãos fracionários. Isso ocorre, para ilustrar, na atribuição dos Presidentes: nos juízos de admissibilidade dos recursos extraordinário e especial perante os tribunais locais (CPC, art. 1.029); nos requerimentos de suspensão de segurança (Lei 12.016/2009, art. 15); nos conflitos de competência (CPC, art. 953); na avocação de reexame necessário, quando o juiz de primeiro grau não remeter os autos ao tribunal (CPC, art. 496, § 1.º); na seleção de recurso especial ou extraordinário representativo de controvérsia repetitiva para ser encaminhado ao Superior Tribunal de Justiça (CPC, art. 1.036, § 1.º); na instauração de incidente de resolução de demandas repetitivas (CPC, art. 977); na requisição de pagamento de obrigação imposta à Fazenda Pública por sentença condenatória (CPC, 535, § 3.º, I); na decisão de questões urgentes nos períodos de recesso ou de férias do Supremo Tribunal Federal (RISTF, art. 13, VIII) e do Superior Tribunal de Justiça (RISTJ, art. 21, XIII, *c*); antes das distribuições, nos pedidos de assistência judiciária perante o Supremo Tribunal Federal (RISTF, art. 13, V, *a*); nas exceções de suspeição e impedimento de desembargador, de oficiar como relator (RITJSP, art. 26, I, *d*, *1*).

154. Competência recursal. Esgotada a atividade jurisdicional do órgão dotado de competência originária (que, por regra, é de primeiro grau, mas que pode ser também um tribunal), é possível que caiba recurso; que não tem natureza jurídica de ação, nem faz nascer um novo processo; apenas prolonga o já existente, transferindo a matéria ao conhecimento de outro órgão. Portanto, fechado o ciclo do grau originário, surge a necessidade de nova determinação de competência; o que, aliás, pode se repetir, a depender de tantas quantas forem as vias recursais disponibilizadas pelo ordenamento, para determinado caso concreto.

Ela é usualmente qualificada pela doutrina como competência funcional. Mas, como já foi salientado, uma coisa é a competência (no caso, funcional) e outra é o critério funcional de determinação da competência. O primeiro e básico critério para a competência recursal ordinária considera a função desempenhada pelo juiz prolator da decisão recorrida: no âmbito da Justiça Comum, decisões de juízes federais estão sujeitas a recurso para o Tribunal Regional Federal da respectiva Região; decisões de juízes estaduais estão sujeitas a recurso para o Tribunal de Justiça do respectivo Estado. Na seara das Justiças Especiais, decisões de juízes eleitorais estão sujeitas ao reexame dos Tribunais Regionais Eleitorais e as dos juízes do trabalho aos Tribunais Regionais do Trabalho.

Fala-se em critério hierárquico, mas, consoante já se observou, hierarquia não é exatamente um critério. Em certa medida, a competência recursal ordinária toma como critério a função desempenhada em razão do cargo (juiz federal comum, estadual, eleitoral ou do trabalho). Mas, sem prejuízo disso, o fato é que a competência recursal adota como critério objetivo o exercício da competência pelo grau anterior, sem se importar, ao menos em princípio, com a matéria decidida. É possível até que a matéria seja mesmo estranha à competência daquela Justiça e que isso sirva de fundamento para o tribunal invalidar a decisão recorrida; o que, aliás, só confirma que a competência recursal é consequência imediata do simples exercício da competência – correta ou incorretamente – pelo juiz de primeiro grau.

> «Por exemplo: se um juiz estadual decide matéria que ele qualifica como civil, ainda que a relação jurídica fosse evidentemente trabalhista, isso é irrelevante para a competência recursal porque isso envolve um dos aspectos do mérito (inclusive recursal).»

Mas se essa é a regra, isso não significa dizer que a competência recursal não possa ser ditada por outro critério objetivo como, por exemplo, a *matéria* decidida ou até a *pessoa*. Ainda que seja uma exceção, isso ocorre nas hipóteses previstas pelo art. 109 da CF, que acomete certas causas ao juiz estadual (§ 3.º), mas que determina competência recursal do Tribunal Regional Federal na área de jurisdição do juiz de primeiro grau (§ 4.º), aliás, na esteira da competência ditada pelo art. 108, II, da CF.

Ademais, dentro de um mesmo tribunal (mas certamente ainda no âmbito da competência recursal), o critério objetivo – matéria ou pessoa – é considerado para divisão do trabalho entre os diferentes órgãos fracionários. Portanto, não é correto dizer que, nesse caso, a competência recursal seja ditada por hierarquia ou mesmo pela função.

> «Por exemplo, no Tribunal de Justiça de São Paulo, há divisão entre Câmaras de Direito Público e Privado. Além disso, há Câmaras especializadas pela matéria (direito ambiental, empresarial, falência e recuperação judicial).»

No âmbito da competência recursal *extraordinária* (para tribunais superiores), e sem confundir critério de determinação de competência, de um lado, e hipóteses de cabimento dos recursos, de outro, a escolha é feita pelo critério funcional, análogo ao que se passa na competência recursal ordinária. No caso do Supremo Tribunal Federal, para o recurso extraordinário, basta o fato objetivo de que a causa tenha sido decidida em única ou última instância por qualquer outro órgão (CF, art. 102, III); e, no caso de recurso ordinário, que o julgamento tenha sido feito em única instância pelos Tribunais Superiores – com o acréscimo, que mais se liga à admissibilidade do recurso, de que o recurso é cabível apenas em certos processos e se denegado o pleito feito pelo autor (CF, art. 102, II).

Já no caso do Superior Tribunal de Justiça, o art. 105, III, da CF, repete a fórmula para o recurso especial, com a restrição de que a decisão tenha sido proferida em única ou última instância por tribunais. Mas, para o recurso ordinário, além do critério funcional, a CF recorre ao critério objetivo da pessoa (CF, art. 105, II, *c*); o que reforça a ideia de que competência funcional não se confunde com critério funcional de determinação de competência; e de que a competência recursal nem sempre é ditada por critério funcional.

155. Competência para cumprimento da decisão. O último passo que pode ser considerado na determinação da competência diz com a execução – ou, na terminologia empregada pela lei, cumprimento – do que se decidiu.

Com base em critério funcional, a regra é a de que o juízo que processou a causa em primeiro grau (fase de conhecimento) é o competente para o cumprimento (CPC, art. 516, II); e que os tribunais são competentes para o cumprimento das decisões proferidas em causas de sua competência originária (CPC, art. 516, I).

Mas há exceções, em que outros critérios prevalecem sobre o funcional; a começar do disposto no parágrafo único do art. 516 do CPC, que faculta ao exequente optar pelo «juízo do local onde se encontrem os bens sujeitos à execução ou pelo juízo do local onde deva ser executada a obrigação de fazer ou de não fazer». Nesse caso, sobre o critério funcional retrospectivo - isto é, ditado pelas atividades já realizadas - prevalece o critério funcional territorial prospectivo, isto é, das atividades que agora devem ser realizadas (penhora, avaliação e expropriação de bens).

Além disso, admite-se que sentença que impõe o dever de prestar alimentos seja executada perante órgão situado no domicílio ou residência do credor de alimentos, suposto que tenha havido modificação após a prolação da decisão e encerrada a fase de conhecimento. Nesse caso, o critério funcional cede lugar ao critério que considera a pessoa do credor, para facilitação do acesso à tutela jurisdicional.

Também é possível que o beneficiário da sentença condenatória genérica, proferida em ação civil pública (titular de direito individual homogêneo), promova a liquidação e posterior cumprimento perante seu próprio domicílio (arts. 6.º, VIII, e 101, I, do CDC); e, portanto, não necessariamente nos termos do art. 516, II, do CPC. O tema se liga ao do conflito entre critérios de determinação de competência (supra n. 146).

CAPÍTULO VII

COMPETÊNCIA ABSOLUTA E RELATIVA

156. Competência absoluta e relativa. Da mais adequada e racional divisão de trabalho entre os diferentes órgãos do Poder Judiciário depende seu bom funcionamento. A escolha dos critérios que inspiram as regras de competência, portanto, não deve ser aleatória e, de um modo geral, são respeitantes ao interesse público. Por isso, a regra vigente é a de que as normas que estabelecem a competência nos diferentes níveis não comportam *modificação*; que encontra sinônimo no vocábulo *prorrogação*.

Isso decididamente ocorre quanto às normas incidentes na fixação da competência «de jurisdição» (determinação de uma das Justiças, entre comum e especializadas); na competência originária (no confronto com a recursal); na competência de juízo (ou interna de um órgão fracionário de tribunal); na competência recursal e naquela válida para o cumprimento ou execução de sentença. Nesses casos, fala-se de *competência absoluta* ou *improrrogável*; embora o mais correto seja realmente empregar a terminologia sob o ângulo inverso: a falta de observância a tais regras é geradora de *incompetência absoluta*; e a incompetência relativa como tal se caracteriza porque pode se transmudar em competência.

Por exclusão das etapas de competência acima mencionadas, restam a competência *territorial* (ou de foro) e aquela determinada pelo critério do *valor*. A lei aceita que elas sejam objeto de disposição pelas partes (CPC, art. 63) e, de forma coerente, estabelece a possibilidade de modificação (legal) por conexão ou continência (CPC, art. 54). A competência de foro e aquela ditada pelo valor seriam, então, as duas modalidades de competência *relativa*.

Contudo, a competência de foro não se confunde com o critério territorial de determinação da competência (supra n. 144). Então, se é verdade que o critério territorial normalmente dita competência de foro, pode ocorrer que a competência de foro seja determinada por critério funcional, por exemplo. Isso mostra que, para determinar se há ou não possibilidade de modificação ou de prorrogação, não basta considerar o passo em que se determina o foro; é preciso saber se o foro foi determinado apenas por um critério puramente territorial - caso em que, de fato, a regra comportará modificação pelas formas vistas em seguida. Apenas nesse caso é que se deve entender que as regras sobre competência abrem espaço para a conveniência das partes.

Isso quer dizer que o contrário não se admite: se o critério territorial for determinante de algum dos outros passos - por exemplo, como no caso de competência *de juízo* (Lei do Estado de São Paulo 3.947/1983), nos assim chamados «foros regionais» (supra n. 152) - então não se admitirá modificação.

> «Por isso é que não se admite cláusula de foro de eleição que tenha por objeto, em São Paulo, o foro central ou algum dos foros regionais. Trata-se de competência de juízo, ainda que eventualmente ditada por critério territorial. Nesse caso, aliás, a preocupação foi com a descentralização da administração da Justiça; o que mostra que o espalhamento da atuação jurisdicional sobre o território foi determinante na opção legislativa.»

Tais considerações aproveitam em parte à competência em razão do *valor*. Conforme foi examinado (supra n. 143), ele é elemento integrante do critério *objetivo* de determinação da competência. Mas o valor não foi necessariamente encampado pelo Legislador em regras que consideram o interesse privado das partes. Pelo contrário, na Capital do Estado de São Paulo, o valor da causa funciona como limite para a competência dos juízos regionais, quando não sejam competentes em razão da matéria ou do território. Portanto, embora o critério seja o do valor, a matéria é de ordem pública porque se trata de competência de juízo.

> «Segundo a Resolução TJSP 2/1976, art. 54, I, é da competência dos juízos regionais o julgamento de causas com valor de até quinhentas vezes o salário mínimo vigente na Capital. Ainda, de acordo com a Lei Estadual 3.947/1983, art. 4.º, também são da competência dos juízos regionais, independentemente do valor, e em matéria cível: a) as ações reais ou possessórias sobre bens imóveis e as de nunciação de obra nova, excluídas as ações de usucapião e as retificações de áreas, que pertencem às Varas de Registros Públicos; b) as ações de rescisão e as de adjudicação compulsória, fundadas em compromissos de compra e venda; c) as ações de procedimento sumaríssimo, salvo as de acidentes do trabalho e as do interesse das Fazendas Públicas; d) as ações baseadas no direito securitário, quando relacionadas com matérias ou procedimentos da competência dos foros regionais, excluídas as do interesse das Fazendas Públicas).»

É certo que no âmbito dos Juizados Especiais Civis o valor da causa foi considerado na determinação da competência, sem que isso impusesse o ingresso perante tais órgãos, tido como mera faculdade do autor, conforme correta interpretação dada ao art. 3.º da Lei 9.099/1995. Mas isso não significa que valor seja sempre determinante de competência relativa, passível de eleição ou de modificação por conexão ou continência.

Primeiro, é quando menos questionável aplicar-se aos Juizados os conceitos de incompetência absoluta ou relativa como se essa segunda fosse o mesmo que uma opção a cargo do autor. Na incompetência relativa, o réu pode apontá-la por meio de preliminar de contestação (CPC, arts. 64 e 337, II) e, portanto, pode recusar legitimamente o órgão escolhido pelo autor. Mas isso não ocorre no caso dos Juizados porque o réu não pode se opor à escolha feita pelo demandante, salvo se o Juizado for incompetente em razão da matéria, da pessoa ou do território (Lei 9.099/1995, art. 3.º, § 4.º). Dizer que o ingresso no Juizado é uma opção do autor, portanto, não é fenômeno que adequadamente se traduza pela locução «competência relativa».

Segundo, ainda que se possa falar em competência absoluta e relativa nesse âmbito, no caso dos Juizados Especiais da Fazenda Pública, o valor da causa é critério determinante de competência *de juízo*, instituída em prol do interesse público; tanto que a lei fala expressamente que se trata de competência «absoluta» (art. 3.º, § 3.º, da Lei 10.259/2001 e art. 2.º, § 4.º, da Lei 12.153/2009, para os Juizados Especiais Federais e Estaduais, respectivamente); e, assim, melhor seria dizer que o ingresso é obrigatório e não facultativo.

Disso tudo se conclui que, não obstante o que estabelecem os arts. 63 e 54 do CPC, *território* e *valor* – quando considerados como *critérios* de determinação da competência – não são necessariamente impositivos de competência que considera o interesse e a conveniência das partes. Tais critérios também podem ser – e efetivamente são – empregados pelo ordenamento para determinar regras de competência que não comportam modificação (nem convencional, nem legal) e que, portanto, estão associadas ao que se convencionou chamar de competência *absoluta*.

157. Segue: competência absoluta e relativa na arbitragem. A distinção entre competência (ou incompetência) absoluta e relativa é aplicável essencialmente para a jurisdição estatal. No caso da arbitragem, as partes têm liberdade não apenas para constituir o órgão arbitral e o processo, como, ainda, para convencionar o Estado cuja jurisdição se encarregará de eventualmente intervir; quer para dar apoio aos árbitros naquilo que depender do emprego de meios necessariamente estatais, quer para controle da legalidade da arbitragem (o que se dá essencialmente de forma repressiva e apenas excepcionalmente de forma preventiva; sempre subsidiária). Mas, ao menos sob a ótica do Estado brasileiro, essa liberdade encontra limites.

Primeiro, tratando-se de sentença arbitral estrangeira, a homologação é indispensável e só pode ser requerida junto ao Superior Tribunal de Justiça (CF, art. 105, I, *i*), o que se aplica também à concessão de *exequatur* às cartas rogatórias. A atuação desse tribunal é norteada pelo assim qualificado *princípio da efetividade*, que limita a intervenção jurisdicional do Estado brasileiro com base nos parâmetros vigentes na assim denominada competência internacional (supra n. 148). Isso quer dizer que a homologação pelo Estado brasileiro precisa ser adequadamente justificada sob o ângulo daquele postulado. Além disso, o cumprimento de sentença homologada (inclusive a arbitral) deverá ter lugar perante a Justiça Federal, independentemente da matéria ou das pessoas envolvidas (CF, art. 109, X, e CPC, art. 965), sem margem de escolha.

Segundo, para as medidas de cooperação entre juiz e árbitro, ou para as que se prestem ao controle da legalidade do processo arbitral, não é dada às partes a escolha de uma das Justiças existentes. Embora se presuma que, pela matéria sujeita à arbitragem (direitos patrimoniais disponíveis), a competência seja da Justiça comum estadual, não pode ser descartada a competência da Justiça Federal (ou, dentro da justiça comum, de algum juízo especializado); tanto mais quando se admite a arbitragem envolvendo o Poder Público. De qualquer forma, não podem as partes eleger uma das Justiças, simplesmente por reputá-la mais conveniente para seus interesses.

Da mesma forma, há que ser respeitada a regra de que a competência originária é dos órgãos de primeiro grau. Não é lícito às partes, portanto, estabelecer que eventual controle estatal devesse ser realizado diretamente por tribunal; salvo no caso específico da homologação da sentença arbitral estrangeira, que é da competência originária do STJ, por força da Constituição e não por convenção das partes, conforme acima lembrado. Nem mesmo a pretexto de que a impugnação cabível seria recurso e não ação justificaria a eleição: por um lado, não é possível tecnicamente falar em recurso para o Judiciário de decisão que por ele não foi proferida (o que pode haver é demanda para se desconstituir ou rever a decisão arbitral); de outro lado, a competência originária dos tribunais é estabelecida de forma taxativa e não está sujeita a alteração por vontade das partes.

Conquanto também não haja margem para escolha de juízo (menos ainda de juiz), quanto à competência territorial (de foro) pode haver cláusula de eleição (infra n. 158) que tenha em mira futura e eventual disputa perante o Judiciário. Tal disposição convive perfeitamente com a cláusula compromissória e mesmo com o compromisso arbitral, porque a arbitragem não necessariamente prescinde da intervenção estatal; quer para cooperação com o árbitro, quer para controle da legalidade de seus atos, em particular da decisão final. Então, nesse caso, eventual falta de observância da regra eleita configura incompetência apenas relativa.

158. Formas de modificação de competência (ou de prorrogação da incompetência) relativa. Nos limites anteriormente indicados, a modificação da competência pode ocorrer de duas maneiras.

Primeiro, dentro do espectro que a lei abre para a convenção das partes em matéria processual (quando se trata de jurisdição estatal), elas podem estabelecer o que se chama de *foro de eleição*. Nesses casos, fala-se de prorrogação *voluntária expressa*. Também se considera voluntária - embora *tácita* - a prorrogação que se opera pela falta de tempestiva alegação da incompetência relativa - que deve se dar mediante preliminar de contestação (CPC, arts. 64 e 337, II). Naturalmente, autêntica modificação pressupõe que as partes tenham adotado foro diverso do que já previra a lei para a situação; do contrário, a cláusula nada mais terá feito que confirmar a disposição legal, sem nada alterar.

Embora não seja usual, é lícito que a eleição preveja mais de um foro. Isso pode ocorrer de forma *subsidiária* ou *eventual*, para a hipótese de, por razão devidamente justificada, o direcionamento da demanda não poder se dar para o foro primeiramente escolhido; ou pode ocorrer de forma *alternativa*, ressalvados os limites para o exercício de potestatividade para uma das partes (a quem eventualmente se desse a prerrogativa de escolher); ou, ainda, pode ocorrer de forma combinada com a matéria da controvérsia, quando a relação jurídica se apresentar complexa e de um mesmo contrato puderem resultar disputas com substratos diferentes.

> «A cláusula de eleição de foro tem caráter geral e, em princípio, abrange toda e qualquer controvérsia decorrente, direta ou indiretamente, do negócio em que inserida, salvo disposição expressa em contrário. Em matéria de consignação em pagamento, há entendimento jurisprudencial de que o local do pagamento prevaleceria sobre o foro eleito, por ser aquele especial. Embora não se concorde com tal orientação, ela pode ser superada por expressa disposição da cláusula, a abranger também a hipótese de pagamento mediante consignação. Pensar diversamente seria divisar no critério *território* um elemento também *funcional* (supra ns. 144 e 145); o que não parece correto porque o depósito judicial - salvo quando se tratar de bem que não seja dinheiro - não precisa ser feito no local do pagamento. Da mesma forma, eventual levantamento pode resultar da transferência do numerário por via eletrônica.»

Segundo, diz-se que a prorrogação pode ocorrer por força de *lei*; daí porque denominada *legal* ou *necessária*. Isso ocorre diante dos fenômenos de parcial identidade de demandas: *conexão* ou *continência* (CPC, art. 54 e ss.). A reunião também pode ocorrer, eventualmente, se uma das causas for prejudicial à outra, caso em que o sistema abre margem para a reunião ou eventualmente a suspensão da causa prejudicada, até julgamento da prejudicial (CPC, art. 313, V, *a*). A reunião pode inclusive se dar entre processo de conhecimento e de execução, conforme expressamente reconhecido pelo art. 55, § 2.º, I, do CPC. Mais ainda, mesmo que não haja conexão, a lei determinou a reunião nos casos em que haja risco de decisões conflitantes ou contraditórias (CPC, art. 55, § 3.º) - o que deve ser visto com ressalvas. Em todos esses casos, o órgão que seria incompetente passa a ser competente por razões de ordem pública, que buscam preservar a harmonia das decisões e racionalizar a prática dos atos processuais, inclusive sob a ótica da economia.

Conquanto os vocábulos *modificação* e *prorrogação* sejam eventualmente empregados como sinônimos no contexto aqui tratado, afigura-se mais exato reservar o primeiro para a hipótese de alteração legal ou voluntária, mediante cláusula de eleição de foro, conforme sugere a dicção do art. 63 do CPC; e deixar o segundo para a hipótese em que, diante da não alegação de incompetência em preliminar de contestação (na forma dos arts. 64 e 337, II, do CPC), a incompetência relativa se transmuda em competência. Esse segundo sentido é o que melhor se afeiçoa ao termo prorrogar, que significa alongar ou prolongar.

159. Segue: reunião de causas. Constatada a parcial identidade de demandas - e desde que a providência seja possível - é dever do juiz promover a reunião para processamento e julgamento conjunto (CPC, arts. 55, § 1.º, e 57). Para que se pretenda a reunião não é necessário alegar a incompetência de um dos órgãos, em razão da competência do órgão prevento, não se aplicando o disposto no art. 65 do CPC porque, como dito adiante, não se trata exatamente de incompetência. Ademais, a regra é válida para todos os graus de jurisdição, na premissa de que as causas estejam, num dado momento, submetidas à mesma instância.

> «Vale dizer: não há como suprimir grau de jurisdição a pretexto da conexão ou da continência - e da reunião de causas que daí decorre. Coisa diversa é sobrestamento de um dos processos, a pretexto de que causa conexa será julgada por instância superior; o que aí se justificaria diante da regra do art. 313, V, *a*, do CPC. Mas esse sobrestamento deve ser visto com prudência, para que não acabe por protelar indevidamente a prestação jurisdicional devida à parte, valendo lembrar que o sistema é infenso a suspensões perenes e, no próprio Código de Processo Civil, há regra dispondo que a suspensão não poderá superar um ano (art. 313, § 4.º).»

Esse entendimento se ajusta ao postulado segundo o qual conexão e continência são causas de modificação de competência: modificada a competência por força de lei, a remessa passa mesmo a ser obrigatória, e não facultativa.

Mas é preciso ressalvar o seguinte: a rigor, o que concretamente altera a competência não é a simples constatação da conexão ou da continência; mas sim a efetiva determinação para reunião das causas. Antes dessa providência, os dois (ou mais) órgãos perante os quais tramitam as causas parcialmente idênticas remanescem competentes.

Nesse particular, há quem sustente que, havendo a identidade entre demandas, haveria uma transformação da competência, que passaria de relativa (porque só essa permite a modificação) para absoluta; quiçá porque prevaleceria então o critério funcional. Mas, para além de perplexidade resultante dessa suposta mutação na natureza jurídica do fenômeno, entender-se que a conexão ditaria uma incompetência absoluta levaria a reconhecer o seguinte: sempre que as causas conexas fossem julgadas separadamente haveria potencial invalidade das decisões proferidas pelo órgão que não fosse o prevento. Isso é incorreto e a invalidação de atos (ou mesmo a necessidade de repetição), sem qualquer outra cogitação, poderia levar a resultados opostos aos desejados pela regra que impõe a reunião.

Entender-se que a identidade parcial de causas impõe um autêntico dever – e não mera faculdade – de reunião não significa dizer que eventual ausência de reunião necessariamente invalide o processo. O tema, então, deve ser visto à luz das regras que disciplinam as invalidades. Em tese, existe a possibilidade de que, por decisão fundamentada, fique reconhecido que a reunião não lograria atingir os objetivos almejados pelo Legislador. Nesse caso, o dever de motivar adequadamente eventual recusa à reunião fica ainda mais exacerbado (CPC, art. 489). Além disso, a reunião perde sentido quando, em um dado grau de jurisdição, uma das causas for julgada antes que a parcial identidade tenha sido trazida ao conhecimento do órgão judicial (embora possa ocorrer a reunião no grau de jurisdição seguinte).

Esse modo de encarar o fenômeno permite, por exemplo, que se admita a reunião de causas conexas no âmbito dos Juizados Especiais (Lei 9.099/1995). Nesse sistema especial, sob outro ângulo, a incompetência territorial não enseja a remessa dos autos ao juízo competente, mas se resolve na extinção do processo (Lei 9.099/1995, art. 51, III). Trata-se de regra que derroga o sistema do CPC e que é inspirada nos postulados gerais inscritos no art. 2.º da Lei 9.009/1995: presume-se ser mais fácil extinguir e recomeçar perante o órgão competente do que se redirecionar a competência. Mas as mesmas razões que impõem a reunião de causas parcialmente idênticas no CPC devem prevalecer no sistema especial; o que se ajusta à circunstância de que o ingresso no juizado, dentro da respectiva competência, não é obrigatório, mas facultativo (salvo no caso dos

Juizados Especiais das Fazendas Públicas estaduais). Isso é possível e coerente desde que se adote a premissa acima: conexão e continência não modificam a competência automaticamente, tornando incompetente um dos órgãos. Fosse assim, a incompetência nos Juizados, ao invés de levar à reunião das causas, levaria à extinção de uma delas.

Se houver conexão ou continência entre duas causas e, pela natureza da competência, não for juridicamente possível a prorrogação (porque não se trata de competência modificável), então será caso de se cogitar da suspensão de uma delas, com base no art. 313, V, *a*, do CPC (por prejudicialidade externa).

> «Para ilustrar: pode tramitar perante a Justiça Estadual ação reivindicatória que tenha por objeto o mesmo imóvel objeto de usucapião perante a Justiça Federal; ou, correndo aquela perante Vara Cível (critério objetivo, da matéria), o outro pedido flua perante Vara da Fazenda Pública ou de Registros Públicos, por exemplo.»

Ainda, o CPC/2015 inovou em relação à disciplina precedente quando estabeleceu que, no caso particular de *continência*, se a demanda mais abrangente (a «continente») tiver sido ajuizada em primeiro lugar (tomando-se o critério do art. 59, do CPC), a consequência não deve ser a de reunião de causas, mas de extinção sem resolução do mérito do processo da demanda abrangida (ou «contida»). Mas, é preciso uma boa dose de cautela: a justificativa para a extinção é o reconhecimento de litispendência, isto é, identidade de demandas, porque o sistema repele o *bis in idem* nesse particular. Portanto, se não houver essa identidade, não há razão para se extinguir o processo. Não basta, assim, a identidade de objeto se as causas de pedir, ainda que fundadas no mesmo fato, apresentarem qualificações jurídicas distintas. Também será preciso considerar o elemento subjetivo de cada uma das demandas, para que eventual extinção só ocorra efetivamente para evitar a duplicidade de demandas e, portanto, de respostas jurisdicionais. Fora daí a providência deve ser a reunião e o julgamento conjunto.

Finalmente, o CPC/2015 ampliou a regra tradicional de reunião de demandas para julgamento conjunto e, assim, estabeleceu que tal ocorra em processos «que possam gerar risco de decisões conflitantes ou contraditórias caso decididos separadamente, mesmo sem conexão entre eles» (CPC, art. 55, § 3.º). A disposição deve ser entendida à luz da busca de jurisprudência uniforme, estável, íntegra e coerente (CPC, art. 926). Contudo, também aqui, a regra deve ser vista com boa dose de prudência: o sistema já dispõe de mecanismos para uniformizar a jurisprudência, fazendo-o a partir do julgamento de causas representativas de determinada controvérsia de direito e posterior extensão do julgamento a todos os casos em que se discuta a questão resolvida. Isso ocorre nos incidentes de resolução de demandas repetitivas, nos recursos extraordinários com repercussão geral reconhecida e nos recursos especiais repetitivos. Nesses casos, não há propriamente reunião de causas mas, quando muito, o sobrestamento de processos até que a questão de direito seja resolvida pelo órgão competente - sobrestamento que, por si só, já é potencialmente problemático na medida em que pode «arrastar» consigo causas que, ao invés de ficarem paralisadas, deveriam, por suas peculiaridades, ser julgadas imediatamente.

Ainda sobre isso, é preciso considerar, dentre outros, que nos órgãos colegiados a reunião indiscriminada deve ter impacto sobre a distribuição de trabalho – o que pode afetar não apenas a organização interna como gerar discussão sobre competência. Além disso, a reunião de causas pode – a exemplo do que pode ocorrer também no caso de suspensão – acabar por impor um ritmo igual a processos ao menos parcialmente diferentes, o que poderia significar retardamento indevido da prestação jurisdicional. Portanto, a tutela da uniformidade, integridade, coerência e estabilidade da jurisprudência até pode ser feita mediante o emprego da providência prevista pelo art. 55, § 3.º, do CPC, mas desde que isso ocorra de forma coordenada com os demais mecanismos previstos pela lei, sem ofensa ao devido processo legal, à inafastabilidade e à tempestividade da tutela jurisdicional devida em cada caso concreto.

160. Prevenção. A etimologia remete à ideia de *vir antes*. Trata-se de fenômeno pelo qual um, dentre diferentes órgãos ou juízes (em tese) competentes, fixa sua competência em concreto e, assim, exclui a dos demais. Ela não é critério de determinação da competência e, em certa medida, pode ser considerada como o resultado da aplicação das diferentes regras de competência, nos diferentes passos seguidos até se chegar àquela em concreto. Nessa sequência está contida a ideia de exclusão dos demais órgãos – salvo o caso de concorrência previsto em matéria de competência internacional, pelo art. 24 do CPC.

A prevenção também não é fator determinante de modificação de competência, porque a prorrogação, quando possível, ou decorre da vontade das partes ou da lei, por conexão ou continência (supra n. 158). Mas a prevenção, além de significar a exclusão de outros órgãos – e exatamente por isso – pode ser tomada como critério para reunião de processos (quando houver conexão ou continência) ou para julgamento de causas ou recursos sucessivos no tempo. Assim, sendo caso de reunião de processos, ela haverá que ser feita no órgão prevento.

> «Na hipótese regulada pelo art. 60 do CPC, fica sugerido que prevenção seria fator determinante da competência. Contudo, o que do dispositivo mais corretamente se extrai é que, se o imóvel se achar situado em mais de um Estado ou comarca, há concorrência de foros (e, portanto, de juízos) competentes; concorrência que termina quando se propõe a demanda e, mercê

da prevenção, fixa-se a competência, com a consequente exclusão de outros foros ou órgãos. Mas nisso não há nada de novo porque é justamente esse é o efeito da prevenção.»

No CPC/2015, alude ao fenômeno o art. 59: considera-se prevento o juízo em que realizado em primeiro lugar «o registro ou a distribuição da petição inicial». Com isso, superou-se a discussão estabelecida sob a égide do Código anterior, que considerava dois outros critérios (citação válida e primeiro despacho, isto é, deferimento da petição inicial). Essa opção se harmoniza com a que consta de diplomas que integram a legislação extravagante, como ocorre no caso do art. 5.º, § 3.º, da Lei 4.717/1965 (ação popular) e art. 2.º, parágrafo único, da Lei 7.347/1985 (ação civil pública) - que também consideram a prevenção a partir da propositura da demanda.

Quanto aos tribunais, o art. 930, parágrafo único, do CPC, positivou o que normalmente já era objeto de previsão regimental: o ingresso do recurso no tribunal torna prevento o relator para eventual recurso subsequente, interposto no mesmo processo ou em outro conexo. Portanto, havendo prevenção não se aplica o usual critério aleatório de sorteio e alternância (CPC, art. 930). Em geral, a prevenção nos tribunais só cessa quando no órgão não tiver mais assento nenhum dos julgadores integrantes do colegiado que tenham participado do julgamento anterior.

Mas ainda assim prevenção não é - não ao menos diretamente - fator que determina ou que modifica competência: é o critério *funcional* que inspira a norma segundo a qual um dado juiz se torna competente para dado processo, recurso ou incidente (conforme o caso), em virtude da precedente atuação. Pelas funções já desempenhadas em tal ou qual processo, o juiz (ou o órgão que integra, no tribunal) é competente.

161. Prevenção e distribuição por dependência. Observadas as regras de competência em cada um dos passos já examinados, a pluralidade de órgãos em tese competentes enseja *distribuição* a um deles (CPC, art. 284). Essa é a regra porque eventual critério de predeterminação da competência de um dos órgãos, em detrimento dos demais, feriria o princípio do juiz natural (supra ns. 61 e 140). Daí porque se exige que a distribuição seja alternada e que observe rigorosa igualdade (CPC, art. 285). Por isso, também, é que a lei permite a fiscalização da parte, do seu procurador, do Ministério Público e da Defensoria Pública (CPC, art. 289) e que, sendo o caso, seja feita correção de ofício pelo juiz, mediante a devida compensação (CPC, art. 288). O mesmo deve ocorrer nos tribunais, tendo em vista a existência de órgãos fracionários (CPC, art. 929), com a observância do que dispuser o regimento interno, mas sempre com respeito à publicidade, alternatividade e sorteio (CPC, art. 930).

Costuma-se falar em «livre distribuição», o que em certa medida soa redundante porque a concorrência entre os órgãos exige referida liberdade; do contrário, não haveria autenticamente *distribuição*, mas mero encaminhamento a um órgão predeterminado. Embora a redundância exista, fato é que a lei se refere ao ato que se segue à propositura da demanda como *distribuição*, ainda que não haja eventual e propriamente pluralidade de órgãos competentes, de forma concorrente (p. ex., nos arts. 43, 285, 286, 288, 289 e 290 do CPC).

> «Na praxe forense, distribuição é nomenclatura que designa o ingresso da petição inicial, para distinguir do ingresso das demais petições nos autos, a que se denomina simplesmente *protocolo*.»

Mas a «livre» distribuição é excepcionada pela lei processual sem ofensa ao princípio do juiz natural; até pelo contrário, para preservá-lo. Fala-se em casos de distribuição «por dependência». Neles, por alguma relevante e justificada razão, ao invés de serem seguidos os critérios de alternância e igualdade entre diferentes órgãos em tese competentes, dirige-se a demanda a um órgão predeterminado.

Isso ocorre quando a competência tiver sido modificada pelos fenômenos da conexão ou continência (CPC, art. 286, I), no pressuposto de que a demanda proposta foi precedida de outra, com a qual guarda parcial identidade; o que justifica, a bem da ordem pública, o processamento e o julgamento conjunto (supra n. 159).

Também se determina a distribuição por dependência quando, tendo havido extinção de um dado processo sem resolução do mérito (CPC, art. 485), o pedido for renovado - ainda que o primitivo autor venha depois acompanhado de outros litisconsortes ou que sejam outros os réus (CPC, art. 286, II). Na verdade, o que se busca aí é proporcionar um controle que impeça burla, entendida como a tentativa de se obter em juízo diverso do primitivo a providência que fora negada, em mecanismo de tentativa e erro; até que eventualmente o autor lograsse distribuição para juízo que, na esfera de sua independência, entendesse viável o pleito deduzido (diferentemente do que fizera o primitivo juízo). A prevenção se justifica, então, pela circunstância da identidade objetiva e subjetiva (ainda que parcialmente) e apenas por isso. A disposição não pode ser interpretada extensivamente e não se aplica caso sejam diversos o pedido ou a causa de pedir.

A regra do inciso II do art. 286 do CPC deve ser interpretada em consonância com a disposição contida no art. 486, segundo o qual, no caso de extinção do processo sem resolução do mérito, seria possível a repropositura da demanda; que, nesse caso, pressupõe-se ser a mesma demanda (mesmas partes, mesmos fundamentos e mesmo pedido) porque a lei não precisa autorizar a propositura de uma demanda diversa (ainda que parcialmente) de outra anterior, mesmo que julgada desfavoravelmente ao autor. Nos casos de extinção do processo sob o rótulo de carência de ação, será realmente preciso verificar até que ponto a *mesma* demanda poderia ser reproposta; ou, diversamente, se a sentença (conquanto rotulada de carência) teria conteúdo típico de mérito, a ensejar coisa julgada material, impeditiva da simples reedição da *mesma* demanda (infra n. 203). Já nos casos de extinção do processo por ausência de pressuposto processual, não há qualquer óbice à repetição da *mesma* demanda e a distribuição por dependência determinada pelo art. 286, II, do CPC, só se justifica para que seja feita a fiscalização de que realmente não há tentativa de burla.

162. Perpetuação da competência. A prevenção exclui a competência de outros órgãos judiciários, que também eram competentes para a causa a fim de situá-la, unicamente, no órgão em que a demanda primeiramente foi proposta. Ela funciona como critério para reunião de causas parcialmente idênticas, inclusive mediante distribuição «por dependência» (supra n. 161).

Mas a prevenção é um fenômeno que explica a relação de um órgão com outros concorrentemente competentes. Coisa diversa, mas relacionada, é a *perpetuação* da competência (*perpetuatio jurisdictionis*): na premissa de que o órgão seja competente, com a propositura da demanda tornam-se irrelevantes modificações de fato e de direito posteriores (CPC, art. 43). Assim ocorre para a preservação do *juiz natural* porque o sistema não tolera julgamento por órgão constituído não apenas após o fato, mas em função dele (supra ns. 61 e 140).

A perpetuação se harmoniza com a ideia de estabilização do processo, que está associada ao valor *segurança* e que se concretiza mediante técnicas como a da *preclusão*; que, objetivamente falando, é um impedimento ao retrocesso. A perpetuação da competência está, portanto, em consonância com a regra de estabilização do objeto do processo e também de sua composição subjetiva (CPC, art. 329). É oportuno recordar, nesta altura, que a *matéria* (tal qual constante da causa de pedir e do pedido) e a *pessoa* são critérios determinantes da competência (supra n. 143). Portanto, admitir alterações nesses dois elementos é abrir a possibilidade de consequente alteração na competência; o que, então, deve ser visto como exceção.

A alteração objetiva - do pedido e/ou causa de pedir - se afigura possível, embora com limites temporais (CPC, art. 329). A alteração subjetiva pode decorrer de normas relativas ao litisconsórcio ou à intervenção de terceiros. Para ilustrar, no caso da *denunciação da lide*, que torna mais complexo o processo tanto sob o aspecto objetivo quanto sob o prisma subjetivo, há entendimento jurisprudencial a limitar a intervenção se dela, eventualmente, devesse acarretar alteração de competência. Embora esse entendimento seja correto, na medida em que considera que a cumulação objetiva exige que o juízo seja competente para todos os pedidos (CPC, art. 327, II); seja também compreensível e louvável por prestigiar a regra de perpetuação e se alinhar ao caráter excepcional da alteração da competência, é preciso considerar que outras formas de intervenção, para as quais não vigora limite temporal, podem acabar acarretando alteração subjetiva e até objetiva e, com isso, gerar alteração de competência. Tal ocorre nos casos da assistência e da desconsideração da personalidade jurídica, por exemplo.

Certo que há ressalvas à regra da perpetuação, as quais devem sempre ser vistas como tal, isto é, interpretadas de forma estrita. Suposto haja supressão do órgão, isto é, extinção do órgão judicial pelo motivo que for – fato que, por força do princípio da inafastabilidade, não dispensa o Estado de julgar a controvérsia, – a alteração é inevitável. Mas, nesse caso, tanto quanto na hipótese de modificação da competência em razão da matéria ou funcional (a que a lei se refere como sendo em razão «da hierarquia»), as exceções devem ser examinadas à luz do princípio do juiz natural, tal como acima mencionado. Suposto não haver inconstitucionalidade, a modificação prevalece; ainda que com eventuais modulações (infra n. 166).

Por isso, não se admite que a supressão do órgão – supostamente a justificar a quebra à regra da perpetuação – ocorra indiretamente, pela *avocação* de uma causa por órgão de grau superior àquele ao qual a solução da controvérsia está submetida. Esse tipo de mecanismo – que consiste na retirada da causa de um órgão e remessa a outro, para que siga no respectivo julgamento – é repudiado pelo sistema. Isso ocorre, dentre outros, porque tal instrumento não se afina com o princípio do juiz natural (supra n. 61). Na Constituição Federal, a avocação só é admitida nas atribuições do Conselho Nacional de Justiça e do Conselho Nacional do Ministério Público (CF, arts. 103-B, § 4.º, III, e 130-A, § 2.º, III). Mas isso resulta da competência que é dada àqueles órgãos e, desde que se interprete que eles atuam de forma subsidiária (supra n. 60) não há afronta ao devido processo legal, nem à autonomia dos tribunais.

Mas, é preciso ser realista e considerar que o sistema, na busca de jurisprudência uniforme, estável, íntegra e coerente eventualmente flerta com mecanismos que, direta ou indiretamente, acabam por alterar a competência. Não se trata apenas do órgão que «perde» competência para outro, em função dos fenômenos da conexão, continência ou, especialmente, daquele previsto pelo art. 55, § 3.º do CPC. No caso do incidente de assunção de competência, de resolução de demandas repetitivas, de recurso extraordinário com repercussão geral e de recurso extraordinário ou especial repetitivo, a extensão da decisão sobre a questão de direito para outros casos que não aquele tomado como paradigma, se não representa tecnicamente uma forma real de avocação, tem o mesmo efeito prático, caso haja sobrestamento de processos até resolução: ao menos para a solução da questão uniformizada, o reconhecimento do efeito vinculante terá subtraído do juízo originário a competência para decidir sobre o tema. Eventual desafio à autoridade do julgado poderá inclusive ensejar reclamação (CPC, art. 988, III e IV). Em termos realistas: enquanto o processo está sobrestado, a causa - nos limites da questão jurídica submetida à uniformização - está efetivamente sendo julgada por outro órgão, que não aquele no qual se perpetuara a competência. Algo análogo, embora sem previsão de efeito vinculante, ocorre com o julgamento das turmas de uniformização dos Juizados especiais federais (art. 14 da Lei 10.259/2001).

163. Competência e arbitragem. Vigora na arbitragem a assim denominada regra da *competência da competência* (*Kompetenz-Kompetenz*): o árbitro tem a prerrogativa de decidir sobre sua própria competência e, para tanto, dirimir, dentre outras, eventuais questões sobre sua capacidade de julgar, a extensão de seus poderes e até o cabimento da arbitragem diante da controvérsia que se pretende dirimir. Trata-se de postulado aceito de forma generalizada e que no Brasil pode ser extraído da regra contida no art. 8.º, parágrafo único, da Lei 9.307/1996.

Conquanto tenha foros de universalidade, a regra precisa ser entendida à luz do direito positivo brasileiro. Ela não exclui eventual controle jurisdicional estatal sobre a existência, a validade e a eficácia da convenção arbitral; o que, de resto, está em harmonia com as disposições da Convenção de Nova Iorque (art. II, n. 3), que foi incorporada ao direito brasileiro pelo Decreto 4.311/2002. O que se extrai da «competência da competência» é que o controle pelo Estado da arbitragem, por regra, deve ser apenas repressivo (ou sancionador). O controle preventivo deve ser tido como marcantemente excepcional.

> «Argumentos contrários ao controle preventivo pelo Judiciário, que tenha por objeto a convenção arbitral, não se sustentam. Aventa-se, por exemplo, que a impugnação só seria admissível se fundada em prova pré-constituída e se a invalidade fosse evidente, constatável *prima facie*. Mas restrições à profundidade da cognição dependem de previsão legal, diante da largueza da regra inscrita no art. 5.º, XXXV, da CF. Ademais, restrição dessa ordem deve ter alguma fundada razão de ser, a proporcionar forma de tutela diferenciada.
>
> Outro argumento é de que não se poderia, de antemão, «desconfiar» do árbitro. Mas não é essa a questão relevante. Não há dúvida de que a arbitragem está expressamente autorizada pelo direito positivo e a sentença arbitral está equiparada à estatal. Genericamente falando, o sistema já confiou aos árbitros a função de julgar e isso, para bem do sistema, já está fora de discussão. Mas coisa diversa é considerar uma alegação concreta de que tal ou qual árbitro não é imparcial.

Assim, cai também o argumento de que o interesse para impugnar só surgiria com a decisão final do árbitro: a litispendência é onerosa para o demandado e para o Estado – e isso vale para a arbitragem, equiparada que está à jurisdição estatal. A litispendência não se justifica quando for possível verificar que o processo não levará ao resultado desejado, de resolução «justa» da controvérsia.»

CAPÍTULO VIII

CONFLITO E RECONHECIMENTO DE INCOMPETÊNCIA

164. Conflito de competência. A competência é *ponto* sobre o qual pode se instaurar controvérsia e, portanto, que pode ser objeto de uma *questão*. Usualmente, questões sobre competência - suscitadas pelas partes ou resultantes de atuação oficial do juiz nos casos em que isso é adequado - estão submetidas a um órgão que, em dado momento do processo, deve resolvê-las (ainda que dessa decisão caiba eventualmente recurso para outro órgão). Mas quando a questão acerca da competência envolve simultaneamente dois órgãos do Poder Judiciário - que afirmam ou que negam sua competência para determinada controvérsia - está-se diante do que a lei convencionou chamar de *conflito de competência*. É dele que trata o art. 66 do CPC, ao prever o conflito *positivo* (afirmação simultânea da competência) e *negativo* (recusa).

> «A «terceira» hipótese prevista pelo art. 66 do CPC é redundante: desnecessária, uma vez que a situação sempre poderá ser conduzida a uma das outras duas. Eventual controvérsia entre dois juízes a respeito da reunião ou separação de processos sempre será um conflito positivo ou negativo.»

A questão objeto do conflito pode dizer respeito à competência absoluta ou relativa. Mas, nessa segunda hipótese, o conflito fica condicionado à iniciativa da parte interessada, que tem o ônus de alegar a incompetência- o que, aliás, é coerente com a ideia de que a incompetência relativa não tempestiva e adequadamente alegada se transmuda em competência, pelo fenômeno de prorrogação (supra n. 158).

Com tal objeto, o conflito tem a forma de *incidente* processual cuja iniciativa pode ser das partes, do Ministério Público ou do juiz (CPC, art. 951); e cujo julgamento fica a cargo de um terceiro órgão (CPC, art. 953), que poderá atribuir a um dos órgãos envolvidos a competência provisória para apreciação de pleitos de tutela provisória (CPC, art. 955).

Para que o conflito seja suscitado não é imprescindível decisão expressa nos autos a afirmar a competência de cada qual dos órgãos envolvidos (e, portanto, a excluir a competência dos outros). Portanto, é correto o entendimento segundo o qual basta que os dois órgãos atuem na premissa (ainda que implícita) de que o fazem porque competentes para dirimir a controvérsia. Exigir-se maior formalidade ou explicitação é desconsiderar a nocividade que decorre da divergência entre dois órgãos do Judiciário. Convém lembrar que questões em torno da competência, por si sós, já são um grave risco para a prestação da devida tutela jurisdicional (supra n. 46). Se e quando a controvérsia confronta dois órgãos do mesmo Poder, convém que o sistema desencadeie tão logo quanto possível a intervenção do terceiro órgão, competente para dirimir o conflito.

> «No caso de conflito negativo esse problema não surge porque a recusa à competência não pode ser tácita.»

Se o conflito envolver o Superior Tribunal de Justiça ou outros Tribunais Superiores, a Constituição Federal diz ser do Supremo Tribunal Federal a competência para apreciá-lo (CF, art. 102, I, *o*). Se o conflito for entre quaisquer tribunais, ou entre tribunais e juízes a ele não vinculados, ou, ainda, entre juízes vinculados a tribunais diversos, a competência será do Superior Tribunal de Justiça (CF, art. 105, I, *d*), ressalvadas as hipóteses de competência do Supremo Tribunal Federal. Sempre que o conflito envolver *Justiças diferentes*, a competência será, portanto, do STJ, pois, nesse caso, os juízos em conflito não estão vinculados a um mesmo Tribunal.

> «É o caso, por exemplo, dos conflitos de competência entre Juizados Especiais submetidos a Colégios Recursais diversos. Cabe ao Superior Tribunal de Justiça, em conflito de competência positivo a ser suscitado pela parte, determinar qual, dentre os vários Juizados, é o competente para o julgamento conjunto de todas as demandas.»

165. Alegação de incompetência. No sistema do CPC/2015, a incompetência – seja ela absoluta, seja relativa – deve ser arguida pelo réu como preliminar de contestação (artigos 64, 65, *caput* e 337, II). A figura da *exceção* – como modalidade de resposta do réu, com essa nomenclatura – não tem mais previsão legal, sendo que o impedimento e a suspeição devem ser alegados na forma prevista pelo art. 146. O termo *exceção* perdeu um significado, mas manteve seus outros dois: em sentido amplo, ele é sinônimo de *defesa*; em sentido estrito, é matéria cujo ônus de alegação é absoluto e não pode ser conhecida de ofício – é o contrário de *objeção*. Assim, a incompetência absoluta segue como objeção e a incompetência relativa como exceção, no sentido apontado.

Além disso, no sistema vigente a oportunidade de contestação está reservada para depois da audiência de conciliação ou mediação – salvo nos casos em que essa não ocorrer (CPC, art. 334, § 4.º). Assim, de ordinário, incompetência é tema que só nessa oportunidade poderá ser deduzido; o que, forçoso convir, é algo consideravelmente diverso do sistema precedente, em que a alegação de incompetência relativa poderia ser deduzida antes da contestação, inclusive com suspensão do prazo para essa última. Embora a nova lei recomende que, após manifestação da parte contrária, o juiz decida imediatamente a alegação (CPC, art. 64, § 2.º), eventualmente o tema pode acabar sendo relegado até para o momento do saneamento (CPC, art. 357). Lembre-se que o novo diploma manteve a regra de eventualidade e concentração, de tal sorte que toda a matéria de defesa deve ser alegada na contestação (CPC, art. 336). Até mesmo a nomeação à autoria – que no sistema anterior excepcionava a regra por permitir uma especial alegação de ilegitimidade passiva – agora está abarcada pela regra, conforme norma expressa dos arts. 338 e 339 do CPC, que foram além das regras antes vigentes, para abranger toda e qualquer alegação de ilegitimidade passiva.

Nos termos do art. 340 do CPC, havendo tal alegação (de incompetência relativa ou absoluta), a contestação poderá ser ofertada no domicílio do réu. A alegação impedirá a designação de audiência de conciliação ou de mediação, perdendo-se a data já designada, eventualmente. Somente após a definição da competência é que será marcada uma nova data para tanto (art. 340, §§ 3.º e 4.º).

Nesse contexto, a postergação do momento da alegação (e, portanto, do conhecimento) não pode e não deve contribuir para retardar o processo. Considerando que a definição da competência – não importa se absoluta ou relativa – é tema crucial no processo, por não interessar ao Estado a permanência do feito perante órgão incompetente (mesmo que esse conceito seja menos importante para o momento de tentativa de autocomposição), é possível eventualmente admitir-se que a alegação de incompetência seja feita isoladamente, *antes do momento da contestação*; sem que se possa falar em preclusão consumativa. A circunstância de a lei ter incluído a incompetência relativa no bojo da contestação (CPC, arts. 64 e 337, II) apenas significa que a alegação não enseja mais a imediata e necessária suspensão do processo e dos prazos processuais. Mas, nada impede que essa matéria – a exemplo de outras que são prejudiciais ao desenrolar válido do processo, como é o caso da validade da citação e da existência de convenção de arbitragem – sejam trazidas e decididas antes da contestação.

No caso do pleito de tutela provisória, isso fica ainda mais evidente: corre-se o risco de provimento de tal natureza vigorar por tempo considerável, até que se venha a reconhecer a incompetência, vício que poderá comprometer a própria decisão concessiva da tutela, com indesejáveis desdobramentos sobre a segurança jurídica. No caso de tutela antecipada requerida em caráter antecedente isso é particularmente certo, na medida em que todo o percurso acima mencionado – até se chegar à audiência e depois ao prazo para contestar – teria que ser observado (CPC, art. 303, § 1.º, II e III).

Já no caso de tutela cautelar requerida em caráter antecedente, o réu é desde logo citado para contestar o pedido e indicar provas. Nesse caso, embora o alvo da resistência seja ainda apenas a pretensão cautelar, a incompetência para o pedido principal já deverá ser alegada, na medida em que, negando-se a competência para o pedido cautelar, estar-se-á igualmente negando para o pedido principal. Aliás, tendo em vista que o processo é um só, é ônus do réu alegar a incompetência na contestação, sob pena de se tornar tardia sua alegação apenas ao ensejo da contestação ao pedido principal. Não sendo alegada a incompetência (relativa) para o pedido cautelar, prorroga-se a incompetência. Então, firmada a competência para o pedido cautelar, o mesmo órgão é funcionalmente competente para conhecer do pedido principal. Com maior razão isso acontecerá se o autor, desde logo e como lhe faculta a lei, deduzir tanto o pedido cautelar quanto o principal (CPC, art. 308, § 1.º). Nesse caso, segue o ônus de contestação quanto ao pedido cautelar, sem prejuízo da eventual designação de audiência de conciliação ou mediação.

166. Consequências do reconhecimento da incompetência. Por regra, o vício de incompetência não conduz à extinção do processo sem resolução do mérito, mas apenas impõe a remessa dos autos ao juiz competente (CPC, art. 64, § 3.º); o que ocorre quer nos casos de incompetência relativa, quer absoluta. Ainda que eventualmente – e para argumentar – a competência possa ser inserida no rol dos pressupostos processuais (infra n. 277), os atos praticados por juiz incompetente, quando muito, resolvem-se na invalidade dos que tenham natureza decisória: ao contrário do que vigorava na ordem processual anterior, as decisões proferidas por órgão incompetente não são necessariamente inválidas, mas conservam seus efeitos até que outra seja proferida pelo órgão competente.

Mas o sistema conhece situações particulares. Nos processos dos Juizados Especiais, a incompetência leva à extinção (Lei 9.099/1995, art. 51, III). Assim também ocorre perante os tribunais superiores: no STF, autoriza-se decisão monocrática que negue seguimento a petições ou pedidos de qualquer forma ineptos ou manifestamente inadmissíveis; incluindo-se nesses conceitos o vício de incompetência do Tribunal (RISTF, art. 13, V, *c*).

No caso dos Juizados, a extinção do processo sem resolução do mérito se dá quer quanto à «competência» estatuída pelo art. 3.º, quer por força da regra do art. 51, III, em se tratando de incompetência relativa. No primeiro desses casos, embora a questão possa até ser vista sob o ângulo da competência, a bem da verdade trata-se de inadequação da via processual e, portanto, falta de interesse de agir. É que, fora das hipóteses previstas no aludido art. 3.º, descabe o procedimento especial ditado pela Lei 9.099/1995. Como esse procedimento é exclusivamente aplicável no âmbito dos Juizados, então a questão acaba sendo tratada de forma deslocada, no campo da competência. Contudo, na ótica adequada, entende-se a impossibilidade de remessa dos autos à Justiça «comum» (quando esta for competente, por exclusão da competência dos Juizados), perante a qual simplesmente não se aplicam as disposições da Lei 9.099/1995. No segundo dos casos (art. 51, III), trata-se de opção legislativa inspirada nas regras constantes do art. 2.º daquela Lei, preferindo-se a extinção do processo à remessa dos autos ao órgão competente.

Nesse contexto, a solução legal extravagante é até compreensível porque ali estão intimamente relacionados os conceitos de *competência* e *processo* (supra n. 141). Quem opta – ou é compelido, no caso dos Juizados Especiais das Fazendas Públicas Estaduais (art. 2.º, § 4.º, da Lei 12.153/2009) – pelos Juizados, na verdade, adere ao *processo* que somente se aplica perante referidos órgãos; e cuja especialidade é marcante, dado seu elevado grau de concentração. Isso se reflete inclusive no ônus inicial de alegação, que, em alguma medida, pode interferir com os requisitos do ato inaugural que é a demanda. Daí porque a ideia de inadequação da competência é, na verdade e também, inadequação do processo, a justificar a conclusão pela extinção do processo.

Já a solução dada pelos tribunais superiores não é correta. Para não falar no problema da competência legislativa (CF, art. 22, I), não parece haver justificativa plausível para não se aplicar a regra contida na lei federal. Em ambos os tribunais, as regras são aplicadas em ações de competência originária para que, com fundamento na incompetência, os processos sejam extintos sem resolução do mérito, com fulcro no art. 485, IV, do CPC; olvidando-se simplesmente o disposto no art. 64, § 3.º, do CPC, que determina a remessa dos autos ao juízo competente.

Assim, nesses casos, não há razão plausível para não se aproveitar a demanda já proposta. A questão é relevante pelos efeitos processuais decorrentes da propositura da demanda, dentre os quais os fenômenos extintivos da decadência e da prescrição; sem falar nos encargos financeiros (pagamento de taxa judiciária e outros ônus que o ingresso em juízo traz para o demandante).

De outra parte, a incompetência não é determinante da inexistência do ato (sequer de invalidade automática se pode falar, diante da regra do art. 64, § 3.º, do CPC). Todo órgão judicial (colegiado ou monocrático), ainda que absolutamente incompetente, é investido de jurisdição e, nessa medida, não se pode reconhecer a inexistência de ato emanado do Poder Judiciário, ainda que de órgão desprovido de competência. A competência é pressuposto processual de validade - e, mesmo assim, com a ressalva de conservação de atos decisórios editados pelo órgão incompetente. Quando muito, a incompetência absoluta pode levar ao cabimento de ação rescisória (CPC, art. 966, II); o que deixa claro que o tema da incompetência está situado no plano da validade; e não da existência (caso em que se cogitaria da chamada ação de *querela nulitatis*). Nem mesmo quando a regra de competência seja constitucional se pode falar em inexistência (supra n. 147).

Sobre a remessa dos autos, se e quando eventualmente o grau superior anular a decisão de grau inferior justamente pela razão da incompetência, é pertinente indagar se o tribunal realmente deve devolver os autos ao grau inferior ou se pode eventualmente passar ao julgamento da controvérsia, desde que eventualmente competente para tanto. Isso poderia ocorrer com base na regra do art. 1.013, § 3.º, do CPC. Lembre-se que a incompetência do órgão de primeiro grau não significa necessariamente a do tribunal - coincidência que só ocorreria quando se tratasse de incompetência de Justiça (ou de jurisdição) - na medida em que o tribunal pode ser o órgão hierarquicamente superior em relação tanto ao órgão incompetente, quanto ao que seria competente e que deveria ter decidido a controvérsia.

Contudo, é inviável que o tribunal passe diretamente ao julgamento. No caso da incompetência, se a premissa da decisão do tribunal foi a de que houve vício a justificar a invalidação do processo, até mesmo por coerência não haverá simplesmente como desconsiderar o vício, ainda que a pretexto de obter mais rápida solução da controvérsia. Pensar diversamente seria esvaziar as regras que disciplinam a competência no grau inferior.

TÍTULO IV

OS INSTITUTOS FUNDAMENTAIS DO PROCESSO CIVIL: AÇÃO E EXCEÇÃO

CAPÍTULO I

ASPECTOS CONCEITUAIS DA AÇÃO

167. Ação: diferentes perspectivas conceituais. Já foi dito que o exercício do direito de ação desencadeia a atividade jurisdicional (estatal ou arbitral) e a produção de efeitos jurídicos dirigidos ao plano substancial (provimento de mérito). Por isso, a ação está ligada ao direito material de forma relevante e suas diferentes concepções variam conforme se conceba a relação entre ambos.

Na ótica sincrética, ela é um elemento do próprio direito material, de tal sorte que a todo direito corresponde uma ação, que «o assegura», conforme dicção do art. 75 do Código Civil precedente. Daí a ideia de que *ação* é o direito material violado e «armado para a guerra». Assim, o direito de posse vem acompanhado da «ação possessória»; o de propriedade da «ação reivindicatória», e assim por diante.

Já na perspectiva de autonomia do direito processual, *ação* é posição jurídica distinta daquela afirmada pelo autor, quando narra a situação substancial carente de tutela. Mas, mesmo sob essa ótica, ela está ligada ao plano substancial; quer porque ali são colhidos os fundamentos em que se baseia o autor, quer porque para lá se dirigem os efeitos do ato estatal (que atua a norma em concreto e elimina a controvérsia). Daí porque, em certo momento histórico, sustentou determinada corrente doutrinária que o direito de ação é o direito a um provimento de mérito favorável (concretistas); que, portanto, só estará presente se a pretensão deduzida encontrar respaldo na vontade do direito material. Por outras palavras, só existiria o direito de ação quando o demandante tivesse razão no pleito.

Mesmo quando se idealizou a ação como um instituto essencialmente abstrato e desvinculado da vontade do direito material (perspectiva abstrata pura), esse último plano não deixou de ser considerado, ainda que indireta ou reflexamente; quando menos para deixar clara a separação dos conceitos. Já na perspectiva dita eclética - em que a ação é entendida como invocação de um provimento de mérito, favorável ou desfavorável ao autor -, a ligação entre o instituto e o direito material é ainda mais clara: as assim denominadas «condições da ação» (infra n. 201) são requisitos aferíveis a partir da relação de direito material e representam um elo fundamental entre processo e plano substancial.

Mas qualquer que seja a explicação que se dê para a relação entre *ação* e direito material, o que fica do debate é que aquela tem nítida função *instrumental* em relação ao outro.

Quem exerce o direito de ação e propõe uma demanda, relata fatos e fundamentos (ordinariamente) colhidos no plano substancial e, mais do que isso, pede a produção de efeitos que se dirijam àquele mesmo plano: quer para afastar uma incerteza (provimentos meramente declaratórios); quer para impor a alguém um dever de prestar - dar, fazer ou não fazer - e, assim, abrir caminhos para que a prestação seja obtida, se necessário, mediante a prática de atos coercitivos (provimentos ditos condenatórios, completados pela execução ou cumprimento); quer para operar modificações em estados jurídicos (provimentos constitutivos). Isso explica porque usualmente a tipologia da ação é dada em função do resultado almejado: seja com ênfase para o efeito estatal (ou arbitral) pretendido, seja com ênfase para o efeito substancial a ser proporcionado pela decisão do terceiro imparcial. Ainda que se conclua que o autor não tem razão e que seu pedido não pode ser acolhido, ainda assim o caráter instrumental permanece, mesmo quando visto sob a ótica de simples asserção.

> «Isso também explica a busca pragmática de nomes e de rótulos quando se propõe uma demanda, não raramente associados ao direito material, em espécie de resquício da fase sincrética. Embora a prática seja tecnicamente incorreta, ela mostra a relevância da relação entre ação e direito material, que não pode e não deve ser negada, mas apenas ajustada à correta perspectiva metodológica, em que o direito processual tem objeto autônomo e não se confunde com o plano substancial.»

Portanto, a concepção que se tem da ação varia conforme o grau de abstração que se tenha em relação ao direito material afirmado pelo autor quando concretamente ajuíza uma demanda. Daí a utilidade metodológica de entender a ação, de um lado, como prerrogativa ligada à inafastabilidade do controle jurisdicional, por força do art. 5.º, XXXV, da CF (supra n. 38). Sob essa ótica, em que a abstração é marcante, a ação é o direito incondicionado de ingressar em juízo e de invocar um provimento jurisdicional de qualquer natureza, sem indagações - ainda que feitas em juízo de delibação - acerca do direito material. Há quem equipare o direito de ação, sob essa perspectiva, ao *direito de petição*;

ou, ainda, quem fale no *direito à administração da Justiça* ou, também, quem empregue a locução *direito de demandar*.

> «Nessa perspectiva, por mais inepta que seja a petição inicial ou por mais evidente que seja a falta de legitimidade do autor (porque não é o titular da relação de direito material), quem foi a juízo terá exercido o direito de ação. Percebe-se, portanto, que se trata de uma visão distanciada do direito material, ainda que o instituto não perca o caráter instrumental.»

De outro lado, quando se aproxima o direito de ação do direito material, a visão constitucional - mais abstrata e, em certo sentido, etérea - dá lugar a uma perspectiva mais concreta, que poderia ser referida, para efeitos didáticos, como uma ação «processual». Daí, então, as diferentes explicações: quem identificar ação e direito material dirá que aquela é apenas uma faceta desse outro; quem, indo um pouco além, afirmar que o direito de ação é autônomo, mas que só existe se o autor tiver razão (isto é, se existir o direito material afirmado), dirá que a ação tem natureza concreta; quem, indo mais além, afirmar que o direito de ação é uma prerrogativa completamente desvinculada do direito material afirmado pelo autor, dirá que ela tem natureza abstrata; até que se chegue à perspectiva eclética, que reconhece ser a ação autônoma, mas com relativo grau de abstração: justamente por seu caráter instrumental, o exercício do direito de ação deve considerar elementos da relação material, que permitirão avaliar se o processo pode ou não conduzir à solução da controvérsia - no que reside o desfecho normal do processo.

168. Sujeito passivo do poder ou direito de ação. Entendida como poder ou direito de invocar a tutela jurisdicional, a ação tem como sujeito passivo o Estado, e não o adversário. Daí a preocupação com o rigor terminológico: seria incorreto dizer que a ação é *contra o réu* porque - quer na ótica de poder (a gerar sujeição), quer na perspectiva de direito subjetivo (e no conflito de interesses que aí se contém) - a ação seria exercida contra o Estado e apenas *em face* (ou no confronto) do adversário.

O emprego dessa terminologia se tornou corrente na linguagem forense a ponto de se desvirtuar: a palavra *contra* foi substituída pela expressão «em face» em situações que não exatamente a do exercício do direito de ação. Passou a se falar também em «recurso em face da sentença». A lição, originalmente com grande utilidade metodológica, ganhou uma espécie de interpretação extensiva e sua distorção se institucionalizou.

Como já afirmado, diz-se que a ação é «em face» do réu na premissa de que ela é contra o Estado (a partir do que eventualmente se diz que a ação seria «direito subjetivo público»). Trata-se de assertiva que se harmoniza com o caráter abstrato da ação (tanto que não se compadece com a perspectiva dita concretista). Não se quer tirar o peso do encargo que a litispendência representa para o demandado porque, no plano material, é evidente que a controvérsia significa contraposição entre partes. Sob essa ótica, uma parte está contra a outra porque, se estivessem em situação de consenso, não estariam a litigar em juízo (exceto nos casos de processo necessário, em que a litispendência continua, de qualquer modo, a ser um peso). Isso fica claro mesmo no processo penal, em que se discute a existência de *lide*. Se de uma simples investigação normalmente se diz pesar «contra» alguém, o que dizer de um processo?

Assim, a parte que recorre não se insurge «em face» da sentença ou da decisão. O recurso – ainda que preferencialmente de forma fundamentada e elegante – ataca o ato recorrido. Portanto, um recurso, sem meias ou erradas palavras, não é «em face» de nada, mas é *contra* o ato recorrido. Quando muito, para seguir a lógica que inspirou a expressão «ação em face de», o recurso seria «em face do adversário» (recorrido) porque, como no caso da ação, o recurso seria dirigido contra o Estado (agora em instância diversa).

169. Ação, processo e tutela jurisdicional. Conforme exposto anteriormente, o conceito de *tutela jurisdicional* abrange não apenas o *resultado* favorável a uma das partes, mas também os *meios* predispostos para o exercício da jurisdição (supra n. 38). Assim, a tutela não está apenas no resultado do processo, mas nele próprio, isto é, no desenrolar da relação processual. Por isso é que se diz haver tutela jurisdicional em favor de todos os sujeitos do processo, independentemente do resultado (e, portanto, mesmo para quem restar derrotado).

A consideração dos *meios* supera a visão da inafastabilidade como mero e formal exercício da jurisdição; e permite chegar ao que se qualifica como *processo justo*. Se a tutela jurisdicional se limitasse ao resultado, seria preciso vincular a ideia de processo justo ao de resultado justo; o que se afigura simplesmente inviável porque a determinação dessa justiça escaparia ao processualista, a começar da circunstância de que o resultado envolve a aplicação do direito material. O caráter «justo» (e équo) do processo está nele próprio – pela somatória de regras e princípios que compõem o devido processo legal – e o resultado aparece como consequência disso; só assim é que se pode qualificar como «justo» o resultado do processo.

Dessa maneira, o princípio inscrito no art. 5.º, XXXV, da Constituição Federal – não obstante a ligação que possa ser feita entre ele e o conceito de ação «incondicionada» (supra n. 37) – pode e deve ser lido como garantidor da tutela jurisdicional. Por isso estão ligados os conceitos de *tutela jurisdicional* – abrangente do resultado e dos meios processuais – e direito ao processo; que só pode ser entendido como o devido processo legal, isto é, composto pela somatória de princípios que embasam o sistema processual (supra n. 44). Em suma: o princípio da inafastabilidade só pode ser substancialmente entendido como princípio pelo qual o controle jurisdicional ocorre mediante o devido processo legal. E no devido processo legal, conforme exposto, há autêntica tutela jurisdicional.

Nem se pode dizer que esse modo de ver o fenômeno poderia se prestar a legitimar resultados injustos sob o argumento de que, para se chegar a determinada decisão de mérito, teriam sido formalmente observados os princípios do devido processo legal.

Mesmo que tais postulados tenham sido estritamente observados em um dado caso concreto, será possível dizer que a decisão a que aí se chegou seja injusta. Mas até mesmo em termos lógicos é preciso delimitar as razões dessa aventada injustiça para que se possa cogitar dos meios de sua eventual correção. Se não há imperfeição nos meios que levaram ao resultado, então, só se pode entender que a injustiça decorreria de um erro de julgamento. Para isso o sistema prevê recursos e, em casos que reputou de maior gravidade, prevê a assim denominada ação rescisória (CPC, art. 966). Mesmo assim, ela é medida excepcional e que não se presta a reexame da prova ou de rejulgamento da causa, como se recurso fosse. Justamente porque *justiça* não é o único escopo da jurisdição, é preciso considerar que o Estado também busca a pacificação que decorre da superação da controvérsia; do que depende a estabilidade do que foi decidido.

> «Não raramente, o que se extrai da crítica social a esta ou aquela decisão judicial de maior repercussão é, na verdade, inconformismo com a regra (geral e abstrata) que precede o julgamento e que, em concreto, é por ele atuada. Mas crítica dessa ordem deve ser dirigida ao Legislador e não propriamente ao Poder Judiciário. Isso não quer dizer que o Judiciário não possa e não deva interpretar as normas em consonância com seus fins sociais. Contudo, cumpre ao Judiciário, num sistema democrático, respeitar as escolhas do Legislador, salvo se de inconstitucionalidade se estiver a falar.»

Disso se conclui que o sistema, embora evidentemente não as prestigie, considera a possibilidade de decisões injustas por eventual erro de julgamento. Por isso, não se pode simples, direta e incondicionalmente ligar a ideia de processo justo, de um lado, à justiça da decisão, de outro. Daí porque se entende, também, que o resultado justo é aquele que decorre do correto emprego dos meios e dos princípios que os regem; o que, de volta ao início, é coerente com o elastério que se dá ao conceito de *tutela jurisdicional*.

CAPÍTULO II

CLASSIFICAÇÃO DAS AÇÕES

170. Classificação das ações ou (mais corretamente) das tutelas. Embora tudo isso seja certo, é com base no *resultado* pretendido pelo demandante que são feitas tanto a classificação das «ações» como a dos processos. Daí se falar, apenas ilustrativamente, em ação meramente declaratória, ou em ação constitutiva e assim por diante (infra ns. 172 e 180) - com os correspondentes processos de iguais naturezas.

Portanto, o critério usualmente empregado para a classificação das ações e dos processos é o do provimento jurisdicional almejado (ato estatal) e dos efeitos substanciais dele decorrentes - o que, em parte, é designado por «bem da vida». Por outras palavras, a classificação das ações e dos correspondentes processos se dá com base no pedido *imediato* (ato estatal) e no pedido *mediato* (bem da vida ou efeitos substanciais aos quais se chega mediante o ato estatal). Mas, considerando que o pedido delimita a resposta do órgão jurisdicional, então se retorna ao mesmo ponto: a classificação das ações e dos processos considera o resultado pretendido pelo demandante.

Sendo assim, afigura-se correto centrar atenção na mais abrangente e relevante classificação, que é a das *tutelas*, agora entendidas (de forma deliberadamente restrita) apenas com o sentido de *resultado* do processo, tal como pretendido pelo autor na demanda inicial.

> «Mesmo assim, como será visto adiante, é praticamente impossível desvincular o resultado, de um lado, das atividades empreendidas para sua consecução, de outro. Quando menos sob o ponto de vista didático, não há como explicar o resultado sem mostrar os caminhos percorridos e os meios

empregados para tanto. Isso parece explicar o porquê de a doutrina classificar as ações e os correspondentes processos com base num mesmo critério.»

Para tanto, descarta-se considerar dados do direito material ou, sob outra ótica, dados relativos ao pedido mediato ou ao bem da vida. Não que tais elementos sejam indiferentes à praxe forense - ainda influenciada por herança sincrética, que concebe a ação como uma faceta do direito material - ou até mesmo à lei. É o que ocorre quando se fala em «ação real» ou «ação pessoal»; «ação possessória» e «ação reivindicatória»; ou, ainda, «ação indenizatória», e assim por diante. É também o que em alguma medida ocorre quando parte da doutrina procura classificar as tutelas a partir de seus efeitos substanciais.

Embora a consideração do direito material seja relevante (justamente pelo caráter instrumental do direito de ação e da tutela a que almeja), o que se busca, ao menos em princípio, é uma classificação com base em critério estritamente processual, isto é, que considere o pedido imediato, ou o provimento jurisdicional pretendido; a partir dos quais se há de chegar aos efeitos substanciais desejados pelo direito material, ou ao «bem da vida» ou ao pedido mediato.

Proposta dessa ordem não desconsidera a importância do direito material e nem poderia: a tutela jurisdicional - aqui estudada (limitada e deliberadamente) como *resultado* - só pode ser entendida como tal quando seja adequada à situação de direito material apresentada pelo autor e apta a solucionar a controvérsia. Sob esse prisma, *tutela* é conceito que somente se completa à luz do direito material - daí inclusive se falar em «tutela jurisdicional de direitos» ou «de pessoas».

Da aproximação entre processo e direito material surgem classificações como as que consideram a existência de uma tutela *preventiva* ou *inibitória*, por oposição à tutela *sancionatória* ou *reparatória*; ou em tutela *coletiva*, por oposição à *individual*; ou tutela *específica*, em oposição a uma tutela *genérica* (ou *reparatória*); ou ainda tutela *antecipada* ou *antecipatória*. Esses tipos de tutela podem e devem ser examinados a partir de tipos definidos exclusivamente por critério processual, tal como segue. E, sobre eles, ainda vale observar que não são necessariamente excludentes entre si; pelo contrário, eles convivem ou até se combinam. Sua percepção ajuda a visualizar com maior clareza o fenômeno processual.

Então, sob a ótica processual, as ações ou os processos eram tradicionalmente classificados em três espécies. Essa tipologia, na esteira das considerações precedentes, pode ser aqui aproveitada para a classificação das tutelas: de *conhecimento* (ou *cognitiva*), *executiva* e *cautelar*. Dentro da primeira, ainda sob a ótica clássica, estão as *tutelas meramente declaratória*, *constitutiva* e *condenatória*. Ao lado dessas, ganhou força o reconhecimento de duas formas ou *tipos* de tutela: a *mandamental* e a *executiva em sentido lato*.

Apesar das críticas que sofreu e não obstante as alterações experimentadas pelo direito positivo brasileiro, a classificação tradicional, embora com ressalvas, continua a ter utilidade metodológica e merece ser tomada como referência básica na matéria. Para tanto, é preciso fazer uma advertência essencial: embora os conceitos estejam todos interligados, no momento oportuno será preciso considerar a distinção entre a *atividade* desenvolvida; o *modo* e os *meios* para realizá-la e o *resultado* a ser obtido. Boa parte das imprecisões reinantes nessa matéria aparentemente é produto dessa falta de distinção.

Para ilustrar o que foi dito, considere-se que a tríplice divisão em *conhecimento*, *execução* e *cautelar* efetivamente apresenta incongruência quando se pensa exclusivamente em *tutela* como *resultado*. Sob esse prisma, por exemplo, o «conhecimento» é próprio da *atividade* desenvolvida, não se podendo falar rigorosamente em provimento (=resultado) cognitivo, mas em provimento declaratório (em sentido lato). Portanto, a forma de atuação pode ser corretamente qualificada como *cognitiva*, mas não assim o provimento (ou resultado); não ao menos em um sentido mais próprio e rigoroso. Isso também fica claro quando se pensa na execução: na *atividade* realizada pelo Estado com esse propósito, não deixa de haver alguma forma de cognição (por exemplo, quando o juiz avalia a presença das condições da ação executiva e dos pressupostos processuais); embora ela não seja voltada para a declaração do direito, mas para sua atuação prática (aqui sim o *resultado* desejado).

Também não se pode confundir o conceito de *processo*, de um lado, e a natureza da atividade estatal realizada, de outro. A atividade cognitiva e a executiva (que a lei processual passou a chamar de cumprimento) podem até estar contidas num único processo, dividido em fases; mas a essência de cada uma das atividades, pela natureza das coisas, continuará a ser distinta. Por outras palavras: pode não haver um processo cognitivo e um processo executivo, mas existem atividades cognitiva e executiva, que são ontologicamente distintas. A execução fundada em título extrajudicial, por exemplo, é objeto de um processo em que não se almeja declaração do direito e no qual a cognição é apenas incidental.

Ainda na tipologia tradicional, há impropriedade quando se classifica pelo resultado uma das formas de tutela em condenatória, quando ela nada propicia de efetivo ao demandante, na premissa de que o devedor permaneça recalcitrante. Daí porque se fala, em doutrina, num misto de tutela condenatória e executiva, uma vez que a efetiva entrega do bem ao credor – com a verdadeira dissipação da crise de adimplemento – somente se opera através dos atos de execução e pelo *resultado* por ele proporcionado.

171. Tutela cognitiva ou declaratória (em sentido lato). Considerada apenas a etimologia da palavra, jurisdição significa *dizer o direito*. Aí está a primeira forma de tutela proporcionada pelo Estado, mediante o exercício da jurisdição: a atuação da vontade do direito objetivo, mediante substituição das partes, ocorre mediante *declaração* do direito no caso concreto, entre partes determinadas.

Para que chegue à declaração do direito (resultado pretendido), o Estado empreende atividade cognitiva e a consideração dessa última – ainda que de forma imprópria, conforme acima referido – é que levou ao uso da designação da tutela como «de conhecimento» (como antes fora para a classificação das ações e dos processos). Mas, se considerado o resultado almejado, mais correto seria falar em atividade cognitiva que leva à declaração; e, portanto, à tutela declaratória.

Isso ajuda a explicar, em alguma medida, os desdobramentos da tutela declaratória, conforme segue.

A tutela declaratória é usualmente pensada na relação de oposição que tem com a tutela executiva (infra n. 172). Isso é correto porque as formas de atuação do Estado são diferentes: no primeiro caso, há a afirmação do direito no caso concreto; no segundo, dá-se a atuação prática do quanto se reconheceu precedentemente, mediante atos materiais, se a mera declaração (em sentido lato) não bastar à efetiva superação da controvérsia. Mas isso não quer dizer que mérito seja dado exclusivo da tutela declaratória.

Entendendo-se como mérito o objeto do processo, composto pelo pedido e pela correspondente causa de pedir, ele está presente tanto na tutela declaratória quanto na executiva. Cada qual dos respectivos processos tem o respectivo objeto e, portanto, seu mérito. Esse conceito não se confunde com o de *questões de mérito*, que são os pontos de fato ou de direito controvertidos, em torno da relação material debatida, tal como posta no pedido e na causa de pedir.

Sobre isso, chegou a viger a ideia de que o mérito da execução somente seria apreciável em processo de natureza cognitiva (embargos). Mas isso não é exato, quer porque o objeto do processo executivo é lá enfrentado (para que o credor seja, ou não, satisfeito); quer porque eventuais questões do mérito da execução podem ser incidentalmente enfrentadas no respectivo processo (o que reforça a ideia de que cognição e declaração não são expressões sinônimas).

172. Tutela meramente declaratória. A tutela meramente declaratória presta-se a sanar o que a doutrina convencionou chamar de *crises de certeza*. Seu escopo é o de eliminar dúvida objetiva acerca da existência, inexistência ou modo de ser de uma relação jurídica – daí o emprego do termo «acertamento», que com alguma impropriedade é tomado do direito italiano.

> «Para ilustrar, a tutela declaratória está presente nos casos de (i) investigação ou negação de paternidade; (ii) usucapião, que inclusive pode ser

> alegado como defesa; (iii) controle concentrado e abstrato de constitucionalidade; e (iv) término de contrato de que conste cláusula resolutória expressa.»

A tutela meramente declaratória se apresenta como desdobramento mais evidente do princípio da inafastabilidade do controle jurisdicional. Assim, embora esteja prevista no art. 19 do CPC, ela descende diretamente do referido princípio, de tal sorte que, não houvesse o dispositivo legal, nem por isso deixaria de ser invocável essa modalidade de provimento. Não fosse por qualquer outra forma, o controle jurisdicional dar-se-ia, quando menos, pela declaração do direito no caso concreto. Daí se dizer que ela é marcada por acentuada atipicidade.

Na tutela meramente declaratória *positiva* afirma-se a existência de uma relação jurídica (e, portanto, de um direito); na *negativa* a afirmação é precisamente da inexistência da relação jurídica e, portanto, da inexistência de um direito. Essa segunda modalidade – presente nas sentenças de improcedência, de um modo geral – sugere reflexão sobre qual seria, então, o direito tutelado: se o próprio direito subjetivo objeto da controvérsia (direito de propriedade, de crédito, de personalidade ou outro qualquer); ou se um autêntico direito à certeza.

Na doutrina clássica, a declaração de vontade da lei é – ela própria – um bem, porque a certeza estabelece posições de vantagem como a segurança do gozo e disponibilidade de bens, além de confiança, exatidão e tranquilidade nas relações humanas. Dessa maneira, na declaração positiva, afirmando-se a existência de uma vontade do direito que assegura um bem ao demandante, adiciona-se segurança à expectativa do respectivo titular, passível de disposição no comércio jurídico. Já na declaração negativa, o que se proporciona ao vencedor é um bem consistente na certeza de não estar sujeito à pretensão ou ao poder do adversário.

Em tempos mais recentes, falou a doutrina na imposição, à generalidade dos cidadãos, de um dever de não colocar em discussão o patrimônio alheio, entendendo-se este último como o complexo de posições jurídicas imputadas a uma pessoa. Daí se falar em um *direito à integridade da esfera jurídica* como objeto da tutela meramente declaratória.

173. Mera declaração e interesse de agir. É certo que a invocação dessa forma de tutela depende – como, de resto, ocorre com a invocação de qualquer outra forma de tutela – da presença do legítimo interesse de agir (infra n. 215). A questão, então, é saber em que medida o provimento estatal de semelhante eficácia – nada além da mera declaração – trará *utilidade* ao demandante. A opção legislativa, que superou discussão acadêmica a respeito, foi pelo reconhecimento do interesse «ainda que tenha ocorrido a violação do direito» (CPC, art. 20). Isso significa dizer que o autor é livre para pedir a mera declaração, ainda que pudesse desde logo postular a imposição do dever de prestar (condenação) ou eventual modificação de estado jurídico (constituição).

Em alguma medida, a discussão sobre o interesse de agir que partia do confronto entre tutela meramente declaratória e condenatória perdeu sentido vez que o CPC/1973, a partir da reforma promovida pela Lei 11.232/2005, passou a incluir dentre os títulos executivos judiciais a «sentença proferida no processo civil que reconheça a existência de obrigação de fazer, não fazer, entregar coisa ou pagar quantia» (todos deveres de prestar) (CPC/1973, art. 475-N, I). O Código vigente contém disposição semelhante e também inclui no rol de títulos executivos «as decisões proferidas no processo civil que reconheçam a exigibilidade de obrigação de pagar quantia, de fazer, de não fazer ou de entregar coisa» (art. 515, I).

Antes da mencionada disposição do CPC/1973, na hipótese em que se reclamava simplesmente a declaração da existência de um direito de crédito, e excetuando o adimplemento que pudesse decorrer da certeza imposta pela sentença, a atividade jurisdicional não era apta a proporcionar a plena realização desse direito. Nesse caso, deveria ter lugar nova atuação estatal para formação do título executivo e outra ainda para atuação da sanção nele contida (execução).

Mas, analogamente ao que ocorria em relação à a norma contida no art. 475-N do CPC/1973, a regra do art. 515, I, do diploma vigente precisa ser examinada à luz do direito material e do objeto do processo, em cada caso. Se para a superação da crise trazida ao Judiciário basta a declaração de existência ou de inexistência de uma dada relação jurídica, então não é caso de se acrescer à sentença a eficácia própria das sentenças condenatórias (=de prestação), quer porque o autor não precisa desta eficácia, quer porque ela não corresponde ao pedido formulado em juízo. Para ilustrar, a procedência de demanda declaratória da validade de um contrato não autoriza que o autor, só com base nisso, inicie execução fundada em título judicial. É que o reconhecimento da validade não significa, necessariamente, que houve declaração sobre o descumprimento a ensejar a imposição de dever de prestar. Portanto, diante da regra do art. 19 do CPC, o emprego da sentença meramente declaratória como título executivo exige, além da observância à regra de adstrição ao pedido, a identificação dos elementos da obrigação inadimplida, isto é, sujeitos, prestação (certeza), liquidez e exigibilidade - sendo que essa última é expressamente mencionada pelo dispositivo vigente.

174. Suficiência da tutela meramente declaratória. Não bastasse a disposição contida no art. 515, I, do CPC, a tutela meramente declaratória também pode conduzir diretamente às situações desejadas, tornando inoperante a vontade do demandado, simplesmente pela certeza jurídica que impõe. É pensar nas sentenças meramente declaratórias de (i) invalidade de negócio jurídico em que, reconhecido judicialmente o vício, torna-se irrelevante qualquer pretensa extração de efeitos jurídicos do ato, pelas partes; (ii) inexistência de relação jurídica cambiária (ou de ineficácia de títulos de crédito), cujos efeitos, segundo correntemente se admite, autorizam a sustação do protesto, sem que para tanto exista qualquer provimento que imponha dever de prestar (a exigir posterior execução ou cumprimento); ou (iii) inexistência de relação jurídica de caráter tributário, cuja eficácia, na prática, impede atos de exigência pelo Fisco, igualmente sem a necessidade de qualquer condenação.

Assim, quando se estabelece certeza sobre a inexistência de uma relação jurídica (tutela negativa), o grau de efetividade aumenta e dispensa nova atuação jurisdicional; exceto, eventual e exclusivamente, para rechaçar a pretensão daquele que, de forma renitente, insista em invocar a eficácia jurídica já negada pelo provimento estatal anterior. Mas, mesmo nessa hipótese eventual, a atuação estatal limitar-se-á a repetir o comando negativo já exarado, repelindo a então reconhecidamente infundada pretensão, em provimento cuja eficácia terá idêntico conteúdo declaratório negativo.

175. Declaração de mero fato. O objeto da declaração é limitado a relações jurídicas, excluída a declaração de mero fato, exceto no caso de alegação de falsidade ou autenticidade de documento (CPC, art. 19, II).

> «Para ilustrar, não é adequado pedir a declaração da culpa pela ocorrência de dado ato ilícito. Culpa é apenas um fato. A relação jurídica consiste na obrigação de alguém indenizar. O mesmo pode ser dito da improbidade administrativa, que também é um fato. O pedido há de ser sobre as consequências jurídicas daí decorrentes, que podem levar a provimentos condenatórios e constitutivos (ressarcimento, pagamento de multa, perda de direitos políticos, proibição de contratar com o Poder Público, por exemplo).»

A opção é correta: o ceticismo em torno da ação meramente declaratória de fatos decorre, dentre outros, da desproporção entre os *meios* que devem ser empregados para que se chegue ao pretendido *resultado*, de um lado, e sua utilidade (para as pessoas e para o Estado), de outro. Para que se declare a existência de determinado fato é preciso não só produzir a prova, mas igualmente valorá-la; o que torna a atuação estatal não apenas objetivamente complexa como longa.

Então, o reconhecimento de um fato – e não exatamente da relação jurídica dele emergente – é resultado muito aquém do esforço exigido no emprego desses meios; tanto mais se considerada sua inaptidão para impedir novas discussões, que podem surgir diante da apresentação de outros fatos não discutidos anteriormente. Aliás, embora em tese fosse possível cogitar da coisa julgada material em tal hipótese, seria conceitualmente difícil – se não impossível – falar em eficácia preclusiva, como faz o art. 508 do CPC. Portanto, a incapacidade de superação de controvérsias da declaração de mero fato (e, portanto, a falta de aptidão para pacificar e, assim, realizar o escopo social do processo) justifica a opção legal.

A circunstância de o CPC autorizar a formação de coisa julgada sobre questão prejudicial «decidida expressa e incidentalmente no processo» (art. 503, § 1.º) não altera esse panorama: o que existe aí é típica tutela declaratória, apenas que prestada de forma incidental e sem a necessidade de pedido expresso - que no ordenamento anterior era ônus do interessado mediante a demanda declaratória incidental, não mais prevista (infra n. 178). A questão prejudicial - que é antecedente lógico do julgamento do pedido propriamente dito e que poderá ser objeto de declaração coberta pela autoridade da coisa julgada - não pode se limitar à certeza sobre mero fato.

Ainda, coisa diversa da declaração de mero fato é o direito autônomo à produção de prova, isto é, desvinculado de processo cujo objeto é a declaração do direito no caso concreto; o que é referido por alguns como direito a medidas probatórias autônomas. A possibilidade de invocar apenas a produção da prova - de forma inclusive desvinculada do perigo de que ela se perca ou se deteriore - encontra justificativa na aptidão de tal instrumento proporcionar o mais adequado conhecimento dos fatos atual ou potencialmente controvertidos, para facilitar e estimular soluções de autocomposição; e passou a ser expressamente prevista pela lei processual (CPC, art. 381, II e III).

176. Momento de eficácia da tutela meramente declaratória. O ato estatal jurisdicional que aprecia o objeto do processo e, mediante a atuação do direito em concreto, resolve a controvérsia, projeta efeitos não apenas no processo, mas para fora dele. Essa é a solução que se espera do processo jurisdicional. Por isso, a sentença - que nesse caso pode ser qualificada como sentença de mérito - projeta efeitos para a relação material controvertida. A eficácia substancial da sentença não se confunde com sua imutabilidade: esta é própria da coisa julgada material, que, por sua vez, ocorre quando não mais couber recurso contra a decisão que tiver apreciado o mérito da causa. A coisa julgada, portanto, não é um efeito da sentença, mas sim uma qualidade que recai sobre o comando que dela emerge (incluindo-se aí, eventualmente, a resolução de questão prejudicial).

Feitas essas distinções, a eficácia das sentenças meramente declaratórias deve ser entendida à luz de sua essência. Por definição, ela produz efeitos *ex tunc*, isto é, sua eficácia retroage para o passado de sorte a atingir o momento da relação jurídica que é objeto da tutela. Não faria sentido que a certeza jurídica estabelecida por essa forma de tutela começasse a vigorar apenas com o advento da sentença; o que, em última análise, seria resultado inócuo porque a própria decisão seria fonte de incerteza.

Sobre isso, convém fazer duas ressalvas. A primeira consiste em que, ainda que a eficácia do provimento seja determinada pelo juiz ao aplicar o direito no caso concreto, é preciso considerar o objeto do processo (definido pelo autor), a cujos termos e limites o magistrado está adstrito (CPC, art. 492). A questão aí será saber se a declaração de forma não retroativa acaso pretendida pelo autor é, ou não, juridicamente viável – isto é, se o pedido pode ser acolhido nos termos em que deduzido. A segunda é que o ordenamento, ainda que em caráter excepcional, admite a modulação de efeitos – tal como ocorre no controle concentrado de constitucionalidade (Lei 9.868/1999, art. 27) e eventualmente no âmbito da interpretação da lei, quando se trata de alteração de orientação jurisprudencial até então consolidada (supra n. 28).

Além disso, enquanto essa forma de tutela se destina a eliminar dúvida e a estabelecer certeza, fala-se que ela – embora retroaja na forma acima exposta – somente se torna imperativa quando a decisão transita em julgado. É que não haveria como estabelecer certeza da existência de uma relação jurídica quando ainda paira dúvida sobre a própria subsistência da declaração. Daí porque se identificariam, na tutela meramente declaratória, os momentos de eficácia e da coisa julgada.

Embora realmente não se possa estabelecer uma certeza provisória, esse argumento precisa ser visto com ressalva: é possível eventualmente determinar-se a produção de efeitos, ainda que de forma provisória, que tenham por premissa a existência ou inexistência de uma dada relação jurídica. Assim, embora a certeza, a rigor, não possa vir antes do trânsito em julgado, eventuais efeitos decorrentes dessa certeza podem ser antecipados. Para ilustrar, é possível sustar-se o protesto de um título, com base na premissa provisória de que a relação cambial não existe; ou, é possível antecipar a restituição (ainda que parcial) do preço pago em contrato cuja resolução se reputa já consumada. Isso, aliás, é o que justifica o provimento de urgência quando se trata dessa modalidade de tutela (infra n. 192).

177. Declaração principal e incidental. A lei processual admite que a tutela meramente declaratória seja feita de forma incidental ao processo, mediante a resolução de questão prejudicial (CPC, art. 503, §§ 1.º e 2.º). Mas é preciso distinguir os conceitos.

Na ordem processual anterior, se o réu, ao contestar a demanda inicial, negasse a existência da relação jurídica que constituía fundamento (=causa de pedir) do pedido do autor, esse último poderia – diante da dúvida objetiva daí resultante - alargar o objeto do processo e pedir que a sentença abrangesse, na sua parte dispositiva, a relação cuja existência fora negada pelo demandado (CPC/1973, art. 325). Nesse caso, falava-se em «ação declaratória incidental» porque a demanda declaratória era deduzida no curso de um processo e, portanto, era incidental ao processo.

Mas a demanda incidental se destinava justamente a retirar da motivação a apreciação da questão (ponto de fato controvertido) e transferi-la para a parte dispositiva da sentença; ou, por outras palavras, a ação declaratória incidental fazia com que a existência da relação jurídica deixasse de ser feita de forma *incidental* na sentença e passe a ser feita de forma *principal* - o que proporcionava a imutabilidade própria da coisa julgada material a respeito da matéria. Portanto, a tutela era *incidental* porque pretendida no curso do processo; mas era *principal* porque passava a integrar o objeto do processo e, portanto, o objeto do julgamento, na sua parte dispositiva da sentença (não apenas na motivação).

Mas, a forma de se pleitear a tutela - se de forma principal ou incidental - não alterava a essência das coisas, isto é, da tutela pretendida. A autorização legal para demanda incidental (como é também a reconvenção, por exemplo) considerava as vantagens próprias do cúmulo objetivo de demandas (CPC, art. 327), como *economia*, *racionalidade* e *preservação de harmonia* de julgamentos. Mas, ressalvados fenômenos de prescrição ou decadência, essa permissão legal não impedia - como não impede - a propositura de forma autônoma de demanda; até porque a tutela meramente declaratória descende do princípio da inafastabilidade (supra n. 37).

Portanto, quando não se deduzia uma demanda que a lei autorizava fosse aforada de forma incidental em dado processo, havia apenas preclusão - que é perda de faculdade *no processo* e, portanto, restrita aos limites desse último. Mas a falta de aproveitamento, pela parte, dessa prerrogativa não projetava efeitos substanciais para fora do processo. Perder a oportunidade para a demanda incidental não era perder o fundamento para o pleito da tutela de forma autônoma (isto é, principal); aliás e novamente, como ocorre no caso de reconvenção. Se a propositura for autônoma, o cúmulo de processos pode vir a se dar por posterior reunião (CPC, art. 57) ou pode gerar relação de prejudicialidade, a ensejar eventual suspensão (CPC, art. 313, V, *a* e *b*).

178. Declaração incidental e resolução de questão prejudicial. As considerações feitas no tópico precedente são importantes para que se entenda o sistema vigente, em que foi abolida a ação declaratória incidental (portanto, o art. 5.º do CPC/1973 não encontra mais correspondente no diploma vigente); e, em seu lugar, foi inserida a previsão de que, sob certas condições, a resolução da questão prejudicial poderá ser coberta pela imutabilidade da coisa julgada material (art. 503, §§ 1.º e 2.º). Isso significa o seguinte: a) como no sistema anterior, segue a possibilidade de haver declaração incidental sobre questão prejudicial; b) essa declaração não depende mais de pedido expresso de qualquer das partes, desde que se trate efetivamente de uma questão prejudicial; c) para que a resolução da questão prejudicial - e, portanto, a declaração que aí se contém - se torne indiscutível (não apenas naquele processo) a lei exigiu as condições mencionadas pelos §§ do art. 503.

A possibilidade estabelecida pelos §§ do art. 503 não deixa de ser louvável, na medida em que buscou um maior aproveitamento do resultado da atividade jurisdicional, de sorte a tornar indiscutível temas que tenham sido efetivamente debatidos, ainda que não integrassem o pedido deduzido pelo autor, impedindo que venham a ser rediscutidos no futuro, dentre ou fora de outro processo. A rigor, essa potencial expansão do objeto do julgamento já era possível sob a égide do CPC/1973, apenas que então condicionada à iniciativa de uma das partes, que deveriam se desincumbir do ônus de alegação, mediante o pedido de declaração incidental. Quiçá a constatação de que essa possibilidade era muito escassamente utilizada pelas partes (e que, portanto, a resolução de questões prejudiciais seguia na motivação, fora do alcance da coisa julgada material) tenha levado o Legislador a dispensar referido ônus de alegação, presumindo-se que, dentro do objeto do processo e da controvérsia, o interesse na superação da crise de certeza é, por assim dizer, implícito.

Mas, para um ordenamento que foi consideravelmente enfático em relação à observância do contraditório, a regra precisa ser interpretada com cautelá. Num sistema em que a declaração incidental ficava condicionada à iniciativa da parte, mediante a propositura de uma demanda incidental, não se poderia cogitar de decisões que tomassem as partes de surpresa: tanto que uma delas pretendesse a declaração incidental, a outra deveria ser ouvida especificamente sobre isso e, ao final, a sentença deveria ser explícita justamente porque havia um pedido a ser enfrentado (o que poderia inclusive ensejar impugnação por via recursal). Já no sistema vigente, em que a declaração incidental independe de pedido e no qual a sentença, justamente por isso, pode não ser explícita sobre a declaração, a discussão sobre ter havido coisa julgada material sobre a resolução da questão prejudicial tende a ficar reservada para processo subsequente; se e quando a questão surgida no processo anterior, voltar à tona. Vale dizer: existe o risco de que outro juiz, que não aquele do processo em que primitivamente decidida a questão prejudicial, seja chamado a dizer se houve ou não coisa julgada: se entender que sim, apenas seguirá a decisão precedente; se entender que não, ficará livre para apreciá-la à luz do elementos constantes do novo processo. Vale dizer, ainda: existe o risco de a parte ser tomada de surpresa, com o reconhecimento da coisa julgada depois e fora do processo em que proferida a respectiva decisão.

A circunstância de que a lei condiciona a formação da coisa julgada a ter havido «contraditório prévio e efetivo» (art. 503, § 1.º, II) não afasta o risco - não ao menos por completo - na medida em que, mais uma vez, a avaliação sobre ter sido atendida essa condição tende a ser feita não pela decisão que resolve a questão prejudicial, mas por outra, se e quando voltar ao debate a mesma questão. Aliás, a exigência de que o debate seja efetivo e não apenas potencial - que só pode ser entendida no contexto de que não é preciso pedido da parte interessada - é um retrocesso porque desconsidera que a eficácia preclusiva pode e deve ocorrer desde que haja oportunidade de debate. Assim ocorre na *revelia*, em relação ao pedido principal, não se cogitando de se dizer que sentenças de procedência, nos casos de inércia do réu, não transitariam materialmente em julgado por falta de adequado debate. Ora, se é assim para o pedido principal - que é o *mais* - soa como contrassenso estabelecer regra diversa para a resolução da questão prejudicial - que, na comparação, é o *menos*.

Para atenuar o risco de que acima se falou, convém que o juiz, na esteira do que dispõem os arts. 9.º e 10 do CPC, conclame as partes, de forma expressa, a debaterem tal ou qual questão prejudicial; e que, ao decidir, seja explícito sobre a resolução da questão prejudicial e à declaração aí contida, à semelhança do que faria se provocado fosse por demanda declaratória incidental (mas, sem julgar procedente uma demanda que, a rigor, não existiu).

Isso tudo se aplica a outra hipótese de declaração incidental, que é objeto da regra inserta no art. 430 do CPC e que trata da *autenticidade ou falsidade de documento* juntado aos autos de processo já instaurado. Em termos gerais, a declaração desse fato encontra respaldo na exceção prevista no inciso II do art. 19 do CPC, devendo-se atentar à regra inscrita do art. 429, quanto ao ônus da prova. Contudo, superando a expressão «incidente de falsidade» que o precedente diploma empregava (art. 390 do CPC/73), o vigente distingue as hipóteses: arguida a falsidade, ela será resolvida como questão incidental, «salvo se a parte requerer que o juiz a decida como questão principal» (art. 430, parágrafo único); ou será resolvida como «questão principal» - a ser abrangida pela autoridade da coisa julgada material - se houver pedido (art. 430, parágrafo único, e art. 433).

Não se pode deixar de observar que o Código foi incoerente no trato da declaração incidental: embora de um lado tenha estabelecido a regra geral de que a declaração relativa à questão prejudicial - para formação de coisa julgada material - independe de pedido; de outra parte, exigiu iniciativa da parte quando se trata de autenticidade ou falsidade de documento. Aliás, a lei exigiu duplo ônus de alegação, porque a parte tem o encargo de arguir a falsidade e, se desejar que a decisão se torne imutável, pedir expressamente que o tema seja resolvido de forma «principal».

Dessa forma, poderia ficar a dúvida sobre se a formação da coisa julgada ficaria exclusivamente a critério da parte que argua a falsidade. A resposta é negativa porque a regra não muda a natureza das coisas: a arguição continua a ser um pleito de declaração sobre questão prejudicial; que pode ser resolvido de forma principal ou não. Mas, considerando que o pleito de declaração, quando rejeitado, também tem eficácia declaratória (infra n. 179), então é possível que a parte no confronto da qual se postulou a arguição pretenda ver tal objeto julgado como principal: se pedida a falsidade, a rejeição do pleito firmará certeza sobre a autenticidade; e vice-versa. Essa interpretação se ajusta à natureza do pleito e da correspondente decisão declaratória; à letra da lei, uma vez que o art. 430, parágrafo único, fala em «parte» – e não em parte requerente; e ao espírito estabelecido pelo art. 503 que, como visto, pretende extrair o melhor e mais amplo resultado da atividade jurisdicional, quer sob o ângulo jurídico, de atuação da vontade concreta do direito objetivo, quer sob o ângulo do escopo social, de superação da controvérsia.

179. Tutela meramente declaratória na improcedência da demanda. A regra vigente no processo civil é a de que o autor delimita o objeto do processo, uma vez que ele é quem formula *pedido*, em seu sentido técnico mais restrito (que não se confunde com o de *requerimento* – infra n. 228). O réu – que não pede, mas *impede* – pode ampliar o objeto do conhecimento, na medida em que aduza fatos impeditivos, extintivos ou modificativos da pretensão deduzida.

Assim, quando o réu, no processo (ou fase) de conhecimento, defende-se para impedir o acolhimento da pretensão deduzida, ele almeja tutela meramente declaratória; que, por regra, será negativa (declaração da inexistência da relação em que se funda o pedido do autor). Tal é o que o réu obtém pela simples rejeição da demanda aforada pelo autor, não sendo exigível do demandado que ajuíze demanda de natureza declaratória (autônoma ou incidental), porque tal efeito jurídico já será obtido com o mero decreto de improcedência da demanda.

É a expectativa da tutela contida na sentença de improcedência que justifica a regra segundo a qual, depois de decorrido o prazo para resposta, o autor não pode desistir do processo sem o consentimento do réu (CPC, art. 485, § 4.º). O demandado, mais do que fazer jus a ressarcimento de despesas e honorários (e, eventualmente, verbas devidas pelo reconhecimento da litigância de má-fé do adversário), tem direito à sentença de mérito que reconheça a inexistência do direito que o autor alegou. De forma coerente, o autor da execução depende da concordância do executado quando esse tiver oposto embargos do devedor – ação de conhecimento (declaratória, no mais das vezes) – que versem matéria de mérito, isto é, que busquem declarar a inexistência ou inexigibilidade, total ou parcial, da obrigação reclamada pelo autor (CPC, art. 917, VI).

De forma análoga, o fenômeno explica a exigência de que a desistência do processo (não do recurso, sujeito a regra diversa) só produz efeito depois de homologada (CPC, art. 200, parágrafo único). Isso significa dizer que a extinção do processo pela desistência não é direito potestativo do autor, justamente porque a ele se opõe o direito do réu à tutela meramente declaratória resultante da improcedência.

O reconhecimento dessa eficácia também se aplica à resolução das questões prejudiciais, se e quando se cogita da formação de coisa julgada material, na forma dos §§ do art. 503 (supra n. 178). Isso significa dizer que referido fenômeno não se limita às hipóteses em que a questão prejudicial tenha sido resolvida de forma favorável à parte vencedora quanto ao objeto «principal». Por outras palavras, é possível que a demanda seja julgada procedente, mas que determinada questão prejudicial tenha sido resolvida em desfavor do autor; ou que tenha sido julgada improcedente e que certa questão prejudicial tenha sido decidida em favor do demandante. O conceito de questão prejudicial não se estabelece em função do resultado concretamente dado ao pleito principal.

> «Para ilustrar, se o demandante funda sua demanda em relação jurídica que qualifica como *de consumo*, em tese é possível que a sentença negue essa tipificação, mas que julgue procedente a demanda, mesmo diante do reconhecimento de que a relação é *de insumo* e, portanto, regida pela lei civil comum. É possível também que o autor funde seu pedido em *responsabilidade objetiva*, como tal reconhecida pela sentença que, contudo, julgue improcedente um específico pedido de indenização por ausência de dano (ou de prova do dano). Num e noutro caso, a resolução sobre não ser relação de consumo e sobre ser uma relação que envolve responsabilidade civil objetiva não poderá mais ser debatida, se presentes os requisitos dos §§ do art. 503.»

180. Tutela constitutiva: conteúdo. Pela tutela constitutiva opera-se modificação de estado ou situação jurídica. Costuma-se destacar que dois são seus elementos: um declaratório, consistente na afirmação do direito à modificação jurídica postulada; um propriamente constitutivo, que é a modificação em si mesma. A propósito desse segundo, há quem tenha sustentado que o ato inovador careceria de conteúdo jurisdicional, porque teria natureza administrativa (de «jurisdição voluntária»). Mas o provimento constitutivo – visto em sua inteireza – é tipicamente jurisdicional, inclusive por seu marcante caráter substitutivo.

A substituição não implica necessariamente que o efeito buscado com a atuação do substituto possa ser praticado pelo substituído; ela se opera mesmo nos casos em que a jurisdição é atividade primária (como ocorre com as sentenças constitutivas necessárias), onde o juiz substitui alguma atividade dos interessados pela sua, seja porque alguma conduta devida foi omitida, seja porque a lei impede a satisfação voluntária.

Também já se disse em doutrina que a eficácia modificadora caracterizaria esse capítulo do provimento como ato de execução. Mas a confusão entre os conceitos deve ser evitada.

O que ocorre é que tanto a tutela constitutiva quanto o resultado final da execução forçada conduzem diretamente ao escopo de atuação da vontade concreta da lei; o que, quando muito, enseja analogia entre os fenômenos pela satisfação direta proporcionada em ambas as formas de atuação estatal. Mais ainda: guardadas as notórias diferenças de essência entre tutela meramente declaratória e constitutiva, a primeira também pode ser instrumento apto a proporcionar uma eficaz realização do direito. Isso ocorre em casos em que nenhuma atividade material («alteração do mundo sensível») é necessária para proporcionar ao vencedor o pleno gozo da utilidade prática devida, consumando-se em si mesma, excetuada eventual «execução imprópria». Mas nem por isso, vislumbra-se qualquer nota de executividade no provimento meramente declaratório.

181. Sentenças constitutivas *determinativas* ou *dispositivas*. Na doutrina clássica falou-se em forma de tutela que não se limitaria a declarar o dever de uma prestação já existente, nem constituiria uma nova relação jurídica; apenas determinaria o conteúdo ou elemento de uma relação já existente. Assim, enquanto na sentença constitutiva determinativa se declararia um direito preexistente à mudança jurídica operada judicialmente, na dispositiva faltaria o direito preexistente à disposição concreta emitida pelo juiz. Isso teria reflexos sobre a coisa julgada, que seria absoluta no primeiro caso (infra n. 184).

Não obstante a excelência da doutrina que adotou a distinção, não há razão plausível para nela se insistir: haja constituição de nova relação jurídica ou apenas determinação do conteúdo de uma relação já existente, o mecanismo é essencialmente o mesmo. Parafraseando o que se afirma a respeito da tutela meramente declaratória (supra n. 172), talvez se possa dizer que, na tutela constitutiva, opera-se a modificação de uma relação jurídica ou de seu «modo de ser».

182. Tutela constitutiva e tipicidade. Porque a tutela constitutiva se traduz na modificação de situações jurídicas, indaga-se se ela seria regida por regra de estrita tipicidade, isto é, se ela só caberia nas hipóteses taxativamente previstas em lei. Preocupação dessa ordem se encontra na doutrina alemã e italiana; nessa última, especialmente por conta dos termos do art. 2.908 do Código Civil que, ao tratar da «tutela jurisdicional dos direitos», condicionou o poder do juiz – de constituir, modificar ou extinguir relações jurídicas – às hipóteses «previstas em lei». O receio está na possível similitude da tutela constitutiva com o juízo de *equidade* (supra n. 134), em que o juiz faz a regra – ou a «justiça» – do caso concreto. Ademais, num ordenamento regido pelo princípio da autonomia da vontade, a razão da excepcionalidade residiria no fato de que a criação de efeitos jurídicos, por regra, dependeria da autonomia das partes e, somente em casos excepcionais, poderia advir da sentença.

Eventual tipicidade da tutela constitutiva poderia contrastar com a atipicidade da *ação* e da tutela jurisdicional, no contexto do princípio da inafastabilidade do controle jurisdicional. E, embora o sistema processual brasileiro desconheça regra semelhante à do ordenamento italiano, a questão é igualmente pertinente e relevante, vez que nela se contêm os limites da atuação estatal (quanto à produção de efeitos jurídicos) e também porque a regra do sistema processual é de que os juízos de equidade são exceção, diante da regra dos juízos de direito (CPC, art. 140, parágrafo único).

Não obstante a preocupação seja fundada, é correto reconhecer a atipicidade dessa forma de tutela e, mais exatamente, remeter sua eventual tipicidade para o plano substancial do ordenamento. Aliás, em termos mais rigorosos não se poderia sequer falar da tipicidade da tutela, entendida como provimento favorável que impõe um determinado *resultado*, mas apenas da tipicidade dos fundamentos (causa de pedir) que autorizariam a respectiva invocação, em concreto. Assim, a ligação entre tutela constitutiva e direito material é a solução e o antídoto contra eventual risco de arbítrio na produção de efeitos jurídicos pelo juiz.

Todas as formas de tutela que resultam da atividade jurisdicional no processo de conhecimento devem ser tratadas em um mesmo plano homogêneo, de tal sorte que um meio não deve ser considerado excepcional no confronto de outro. Dessa maneira, todo e qualquer efeito autorizado ou admitido no plano do direito material pode, em tese, ser produzido por provimento jurisdicional. Não é preciso que o ordenamento estatua a possibilidade da edição de uma sentença constitutiva porque isso já resulta da garantia geral da *ação* (supra n. 37); mas sim que preveja a produção, modificação ou extinção de determinados efeitos no plano do direito material. Se, nesse plano, vigora ou não uma regra de tipicidade é questão que o processualista enfrenta essencialmente de modo reflexo.

A questão é particularmente delicada em se tratando de provimentos constitutivos positivos, uma vez que quando se trata de desconstituir um ato jurídico não há dúvida quanto à prévia e necessária previsão legal dos fundamentos que o autorizem. Nas hipóteses em que se produzem ou modificam efeitos jurídicos (diversamente de se extinguir), é preciso atentar com rigor para o preenchimento dos requisitos exigidos no plano material, não sendo dado ao juiz substituir propriamente a vontade das partes, mas os efeitos jurídicos a que estas se obrigaram, ou a que estão obrigadas por lei.

183. Tutela constitutiva e direito potestativo. Há situações nas quais o direito à modificação de um estado jurídico – que se pode qualificar como direito potestativo – é intenso a tal ponto que a ordem jurídico-material dota o respectivo titular de plena capacidade de promover, por suas próprias faculdades, o resultado desejado. Tal é o que ocorre, para ilustrar, nos casos de *resilição* contratual (quando isso for possível), em que a extinção do contrato se opera mediante ato unilateral – com a ressalva da hipótese na qual, tendo havido investimentos «consideráveis» para execução do contrato pela outra parte, o desfazimento fica condicionado ao decurso de «prazo compatível com a natureza e o vulto dos investimentos» (CC, art. 473, e parágrafo único). Tal é igualmente o que se dá nos casos de cláusula resolutiva expressa (CC, art. 474).

Em tais situações, eventualmente poderá ter lugar controle jurisdicional posterior, invocado pelo titular do interesse contraposto, e positivado através de tutela meramente declaratória. Esse raciocínio é aplicável a hipóteses de autotutela (supra n. 7), em que o titular de determinado interesse tem poder para diretamente empreender a proteção respectiva, abrindo-se, para aquele que seja titular do interesse contraposto, a alternativa de invocar controle jurisdicional.

A possibilidade de se produzir o efeito jurídico fora de juízo pode interferir com o interesse de agir, mas não é necessariamente excludente da ida ao Judiciário, para que lá se produza o efeito jurídico; tal é o que se dá, por exemplo, no caso de exclusão de sócio. Por outras palavras: não é porque a parte tem o poder de produzir, na esfera extrajudicial, a modificação do estado jurídico que fica necessariamente excluído o interesse de agir para que tal resultado seja pleiteado pela via judicial.

184. Momento de eficácia da tutela constitutiva. Firmada a premissa de que são coisas distintas a eficácia da sentença e a imutabilidade de seus efeitos substanciais (coisa julgada material), no caso da tutela constitutiva costuma-se dizer que seus efeitos se produzem, por regra, *ex nunc*. É que a sentença constitutiva estabelece uma nova situação jurídica e, portanto, é a inovação que estabelece o marco inicial da eficácia, sob o ângulo lógico.

Mas considerando que os fundamentos que autorizam a modificação do estado jurídico estão, ao menos por regra, no plano material do ordenamento, é nele que se deve buscar a melhor forma de atuação da eficácia da sentença. Assim, não é possível estabelecer uma regra que considere apenas o dado processual (exceto nos casos em que a demanda busca exclusivamente a tutela de posição jurídica processual, como ocorre nas ações de impugnação ou nos casos de controle jurisdicional estatal de processo administrativo, por exemplo).

A circunstância de a sentença modificar uma situação jurídica não significa, por si só, que a eficácia do ato estatal deva ser apenas e sempre daí para frente. Tratando-se de provimentos constitutivos negativos fundados na anulabilidade de negócios jurídicos, por exemplo, a regra é a da retroação, ainda que o negócio possa produzir efeitos enquanto não desconstituído. Mas, se isso ocorrer, a eficácia da sentença pode e deve retroagir, na medida do que for prática e juridicamente possível (considerados limites, por exemplo, como posições jurídicas de terceiros e adstrição do juiz ao pedido do autor). Portanto, é o direito material - consideradas as limitações do objeto do processo - que ditará o alcance da eficácia dos provimentos constitutivos.

Outra coisa é saber em que momento o provimento se torna imperativo. Aqui, o problema é análogo ao que já foi examinado ao ensejo do momento de eficácia da tutela meramente declaratória. Já se falou em doutrina que o provimento constitutivo somente se torna imperativo quando transita em julgado, porque não haveria como estabelecer um novo estado jurídico quando ainda paira dúvida sobre a própria modificação; motivo pelo qual se identificariam, na tutela constitutiva, os momentos de eficácia da decisão, de um lado, e da imutabilidade desses efeitos (coisa julgada material), de outro; e isso, inclusive, em prol da segurança jurídica.

Contudo, reeditando as ponderações feitas a propósito da tutela meramente declaratória, a assertiva acima precisa ser vista com ressalva: é possível eventualmente determinar-se a produção de efeitos que tenham por premissa uma dada situação jurídica, tal como se pretende resulte da modificação pleiteada; ainda que de forma provisória. Tal é o que também justifica a tutela de urgência quando se trata dessa modalidade de tutela (infra n. 192 e 195). Além disso, é preciso considerar a disciplina legal do cumprimento provisório - inclusive pela analogia que possa ser feita entre provimentos constitutivos e atos de execução. Nesse âmbito, diante da existência de uma decisão sujeita a recurso sem efeito suspensivo, e desde que haja caução idônea, o sistema aceita a produção de efeitos jurídicos eventualmente irreversíveis; e oferece, como contrapartida (em caso de reforma ou anulação da decisão exequenda), a solução de ressarcimento pelos danos sofridos (CPC, art. 520, I e II) - o que, portanto, prestigia a possibilidade de modificação de situação jurídica com base em provimento ainda marcado por caráter provisório.

185. Tutela condenatória. Na tutela condenatória, o que emerge da relação material é o direito a uma *prestação*, consistente em dar, fazer ou não fazer. Por isso se fala que essa modalidade de tutela busca sanar «crises de adimplemento», mediante a imposição ao demandado da prestação devida. Dessa forma, o provimento condenatório - além da declaração do direito que contém, por ser espécie de decisão declaratória *lato sensu* - abre campo para a prática de atos materiais de invasão da esfera patrimonial do devedor a fim de que o credor seja satisfeito.

Diz-se que, ao assim proceder, o Estado atua a «sanção secundária». Ela se qualifica como tal porque a sanção *primária* está no plano substancial, que prevê as consequências para o descumprimento das regras ali estabelecidas. Se a sanção primária resta inoperante e não é capaz de restabelecer a ordem jurídica, então é preciso que o Estado continue a atuar; agora mediante a invasão da esfera patrimonial do devedor para, contra sua vontade, dar-se cumprimento ao comando e, assim, satisfazer-se o credor (infra n. 187).

É certo que nem toda situação de inadimplemento é sanável pela tutela condenatória. Nos casos em que a obrigação é de prestar declaração de vontade, a solução mais adequada – e que foi adotada pelo direito positivo – está na edição de uma sentença que produza «todos os efeitos da declaração não emitida» (CPC, art. 501). Trata-se de provimento que, segundo parte expressiva da doutrina, tem natureza *constitutiva* (positiva) porque estabelece diretamente uma nova situação jurídica. Ademais, a modalidade de tutela depende do *objeto do processo* (isto é, do pedido): o inadimplemento poderá ensejar a resolução do contrato (que se opera mediante provimento constitutivo negativo), se a parte lesada não exigir o respectivo cumprimento, sem prejuízo de indenização (CC art. 475).

Além disso, pode haver tutela condenatória – mediante a imposição de dever de prestar – sem que haja ainda inadimplemento. Tal é o que ocorre nos casos de condenação para o futuro.

186. Imposição do dever de prestar e respectiva efetivação. A categoria da sentença condenatória sofreu (e ainda sofre) críticas doutrinárias, que chegaram até mesmo a apontá-la como causa de ineficiência do sistema processual. As observações seguintes, na medida do possível, consideram – sem preocupação de lhes dar resposta definitiva – tais objeções.

A forma mais simples de encarar essa forma de tutela – seja qual for a nomenclatura que se queira dar – é partir da crise no direito material: o autor narra situação que não pode ser superada pela mera declaração do direito e tampouco pela modificação de determinado estado jurídico. O que falta ao autor é o efeito prático resultante de uma prestação que, segundo ele, o direito material lhe assegura. Portanto, como foi dito acima, a forma mais fácil e correta de qualificar provimentos que dão resposta a tais crises é, como fez a doutrina alemã, referir-se a eles como *sentenças de prestação*.

Aparentemente, a divergência doutrinária começa a partir do momento em que se cogita da *efetivação* (=atuação prática) do dever de prestar. Isso porque se o demandado, ainda que a ele tenha sido imposto tal dever por ato jurisdicional, permanecer renitente no inadimplemento, a atuação estatal deverá prosseguir; e, só então, a tutela se completará. A essa atuação estatal que deve se seguir à imposição do dever de prestar se dá o nome de *execução* - que a lei processual, desde 2005, sem modificação de conteúdo essencial, passou a chamar de *cumprimento*. Como foi dito acima, a execução consiste na atuação da sanção secundária e é a relação entre sentença condenatória e sanção (portanto, a relação entre sentença condenatória e execução) que abre campo para divergência e crítica.

A correlação necessária entre sanção e condenação foi objetada sob o argumento de que a segunda nem sempre está associada à primeira (essa entendida como consequência de conduta antijurídica), como na hipótese de honorários advocatícios pelo simples fato da derrota; ou da condenação para o futuro (em que há condenação sem que exista ainda o descumprimento). Outro argumento a propósito foi o de existir sanção sem condenação - como nas hipóteses de nulidade e anulabilidade de negócios jurídicos, resultado da transgressão de preceitos jurídicos -, havendo sanção em sentenças de conteúdo meramente declaratório (casos de nulidade) e constitutivo (casos de anulabilidade).

Mas é preciso entender o sentido dado ao termo *sanção* no contexto acima: não se trata da consequência estabelecida pelo direito material para a falta de observância de certo comando legal, porque aí se trata do que se pode qualificar como sanção *primária*. Então, se apesar da sanção prevista no plano material, aquele que tem direito à prestação continuar insatisfeito, é preciso buscar a atuação *secundária*; à qual se chega mediante a imposição do dever de prestar por ato jurisdicional. Assim, na concepção clássica de execução, sanção é terminologia que designa o conjunto de medidas pelas quais o Estado invade a esfera individual, para proporcionar ao titular da posição de vantagem o bem que o direito material lhe atribuiu (infra n. 187).

De fato, a execução é exterior ao provimento condenatório, e o poder de promovê-la surge como efeito dele; não propriamente como seu conteúdo. Sob essa ótica, tem razão a doutrina quando assevera restar a essa modalidade de provimento jurisdicional - além da imposição do dever de prestar - somente a declaração de que a sanção é aplicável. Assim, a sentença condenatória se distingue da meramente declaratória pela extensão do que foi declarado: nesta apenas o crédito; naquela o crédito (com o dever de prestar) e mais a liberação para que, se necessário, seja atuada a sanção secundária (execução, cumprimento, efetivação ou qualquer outro nome que se queira dar e que designe o mesmo fenômeno).

Esse modo de ver as coisas não fica afastado nem mesmo pela opção feita pelo Legislador brasileiro, constante do art. 515, I, do CPC; que, conforme já se viu, passou a incluir dentre os títulos executivos judiciais «as decisões proferidas no processo civil que reconheçam a exigibilidade de obrigação de pagar quantia, de fazer, de não fazer ou de entregar coisa» (todos deveres de prestar). Nos limites previstos pelo dispositivo, entende-se que, reconhecida a exigibilidade da obrigação (aliada aos requisitos de certeza e liquidez), está autorizada a atuação da sanção secundária. A sentença continua a ser uma sentença de prestação.

187. Tutela condenatória e tutela executiva. Quando se pensa na tutela jurisdicional como resultado em prol do vencedor, o provimento de natureza condenatória é, de fato, insuficiente para proporcionar ao credor (como tal reconhecido em provimento jurisdicional) o bem da vida por ele almejado. Excetuada a hipótese de cumprimento voluntário do comando judicial, a tutela de um direito a uma prestação – para que seja assim adequadamente qualificada – concretiza-se através do binômio condenação/execução. O bem da vida que é objeto da prestação só pode ser proporcionado mediante o emprego da coação e a técnica utilizada para tanto é da execução; que varia conforme a natureza da obrigação. Essa a razão pela qual se fala em tutela condenatória/executiva. Mas esse binômio não é indissociável nem absoluto, em qualquer dos dois possíveis sentidos.

Primeiro, não se pode negar exista autêntica tutela na sentença condenatória (antes mesmo do momento da execução) pela simples razão de que ela – além de impor o dever de prestar e de autorizar a invasão da esfera patrimonial do devedor (de forma coativa, portanto) – é, antes de mais nada, um provimento declaratório; com os atributos próprios das sentenças meramente declaratórias. Assim, negar que uma sentença condenatória (=impositiva do dever de prestar) conteria forma de tutela seria também afirmar que sentenças meramente declaratórias padeceriam da mesma carência; o que não se afigura correto. Ela estabelece certeza e, embora isso não baste ao demandante, ela é um dado que se incorpora ao patrimônio da parte. Ademais, o instrumento de coação contido no art. 523, § 1.º, do CPC – embora seja externo e posterior à edição da sentença – não deixa de contribuir para que a simples existência da condenação já funcione como estímulo suficiente para que, a essa altura, o devedor realize a prestação voluntariamente em prol do credor.

Segundo, nem sempre a execução (=invasão da esfera patrimonial do devedor para satisfação do credor) está fundada em sentença. No direito brasileiro, há inúmeros títulos executivos extrajudiciais, que também autorizam a atuação da sanção secundária. Nesses casos, a tutela terá sido apenas executiva e, portanto, não haverá que se falar em binômio.

Os títulos executivos extrajudiciais são atos previstos em lei (sujeitos a regra de tipicidade, portanto), têm forma escrita e ordinariamente contam com alguma forma de participação do devedor. Eles traduzem o reconhecimento de elevada probabilidade de existência de um crédito. A propósito, fala-se em doutrina da *presunção de legitimidade* do crédito representado em título executivo, a atribuir ao devedor o ônus de eventualmente desconstituí-lo. Em certo sentido, eles desempenham o papel que a sentença condenatória (=de prestação) tem no sistema: tanto quanto o título judicial, o extrajudicial libera a atuação da sanção secundária, isto é, a atuação dos meios pelos quais se invade a esfera patrimonial do devedor para, contra sua vontade, satisfazer-se o credor. A diferença é que, na formação do título judicial consuma-se a eficácia preclusiva própria da coisa julgada, a restringir substancialmente as alegações defensivas que o réu possa opor (CPC, art. 525, § 1.º); ao passo em que, em se tratando de título extrajudicial, o âmbito de cognição é amplo, justamente porque ainda não houve controle jurisdicional.

188. Segue: execução como objeto de processo autônomo e de processo sincrético. Partindo-se da premissa de que a tutela se classifica por seu conteúdo ou por sua eficácia (elementos que não são sinônimos, mas que estão diretamente ligados, nesse caso), deveria ser irrelevante para essa categorização o critério que considera o modo de se efetivar o provimento. Mas justamente porque há casos em que a imposição do dever de prestar (=condenação) pouco tutela sem a subsequente atuação estatal de execução (ou de cumprimento), é que se justificava a identificação, pela doutrina, de duas outras espécies de tutela: a *mandamental* e a *executiva em sentido lato*.

Sem embargo de certa imprecisão conceitual reinante na doutrina, poderia se dizer que, nelas, a prática dos atos materiais de invasão da esfera do devedor não era objeto de um novo e autônomo processo de iniciativa do credor; ao contrário do modelo vigente no Código de Processo Civil, como regra geral para as sentenças condenatórias. Nas ditas mandamentais e executivas, a efetivação da decisão decorria de mero cumprimento de mandado, isto é, por «ordem do juiz» de ofício. Com isso, não havia nova citação do devedor, nem se abria oportunidade para embargos do devedor, uma vez que não havia instauração de uma nova relação jurídica processual. Exemplos disso estavam nas ações possessórias, de despejo, de depósito, de mandado de segurança, dentre outros.

Não obstante esse aspecto comum, é possível tentar distinguir as tutelas mandamental e executiva em sentido lato, entre si. Na primeira, fala-se que, ao invés de condenação, haveria *ordem*, a ser implementada não por sub-rogação, mas por medidas de pressão (como multa e, excepcionalmente, prisão civil). Ela seria própria para as obrigações de *fazer* e *não fazer*, ao passo que as executivas teriam por objeto *entrega de coisa*. Outra forma de entender a sentença mandamental - até mais correta (e presente na doutrina clássica) - era a de defini-la pela circunstância de que o dever de prestar era imposto a um agente estatal; donde se extrair a ideia de ordem, por oposição a condenação. Mas, pela exposição que segue, o esforço para fazer essas distinções passou a ter importância relativa.

Assim é que, com o advento da Lei 11.232/2005 (e de alterações que já a haviam precedido), consolidara-se já sob a égide do CPC/1973 um modelo que, embora pouca repercussão prática tenha trazido para agilidade do processo, fez da execução - seja para pagamento de quantia (exceto quando direcionada à Fazenda Pública) ou obrigação de entrega de coisa, de fazer e não fazer - objeto não mais de um novo processo, mas sim de uma *fase*. O processo, passou a se reconhecer desde então, passou a ser sincrético porque agora englobava uma *fase de conhecimento* e uma *fase de execução* (ou de cumprimento). Portanto, em todos os casos de imposição de dever de prestar (=condenação) a que se devesse seguir execução (ou cumprimento), generalizou-se naquele diploma o modelo das assim denominadas tutelas (ou ações) mandamentais e executivas em sentido lato, ao menos sob o prisma particular de não haver dois processos, mas um só, com fases.

Esse modelo foi mantido pelo Código vigente que, agora com maior apuro sistemático, passou a tratar do *cumprimento de sentença*, com disposições gerais e específicas conforme a natureza da prestação, objeto da obrigação (arts. 513 e ss.). Mas, a disciplina das atividades executivas ainda continua a oferecer uma relativa dificuldade ao intérprete porque não há uma clara sistematização de disposições comuns tanto ao cumprimento quanto à execução fundada em título extrajudicial - embora a lei frequentemente procure relacionar as disposições de uma e de outra. Para ilustrar, o art. 513, que abre as disposições relativas ao cumprimento de sentença, desde logo remete ao disposto no Livro II da Parte Especial do Código, isto é, a que disciplina a execução. E o art. 771, que inaugura a disciplina da execução, esclarece que as disposições seguintes se aplicam aos «atos executivos realizados no procedimento de cumprimento de sentença».

Diante dessa realidade - que começou a ser implantada sob a égide do Código anterior e que se consolidou sob a do vigente, de duas uma: ou se entende que todas as sentenças condenatórias (=que impõem dever de pagar, entregar, fazer ou não fazer) passaram a ser mandamentais ou executivas, porque não ensejam mais a instauração de um novo processo e que sua atuação prática se dá apenas em fase subsequente; ou, o que é preferível, entende-se que perdeu sentido a categorização que prevê as ações ou tutelas mandamentais ou executivas em sentido lato. Isso porque, como o modo de cumprimento ficou (sob o ângulo da unidade do processo) uniformizado, agora é possível ver com mais clareza que, quanto ao conteúdo, o que existe em qualquer dos casos (afora as tutelas meramente declaratória e constitutiva) é a imposição do dever de prestar; ao que, de volta ao início, aqui se permite chamar de tutela condenatória.

189. Tutela condenatória e tipicidade. Na lei processual, diferentemente do que ocorre com a tutela declaratória (mas igualmente com a constitutiva), não há previsão de uma «ação condenatória». Contudo, sua admissibilidade decorre da garantia da ação. É o direito material que ditará quais as prestações devidas ao credor e, portanto, imponíveis ao devedor pelo provimento judicial. Portanto, é no plano substancial do ordenamento que se deve buscar eventual tipicidade ou atipicidade da tutela condenatória.

Nas obrigações cuja prestação consiste em dar quantia, a questão não oferece maiores dificuldades. A fixação do *quantum debeatur* é feita a partir das regras de direito material e mesmo quando se atribui poder ao juiz para arbitrar o montante - como é o caso típico da indenização por dano moral - é no plano substancial que devem ser buscados os critérios dessa quantificação. Ainda quando a imposição de pagamento de quantia é essencialmente «processual» - como é o caso da condenação ao pagamento de verba honorária advocatícia ou a indenização por litigância de má-fé - a própria lei oferece tais parâmetros, que devem ser observados pelo juiz.

Tratando-se de obrigações cuja prestação consista na entrega de coisa, em um fazer ou não-fazer, o provimento deve, sempre que for possível, assegurar ao demandante situação de idêntica restauração, proporcionando-lhe, então, uma tutela *específica*, ficando a condenação ao pagamento de quantia reservada à hipótese de impossibilidade cabal dessa forma de tutela (CPC, arts. 497 e 498).

190. Tutela cautelar. O tema da ação e da tutela cautelar foi, por muito tempo, dos mais debatidos no processo civil; o que se acentuou depois das reformas legislativas - ocorridas ainda na vigência do CPC/1973 - que fizeram da *antecipação da tutela*, até então confinada a hipóteses especiais, uma regra geral para o sistema. Progressivamente, passou a ser empregada a locução *tutela de urgência*, como gênero abrangente daquelas duas espécies, *tutela cautelar* e *antecipada*. Essa sistematização acabou, grosso modo, sendo incorporada pelo Código vigente que, contudo, preferiu tomar como gênero a categoria da *tutela provisória* (CPC, arts. 294/299), que por seu turno pode ser *tutela de urgência* - que pode ser cautelar ou antecipada (arts. 300/310) - ou *tutela da evidência* (art. 311).

No diploma vigente, a disciplina da tutela cautelar deixou de ser objeto de um Livro próprio (como ocorria com no CPC/1973, que dedicava o Livro III para tal escopo). Isso não impede que ela continue a ser tratada como uma das categorias de tutela porque, embora de forma diversa do que fizera o diploma precedente, o vigente dela continua a tratar, inclusive mediante regras que regulam seu requerimento em caráter antecedente (arts. 305/310).

Assim, a conceituação da tutela cautelar continua a ser dada por sua finalidade; o que, em última análise, corresponde também a seus efeitos. Assim, ela pode ser entendida como a tutela do próprio processo: pelo provimento cautelar busca-se assegurar a utilidade e a eficácia do provimento jurisdicional que terá por objeto a declaração ou atuação do direito em concreto; provimento que, por oposição ao cautelar, pode ser chamado de «principal». Por isso se diz que a tutela cautelar é duplamente instrumental: ela é *instrumento a serviço de outro* (que é o processo declaratório *lato sensu* ou executivo). Isso justifica que a tutela cautelar esteja sempre na dependência da «principal»; da qual, em alguma medida, não deixa de ser acessória. Daí se falar no caráter de «referibilidade» (da tutela cautelar a uma principal). Isso continua a ser reconhecido pelo direito positivo, que fala na exigência demonstração, pelo demandante, da «exposição sumária do direito que se objetiva assegurar e o perigo de dano ou o risco ao resultado útil do processo» (art. 305, *caput*), e exige que, tanto que efetivada a tutela cautelar, é ônus do autor deduzir o «pedido principal» – ao qual se refere por mais de uma vez o art. 308.

Em sua pureza conceitual – que a aparta da tutela antecipada – a tutela cautelar não tem por escopo produzir efeitos substanciais, mas apenas processuais. Ela é uma espécie de antídoto contra os efeitos deletérios do tempo que envolve a duração do processo. Ela também é remédio contra condutas do réu que possam esvaziar a eficácia prática do provimento declaratório ou executivo. Exemplos clássicos de tutelas cautelares estão no *arresto* e no *sequestro* (CPC, art. 301): o que eles buscam, respectivamente, é preservar patrimônio penhorável e a coisa demandada pelo autor, sem que isso represente reconhecimento (definitivo) ou satisfação do direito alegado pelo demandante.

Justamente por ter essa finalidade que lhe confere sua nota essencial (tutela do processo), a tutela cautelar era concebia – e assim continua a ser – como provisória ou temporária. Dizia-se, assim, que a tutela proporcionada pelo provimento cautelar não se revestia de caráter definitivo e deveria durar pelo tempo necessário para se chegar à declaração ou atuação do direito material (e desde que o dito «pedido principal» de fato venha a ser deduzido – CPC, art. 309, I). Isso tudo segue válido: porque ela é a tutela do processo (e apenas indiretamente do direito material), a concessão da medida cautelar não é orientada pelos mesmos critérios, nem pela mesma técnica empregados para declaração ou para atuação prática do direito material.

191. Tutela cautelar e efeitos substanciais. Por sua finalidade e características, a tutela cautelar não produz – não ao menos diretamente – efeitos substanciais, reservados à tutela declaratória (em sentido lato) e executiva.

Mas essa pureza conceitual não sobrevive a situações nas quais é muito difícil - se não impossível - afirmar que a tutela se limita a garantir a eficácia do processo, sem proporcionar algum efeito substancial. Tome-se o exemplo do sequestro: se o credor vier a ser nomeado como depositário da coisa apreendida, soaria irrealista dizer que a posse do bem (ainda que provisória e onerada pelo dever legal de guarda) não propiciaria alguma forma de satisfação do credor - entendendo-se como tal a fruição do bem da vida. Algo semelhante, não obstante a diversidade das situações, ocorre nas hipóteses de alimentos (CPC, art. 528) e no afastamento de cônjuge do lar, dentre outras.

> «Isso também ocorre sob o ângulo inverso: no caso do arresto (medida para garantir futura execução por quantia), ainda que a medida não se preste à satisfação do credor, a indisponibilidade imposta ao patrimônio do devedor tem inegável e relevante repercussão (negativa) na respectiva esfera substancial. Isso ocorre sob a ótica patrimonial ou até moral, pelas restrições que impõem ao demandado (restrições ou perda de crédito, ausência de liquidez, afetação negativa do nome junto ao meio social, dentre outros).»

Portanto, o sistema processual conhece medidas que, conquanto qualificáveis como *cautelares*, ao lado de produzirem efeitos que garantam a utilidade e eficácia do provimento principal, produzem também efeitos substanciais. Um dos cuidados que se deve ter nesse tema é o seguinte: entender tais medidas como cautelares - submetendo-as a requisitos menos rígidos do que aqueles que lhe são próprios (supra n. 190) - gera o risco de ampliar indesejavelmente os limites dessa forma de tutela, com indevida sumarização processual. Pior ainda, se e quando concedidas sem audiência do demandado, medidas dessa ordem acarretam situação gravosa - quiçá *irreversível* - que são incompatíveis com a garantia constitucional do devido processo legal (CF, art. 5.º, LIV) e que, por isso, não se afeiçoam à ideia de verdadeira tutela jurisdicional.

O reconhecimento de que a tutela cautelar - conquanto definida como a tutela do próprio processo - pode produzir efeitos substanciais tem desdobramento potencial relevante quando a controvérsia, por força de cláusula compromissória, esteja submetida a arbitragem. Nesse caso, o órgão arbitral é competente para toda e qualquer tutela de urgência, seja ela cautelar ou antecipatória. Contudo, para que o órgão arbitral exerça essa competência é preciso que a arbitragem esteja instituída. Antes disso, situações de urgência devem ser submetidas ao Poder Judiciário, cabendo aos árbitros manter, modificar ou revogar a medida. (Lei 9.307/1996, art. 22-A e B). Embora a lei autorize «medida cautelar ou de urgência» (em redação equivocada porque a primeira é espécie da segunda), a concessão, pelo Poder Judiciário, de medidas que projetem efeitos substanciais contraria a vontade das partes de remeter a solução da controvérsia para a arbitragem. Portanto, na concessão de medidas de urgência - cautelares ou não - que produzam tais efeitos o cuidado do Poder Judiciário deve ser redobrado para que não se esvazie, direta ou indiretamente, a eficácia da cláusula compromissória.

192. Tutela de urgência (cautelar e antecipada): inserção no contexto da *tutela provisória*. Como foi acima mencionado, o sistema processual admite que a urgência não seja apenas fundamento para a tutela cautelar - que, como visto, é a proteção do processo. Por outras palavras, a urgência é fundamento para duas formas de tutela: a *cautelar* e a *antecipada*. Daí se falar no gênero *tutela de urgência,* a abranger essas duas espécies - sistematização que, como já foi dito, acabou sendo positivada pelo ordenamento (art. 294, parágrafo único).

Contudo, para melhor entendimento da sistematização adotada pelo Código vigente, convém examinar o tema à luz do gênero que foi escolhido pelo Legislador, isto é, a partir da assim denominada *tutela provisória*, que, convém repetir, pode ser fundada na urgência - sendo cautelar ou antecipada - ou na evidência (art. 294, *caput*). Assim, o Código vigente procurou estabelecer um regime comum às tutelas *provisórias*; e, mais adiante, um regime comum às *tutelas de urgência*.

Para a *tutela provisória*, a lei estabeleceu o alcance temporal da respectiva eficácia (art. 296); a atipicidade das medidas destinadas a proporcioná-la (art. 297); a exigência de motivação (art. 298); a forma de sua efetivação - que remete ao cumprimento provisório (art. 297, § único) e uma regra única sobre competência (art. 299). Para a *tutela de urgência*, a lei uniformizou os requisitos para a respectiva concessão (art. 300); regulou a exigência de contracautela (art. 300, § 1.º); previu a concessão de liminar (art. 300, § 2.º) e criou uma regra única para responsabilidade civil (art. 302). De quebra, aí se incluiu uma regra só válida para a tutela de urgência antecipada, que é a do limite trazido pelo perigo de irreversibilidade (art. 300, § 3.º); e outra só válida para as cautelares, que reforça a atipicidade já prevista para a tutela provisória (art. 301).

A limitação temporal da eficácia da tutela provisória soa como um aparente pleonasmo: justamente porque provisória ela conserva sua eficácia até que a tutela definitiva prevaleça - embora a lei não use exatamente essa terminologia. Por ser provisória, ela pode ser revogada ou modificada, conforme regra do art. 296; que reeditou a norma do art. 807 do CPC/1973, com a amplificação acima mencionada - foi da espécie tutela cautelar para o gênero da tutela provisória.

Contudo, a própria lei se encarregou de excepcionar esse atributo e, a respeito, é preciso distinguir os casos de tutela provisória de urgência e da evidência. Isso porque o caráter provisório da decisão é decorrência do limite da atividade cognitiva desenvolvida para tanto: como as possibilidades de cognição próprias do devido processo legal ainda não se esgotaram; e considerando que o caráter definitivo do provimento está assentado na ideia de adequada cognição (o que, por exemplo, é ilustrado pelas regras do art. 503, §§ 1.º e 2.º), é lógico e coerente estabelecer que a tutela seja ainda provisória.

E a cognição pode ter diferentes conotações conforme se trate de urgência ou evidência. Mas, desde logo, convém advertir: é perfeitamente possível que exista situação de urgência e que, ao mesmo tempo, esteja presente qualquer um dos fundamentos previstos pelo art. 311 – abuso do direito de defesa, manifesto propósito protelatório, prova documental, tese firmada em julgamento repetitivo ou súmula vinculante – a indicar que há também «evidência». Assim, da dicotomia *urgência* e *evidência* não se deve extrair – não ao menos necessariamente – recíproca exclusão. A questão essencial, nesse particular, reside menos no objeto do conhecimento do que na intensidade da cognição: na tutela de urgência, a cognição sobre o pedido e fundamentos da demanda precisa ser sumária porque não há tempo para fazê-lo de forma mais aprofundada. Além disso, é preciso conhecer a própria situação de perigo – do ponto de vista lógico, um objeto diverso para o ser que conhece. Já no caso da tutela de evidência, o pedido e os fundamentos dispensam cognição mais aprofundada, justamente pela «evidência» que se apresenta.

Essa distinção é relevante e essencial para prevenir equívocos: da mesma forma que pode haver um pleito urgente e, ao mesmo tempo, «evidente», é possível haver pleito de tutela antecipada «satisfativa»; que esse pleito seja fundado na urgência; mas que não se apresentem quaisquer das situações reputadas pela lei como de evidência (art. 311). Nesse caso, não se pode negar a tutela apenas pelo argumento da falta de evidência: como positivou o art. 300, a tutela provisória de urgência deve ser concedida quando houver elementos indicativos da «probabilidade» do direito.

No caso de tutela provisória fundada na urgência, o provimento antecipado requerido em caráter antecedente poderá se tornar «estável», na forma dos artigos 303 e 304. Se isso ocorrer – porque não interposto recurso contra o pronunciamento que deferir a tutela – a revisão, reforma ou invalidação da tutela antecipada estabilizada é possível, mas desde que na forma dos parágrafos do art. 304. Portanto, aí está um caso de tutela provisória (fundada em urgência) que não se submete à regra geral do art. 296. Já na tutela fundada na evidência, a regra está no art. 311, que não contém nenhuma ressalva quanto ao caráter provisório do provimento: nos casos ali previstos, a tutela pode ser deferida, mas também pode posteriormente ser revogada ou modificada, como é a regra da tutela provisória (gênero da tutela fundada na evidência), conforme disposto no art. 296.

Adicionalmente é preciso considerar a disciplina que o CPC vigente dedicou ao «julgamento antecipado parcial do mérito», autorizado pelo art. 356; cujo inciso I reedita – ainda que com redação parcialmente diversa – a norma do § 6.º do art. 273 do CPC/1973: acolhe-se o pedido desde logo quando ele se mostrar incontroverso. Vale dizer: embora a falta de controvérsia não seja exatamente um fundamento da tutela provisória da evidência, a hipótese era e pode continuar a ser tratada como uma forma de tutela da evidência; embora não seja provisória. Aliás, com o CPC/2015 fica afastada qualquer dúvida: julgado procedente o pedido incontroverso (agora não mais apenas antecipada a tutela), a decisão é definitiva (isto é, não é provisória), apenas com a ressalva óbvia de que, havendo recurso, sua eficácia pode ficar suspensa ou, ao menos condicionada ao resultado do respectivo julgamento. Tal pronunciamento é impugnável por agravo de instrumento (art. 356, § 5.º). Contudo, o recurso não impede eventual liquidação e, mais do que isso, se houver preclusão («trânsito em julgado»), a lei é expressa ao dizer que «a execução será definitiva» (art. 356, § 3.º).

193. O caráter atípico da tutela provisória (cautelar e antecipada). O caráter atípico da tutela provisória pode ser extraído da regra do art. 297, *caput*, segundo o qual o juiz poderá determinar «as medidas que considerar adequadas para efetivação da tutela provisória». Isso significa dizer que o Código preferiu dar ao juiz o poder de determinar o conteúdo da tutela provisória à opção de indicar o rol de medidas pelas quais isso poderia se dar. Mas, essa possibilidade precisa ser adequadamente compreendida.

No sistema do CPC/1973, essa atipicidade era prevista para a tutela cautelar, conforme regra do art. 798: para além das medidas nominadas, a lei permitia outras medidas fundadas no então denominado «poder geral de cautela». Agora, no sistema do Código vigente - em que a tutela cautelar explicitamente passou a ser uma das espécies de tutela provisória de urgência - positivou-se, de forma mais ampla diversa, uma espécie de «poder geral de editar tutelas provisórias».

No contexto em que tutela cautelar e tutela antecipada estavam mais claramente apartadas era relativamente fácil entender que a opção legal pela atipicidade era compatível com os provimentos cautelares. Estes são destinados a garantir a utilidade e eficácia do provimento principal, isto é, são dotados de dupla instrumentalidade. Portanto, em relação à tutela cautelar faz sentido falar de medidas que o juiz possa considerar «adequadas» (=adequadas a garantir um provimento principal útil). Daí se entender que, em relação a tais medidas, o princípio da demanda vigora com atenuações; e que, por isso mesmo, elas podem, ainda que com ressalvas, ser concedidas de ofício pelo magistrado. Ao fazê-lo, como foi dito, o juiz tutela o processo e não o direito material da parte.

> «Sem prejuízo do exposto no texto, vale registrar que, sob a égide do CPC vigente, a possibilidade de o juiz editar provimentos cautelares de ofício não é reconhecida de forma unânime na doutrina. Há quem, negando a possibilidade, admita que o juiz - no âmbito do dever de colaboração - poderia cogitar ou até mesmo sugerir que tal ou qual medida fosse pedida pela parte; o que, preservada convicção diversa, decididamente não parece

ser correto. Há quem simplesmente negue a concessão de ofício (de medidas cautelares), submetendo o pleito à regra de inércia da jurisdição e, portanto, ao ônus de alegação e pedido pelo interessado. De fato, conquanto a lei não tenha previsto o ajuizamento de uma «ação cautelar» nos moldes concebidos pelo precedente diploma processual (isto é, de forma autônoma), ela disciplinou o «procedimento da tutela cautelar requerida em caráter antecedente» (arts. 305/310). Isso autoriza dizer, portanto, que à míngua de um pedido «principal», realmente não é possível exercício espontâneo de jurisdição para edição, de ofício, de medida de urgência cautelar; menos ainda antecipada. No primeiro caso, o juiz simplesmente não teria qualquer parâmetro para saber que direito haveria «a assegurar» (art. 305, *caput*); no segundo caso, não seria possível antecipar efeitos substanciais que não foram pedidos. Mas, na premissa de que haja um «pedido principal» adequadamente deduzido, a possibilidade da concessão de medida cautelar de ofício, quando menos para substituição daquela pretendida pelo autor por outra que seja «adequada e suficiente para evitar a lesão» (expressão outrora empregada pelo art. 805 do CPC/1973), deve ser reconhecido, justamente por conta da função que a tutela cautelar desempenha no sistema.»

De forma coerente com essa regra de atipicidade da tutela cautelar, o CPC/1973 consagrara uma regra de fungibilidade, conforme art. 805 daquele diploma: mediante requerimento ou de ofício, o juiz poderia substituir a medida por outra, «sempre que adequada e suficiente para evitar a lesão ou repará-la integralmente». É, por sinal, uma regra que não encontra correspondência no CPC vigente.

Certo que princípio da demanda, de um lado, e conteúdo do provimento, de outro lado, são coisas diversas: uma coisa é dizer que o juiz pode (ou não pode) editar tal ou qual medida de ofício; outra é dizer que ele tem um poder geral e atípico de editar provimentos jurisdicionais, isto é, determinar qual a respectiva eficácia da decisão. Mas, especialmente no tema aqui examinado, as coisas acabam se interseccionando porque se é ônus do interessado romper a inércia da jurisdição; expor fatos e fundamentos jurídicos e pedir; então parece evidente que é ele demandante que – presumivelmente com apoio no direito material – dá o conteúdo do provimento jurisdicional que almeja. O autor define os pedidos imediato (provimento) e mediato (bem da vida), competindo ao magistrado, ao menos como regra, acolher ou rejeitar o que foi pretendido, sem poder alterar o objeto do processo (=pretensão).

Por tudo isso, no final das contas, não há para o juiz – não ao menos quando se pensa na tutela que não seja a provisória – uma prerrogativa de conceder medidas atípicas que «considerar adequadas». Por outras palavras: para a tutela «definitiva», o juiz não tem «poder geral» qualquer e deve ficar adstrito aos termos da demanda. O princípio da demanda, não custa lembrar, está longe de ser mero e indesejável formalismo. Ele assume que a jurisdição não tem apenas um escopo jurídico, mas também social (pacificação mediante eliminação da controvérsia) – para não falar em preservação da imparcialidade e observância do contraditório.

Até aí tudo estaria bem porque a regra do art. 297 do CPC vigente vale para a tutela provisória, não para a definitiva. Ocorre, contudo, que a tutela *antecipada* – fundada na urgência ou na evidência – é satisfativa, isto é, produz total ou parcialmente a eficácia material desejada pelo autor, conforme expressou no objeto do processo (pedido à luz da respectiva causa de pedir). Portanto, quando se trata de tutela provisória cautelar, realmente o art. 297 é aplicável. Mas, quando se trata de tutela provisória antecipada (fundada em urgência ou evidência), o que possa ser deferido em caráter provisório há que necessariamente guardar coerência com o objeto do processo. Vale dizer: nesse âmbito, o juiz não pode simplesmente determinar medidas substanciais que entenda «adequadas». Em matéria de provimentos que antecipem total ou parcialmente a tutela final pretendida, o juiz fica adstrito aos termos do pedido.

Pensar diferentemente seria imaginar que ao juiz seria dado deferir em caráter provisório mais ou diferente do que poderia dar ao final; o que é vedado pelo sistema. Portanto, não se deve entrever na regra do art. 297 do CPC algo que pudesse superar postulados essenciais do sistema, como a inércia da jurisdição e o princípio da demanda.

Apenas para ilustrar, se o autor busca a invalidação de certo negócio jurídico, suspender a respectiva eficácia (total ou parcialmente) é providência provisória coerente com o objeto do processo – quer se entenda que tal suspensão seria cautelar ou típica antecipação. Mas, não poderia o juiz, por exemplo, determinar que, no curso do processo, o contrato passasse a ser executado de forma diversa, numa espécie de revisão das bases do negócio. Vale dizer: no exemplo dado, se a parte não pediu a revisão, é vedada qualquer providência provisória norteada por um resultado não pretendido pelo autor. Esse é o sentido de «adequada» nesse contexto: adequação ao objeto do processo.

De outra parte, ao suprimir a disciplina autônoma do processo cautelar e, com isso, acabar com a previsão de medidas cautelares típicas, o Legislador – ainda que inspirado por bons propósitos – gerou efeitos colaterais em boa medida indesejáveis.

É que, na disciplina vigente, o Código não fez mais do que exemplificar as formas pelas quais se pode obter a tutela (de urgência) cautelar, falando em medidas tais como «arresto, sequestro, arrolamento de bens, registro de protesto contra alienação de bem e qualquer outra medida idônea para asseguração do direito» (art. 301). Ocorre que, a previsão de medidas típicas, no sistema precedente, significava não apenas a disciplina de regras processuais – acerca de posições jurídicas (ônus, faculdades, deveres) e do procedimento – mas especialmente a alusão a hipóteses da vida, fruto da experiência acumulada, caracterizadoras e, por assim dizer, ilustrativas, dos requisitos do perigo da demora e da plausibilidade do direito a ser assegurado. Para ilustrar a assertiva, remete-se à leitura das regras insertas nos arts. 813, 814, 822, 855, do CPC/1973.

Sem essa previsão, a configuração dos requisitos para concessão da medida, feita de forma apenas genérica pela lei, fica integralmente remetida ao juiz, em cada caso concreto. Isso tem aspecto positivo pelo ângulo da atipicidade porque afasta indevidas limitações que um dia parte da doutrina e da jurisprudência já pretendeu extrair da tipicidade legal. Mas, há aspecto negativo pela falta de elementos objetivos (estabelecidos pela lei e dirigidos ao juiz) a justificar a concessão desta ou daquela medida – do que pode decorrer risco à segurança jurídica. Além disso, o sistema de medidas típicas oferecia bons parâmetros para delimitar o conteúdo e a eficácia das medidas (isto é, no que consistiam); o que, hoje, não mais existe, sendo quando menos prudente que a experiência acumulada e positivada pelo Código precedente permaneça como referência quer para a parte que pede, quer especialmente para o juiz, a quem compete decidir e determinar o conteúdo e os efeitos da tutela provisória de urgência cautelar.

194. A efetivação da tutela provisória. O modo de dar cumprimento às espécies que compõem o gênero *tutela provisória* experimentou, entre nós, uma extensa evolução, que passou pela superação da autonomia que outrora distinguia a relação processual dedicada à atividade cognitiva, de um lado, daquela voltada à atuação prática do direito reconhecido, de outro lado.

Quanto aos provimentos tipicamente cautelares, justamente porque fundados na urgência, sempre se entendeu que seu cumprimento não poderia se sujeitar ao modelo vigente para a execução, se considerada a autonomia acima mencionada. Daí se dizer que tais decisões teriam natureza mandamental ou executiva (em sentido lato), porque dispensariam a instauração de um novo processo para a respectiva efetivação. Mais do que isso, tal efetivação não poderia ser obstada pela oposição de embargos do devedor – medida que tradicionalmente era atribuída ao devedor para se opor à execução e que, na origem do CPC/1973, tinha o condão de suspender a prática de atos executivos.

Já quanto aos provimentos antecipatórios, desde as reformas que os tornaram regra geral (CPC/1973, arts. 273 e 461), procurou-se também deixar claro que a efetivação de tais decisões não poderia – a exemplo do que se entendia para as cautelares – se submeter ao regime até então tradicional da execução. De que adiantaria antecipar a tutela se ela não pudesse ser, desde logo, atuada? De início, então, a lei até falou em «execução» da tutela antecipada, embora já tivesse feito ressalvas a respeito. Depois, o sistema processual brasileiro acabou alterado de forma mais ampla, de tal sorte que aquela autonomia foi superada e passou a vigorar o que se denominou de processo sincrético, a englobar uma fase cognitiva e uma de cumprimento.

Dessa forma, então e com as ressalvas acima, chega-se à regra do art. 297, parágrafo único, do CPC/2015. Não de hoje, o cumprimento provisório de sentença deve ser realizado «da mesma forma que o cumprimento definitivo», embora submetido às regras constantes do art. 520 do CPC/2015 (art. 475-O do CPC/1973). Esse é o regime da efetivação da tutela antecipada que, ademais, haverá de observar as regras gerais do cumprimento (arts. 513 e ss.), além das regras especiais, que consideram a natureza da obrigação a ser satisfeita.

Mas, é preciso considerar pelo menos duas circunstâncias relevantes. Primeiro, a tutela provisória poderá ser – ainda que excepcionalmente – concedida sem prévia audiência do requerido. Isso significa dizer que, em tese, se concedida dessa forma, ela também poderá ser efetivada antes que o réu seja trazido para o processo. Segundo, é preciso ter em mente que o cumprimento provisório, justamente pela circunstância já apontada, permite chegar a resultados atingíveis mediante cumprimento definitivo: levantamento de quantia; alienação de domínio ou de posse; e resultados dos quais possa resultar grave dano ao executado, são admitidos, bastando que o requerente preste caução idônea (art. 520, IV).

Ora, uma coisa é pensar no cumprimento provisório resultante de uma sentença ou acórdão, formado com amplo debate, mas cuja eficácia está liberada apenas porque o recurso cabível não tem efeito suspensivo; outra coisa, bastante diversa, é a tutela provisória, fundada em cognição não exaustiva e que, no raciocínio exposto, pode ser deferida e efetivada antes mesmo que o réu venha para o processo – caso em que de «provisória» ela terá muito pouco. Portanto, apenas em situações marcadamente excepcionais será possível se chegar a esse ponto.

Lembre-se que a CF impede que as pessoas sejam privadas de sua liberdade e de seu patrimônio sem o devido processo legal (CF, art. 5.º, LV) e a simples possibilidade de reparação por perdas e danos não é suficiente, por si só, para autorizar que se chegue aos resultados do cumprimento definitivo no âmbito de mera tutela provisória. Por isso é que o § 3.º do art. 300 reproduziu – ao menos no tocante à tutela provisória de urgência – a regra do § 2.º do art. 273 do CPC/1973: é requisito negativo da tutela não gerar perigo de irreversibilidade.

A interpretação de tal dispositivo deve seguir a mesma consagrada pela doutrina dominante para o diploma vigente: o óbice legal não é intransponível porque, da mesma forma que a concessão da tutela provisória pode gerar perigo de irreversibilidade, assim também o pode a eventual recusa. O acesso à justiça, portanto, deve ser corretamente visto em perspectiva bilateral, isto é, tanto do autor quanto do réu. No limite, a solução será a de ponderação dos valores envolvidos, reafirmada a excepcionalidade da concessão e da efetivação de provimentos jurisdicionais sem prévia e útil oportunidade de defesa.

195. Fundamentos autorizadores da concessão da tutela provisória (e a correspondente exigência de motivação). No sistema do CPC/1973 (com as diferentes alterações legislativas que experimentou), a tutela *cautelar* era concedida com base nos tradicionais requisitos da aparência do bom direito e do perigo da demora (arts. 798, 799, 801, III e IV e 804). Já a tutela antecipada era deferida diante de maior grau de certeza, traduzida na expressão «prova inequívoca» que conduza à «verossimilhança da alegação», do *caput* art. 273; ou na locução «relevante fundamento», empregada pelo § 3.º do art. 461 – e encontrada na legislação extravagante, como nos casos de mandado de segurança, de tutela do consumidor e outros. Na tutela antecipada, ainda pensando no CPC/1973, o perigo da demora também é requisito da lei (art. 273, II), mas se afigura dispensável nos casos de abuso do direito de defesa ou manifesto propósito protelatório do réu (art. 273, II); ou, ainda, no caso de parcela incontroversa da demanda (art. 273, § 6.º).

No CPC vigente não há previsão de requisitos genéricos para a concessão da tutela *provisória*. O que existe, de um lado, é a regra segundo a qual, para a tutela provisória de *urgência*, são exigíveis «a probabilidade do direito e o perigo de dano ou o risco ao resultado útil do processo» (art. 300, *caput*). E, de outro lado, há previsão dos requisitos para concessão da tutela da *evidência*, com a expressa dispensa, nesse caso, do perigo (art. 311, *caput*): abuso do direito de defesa ou manifesto propósito protelatório (art. 311, I, que repete a dicção do inciso II do art. 273 do CPC/1973); comprovação dos fatos alegados por via documental (incisos II, parte inicial, III e IV); causa de pedir fundada em tese «firmada em julgamento de casos repetitivos ou em súmula vinculante» (inciso II, parte final). Importante: a situação de parcela incontroversa da demanda – fundamento para antecipação no CPC/1973 (art. 273, § 6.º) – passou a ser (corretamente, por sinal) fundamento para julgamento antecipado parcial do mérito, na forma do art. 356, inciso I.

O que se tem, sob a ótica dos requisitos para concessão da tutela provisória, então, é o seguinte: a) há regra expressa para a tutela provisória de urgência (art. 300, *caput*); e b) há regra expressa para a tutela provisória da evidência (art. 311).

Contudo, conforme ponderado em tópico precedente, é preciso considerar que, ao positivar a dicotomia *urgência* e *evidência*, o CPC/2015 pareceu sugerir que haveria entre essas hipóteses alguma forma de recíproca exclusão; o que não é correto. A questão essencial, nesse particular, reside menos no objeto do conhecimento e mais na intensidade da cognição: na tutela de urgência, a cognição sobre o pedido e fundamentos da demanda precisa ser sumária porque não há tempo para fazê-lo de forma mais aprofundada. Além disso, é preciso conhecer a própria situação de perigo – do ponto de vista lógico, um objeto diverso de cognição. Já no caso da tutela de evidência, o pedido e os fundamentos dispensam cognição mais aprofundada, justamente pela «evidência» que se apresenta.

Essa distinção é relevante, na projeção do que concretamente pode ocorrer em juízo: da mesma forma que pode haver um pleito *urgente* e, ao mesmo tempo, «*evidente*», é possível haver pleito de tutela antecipada (satisfativa, portanto), fundado na urgência, mas sem que se apresentem quaisquer das situações reputadas pela lei como de evidência (art. 311). Nesse último caso, não se pode negar a tutela apenas pelo argumento da falta de evidência: como positivou o art. 300, a tutela provisória de urgência deve ser concedida quando houver elementos indicativos da «probabilidade» do direito. Portanto, há aqui uma alteração digna de nota: enquanto o CPC/1973 exigia expressamente para a tutela antecipada – na sua perspectiva, satisfativa – o requisito de «prova inequívoca» (art. 273, *caput*), o CPC vigente admite que a tutela antecipada satisfativa, sob a roupagem de tutela provisória de urgência, seja deferida com base em menor grau de certeza, isto é, com base apenas em «elementos que evidenciem a probabilidade do direito» (art. 300, *caput*).

É que, no sistema do Código vigente, a tutela provisória de urgência pode ser não apenas cautelar, mas também antecipada (art. 294, parágrafo único). Assim, como há apenas uma regra para os requisitos da tutela provisória de urgência, a disciplina dos requisitos para concessão de tutela cautelar e de tutela antecipada (de urgência) acabou ficando no mesmo patamar.

Se isso, por um lado, é correto (porque, como dito acima, não se pode recusar tutela provisória diante de situação de urgência apenas pelo argumento da falta de «evidência»), por outro lado é preciso considerar também que tutela antecipada significa produção antecipada (total ou parcial) da eficácia substancial pretendida pelo autor na demanda. Ou seja: tutela provisória de urgência não é apenas a cautelar, destinada a assegurar a eficácia do provimento principal; tutela provisória de urgência pode, no sistema do diploma em vigor, ser satisfativa, e, dada a exigência contida no inciso LV do art. 5.º da CF, é preciso que provimento de tal natureza seja embasado em maior grau de certeza quanto à existência do direito afirmado.

Isso tudo, então, há que se projetar sobre a motivação da decisão que concede a tutela provisória. Sob ótica genérica, a regra do art. 489, § 1.º, do CPC vigente foi consideravelmente analítica ao descrever as hipóteses em que, a senso contrário, uma decisão não se considera adequadamente motivada. Essa disciplina geral se aplica aos pronunciamentos concessivos ou denegatórios de tutela provisória. Conceitualmente, a motivação – postulado que descende do contraditório e do devido processo legal – é uma só e, portanto, ela é exigida quer se trate de tutela provisória, quer de tutela definitiva. Por isso é que o art. 298 reiterou a exigência na disciplina específica da tutela provisória.

Mas, convém fazer ressalvas, porque não há simplesmente como tratar de maneira uniforme das hipóteses de tutela provisória fundada na *urgência*, de um lado, e aquelas fundadas na *evidência,* de outro. Mais: na tutela provisória de urgência, não há simplesmente como equiparar – para efeito de fundamentação – a tutela *cautelar* (garantidora da eficácia do resultado útil do processo), de um lado; e a tutela *antecipada*, (que é satisfativa porque produz, total ou parcialmente, os efeitos substanciais desejados pelo autor), de outro.

Começando pela *tutela de urgência*, convém relembrar o seguinte: no Código vigente há apenas uma regra para os requisitos da tutela provisória de urgência (art. 300), de tal sorte que a disciplina dos requisitos para concessão da tutela cautelar e da tutela antecipada de urgência acabou ficando – ao menos na literalidade da lei – no mesmo patamar.

Como já foi dito anteriormente, isso é correto porque não se pode recusar tutela provisória diante de situação de urgência apenas pelo argumento da falta de «evidência». Mas, como também já foi enfatizado, é preciso considerar que tutela antecipada significa produção antecipada (total ou parcial) da eficácia substancial pretendida pelo autor na demanda. Ou seja: tutela provisória de urgência não é apenas a cautelar, destinada a assegurar a eficácia do provimento principal; tutela provisória de urgência pode, no sistema do CPC/2015, ser *satisfativa* – dicção empregada pelo art. 4.º, ao tratar da duração razoável do processo – e, dada a exigência contida no inciso LV do art. 5.º da CF, é preciso que provimento de tal natureza seja embasado em maior grau de certeza quanto à existência do direito afirmado.

Sob a ótica da *motivação* isso quer dizer que o correspondente *dever* do juiz se apresenta mais complexo nos casos de tutela provisória de urgência antecipada: para produzir efeitos substanciais é preciso grau de certeza superior àquele suficiente para «apenas» garantir o resultado útil do processo – o «apenas» se explica porque mesmo provimentos puramente cautelares produzem efeitos substanciais (tema que não é possível desenvolver aqui). Não é que, para conceder tutela provisória de urgência cautelar o juiz possa simplesmente ignorar os parâmetros do art. 489 do CPC. Mas, forçoso reconhecer que, nesse caso, está-se efetivamente a se falar em probabilidade do direito alegado e, portanto, o grau de certeza exigido é realmente menor. Já no caso de tutela provisória de urgência antecipada (que produz, total ou parcialmente, efeitos substanciais, quiçá excepcionalmente irreversíveis), o encargo legal de motivação é redobrado; o que, aliás, é coerente com tudo o que foi dito acerca dos fundamentos autorizadores dessa modalidade de tutela.

Sob a ótica dos fundamentos (empregados pelo autor na demanda e pelo juiz na decisão) não parece ser possível simplesmente aplicar à tutela antecipada uma teoria engendrada essencialmente para os provimentos cautelares. Para esses últimos, particularmente ao ensejo do confronto entre a aparência do bom direito e o perigo da demora, construiu-se teoria que recorreu à imagem dos «vasos comunicantes». Sob essa ótica, quanto maior a verossimilhança do direito, menor a exigência com a gravidade e com a iminência do dano: e vice-versa, conforme doutrina construída em torno do tema.

Mas, também é certo que essa teoria obviamente não chega ao ponto de, em nome do perigo da demora, prescindir de elementos mínimos quanto à plausibilidade do direito material alegado. Assim, embora a cautelar se satisfaça com a mera probabilidade, o perigo não pode ser visto isoladamente. Do contrário, o processo poderia tutelar quem estivesse exposto a risco por força de situação legitimada pelo Direito. Isso significaria que o processo cautelar seria fonte autônoma do direito material; o que transgrediria sua finalidade de mera garantia da utilidade do processo. Ora, se isso vale para a tutela provisória de urgência cautelar, com maior razão vale para a tutela provisória de urgência antecipada.

Já nos casos de tutela antecipada fundada na *evidência*, não há exigência de perigo da demora (CPC/2015, art. 311). Contudo, e talvez até mesmo por isso (além do caráter satisfativo da tutela), o dever de motivação é também incrementado, inclusive por uma razão lógica: essa forma de tutela é condicionada a maior grau de certeza e, portanto, isso deve se refletir na fundamentação. Não basta ao juiz empregar locuções vazias como «considerando a farta documentação que instruiu a inicial»; nem basta, na hipótese prevista pela parte final do inciso II do art. 311, limitar-se o pronunciamento à invocação de precedente, «sem identificar seus fundamentos determinantes nem demonstrar que o caso sob julgamento se ajusta àqueles fundamentos», como de forma prudente exigiu o inciso V do art. 489.

196. Tutela provisória requerida em caráter antecedente ou incidental. A tutela provisória pode ser demandada em caráter *antecedente* ou *incidental* (art. 294, parágrafo único). Trata-se de distinção que tem potenciais desdobramentos: ela pode interferir na determinação da competência (art. 299); na incidência, ou não, de taxa judiciária (art. 295); e, especialmente, é relevante quando se trata de tutela antecipada ou cautelar requerida em caráter antecedente, conforme evidencia a disciplina contida, respectivamente, nos arts. 303/304 e 305/310. Ali, dentre outros, a lei disciplinou a *estabilização* da tutela antecipada (art. 304).

Como já foi visto, o processo cautelar – que no CPC/1973 mereceu disciplina abrangente de um de seus cinco Livros – deixou de ter autonomia no diploma vigente. Isso quer dizer que as medidas *cautelares* - espécie do gênero *tutela de urgência* - devem ser requeridas e deferidas no bojo de processo único. O sincretismo implantado no CPC/1973 para a execução (então transformada em fase de cumprimento) foi ampliado no diploma vigente: num mesmo processo há cognição, cumprimento de sentença e, sendo o caso, tutela provisória (de urgência - cautelares ou antecipadas - ou da evidência).

Essa autonomia já se tornara objeto de reflexão e crítica e sua subsistência soava como reminiscência de um período em que o direito processual buscava sua própria afirmação como ciência autônoma. Aliás, já no CPC/1973 a norma contida no § 7.º do art. 273 sugeria quando menos uma atenuação de tal autonomia, por se permitir que uma medida cautelar fosse concedida incidentemente em processo de conhecimento. Contudo, a autonomia do processo cautelar não era apenas uma expressão exagerada da abstração do direito de ação, mas estava ligada ao objeto da cognição a ser empreendida pelo órgão judicial, isto é, à necessidade de se conhecer fatos de forma sumária e não exauriente, para o que não poderia aguardar a dilação probatória a ser empreendida no processo 'principal'; de se conhecer fatos que não necessariamente são relevantes para o desfecho do processo principal (por exemplo, como no caso do arresto, em que não se investiga propriamente a existência do crédito, mas apenas se busca saber se estão presentes, ou não, as situações que eram bem ilustradas pelos arts. 813 e 814 do CPC/1973); e de se preservar o contraditório, na apuração desses fatos.

Esse dado ainda precisa ser considerado no contexto em que se abriu mão da autonomia do processo cautelar: a concessão da providência de forma incidente não pode e não deve prejudicar o andamento do processo principal, criando nele uma fase instrutória «preliminar» que, ao invés de racionalizar o desenvolvimento do processo, viria certamente a tumultuá-lo; nem prejudicar o exercício regular do contraditório, podendo e devendo abrir-se margem para que a parte contra quem foi deferida a medida deduza suas razões, impugnando o pedido.

197. Tutela provisória antecipada de urgência requerida em caráter antecedente. O pleito de tutela antecipada fundada em urgência feito já no ato inaugural do processo era um dado conhecido do sistema do CPC/1973 (com as alterações que, ao longo do tempo, foram incorporadas ao respectivo art. 273) - embora certamente não se falasse em caráter «antecedente». E nem era o caso de se falar porque não havia uma cisão de elementos - ou de momentos - que pudesse justificar logicamente um «antecedente»; que só pode existir se, depois, vier algo que lhe seja «subsequente». O pleito era um só: o da tutela «final» e o da respectiva antecipação. Portanto, se nada tivesse sido regulado pelo Código vigente a esse respeito, tudo seguiria como antes.

Relembre-se que a situação tomada pelo Legislador é a de tutela antecipada fundada na urgência. Por isso é que o art. 303 principia considerando a hipótese de a urgência ser «contemporânea à propositura da demanda» – repita-se, situação já conhecida no sistema do CPC/1973. O que, então, há de novo é uma *atenuação do ônus de alegação do autor*: ela pode se limitar ao pleito de antecipação acompanhado de mera «indicação do pedido de tutela final», traduzida na «exposição da lide» (terminologia que lembra a do art. 801, III, do CPC/1973), do direito «que se busca realizar» e do «perigo de dano». Daí a cisão de elementos ou de momentos, que confere a esse pleito, no diploma vigente, um caráter «antecedente»: concedida a tutela antecipada (de urgência), a lei dá, então, oportunidade para que o autor «adite» a petição inicial, com a eventual complementação da causa de pedir (de sua «argumentação» disse a lei de forma imperfeita); com a vinda de novos elementos probatórios («novos documentos»); e com a «confirmação» do pedido de tutela «final» (art. 303, § 1.º, I).

Por outras palavras: embora a autonomia do processo cautelar tenha terminado, o Código vigente estabeleceu *dois momentos de postulação*: um «antecedente», fundado em elementos – alegação e prova – quiçá menos consistentes, ajustados a uma cognição superficial, adequada ao momento de urgência; e um relativo à «tutela final». Não há uma «ação principal» e menos ainda um outro processo ao qual se pudesse dar igual qualificativo. Não há novo pagamento de taxa judiciária (art. 303, § 3.º) e o valor da causa que prevalece, ao final das contas, é aquele relativo à «tutela final». Contudo, o método criado pelo Legislador chega quase lá: se o autor não se desincumbir do ônus relativo ao segundo momento postulatório – não propuser a «ação principal», diriam ecos do passado – a consequência é a extinção do processo sem resolução do mérito, com a consequente perda de eficácia da medida de urgência antes deferida. A semelhança com a regra do art. 808, I, do CPC/1973 é clara. Mais ainda: se o juiz entender que não é caso de deferir a tutela de urgência, ele instará o autor a emendar – antes se falara em «aditar» – a inicial, presumivelmente para trazer os elementos que dão consistência ao pleito de «tutela final».

A situação não deixa de ser curiosa: o Legislador se sensibilizou pela circunstância de que a urgência pode prejudicar a demanda inaugural – por subtrair ao autor a possibilidade de trazer melhores elementos de alegação e de prova; e, diante dessa constatação, mesmo tendo acabado com a autonomia do processo cautelar, trouxe para o campo da tutela *antecipada* (de urgência) uma dicotomia que, em relação a ela, não havia no CPC/1973; e que justamente era uma das características da tutela *cautelar*.

Outro dado a constatar é o de que, ao reconhecer que o autor pode se limitar à «indicação do pedido de tutela final», com a mera «exposição da lide, do direito que se busca realizar e do perigo de dano», o Código confirmou que, em se tratando de tutela antecipada de urgência, realmente não há mais que se falar em «prova inequívoca», como um dia falou o *caput* do art. 273 do CPC/1973. Por outras palavras, conquanto esteja a postular autêntica antecipação dos efeitos da tutela (portanto, produção de efeitos substanciais e não meramente processuais), o autor está autorizado pela lei a trazer elementos assumidamente precários; tanto que a Lei abriu a oportunidade de «complementação da argumentação, a juntada de novos documentos e a confirmação do pedido final».

Isso é coerente, forçoso reconhecer, com a regra do art. 300, segundo a qual a tutela de urgência – aí incluída a tutela antecipada fundada nesse fundamento – será concedida «quando houver elementos que evidenciem a probabilidade do direito». Essa locução, embora não seja idêntica à fórmula empregada pelo *caput* do art. 303, aponta para a mesma direção: na tutela antecipada de urgência, o Legislador passou a admitir seja ela concedida mesmo que não haja um elevado grau de certeza.

Mas, é preciso relembrar o que já foi destacado: realmente, não se pode recusar tutela provisória diante de situação de urgência apenas pelo argumento da falta de «evidência»; seja ela cautelar, seja ela antecipatória dos efeitos do provimento final. No entanto, é preciso insistir na circunstância de que a tutela antecipada significa produção antecipada (total ou parcial) da eficácia substancial pretendida pelo autor na demanda. A tutela provisória de urgência não é apenas a cautelar, destinada a assegurar a eficácia do provimento principal; tutela provisória de urgência pode, no sistema do Código vigente ser *satisfativa*.

No balanço final, o diploma processual avançou: ele afastou a ideia incorreta de que tutela antecipada fundada em urgência somente poderia ser deferida com base em prova inequívoca. Há situações de urgência, em que o mal descrito pelo autor só pode ser debelado mediante medida tipicamente antecipatória (não exatamente cautelar). Tais situações não podem ficar carentes de tutela apenas pelo argumento de que não haveria «prova inequívoca». Isso, em alguma medida, recupera construção doutrinária clássica, segundo a qual as medidas antecipatórias também se inscrevem no sistema das medidas cautelares. Mas, tal ideia, conquanto correta, não afasta a advertência feita acima.

198. Estabilização da tutela provisória antecipada de urgência. Segundo a regra do *caput* do art. 304 do CPC, a tutela concedida nos termos do art. 303 «torna-se estável se da decisão que a conceder não for interposto o respectivo recurso». É a assim chamada *estabilização da tutela antecipada*.

A primeira dúvida relevante relativamente ao instituto diz respeito à respectiva utilidade, sendo lícito questionar até que ponto a técnica assim estabelecida possa efetivamente produzir vantagens relevantes. Dúvida análoga surgiu, no passado, quando da implantação da ação monitória, cuja eficiência – ao menos no modelo adotado entre nós – dependeria, tal como na situação ora examinada, da eventual inércia do demandado. Na monitória, o réu que deixa de promover embargos ao mandado monitório abre margem para o nascimento de título executivo judicial, dotado da respectiva eficácia preclusiva (art. 701, § 1.º). No instituto aqui examinado, o que se passa é que o réu não recorre contra a decisão antecipatória e ela se estabiliza. Daí, então, a renovada dúvida sobre se será plausível esperar, entre nós, que decisões antecipatórias restarão irrecorridas em número relevante de casos.

Não bastasse isso, é de duvidosa utilidade para o sistema consentir na vigência de uma decisão judicial que produz efeitos substanciais, mas de forma assumidamente provisória e, ao menos em alguma medida, indefinida. É que, uma vez que ocorra a condição prevista no caput do art. 304, a lei determina que o processo seja extinto (§ 1.º) e abre a possibilidade de a decisão ser «revista, reformada ou invalidada» por decisão «de mérito», postulada em ação própria, a ser intentada por «qualquer das partes» (§§ 2.º a 4.º); para o que a lei estabelece o significativo prazo de dois (2) anos (§ 5.º). Aliás, a lei estabeleceu que tal decisão «não fará coisa julgada»; o que autoriza colocar em dúvida a conveniência para o sistema de uma «estabilização» que, a depender do ângulo de exame, é pura e simples negação de qualquer estabilidade.

Num sistema que já contempla um rol consideravelmente extenso de títulos executivos extrajudiciais (vide rol do art. 784, sem falar na legislação extravagante); num ordenamento que já permite a antecipação dos efeitos da tutela com base na evidência, de forma consideravelmente ampla (arts. 311 e seguintes); num modelo em que, para além disso tudo, positivou-se a ação monitória, como mecanismo também apto a acelerar a formação de título executivo judicial (arts. 700/701); a regra de que tutela de urgência se «estabilize» – no aguardo de uma futura demanda em que poderá ser revista – parece ser realmente um excesso; danoso como sói acontecer com os excessos. Diante de tal arcabouço, parece difícil divisar qual o sentido em dar «estabilidade» para uma decisão fundada em cognição não exaustiva.

Não bastasse isso, condicionar a estabilidade da tutela à interposição de um recurso, num contexto em que há queixa generalizada (embora às vezes distorcida) de excesso de recursos não parece ser algo exatamente lógico. Num sistema no qual tribunais não raramente criam subterfúgios para não conhecer de recursos, condicionar a estabilidade de uma decisão a tal impugnação soa como assumir um risco desnecessário de controvérsias. Ainda que o Código seja zeloso quanto ao não conhecimento de recursos (basta ver o parágrafo único do art. 932, dentre outros), fato é que a interposição do agravo de instrumento envolve um certo risco para a parte. Quando menos, é preciso extrair do dispositivo que, para impedir a estabilização, basta que a parte tenha interposto o recurso, sendo irrelevante que, posteriormente, ele não seja conhecido por eventual vício formal. Vale dizer: o que basta é a declaração de vontade da parte, que seja contrária à estabilização, expressada por alguma forma de impugnação.

Aliás, a situação processual soa incoerente: a lei assume que o réu teria resistido ao pedido, ofertando defesa; mas que não teria recorrido e que, então, essa omissão prevaleceria sobre a outra conduta processual. Então, seria mais plausível, simples e razoável seguir o caminho usual: atendida a disposição do inciso I do § 1.º do art. 303, se eventualmente não houvesse resistência ao pedido, este seria simplesmente acolhido, por decisão de mérito que, desde logo, já daria a tutela final, apta a formar coisa julgada material e, de verdade, conduzir a uma tutela estável.

199. Tutela provisória cautelar requerida em caráter antecedente. O pleito de tutela cautelar como objeto de medida antecedente – em «procedimento preparatório», como constava do parágrafo único do art. 801 do CPC/1973 – era situação corriqueira no sistema precedente. Nesse caso, de fato era mais exato falar-se em medida «preparatória» porque o diploma anterior estava fundado em uma cisão de elementos – ou de momentos – coerente com a autonomia do processo cautelar então vigente. Assim, no mais das vezes, primeiro havia o pleito acautelatório e, depois, vinha a «ação principal».

Mas, como já foi visto, o CPC vigente colocou termo a essa autonomia e, sob sua vigência, a medida cautelar é requerida no mesmo processo em que pleiteada a tutela «principal» ou «final». Portanto, era de se esperar que a disciplina desse ponto sofresse mesmo as devidas adaptações.

Como no sistema precedente, o ônus de alegação do autor se resume à «indicação da lide e seu fundamento, a exposição sumária do direito que se objetiva assegurar e o perigo de dano ou risco ao resultado útil do processo» (art. 305). Ou seja: o novo dispositivo reedita, grosso modo, os requisitos que constavam dos incisos III e IV do art. 801 do CPC/1973. E, a bem da verdade, não fica longe da redação do *caput* do art. 303, que trata da tutela de urgência, mas antecipada: nesse outro caso, o autor tem o ônus de «indicação do pedido de tutela final», traduzida na «exposição da lide», do direito «que se busca realizar» e do «perigo de dano». Novamente, confirma-se o que já fora destacado anteriormente: no sistema do CPC/2015, a *tutela de urgência* – antecipada ou cautelar – será concedida «quando houver elementos que evidenciem a probabilidade do direito» (art. 300).

Daí para frente, contudo, a superação da autonomia do processo cautelar não vai além do fato de que, realmente, tudo se passa num único processo. Assim se diz porque: a) o réu será citado para contestar o pedido cautelar e indicar as provas que pretende produzir (art. 306); b) se o réu for revel, presumem-

-se verdadeiros os fatos alegados pelo autor (em princípio, os fatos narrados para dar amparo à pretensão cautelar) – art. 307; c) se o pedido (cautelar) for contestado, a lei determina que será observado o «procedimento comum» (art. 307, parágrafo único); d) efetivada a providência pleiteada, o autor tem o ônus de apresentar o «pedido principal» em trinta (30) dias – embora, como salientado, isso ocorra num mesmo ambiente processual – para o que a causa de pedir poderá ser «aditada».

Em linhas gerais, o modelo previsto para a tutela cautelar repete aquele previsto pela tutela antecipada, ambas requeridas em caráter *antecedente*. Há alguma diversidade de terminologia (aparentemente sem justificativa lógica, como ocorre no confronto entre o art. 303, § 1.º, I, de um lado; e o art. 308, § 2.º), mas elas têm em comum a previsão de *dois momentos de postulação*: o primeiro, fundado em elementos – alegação e prova – quiçá menos consistentes, ajustados a uma cognição superficial, adequada ao momento de urgência; e um relativo à «tutela final» ou «principal». Em nenhum dos casos há referência a uma «ação principal» porque, como dito e repetido, não há novo processo a instaurar (inclusive sem novo pagamento de taxa judiciária – art. 308, *caput*).

Tal como no caso da tutela antecipada requerida em caráter antecedente, se o autor não se desincumbir do ônus relativo ao segundo momento postulatório – não propuser o «pedido principal» – cessa a eficácia da medida concedida. Aqui não há apenas semelhança com a regra do art. 808, I, do CPC/1973; há identidade.

É certo que o ato postulatório inicial pode abranger não apenas o pedido cautelar, mas também o «pedido principal» (art. 308, § 1.º). Também é certo que, diante do pedido principal, não haverá nova citação do réu, dado que as partes serão intimadas para audiência de conciliação ou mediação na pessoa de seus advogados (art. 308, § 3.º). Isso conspira a favor da unidade do processo, embora possa deixar dúvidas: se o autor apresentar desde logo o pedido cautelar e o principal, deferida a cautelar, o réu será citado na forma do art. 306 (para contestar) ou, diversamente, será realizada audiência de conciliação e mediação, na forma do art. 334 (art. 308, § 3.º)? Uma possível solução que concilie as disposições, seria a de promover a citação, permitir a contestação para o pedido cautelar sem prejuízo de designação da audiência, ressalvada a possibilidade de contestação do pedido principal depois dessa sessão, se for o caso.

O Código avançou no que era possível: ele foi fiel à realidade, que sistematicamente negava a autonomia do processo cautelar; ele permitiu abertura do contraditório sobre o pedido cautelar (o que é fundamental, uma vez que a respectiva causa de pedir não é necessária e integralmente coincidente com a causa de pedir do pedido principal); ele procurou harmonizar os dois elementos postulatórios (cautelar e «principal»), além de ajustá-los à estrutura do procedimento comum, que se inicia pela designação de audiência de tentativa de conciliação e mediação.

200. Classificação das ações ou das tutelas (síntese). Como foi dito anteriormente, é com base no *resultado* pretendido pelo demandante que são classificadas as «ações». Por essa razão é que se propôs centrar atenção na mais abrangente e relevante classificação, que é a das *tutelas*, agora entendidas precipuamente com o sentido de *resultado* do processo, tal como pretendido pelo autor na demanda inicial.

Depois de examinadas todas as formas de tutela, convém consolidar o que seja uma classificação das ações a partir desse critério; o que se justifica metodologicamente porque o estudo do direito processual entre nós – e também sua aplicação concreta – continua a dar grande relevância para o instituto da *ação*.

Assim, num modelo no qual atividade declaratória e executiva (ou de cumprimento) são apenas fases de um só processo, poder-se-ia cogitar de não haver mais sentido em se falar na existência das duas grandes e tradicionais categorias: ação de conhecimento e ação de execução. É que, sendo o processo um só, o exercício do direito de ação – do qual resulta, em concreto, a propositura de uma demanda – já deveria ser abrangente de todo o conteúdo daquele mesmo e, repita-se, único processo. Aliás, a desnecessidade de se propor uma nova ação (de execução) depois de proferida a declaração do direito seria, com os desdobramentos daí decorrentes, a grande novidade e o grande mérito da modificação legislativa de que se falou atrás (supra n. 188).

Mas, apesar da adoção do modelo sincrético já descrito, subsiste a classificação que contempla a ação de conhecimento (ou declaratória em sentido lato) e a de execução (supra n. 170). Primeiro, é possível que o processo de execução seja instaurado com base em título executivo extrajudicial. Nesse caso, não há *fase* executiva (ou de cumprimento), mas unicamente processo de execução; portanto, só isso já é suficiente para ditar a subsistência da ação executiva. Segundo e mais importante, o sincretismo entre declaração (ou cognição) e execução não foi suficiente para dispensar o credor de seu ônus de alegação: dele depende a instauração da fase de execução (ou de cumprimento). Tal é o que estabelece o art. 523 do CPC, ao exigir o «requerimento do exequente». Isso significa que, no sistema processual civil vigente, a regra é a de que não há execução ou cumprimento de ofício. Mais do que isso, é lícito entender que, embora formalmente singelo, o pleito do credor para prosseguir no processo para atuação prática do direito declarado encerra exercício do direito de ação. Tanto isso é verdade que continua a vigorar a regra de que a pretensão executiva está autonomamente sujeita à prescrição (CC, art. 206, § 5.º, III).

Também não há sentido em suprimir a categoria da ação cautelar. Sua existência autônoma não se justificava apenas pela circunstância de que, para o direito positivo, existia a previsão e disciplina de um processo autônomo cautelar; ainda que sempre ligado a um processo «principal». Mesmo com a supressão dessa autonomia do processo cautelar, só se poderia banir a ação cautelar se a correspondente tutela pudesse, sem exceção, ser determinada sempre de ofício pelo juiz. Enquanto isso não ocorrer, o pleito de medidas cautelares só poderá ser entendido como resultado do exercício do direito de ação; que, no caso, merecerá ser qualificada de ação cautelar.

Finalmente, talvez se pudesse dizer que, ao invés de se pretender uma classificação das ações, ainda que pelo resultado almejado (tutela, portanto), melhor seria redefinir o conceito de ação, que passaria a ser único por abarcar a declaração, a execução (ou atuação prática do que se declarou) e as medidas de urgência (aí incluídas as cautelares) que eventualmente se fizessem necessárias e adequadas. Sendo assim, num conceito de tal forma abrangente, não seria mais necessário falar em diferentes tipos de ações, como não faria sentido em falar em diferentes tipos de processos, já que um e outro conceito, pelo sincretismo já referido, abarcariam todo o conteúdo que, por outra forma, pretendeu-se decompor na já referia classificação.

Mas, as razões já expostas para a subsistência do reconhecimento de diferentes ações e correspondentes formas de tutela continuam a justificar, ao menos sob a ótica didática, a separação e a consequente classificação dos elementos aqui tratados.

CAPÍTULO III

CONDIÇÕES DA AÇÃO

201. Condições da ação e direito material. A concepção da categoria das assim chamadas *condições da ação* desempenhou papel importante na compreensão da passagem do conceito (abstrato e atípico) de *ação* - entendida como direito ou poder cujo exercício desencadeia o inafastável controle jurisdicional - para a atuação do direito objetivo em casos concretos, como resposta a demandas também concretamente identificadas. Realmente, a ligação que essas condições estabeleceram com o direito material, deixando em segundo plano a ênfase à generalidade daquela garantia constitucional (devida e necessária quando se pensa genericamente no acesso à Justiça e à inafastabilidade do controle jurisdicional), teve o mérito de dar ao direito de ação contornos mais precisos. Essa categoria reafirmou o caráter instrumental da *ação* se considerado o plano substancial do ordenamento.

Com efeito, a aferição das referidas condições é feita essencialmente a partir do plano substancial do ordenamento. A partir dele, tomando-se por ora a concepção original da teoria que as concebeu, era possível determinar: (i) a eventual existência de vedação, em abstrato, da providência pleiteada pelo demandante - o que indica a possibilidade jurídica da demanda -; (ii) a titularidade da relação jurídica material - donde se extrai a legitimação ordinária e, a partir daí, eventual legitimação extraordinária (sempre autorizada pela lei); e (iii) a utilidade da providência pretendida, isto é, a necessidade de que seja concedida e a sua adequação ao mal de que se lamenta o demandante - do que se extrai o interesse processual.

Nesse contexto, o entendimento tradicional é o de que as condições da ação são requisitos (colhidos na relação de direito material) para que o juiz possa apreciar o mérito - isto é, a pretensão - e, dessa forma, atuar o direito objetivo em concreto e pacificar mediante eliminação da controvérsia. A ausência de qualquer uma das condições da ação se traduz no fenômeno de *carência de ação* que deve levar à extinção do processo sem resolução do mérito.

202. Razão de ser das condições da ação. Essa construção teórica (que, embora com ressalvas examinadas na sequência, segue adotada pelo direito positivo) foi inspirada pela busca de racionalidade no exercício da jurisdição (estatal ou arbitral): o exercício do direito de ação é instrumental e conexo a uma situação concreta afirmada pelo demandante, ordinariamente à luz do direito material. Sob essa ótica, a aferição das condições da ação podia - e ainda pode - ser entendida como um primeiro e ainda superficial exame da relação material narrada pelo demandante. Trata-se de um juízo formulado com base em cognição não exaustiva da controvérsia que, desde logo, pode antecipar o insucesso do pleito deduzido pelo demandante.

A técnica foi engendrada por razões de economia: não se deve empregar recursos e energia num processo que sabidamente não possa proporcionar a resolução do conflito. Contudo, não se tratava apenas de economia, mas também de considerar que a litispendência (pendência do processo) é um ônus não apenas para as partes (especialmente para o demandado, que não fez a escolha de instaurar o processo), mas também para o Estado. Por isso, se de antemão for possível detectar que o autor, ainda que aceitos os fatos por ele afirmados, não pode lograr êxito (justamente pela falta de alguma das condições da ação), é lógico e coerente aceitar que o processo seja desde logo extinto.

No âmbito do direito penal e processual penal - em que tradicionalmente o valor ali tutelado (liberdade) deixa mais evidente o peso que a pendência do processo representa para o indivíduo e para o Estado - isso também é visto, quiçá até com maior clareza. Naquela seara, percebe-se que o processo, por si só, pode representar uma forma de pena ou de sanção para o indivíduo, pelas repercussões jurídicas, sociais, políticas e econômicas que pode acarretar; repercussões que o contraditório e o direito de defesa nem sempre são aptos a evitar ou a remediar. Por isso, fala-se em «falta de justa causa» para a ação penal e, em casos extremos, até mesmo para a simples investigação mediante inquérito policial.

A lição, guardadas as devidas proporções, aproveita ao processo civil, em que o prolongamento da litispendência não pode ser encarado como um dado normal da vida das pessoas. De forma análoga, em casos extremos, também é possível obstar o desenvolvimento do inquérito civil que está a cargo do Ministério Público (CF, art. 129, inciso III; e Lei 8.625/1993, art. 25, inciso IV). Providência de tal ordem pode ser pleiteada mediante recurso administrativo contra o ato de instauração (ao Conselho Superior do Ministério Público) ou, eventualmente, perante o Poder Judiciário.

203. Condições da ação e mérito (as «falsas carências»). A circunstância de que condições da ação e mérito são categorias extraídas de uma mesma fonte – isto é, a partir da relação de direito material – em alguma medida justifica o ceticismo de parte da doutrina em relação a tal dicotomia. Por isso, houve quem reputasse relativa ou mesmo inoperante a distinção entre as duas classes para, então, situá-las em um mesmo contexto e, principalmente, para reputar que decisões de carência de ação e as de mérito devem ser tratadas igualmente. Isso porque ambas projetam efeitos substanciais para fora do processo e, portanto, são igualmente aptas à formação da coisa julgada material. Fala-se que a carência (ausência de condições da ação) seria um julgamento de mérito, apenas feito *prima facie* ou de forma macroscópica.

Sob essa ótica, a sentença de carência teria uma eficácia declaratória negativa própria das sentenças de improcedência da demanda; efeitos que, portanto, seriam produzidos fora do processo. Dessa maneira, não seria possível propor novamente a (mesma) demanda e tudo se passaria como se fosse um decreto de improcedência. Se o julgamento, embora rotulado de «extinção por carência de ação», na verdade apreciou o mérito (=julgou a pretensão), está-se diante de fenômeno que sugestivamente se denominou de «falsa carência». Se há projeção de efeitos substanciais para fora do processo, o que prevalece é a essência e não o rótulo da decisão. Essa deve ser considerada como sendo de mérito, para todos os efeitos previstos no ordenamento para essa categoria.

> «Os casos mais recorrentes de «falsas» carências, sob a égide do CPC/1973, podiam ser encontrados quando se tratava de *legitimidade*; o que era explicável pela circunstância de que ela se determina a partir da titularidade da relação de direito material controvertida. Portanto, ela podia ser considerada um aspecto – talvez o mais superficial e aparente – da aludida relação. Exemplo: demanda indenizatória em face daquele cujo nome consta na repartição pública de trânsito como sendo proprietário do veículo alegadamente causador do evento. Posteriormente, verificava-se que o veículo (não obstante o registro público) fora alienado a outra pessoa antes do acidente. Já sob a égide do CPC/1973 era correto qualificar o caso de verdadeira improcedência em face do primitivo proprietário, e não de simples carência, porque o primeiro não responderia por dano que tivesse sido causado por coisa que não fosse mais de sua propriedade. Outros exemplos – que guardam atualidade mesmo no Código vigente – podem ocorrer quando são indevidamente confundidos o interesse processual e o interesse situado no plano material: erradamente, diz-se que não há interesse legítimo, quando se está a dizer que o interesse não está tutelado no plano material. Portanto, não é situação de carência, mas de improcedência.»

De todo modo, esse tema – cujo interesse ainda remanesce – ganhou novas facetas diante da disciplina do Código vigente (infra n. 205).

204. Segue: teoria da asserção. Diante das relevantes dificuldades na distinção entre as categorias das condições da ação e do mérito, parte da doutrina e da jurisprudência aceita a chamada *teoria da asserção*, engendrada certamente na premissa, já indicada, de que *condições da ação* e *mérito* têm na relação de direito material controvertida um elemento comum.

Assim, segundo essa teoria, a análise da presença das condições da ação deveria ser feita a partir das asserções do demandante na inicial, como se fossem verdadeiras. Então, superado o momento da aferição das condições da ação em cognição sumária, feita a partir dos elementos trazidos pelo autor quando do aforamento da demanda, julgamento posterior, fundado em cognição mais ampla, quer em extensão (considerando as alegações eventualmente trazidas pelo réu), quer em profundidade (à luz de outros elementos de prova), seria sempre um julgamento tipicamente de mérito.

A teoria, dentre outros, ofereceu a vantagem de estabelecer nexo entre julgamento do mérito e profundidade da cognição: a formação da coisa julgada material - imutabilidade que impede novo julgamento do mesmo objeto, pelos mesmos fundamentos, entre mesmas partes - somente se justificaria diante do caráter exaustivo da cognição.

Embora o Código não tenha positivado a teoria, é digno de nota menção feita por ele ao ensejo do indeferimento da petição inicial - portanto, ao tratar de julgamento que prematuramente impede o desenrolar do processo (ou, quando menos, desde logo reduz objetiva ou subjetivamente o processo); quando a lei empregou a expressão parte «manifestamente ilegítima» (art. 330, II). O advérbio sugere, de fato, que o controle sobre a legitimidade se dá diante de cognição feita a partir de elementos trazidos, em estado de asserção, pelo próprio demandante. Nesse caso, ela poderia ser entendida como típica condição da ação, isto é, como elemento a partir do qual se aferiria a plausibilidade e a razoabilidade da litispendência. Fora daí, não sendo «manifesta» a impertinência subjetiva, ela teria que ser adequadamente investigada em cognição mais aprofundada; e, dessa forma, a ilegitimidade se apresentaria como um dos aspectos relativos ao mérito (infra n. 213).

Contudo, para que realmente se pudesse dizer que a teoria da asserção foi adotada - ou, quando menos para dizer que o Código seria coerente a respeito - seria preciso excluir a figura da *ilegitimidade* das causas justificadoras de extinção sem resolução do mérito (art. 485, VI, primeira figura). Ademais, o Código também previu que, tendo sido reconhecida a ilegitimidade, a renovação da demanda é possível desde que haja «correção do vício que levou à sentença sem resolução do mérito» (art. 486, § 1.º, que emprega a mesma solução para outros casos de extinção sem julgamento do mérito ali arrolados). Ora, se a lei considerasse que o fundamento da ilegitimidade, ao menos após cognição mais aprofundada, seria um aspecto de mérito - como deveria fazer - não haveria sentido em se falar em «correção de vício» porque o que haveria nesse caso seria uma autêntica sentença de improcedência; apenas que seguida, eventualmente, da propositura de uma nova demanda, por um novo sujeito - o que, repita-se, não significaria correção de vício algum, mas simples investida em juízo por sujeito diverso, a afastar possível exata identidade com a demanda anterior.

A teoria da asserção - compreendida como uma variação em torno do tema relativo às condições da ação, mediante recurso à ideia de profundidade de cognição - prestou-se a reforçar a ideia de que a técnica processual, com a possível brevidade, deve evitar ônus indevidos e desnecessários para o indivíduo e para o Estado decorrentes da instauração e pendência de um processo. Contudo, ela não superou a crítica de qualificar um dado julgamento como de mérito (ou não mérito) pela intensidade da cognição; e não exatamente pelo objeto do que se decidiu. O equívoco, aparentemente, está em se pretender dar às condições da ação - tal como inicialmente concebidas - um tratamento uniforme. Isso parece impossível especialmente por conta do interesse processual que, no confronto com a possibilidade jurídica do pedido e a legitimidade de parte, tem contornos distintos: a ligação daquelas duas primeiras com o direito material é evidente, ao passo em que, no caso do interesse, embora aspectos da relação material sejam relevantes, está-se diante efetivamente de um dado processual, para o que o grau de cognição parece não interferir de forma decisiva.

205. Valor e atualidade da categoria das condições da ação. Não obstante as críticas que a construção teórica sobre as condições da ação possa ter sofrido, durante tempo considerável ela continuou a ter relevância, não apenas pela circunstância de que a lei processual a previa (CPC/1973, art. 267, VI), mas também porque delas extraía consequências importantes, fundadas na distinção entre sentenças *definitivas* (de mérito) e *terminativas* (que não apreciam o mérito). Quando menos, essa categoria - com ou sem a variação proporcionada pela teoria da asserção - procurou estabelecer uma forma racional de exame da relação de direito material e, nessa medida, configurou uma espécie de *método* para a cognição que a respeito o juiz ou o árbitro devem exercer.

Sob a égide do Código em vigor a dificuldade reside desde logo em determinar se ele teria, ou não, abandonado tal categorização; o que significaria dizer - se a resposta pudesse ser positiva - que não haveria mais julgamentos de «carência de ação» e que julgar o que um dia se entendeu como «condições da ação» seria, hoje, julgar o mérito.

De um lado, realmente o diploma abandonou a locução «condições da ação», deixou de prever a figura da *impossibilidade jurídica do pedido* (ambas presentes no art. 267, VI, do CPC/1973) e não fala mais em «carência de ação».

De outro lado, contudo, o Código continuou a se referir ao *interesse processual* e à *legitimidade*: no art. 330, II e III, quando tratou de hipóteses justificadoras do indeferimento da petição inicial; no art. 337, XI, quando arrolou as matérias preliminares que o demandado tem o ônus de alegar na contestação; e, mais importante, no art. 485, VI, quando estabeleceu os casos de extinção do processo *sem resolução do mérito*. Portanto, a ilegitimidade e a falta de interesse de agir seguiram, no sistema do Código, como causa determinante de extinção do processo que não comporta a formação de coisa julgada material porque, para que isso ocorra, é preciso que o mérito seja julgado, conforme previsão expressa do art. 502. E, como dito, a lei considera que isso não ocorre quando reconhecida a ilegitimidade e a falta do interesse (art. 485, V). Além disso, embora não se encontre mais a locução «carência de ação», o já mencionado art. 330, III, do CPC vigente continuou a prever a hipótese de o autor «carecer de interesse processual».

Diante disso, embora realmente a impossibilidade jurídica do pedido não seja mais referida pelo Código (o que autoriza dizer que ele reconheceu se tratar de julgamento de mérito), julgamentos pela ilegitimidade ou pela falta de interesse não poderiam ser tidos como de mérito; o que levaria a concluir que, no final das contas e com a ressalva feita, o Código teria continuado a empregar a técnica das condições da ação.

Mas, dentro desse complexo quadro, o Código parece ter encontrado uma solução satisfatória, ainda que falando em termos pragmáticos. Assim, ao estabelecer, no art. 486 *caput*, que «o pronunciamento judicial que não resolve o mérito não obsta a que a parte proponha de novo a ação», ressalvou-se, dentre outros, que no caso do inciso VI do art. 485 – que se refere à ilegitimidade e à falta de interesse – é possível a renovação da demanda desde que «o vício que levou à sentença sem resolução do mérito» seja corrigido.

No caso do interesse processual isso faz sentido: a inadequação da via processual ou a desnecessidade do provimento, que haviam impedido o julgamento do mérito em processo precedente, são superados e, nesse caso, o objeto do processo pode ser decidido. Já no caso de legitimidade a técnica empregada é imperfeita: se a lei considerou que, nesse caso, o fundamento da ilegitimidade seria um aspecto de mérito – como deveria fazer – não haveria sentido em se falar em «correção de vício» porque o que haveria nesse caso seria simplesmente uma autêntica sentença de improcedência; apenas que seguida, eventualmente, da propositura de uma *nova* demanda, por um *novo* sujeito – o que, repita-se, não significaria correção de vício algum, mas simples investida em juízo por sujeito diverso, sem identidade plena com a demanda anterior. A ideia de correção de vício, que bem se ajusta à hipótese de extinção por falta de pressuposto processual (esse sim um requisito de validade), nem sempre se acomoda confortavelmente à categoria das condições da ação: ela colhe dados da relação material e não faz sentido falar ou supor que a relação material foi de alguma forma «corrigida».

> «Exceção à ideia de que a ilegitimidade de parte não comporta correção – mais aparente do que real – está nos arts. 338 e 339, em que a lei tratou de ilegitimidade passiva, permitindo o redirecionamento («substituição») da demanda. Mas, nesse caso, tão somente porque o processo ainda está na fase postulatória, abre-se a oportunidade para adequação da demanda. O «vício» que se corrige é processual, isto é, não há nada a reparar na relação de direito material.»

Mas, ainda que com alguma ressalva, no final das contas a solução que se extrai do Código é a seguinte: a ilegitimidade e a falta de interesse são considerados típicos julgamentos de mérito se e quando não for possível «corrigir o vício»; e, portanto, quando não for possível renovar a demanda. Isso significa dizer que, nesses casos, terá se formado a coisa julgada material; tanto que, para casos como esse, genericamente falando, a lei previu inclusive o cabimento de ação rescisória (art. 966, § 2.º, inciso I). De outra parte, a ilegitimidade e a falta de interesse de agir são consideradas como condições da ação se e quando não constituírem óbice para que se volte a juízo; caso em que, de forma coerente e ao menos em princípio, não caberá ação rescisória.

Dessa forma, o Código – que certamente não adotou a teoria da asserção – desvinculou a formação de coisa julgada do momento em que proferido o julgamento. O que importa, para a lei, é que a cognição empreendida seja suficiente para solução da controvérsia. Assim, o que antes se entendia ser impossibilidade jurídica do pedido hoje é certamente mérito; e o que se entende por ilegitimidade pode também ser entendida como mérito, com a ressalva feita acima.

> «A possibilidade de se julgar o mérito mesmo antes de o réu ser citado é conhecida do Código que, avançando em relação ao precedente, alargou as possibilidades de julgamento de improcedência liminar do pedido (art. 332). Mas, o Código perdeu a oportunidade de deixar claro que é possível proceder dessa forma em todos os casos em que o mérito possa ser julgado desfavoravelmente ao autor, mesmo se tomados os fatos tal como por ele expostos. Assim, se o juiz desde logo reconhecer a ilegitimidade, sem possibilidade de «corrigir» o «vício», então não se trata de indeferir a inicial (art. 330, II), mas de julgar improcedente o pedido.»

De todo modo, não se pode dizer que o Código tenha simplesmente refutado a construção teórica sobre as condições da ação; que continua a ser útil, como já foi dito, como um método que organiza a cognição a ser empreendida no processo, para racionalizar a atuação do órgão estatal ou arbitral, evitando encargos desnecessários, para partes ou órgão julgador.

Por isso é que não deve haver indevida postergação do exame de questões ligadas a legitimidade e ao interesse: decisões que remetem a apreciação das preliminares «para final do processo» - dentre as quais ilegitimidade e falta de interesse - são nocivas porque são o oposto do fenômeno das «falsas carências» (supra n. 203), na medida em que o objeto é, por assim dizer, tratado como uma falsa questão de mérito; ou, por outras palavras, a esse objeto se atribui um nível de cognição que lhe é rigorosamente dispensável e que não tem outra função que não a de prolongar indevidamente o processo. Assim, a apreciação no momento correto (mesmo que em cognição sumária, porém eventualmente suficiente) tende a evitar a prática de atos inúteis, poupando-se encargos para as partes e especialmente para o Estado - aliás, essa é uma das razões de ser da técnica assim engendrada, como foi visto acima.

Finalmente, no contexto do Código vigente, remanescem desdobramentos decorrentes da dicotomia entre *condições da ação* e *mérito*, ligados à distinção entre sentenças definitivas (que definem a controvérsia) e de carência (que reconhecem falta de interesse ou ilegitimidade). Para além dos pontos já indicados, tem relevância prática os seguintes: a) no caso de extinção sem resolução do mérito, há quem ponha em dúvida (embora sem razão) o efeito interruptivo da prescrição de que trata o art. 240, § 1.º, do CPC; b) a pretexto de ser a matéria relativa a alguma das condições da ação, o órgão competente para o julgamento de recurso pode encontrar boa justificativa para julgar além dos limites da devolução, invocando o efeito que permite a «translação» de matéria de ordem pública (CPC, art. 485, § 3.º); c) qualificar tal ou qual sentença como de carência pode resultar na incidência do disposto no § 3.º, I, do art. 1.013 do CPC, com as possíveis dúvidas de interpretação dele decorrentes.

206. Condições da ação e inafastabilidade do controle jurisdicional. Poderia soar paradoxal que, estabelecida a inafastabilidade da tutela jurisdicional pela Constituição (art. 5.º, XXXV), viesse depois lei a estabelecer requisitos ali não previstos.

Mas, vistas as condições da ação em sua correta perspectiva de coordenação entre direito processual e direito material, e sempre reafirmado o caráter instrumental da ação, não há paradoxo nem conflito. Quando se exercita a posição ampla e genérica garantida pela Constituição, propõe-se uma demanda que, necessariamente, envolverá determinados sujeitos, fatos e fundamentos jurídicos e um pedido. Portanto, não há como ingressar em juízo sem essa ligação concreta com o plano substancial, no qual, afinal de contas, está a crise a ser superada.

A técnica das condições da ação (com ou sem a aplicação da teoria da asserção) não é limite indevido ao exercício do poder de ação justamente porque ela estabelece uma ligação lógica e indispensável com o direito material (supra n. 201). Mas vale especialmente para o legislador a advertência feita em doutrina, segundo a qual a técnica processual de fato não poderá estreitar os canais de acesso à tutela jurisdicional, a ponto de torná-la desproporcionalmente seletiva, o que equivaleria a excluir situações submetidas ao controle jurisdicional. Se isso ocorrer, é muito mais provável que o óbice esteja no plano dos pressupostos processuais (infra n. 276) do que propriamente no plano das condições da ação – que, na verdade, conduzem ao plano material, conforme tantas vezes enfatizado.

«Por exemplo, quando o Legislador exige depósito de percentual do valor de tributo ou de multa objeto de contestação pelo contribuinte, como condição para que seja julgado o mérito de demanda visando à desconstituição do título executivo, o requisito não está propriamente no plano das condições da ação, mas do processo. Nem mesmo em falta de interesse de agir se poderia falar porque a utilidade do provimento remanesce com ou sem o cumprimento da exigência mencionada.»

Se, por outro lado, a lei exclui certa situação substancial do controle jurisdicional, é preciso verificar realmente se isso é compatível com a regra inscrita no art. 5.º, inciso XXXV, da Constituição. Isso pode ocorrer nos limites postos ao controle dos atos políticos e atos da Administração (supra ns. 49 e 52). Mas, para ilustrar, seria inconcebível que a lei estabelecesse não haver interesse de agir para reclamos cuja expressão monetária fosse abaixo de determinado valor. Por isso, por mais tênue que seja o proveito a ser obtido com um provimento judicial, haverá interesse de agir. Não cabe – nem mesmo em providências excepcionais (como é o caso da ação rescisória) – invocar tal caráter para se cogitar da irrelevância ou insignificância da demanda para a ordem jurídica.

Não é que o custo do processo seja irrelevante diante do valor do bem que se busca tutelar. Contudo, é preciso considerar não apenas que há bens de valor inestimável sob a ótica patrimonial, mas especialmente a circunstância de que a consecução dos escopos da jurisdição (jurídico, social e político) não se afeiçoa a uma visão apenas econômica do fenômeno. Pensar assim seria trair a promessa de justiça que impede agir pelas próprias mãos e liberar a transgressão à ordem jurídica em situações de menor expressão econômica.

«Coisa diversa é a opção da Fazenda Pública de abrir mão da cobrança de créditos fiscais inferiores a determinado valor. Nesse caso, não se trata de excluir o controle estatal do interessado. Trata-se de situação na qual o próprio interessado abre mão de sua pretensão por reputá-la economicamente inviável, no confronto com os encargos que acompanham os atos necessários para a respectiva recuperação. É a hipótese prevista no art. 21 da Lei 11.033/2004 que alterou o art. 20 da Lei 10.522/2002, o qual passou a dispor: «Serão arquivados, sem baixa na distribuição, mediante requerimento do

Procurador da Fazenda Nacional, os autos das execuções fiscais de débitos inscritos como dívida ativa da União pela Procuradoria-Geral da Fazenda Nacional ou por ela cobrados, de valor consolidado igual ou inferior a R$ 10.000,00 (dez mil reais).»

207. Condições «especiais» da ação. Em parte da doutrina, colhe-se a ideia de que, em certos casos, haveria condições da ação «especiais». Invocava-se a regra do art. 267, VI, do CPC/1973, que falava na extinção do processo sem julgamento do mérito quando não concorresse «qualquer das condições da ação, como a possibilidade jurídica, a legitimidade das partes e o interesse processual». A sugestão de que a enumeração poderia ser exemplificativa poderia, então, explicar a existência de outras condições da ação. Daí, portanto, poder-se-ia pensar em ações *típicas* como sendo aquelas submetidas a condições «especiais».

Contudo, a construção tradicional (ainda que com ressalvas) - pela qual se sistematizou e até aperfeiçoou a categoria das chamadas condições da ação - era apta a abarcar tudo o quanto diga respeito ao exercício da *ação*, por oposição ao que respeita ao mérito da causa. Assim, firmada a premissa de que tais condições são colhidas essencialmente no plano substancial, não há sentido em se falar em condições «especiais» porque a especialidade é própria de uma dada situação substancial e, como tal, não interfere em uma categorização que é simplesmente processual.

Certo é que para cada demanda passível de proposição podem ser diversas as respectivas condições da ação. Mas isso se dá pelo simples fato de que à base de cada demanda (projeção concreta do exercício do direito de ação) apresenta-se uma situação material (afirmada) diversa. Isso, contudo, não revela qualquer utilidade na busca ou determinação de condições «especiais» da ação. Buscar a tipicidade da ação nessa seara seria tão equivocado (e sem validade metodológica) quanto buscá-la na situação substancial afirmada pelo demandante, ou ainda no «bem da vida» (pedido «mediato») por ele pretendido.

208. Condições da ação, pressupostos processuais e (as assim ditas) «condições de procedibilidade». As condições da ação, ao menos quando vistas em sua perspectiva tradicional, são qualificadas como requisitos para julgamento do mérito. Sua falta, conforme já foi visto, redunda em carência de ação e extinção do processo sem resolução do mérito. Mas há outra categoria que, conquanto diversa, também antecede logicamente o julgamento do mérito: são os *pressupostos processuais* que, conforme resulta da expressão, são requisitos respeitantes ao processo, e não propriamente ao exercício da ação ou ao direito material. Pelo aspecto comum que apresentam, é possível falar num gênero a abarcar as condições da ação e os pressupostos processuais: os pressupostos ou *requisitos de admissibilidade do julgamento do mérito*.

A busca do gênero comum, por um lado, é metodologicamente correta e útil. Sob a ótica da atuação do direito objetivo e da solução da controvérsia, realmente basta uma verificação linear dos requisitos dos quais dependem aqueles escopos. Na contraposição ao julgamento do mérito, todos eles estão no patamar operacional de *preliminares*, que antecedem e condicionam o julgamento do mérito.

Mas, se a consciência acerca do tronco comum é importante, ainda assim é essencial a distinção. Pressupostos processuais são considerados pela doutrina como requisitos de instauração e desenvolvimento válido e regular do processo (infra n. 276). Em termos lógicos, o reconhecimento da presença das condições da ação – categoria que se liga ao direito material – precede o exame dos pressupostos processuais. Em tese, somente depois de exercitado o direito de ação e proposta uma demanda é que nasce a relação processual e, portanto, é a partir daí que se pode falar em pressupostos de existência e de validade do processo.

É certo que, dentro da categoria dos pressupostos processuais, aqueles relativos à jurisdição (investidura, imparcialidade, competência) também são, ao menos em alguma medida, anteriores à instauração do processo: deles se cogita nesse momento. Isso porque é preciso saber se a pessoa ou o órgão a quem se pretende dirigir a demanda tem investidura (sem a qual sequer é possível falar em processo existente); se é imparcial; e, finalmente, se é competente. Apesar disso, evidentemente o plano substancial precede o processual e isso confirma a ordem lógica acima indicada. E a ordem lógica é importante no método empregado para a cognição, que passa por um processo de escalada; que vai das condições da ação, passando pelos pressupostos processuais, até chegar ao exame dos requisitos ou condições previstas pelo direito material, para determinar se o autor tem razão no pleito que dirige.

> «Nos casos em que a tanto está autorizado, soa lógico e racional que o juiz aprecie, antes de tudo, sua própria competência; embora isso não deva ser pretexto para se eximir da apreciação, ainda que excepcional, de pleitos de urgência (supra n. 139). O mesmo pode ser dito, até com maior razão, sobre sua própria imparcialidade. Fora daí, colocar-se o exame dos pressupostos processuais como dado prioritário na cognição é método que gera o risco de iniquidades; como pode ocorrer quando, antes de tudo, está o juiz preocupado com o adequado recolhimento de taxa judiciária.»

Mas não se trata apenas de um problema de ordem lógica da cognição. Quando o processo é extinto sem resolução do mérito por ausência de pressuposto processual, fica mais claro e evidente que a eficácia da sentença é apenas processual e que a relação material controvertida permaneceu tal como existia antes do processo (no estado de crise que levou à propositura da demanda –

supra n. 3). A relação processual tem objeto, sujeitos e pressupostos próprios, que não se confundem com os correspondentes elementos da relação material (ainda que alguma forma de interação possa até existir). Portanto, a sentença terminativa fundada na ausência de pressuposto processual é, mais claramente, um ato que não define (ou resolve) a lide. Já no caso das condições da ação, a mesma coisa não pode ser dita, justamente porque tais condições são aferidas a partir da relação material - a ponto de, como foi visto, parte da doutrina negá-las como categoria diversa do mérito.

Assim, conquanto a expressão seja empregada eventualmente, não há justificativa lógica para se falar em *condições de procedibilidade*: ou bem se trata de condição da ação, que é colhida na relação material, tal como foi exposto; ou se trata de pressuposto processual, que é requisito de regularidade do processo. Se o que se quer referir com o termo *procedibilidade* é requisito relativo ao procedimento, tal não se justifica porque o procedimento está contido no conceito de processo e, portanto, englobado pela categoria dos pressupostos processuais. Por sua vez, se o que se quer designar é requisito de adequação do processo (ou mesmo do procedimento), está-se no terreno do interesse de agir, que é uma das condições da ação. Portanto, preferível evitar o emprego do termo *procedibilidade*, que nada acrescenta à categoria dos pressupostos de admissibilidade do julgamento do mérito.

209. Possibilidade jurídica da demanda. Em sua concepção original, essa condição da ação consistia na inexistência de vedação, *a priori* e em abstrato pelo ordenamento (plano material), do efeito jurídico pretendido pelo demandante. Embora concebida apenas como possibilidade do *pedido*, essa condição podia ser vista de forma mais ampla, de sorte a abarcar os demais elementos da *demanda*: é o caso da impossibilidade de execução mediante expropriação em confronto da Fazenda Pública, a qual tem a prerrogativa de se submeter ao regime dos pagamentos por precatórios (portanto, impossibilidade pela *parte*); ou da impossibilidade de se cobrar obrigação natural, como é o caso da dívida de jogo (portanto, impossibilidade pela *causa de pedir*). Daí se falar, em doutrina, também em possibilidade jurídica da *demanda*.

A ligação desse requisito com o direito material sempre foi evidente. A vedação do ordenamento ao pleito do autor é caso típico de improcedência que pode ser reconhecida desde logo. Excetuando-se a hipótese em que a situação trazida a juízo tem contornos exclusivamente processuais (como é o caso da ação rescisória), é no plano substancial que se colhe a existência de eventual vedação em abstrato da providência pleiteada pelo demandante (=impossibilidade jurídica).

«Apenas para ilustrar, lembre-se que a perspectiva *concretista* do direito de ação (supra n. 167) – entendida como direito a um provimento de mérito favorável ao autor – as respectivas condições eram a legitimidade, o interesse e a «existência de uma vontade concreta da lei em favor do autor» – ao invés de se falar, nessa terceira figura, em «impossibilidade jurídica do pedido». Na atualidade, reconhecer que a impossibilidade jurídica é típica situação de julgamento do mérito não significa retroceder metodologicamente ou abrir mão de conquistas que levaram ao reconhecimento da autonomia do direito de ação (em relação ao direito material). Pelo contrário, trata-se de reconhecer o caráter instrumental de uma técnica que busca equilíbrio no exercício do direito de ação, na instauração da litispendência e na cognição sobre a relação material trazida a juízo e que deve justamente ser o alvo do regramento a ser imposto pelo juiz ou árbitro.»

Nem mesmo se justifica tentar estabelecer ligação desse requisito com o interesse de agir, que deve ser entendido como utilidade do provimento e que, portanto, nada tem com o conteúdo pretendido para a possibilidade jurídica. Quando muito, o interesse de que se poderia cogitar seria aquele afirmadamente tutelado no plano material. Mas um e outro interesse não se confundem e eventual apelo ao interesse regulado pelo direito substancial apenas reforçaria a conclusão de que, afinal de contas, está-se diante de improcedência da demanda detectável imediatamente.

O Código vigente, como já foi dito em tópico precedente (supra n. 205), não mais emprega a locução e, portanto, o que se entendia por impossibilidade jurídica do pedido deve ser hoje reputado como mérito, a ensejar julgamento de improcedência liminar do pedido (art. 332).

210. Possibilidade jurídica e tipicidade da ação. Parte da doutrina estabelece uma relação entre a tipicidade do direito material e a tipicidade da ação: uma ação seria típica se e quando suas hipóteses de cabimento estivessem arroladas taxativamente na lei. Esse seria o caso da ação penal, em razão da tipicidade vigente no plano substancial do ordenamento, nesse caso.

Realmente, não há como negar que, em diferentes situações de direito material, vigorem regras de estrita tipicidade. Contudo, não há utilidade metodológica e prática no direito processual civil em identificar a tipicidade substancial, de um lado, e a tipicidade da ação, de outro lado. Quando muito, a tipicidade do direito material facilitará a constatação, desde logo, de que a demanda é improcedente. Nessa medida, a constatação de ser impossível produzir os efeitos jurídicos desejados pelo demandante acarreta o fechamento prematuro das vias de acesso à tutela jurisdicional.

Na esfera civil, cogita-se da tipicidade, pela causa de pedir, da ação rescisória, cujos fundamentos possíveis estão arrolados de forma taxativa na lei

(CPC, art. 966). Embora isso possa até ser correto, é preciso não dar a essa tipicidade uma extensão que não deve ter. O fato de a lei prever hipóteses exaustivas não impede que se dê ao instituto uma interpretação coerente com sua finalidade de corrigir graves injustiças, ainda que acobertadas pela coisa julgada material. Isso significa, por exemplo, entender que cabe rescisória toda vez que qualquer provimento (não apenas e restritivamente uma sentença) projetar efeitos substanciais para fora do processo. Será incoerente o sistema processual que dê interpretação excessivamente restritiva à rescisória, a pretexto de sua tipicidade, para depois permitir a desconsideração da coisa julgada fora do processo do aludido remédio. Aliás, o Código vigente atentou para isso e, ao ensejo da disciplina dos casos de ação rescisória, embora continue a falar em decisão «de mérito» (art. 966, *caput*), passou a admitir referida ação autônoma de impugnação de decisões que, embora não sejam de mérito, impeçam «nova propositura da demanda» ou «admissibilidade do recurso correspondente» (art. 966, § 2.º, incisos I e II).

211. Legitimidade ordinária e extraordinária. A legitimidade ativa e passiva – também referida classicamente como a pertinência subjetiva da ação – indica quem é o titular do poder de ação. Ordinariamente, essa titularidade coincide com aquela extraída da relação de direito material: têm legitimidade ativa e passiva, conforme o caso, os protagonistas da relação material controvertida. Mais ainda: exatamente porque esse requisito é colhido na relação de direito material e porque é para lá que se dirigem os efeitos substanciais da sentença de mérito (que resolve a controvérsia), a legitimidade pode ser aferida também a partir da identificação dos destinatários diretos da eficácia do provimento. Sob esse outro ângulo, é possível ligar legitimidade e interesse: é legitimado aquele a quem o provimento possa trazer utilidade (elemento que resume a essência do interesse processual), por ser necessário e adequado.

Daí a regra inscrita no art. 18 do CPC, segundo a qual ninguém pode pleitear em nome próprio por direito alheio, salvo se autorizado pelo ordenamento jurídico. A regra é rigorosamente lógica e democrática: ninguém pode falar em nome de outrem e, pior ainda, pretender que terceiro seja vinculado por decisão que não postulou. Isso não apenas feriria o princípio do contraditório, mas significaria prestar jurisdição a quem não teve a iniciativa de invocá-la.

Porém, há situações em que a lei reconhece que determinada pessoa está legitimada a falar em nome próprio pelo direito de outrem. São situações relevantes, mas ainda assim excepcionais; daí a necessidade de previsão legal expressa, que não comporta interpretação extensiva. Nesses casos, fala-se em *legitimidade extraordinária*, cujo exercício redunda no fenômeno da *substituição processual*, em que alguém fala em nome próprio por interesse alheio, com uma dissociação entre o titular do direito de ação ou de defesa e o titular do direito material deduzido em juízo.

Na doutrina, colhe-se desdobramento da legitimação ordinária em *simples* ou *concorrente*. Na primeira o titular do afirmado direito material exerce o direito de ação ou de defesa de forma isolada e independentemente da participação de outro sujeito de direito; na segunda, o exercício do mesmo direito pode ou deve ser feito conjuntamente com outro sujeito de direito mediante a formação de litisconsórcio (CPC, arts. 113, 114, 115 e 116). Daí se dizer, corretamente, que esse último instituto, antes de ser um problema de pluralidade de partes, é um desdobramento do tema da legitimidade (infra n. 214).

Também a legitimação extraordinária foi desdobrada pela doutrina: *autônoma*, na qual o sujeito detentor da legitimidade extraordinária exerce o direito de ação ou de defesa sem qualquer dependência da atuação do titular do direito material; *exclusiva*, na qual a atuação do legitimado extraordinário exclui a iniciativa do titular do direito material; *concorrente*, quando a atuação do legitimado extraordinário não exclua e possa conviver com a atuação do titular do direito material; e *subordinada*, desde que o legitimado extraordinário dependa da intervenção do titular de direito material.

A legitimidade extraordinária e a substituição processual distinguem-se da *representação processual* ou da *representação orgânica* (a qual supre a impossibilidade material de prática de atos pela pessoa jurídica representada), na medida em que o representante atua em nome e no interesse do representado.

212. Parte, parte legítima e terceiro. A legitimidade é colhida no plano material do ordenamento (ainda que ela seja extraordinária e, portanto, buscada na lei). Portanto, não se confundem os conceitos de *parte* e de *parte legítima*. O conceito de parte é formal: basta que o sujeito integre, de alguma forma, a relação processual para que seja considerado como parte. Desse modo, era imperfeita a redação do art. 3.º do CPC/1973 quando afirmava que «para propor ou para contestar» ser preciso haver interesse e legitimidade: o réu, ainda que depois venha a ser reconhecido como parte ilegítima, tem a prerrogativa de se defender (até mesmo para alegar sua ilegitimidade ou a falta de interesse do autor). O Código em vigor procurou corrigir a imperfeição e empregou a locução «para postular em juízo» (art. 17).

O tema está ligado a outro, que lhe é complementar, e que diz respeito ao *terceiro* – com desdobramento nas respectivas formas de intervenção no processo de outrem. Sob a ótica formal, *terceiro* é, por exclusão, todo aquele que não é parte; isto é, não é autor, não é réu e não está em contraditório perante o juiz. Mas a compreensão do tema do *terceiro* vai além do aspecto formal justamente porque, para saber se e quando ele pode ingressar em processo em que outros figuram, é preciso analisar sua posição na relação de direito material; o que remete novamente à fonte a partir da qual se extrai a legitimação.

Daí porque os temas estão diretamente ligados. É preciso determinar quem são os titulares da relação material posta em juízo, destinatários diretos da eficácia da decisão: eles são os legitimados e, no processo, ocuparão a qualidade de autor e réu, conforme o caso. Além deles, pode haver aqueles que são titulares de relações jurídicas conexas ou dependentes daquela posta em juízo e que, precisamente por esse nexo, podem ter suas esferas jurídicas atingidas, ainda que de forma reflexa. Esses são os terceiros juridicamente interessados, que poderão intervir na forma de assistentes (CPC, arts. 119 e ss.) ou, eventualmente, por outro modo, a ser mais adequadamente estudado ao ensejo do exame exaustivo da intervenção de terceiros.

213. Legitimidade, direito material e mérito. De forma análoga ao que se passa no caso da possibilidade jurídica do pedido, a ligação da legitimidade ordinária com o direito material é evidente (supra n. 203). Aqui também – mesmo antes do Código vigente – já era possível dizer que, uma vez constatada a sua ausência, tratava-se, ao menos no mais dos casos, de improcedência que poderia e deveria ser reconhecida desde logo. Mesmo no caso da legitimidade extraordinária (aquela em que não há titularidade da relação material e ela decorre apenas da vontade da lei), sua aferição considera aspectos da relação material. Assim ocorre especialmente quando há alguma margem para que, em concreto, verifique-se se o autor preenche os requisitos que a lei estabelece para autorizar que venha a juízo falar em nome próprio por direito alheio. Isso acontece, por exemplo, quando se discute se o Ministério Público pode defender interesses disponíveis, ainda que tenham dimensão coletiva (em função do disposto nos arts. 127, *caput*, e 129, III, da CF). Também ocorre quando se quer saber se há pertinência temática a justificar que tal ou qual pessoa (por exemplo, partido ou associação) venha a juízo, em nome próprio, para tutela do interesse de outrem. Nesse último caso, é preciso saber se referida tutela estaria, ou não, prevista como escopo institucional em seus estatutos, conforme exigência do art. 82, IV, do CDC.

No Código vigente, como foi visto (supra n. 205), a lei continua a se referir à ilegitimidade como causa determinante de extinção do processo sem resolução do mérito. Contudo, a ilegitimidade, segundo a opção feita pela lei, deverá ser considerada como mérito se e quando não for possível «corrigir o vício»; e, portanto, quando não for possível renovar a demanda; caso em que haverá coisa julgada material, passível, em tese, de ação rescisória (art. 966, § 2.º, inciso I). Isso quer dizer que, para o Código, a ilegitimidade será considerada como condição da ação se e quando não constituir óbice para que se volte a juízo; caso em que não caberá ação rescisória.

214. Legitimidade e pluralidade de partes (litisconsórcio). No caso da legitimidade, não obstante sua inegável ligação com o direito material, esse tema tem importante desdobramento processual, que é o da pluralidade de partes. Quando se trata de litisconsórcio facultativo (no qual duas ou mais pessoas *podem* figurar num dos polos da relação processual), a repercussão processual da legitimidade é menos relevante porque, nesse caso, trata-se de cúmulo subjetivo de demandas em um mesmo processo (CPC, art. 113). Elas são objeto de um mesmo processo, embora elas pudessem estar fracionadas, de sorte a ensejar tantos processos quanto o número de litisconsortes.

Contudo, quando se trata de litisconsórcio necessário, a determinação dos legitimados interfere diretamente com a regularidade da relação jurídica processual. No caso do litisconsórcio passivo, a falta de um dos litisconsortes, se não for sanada por iniciativa do autor, resolve-se na extinção do processo sem resolução do mérito (CPC, art. 115, parágrafo único). Lembre-se que ninguém pode ser compelido a demandar e que, portanto, o juiz não determina diretamente a citação do litisconsorte necessário ausente, sendo ônus do autor a emenda da inicial. Portanto, a falta atua como ausência de pressuposto processual e, nesse caso, não é correto dizer que a legitimidade seja aspecto exclusivamente ligado ao direito material.

No polo ativo, se o litisconsorte necessário não comparece, há divergência doutrinária a propósito da solução. Para alguns, a omissão se resolve pela citação daquele que deveria ser autor para figurar como réu; para outros (e essa é a posição que se afigura correta), a ausência se resolve em extinção do processo sem resolução do mérito por ilegitimidade ativa. É que o autor presente falaria em nome próprio, por direito próprio; mas também em nome próprio por direito alheio - o que, sem autorização legal, é inviável (CPC, art. 18).

A relação material e, portanto, o tema da legitimidade também tem relevância quando se cogita da relação entre litisconsortes. Se a relação material for incindível, isso ditará o que se convencionou chamar de litisconsórcio *unitário*: aquele no qual a decisão deverá ser uniforme para todos os litisconsortes, isto é, a eficácia da sentença terá que ser a mesma para todos eles porque a relação material que integram é monolítica e só comporta regramento idêntico para todos.

215. Interesse processual. Já se teve a oportunidade de destacar a importância que o conceito de *interesse* tem para o Direito e, como não poderia deixar de ser, para o Direito Processual: a organização da vida em sociedade está assentada em normas que disciplinam a convivência de diferentes *interesses* e o processo desempenha relevante papel diante dos conflitos que podem daí resultar (supra n. 1).

O interesse - entendido como aptidão de determinado bem ou pessoa a satisfazer a necessidade de outrem, de sorte a existir uma complementação ou nexo de *utilidade* - pode ser visto, na órbita jurídica, sob duas óticas. Assim, fala-se no interesse *primário*, que é o interesse tutelado no plano substancial do ordenamento; e no *secundário,* que é o interesse processual. A distinção é necessária, dentre outros, porque a indevida confusão entre os dois conceitos pode levar ao fenômeno das assim denominadas *falsas carências* (supra n. 203). Reconhecer que não existe o interesse processual leva à extinção do processo sem resolução do mérito (CPC, art. 485, VI); o que significa dizer que a controvérsia remanesce não resolvida e que, portanto, ela pode ser novamente submetida ao controle jurisdicional (estatal ou arbitral). Reconhecer que não existe o interesse substancial leva ao julgamento da improcedência da demanda, com a formação de coisa julgada material, a impedir novo julgamento da mesma controvérsia, justamente porque já resolvida.

O interesse processual - ou interesse de agir - consiste na *utilidade* que o provimento possa trazer ao demandante, considerando-se para tanto os termos da controvérsia por ele próprio trazida a juízo (conforme o objeto do processo). Em termos lógicos, deve existir aptidão da providência pleiteada para sanar a crise de que se queixa o demandante. Assim, costuma-se dizer que o interesse resulta do binômio composto pelos elementos *necessidade* e *adequação*. Mas o mais correto é afirmar que esses dois elementos são indicadores da *utilidade*: se o provimento é necessário e, mais do que isso, é adequado a remediar o mal de que se queixa o demandante, então ele é útil.

A *necessidade* advém da impossibilidade de resolução da controvérsia sem a intervenção estatal, via processo: quer porque as partes não chegaram a autocomposição e não podem valer-se - salvo casos excepcionais - da autotutela; quer porque a intervenção judicial é indispensável porque só pelo processo se pode produzir o efeito jurídico pretendido (casos de processo «necessário»).

Relembre-se que a possibilidade (excepcional) de autotutela não exclui de pronto o interesse processual, sob a ótica da necessidade. Portanto, ainda quando autorizado a se valer de suas próprias forças, o titular do direito pode invocar, de forma preventiva, a intervenção jurisdicional (estatal ou arbitral), para obter o resultado desejado e que seria produzido mercê de sua conduta. O interesse decorre da utilidade de se submeter desde logo a controvérsia à resolução por terceiro imparcial (supra n. 7).

216. Interesse e via processual adequada («ação cabível»). Já quanto à adequação é preciso cautela para que não se restrinja indevidamente a tutela jurisdicional. Com efeito, são frequentes as referências ao descabimento desta ou daquela via processual, diante de certa situação de direito material afirmada pelo demandante, que então é tido como carecedor de ação por falta de interesse de agir (inadequação da via eleita). Mas no emprego de expressões como «ação cabível» ou «via processual adequada» constata-se referência a fenômenos diversos que, sendo tratados de forma indistinta, podem conduzir a conclusões distorcidas. Assim, é preciso cuidado para que, na passagem da ação «constitucional» (incondicionada) para a «ação processual» (condicionada, vez que exercida de forma conexa a uma dada relação material afirmada pelo demandante), não se perca o sentido e o alcance dessa primeira garantia.

Não há dúvida de que para cada situação de direito material afirmada deve corresponder um provimento apto, em tese, a solucionar a situação de que se queixa o demandante. Também não há dúvida de que entre uma coisa e outra há uma relação de complementação, de onde exatamente advém a utilidade (e, portanto, o interesse). Além disso, para cada situação material afirmada deve haver um procedimento adequado, para que se chegue à edição daquele provimento; quando menos, haverá sempre procedimento residual, que é o procedimento comum ordinário.

Assim, quando se busca o interesse processual relativamente ao elemento adequação, devem ser levados em conta os seguintes dados: a) compatibilidade entre pedido (provimento invocado) e situação lamentada pelo demandante, de tal sorte que, em tese, a providência alvitrada pelo autor seja idônea a solucionar o mal de que se lamenta; b) compatibilidade entre o procedimento adotado pelo autor e a situação afirmada pelo demandante, de modo que os atos processuais, por seu encadeamento, sejam aptos a conduzir o demandante ao ato final que, como visto, é (deve ser) idôneo à superação do estado de coisas exposto pelo autor.

Sob uma perspectiva negativa, é preciso considerar: a) a irrelevância do *nome* ou *rótulo* que se tenha consignado no veículo da demanda, que é a petição inicial; b) que o equívoco quanto ao procedimento eleito não impede necessariamente que se atinja o provimento (resultado) desejado – quer porque seja possível adequá-lo ao procedimento correto, quer porque não haja diferenças expressivas entre o procedimento eleito e aquele ditado pela lei; c) que a invocação do fundamento legal não afeta o interesse de agir e não vincula o órgão julgador, que deve considerar os fatos e fundamentos jurídicos expostos pelo demandante, nos termos do objeto do processo.

217. Legítimo interesse de agir. Não basta que a utilidade do provimento seja vista sob a ótica do demandante; ela deve ser vista, igualmente, sob a ótica do Estado. Daí corretamente se dizer que o interesse de agir há que ser *legítimo*. A litispendência é onerosa para o demandado e também para o Estado, de tal sorte que o emprego de recursos deve encontrar contrapartida em resultado apto a atuar a vontade do direito objetivo e a pacificar. É preciso verificar a utilidade social da iniciativa do autor, só admissível quando dirigida à consecução dos escopos jurídico e social da jurisdição, de fazer justiça e de pacificar, respectivamente.

> «Ilustra bem a situação o pleito de sentença condenatória (=de prestação) quando a obrigação já consta de instrumento particular, cuja eficácia executiva é rigorosamente a mesma que a do título que se pretende constituir. Não haveria necessidade em se propor uma demanda que culminaria com um título executivo; do qual já se dispõe de antemão. Contudo, nesse caso é preciso considerar também que o sistema processual brasileiro evoluiu para estabelecer a possibilidade de antecipação como regra geral do sistema; e que, uma vez antecipada a tutela, sua atuação prática se dá de forma quiçá mais expedita do que aquela que teria lugar numa execução fundada em título extrajudicial. Portanto, não se descarta que, não obstante a existência do título extrajudicial, o recurso à via cognitiva (declaratória) seja mais útil para o demandante do que a via executiva. Se aceita essa premissa, então há interesse de agir na hipótese referida. Aliás, a lei reconhece expressamente essa possibilidade ao estatuir que a existência de título executivo «não impede a parte de optar pelo processo de conhecimento, a fim de obter título executivo judicial» (CPC, art. 785).»

Para que o interesse de agir seja legítimo, é preciso também que haja utilidade do provimento invocado sob a ótica do escopo *político* da jurisdição, isto é, de afirmação do poder estatal (supra n. 124). Como já foi examinado, a impossibilidade para cumprir em território estrangeiro decisões aqui proferidas e a irrelevância de certos conflitos para o Estado brasileiro restringem o exercício da jurisdição às causas em que ele possa ser útil e efetivo. Novamente, considera-se que a jurisdição é uma atividade onerosa para o Estado e que, portanto, não deve ser exercida desnecessariamente. Onde o Estado não for apto a decidir e impor decisões - essência do poder - não há sentido para o controle jurisdicional. Pode até existir interesse do autor, entendido como utilidade da providência invocada; mas esse interesse não será legítimo sob a ótica estatal.

Projeção desse tema está nos casos em que eventualmente se condicione o cabimento de recursos para Cortes Superiores à *relevância* que o respectivo julgamento possa ter para o sistema. Conquanto o tema não seja usualmente tratado ao ensejo do interesse processual, ele pode ser inserido aí: embora o recurso possa ser necessário e adequado para a parte que foi derrotada, a reapreciação do tema não é vista como útil para o sistema, exceto se dele puder resultar *repercussão geral*. Há interesse, mas ele não é considerado *legítimo* pelo sistema.

A locução acima referida é precisamente a empregada pelo art. 102, § 3.º, da Constituição Federal, ao limitar o cabimento do recurso extraordinário – meio pelo qual questão constitucional é submetida ao Supremo Tribunal Federal, em dado caso concreto. Instrumento análogo já vigorou no direito positivo brasileiro, antes da Constituição de 1988, quando o mesmo tribunal também exercia o papel de uniformizar a interpretação da lei federal; o que hoje é feito pelo Superior Tribunal de Justiça. À época, vigorava a *arguição de relevância de questão federal*, além da Súmula 400 do STF, que reputava inadmissível o recurso extraordinário quando o acórdão recorrido conferisse «interpretação razoável» a determinada norma.

218. Interesse de agir no desenrolar do processo. O interesse, tal como anteriormente delineado, não deve ser visto apenas como uma condição para ingresso em juízo, mas deve estar presente ao longo de todo o desenvolvimento do processo. Isso, então, pode ser visto sob diferentes aspectos.

Quando se fala em interesse de *agir*, não se está a pensar apenas no exercício do direito de ação em sua ótica sintética (ato de postulação inicial); mas sim em sua perspectiva analítica, isto é, abrangente do feixe de posições de vantagem de que é titular o autor ao longo de todo o processo (supra n. 12). Portanto, para o exercício de cada uma dessas posições – e para a prática dos atos processuais correspondentes – é preciso interesse: necessidade e adequação, a indicar que o objetivo almejado a cada passo do processo pelo autor é útil (para ele e sob a ótica do Estado).

Daí se falar, por exemplo, no *interesse recursal*, ao qual a doutrina associa o fato objetivo da derrota (ou da sucumbência). Mais corretamente, há interesse recursal quando, pelo recurso, for possível obter situação praticamente mais vantajosa para a parte do que aquela que foi estabelecida pela decisão ou sentença. Nesse caso, o recurso será útil. Projeções análogas podem ser feitas sobre outras posições processuais, dentre as quais o direito à prova: por exemplo, não há interesse em provar fatos incontroversos, impertinentes e irrelevantes (CPC, art. 374).

Sob essa ótica, o interesse processual não é apenas exigível do autor, mas do réu e de todos quantos pretendam atuar no processo. Para o demandado, seu interesse para contestar advém da simples condição de réu; ainda que seja para alegar apenas sua ilegitimidade passiva – daí ser imperfeita a dicção do art. 17

do CPC. E, para as demais posições processuais de que é titular, o demandado deve, tanto quanto o autor, demonstrar interesse.

No caso do terceiro, seu ingresso sob a forma de assistência (CPC, art. 119) é condicionado ao interesse jurídico. Embora tal dado deva ser considerado à luz da relação material de que seja protagonista esse terceiro, uma vez que ele ingresse no processo, a exigência do interesse processual também a ele se aplicará. Poderá haver alguma variação conforme se trate de assistente simples ou qualificado/litisconsorcial (CPC, art. 124), porque diferentes as posições processuais de cada um deles.

219. Segue: perda ulterior do interesse processual (carência superveniente). Não há dúvida de que a presença do interesse de agir deve ser aferida pelo órgão judicial quando da propositura da demanda, inclusive e especialmente para que ela seja rejeitada de pronto, se for o caso. Relembre-se que a técnica das condições da ação foi engendrada para que o Estado não desenvolva atividades inúteis e que, mesmo em primeiro e menos aprofundado exame, não poderiam levar ao resultado pretendido (supra n. 202).

Contudo, essa mesma justificativa leva a dizer que o exame do interesse de agir, em particular, deve ser feito também até o momento da prolação da sentença (inclusive). Assim, se no curso do processo esse interesse desapareceu, tal fato superveniente deve ser levado em conta, inclusive à luz do que dispõe o art. 493 do CPC. Diz-se, nesses casos, que o processo teria «perdido o objeto»; o que, embora seja compreensível, é modo imperfeito porque perdida terá sido a utilidade que o provimento poderia ter para superar a crise verificada no plano material. Essa perda superveniente pode decorrer da circunstância de que o efeito jurídico pretendido pelo autor já se produziu (por exemplo, em processo para recuperação da posse, o réu dela se demite voluntariamente); ou por fato que prejudica a causa de pedir (por exemplo, pedido de retomada de imóvel pelo locador, para descendente que vem a falecer depois de proposta a demanda); ou pela circunstância de que, não concedida a tutela preventiva, a consumação dos atos que o autor queria impedir só pode ser desfeita em nova e autônoma demanda.

> «Nessa última hipótese, discute-se se a consumação de determinado ato (por exemplo, o prosseguimento e a finalização de uma licitação), pela não concessão de medida liminar, esvaziaria o interesse de agir; a impor ao interessado o ônus de propor nova demanda para desconstituir os atos que tentou obstar e que acabaram por se consumar. Mas é plausível, a depender das circunstâncias e do objeto do processo, reputar que, concedida a medida ao final, pelo princípio da causalidade devem ser invalidados todos os atos seguintes ao que se pretendeu evitar.»

Sob o ângulo diverso, se o interesse surgiu no curso do processo e desde que isso não represente alteração do seu objeto (pedido e causa de pedir), então eventual e excepcionalmente é possível admitir que o mérito seja julgado (o que não exclui o indeferimento do pleito, pelo órgão judicial, desde logo), desde que também não haja violação ao contraditório nem à regra de estabilização da demanda.

CAPÍTULO IV

ELEMENTOS IDENTIFICADORES DA AÇÃO

220. Elementos identificadores da ação (ou da demanda). Fala a doutrina nos elementos identificadores da ação: *partes, causa de pedir* e *pedido*. Na verdade, tais elementos não identificam a ação, quando pensada de forma genérica e abstrata: como garantia constitucional incondicionada (que assegura o ingresso em juízo), a ação ainda não guarda nexo com pessoas determinadas, fundamentos e objeto. Isso só ocorre quando, concretamente, alguém exercita o direito de ação e, dessa forma, propõe uma *demanda*, que é o ato inaugural de todo processo e meio pelo qual se invoca a tutela jurisdicional. Portanto, mais correto é falar em elementos identificadores *da demanda*.

Essa identificação é feita de forma objetiva, a partir dos elementos contidos na própria demanda, ainda que posteriormente ao momento do ajuizamento, desde que ainda não estabilizado o processo (CPC, art. 329). Ela é relevante para determinar se, e em que medida, existe identidade entre diferentes demandas; fenômeno que pode ter relevantes repercussões.

Se houver perfeita identidade, isso configura o que se denomina *litispendência* - fenômeno de repetição de demandas (portanto, idênticas), ambas com respectivos processos em curso - ou de *coisa julgada* - fenômeno em que se repete demanda que já fora antes proposta e decidida de modo definitivo. Essa eventual duplicidade (*bis in idem*) é repudiada pelo sistema porque a controvérsia deve ser solucionada uma única vez.

Se houver parcial identidade, estar-se-á eventualmente diante dos fenômenos de *conexão* (mesma causa de pedir ou pedido) ou de *continência* (mesmo fundamento, em que um pedido contém outro), a justificar reunião de causas para julgamento simultâneo (CPC, arts. 54/57), a qual poderá se dar, inclusive, mesmo sem a caracterização de nenhum desses dois fenômenos, mas desde que existente o risco de prolação de decisões conflitantes ou contraditórias com outras demandas (CPC, art. 55, §3°). Pode ocorrer também que, pelos elementos identificadores, determine-se que a solução de uma causa é prejudicial à outra.

> «No caso da continência, a solução dada pela lei processual considera a circunstância de a demanda mais ampla («continente») ter sido aforada anteriormente; caso em que o processo gerado pela demanda menos ampla («contida») será extinto sem resolução do mérito. Se não for assim, então a solução é a de reunião (CPC, art. 57).»

Convém ressalvar que a identidade de demandas não esgota o problema do efeito negativo ou impeditivo da coisa julgada; efeito que pode ocorrer eventualmente ainda que não haja a tríplice identidade. Quando uma sentença de mérito transita materialmente em julgado, ela garante uma posição jurídica de vantagem ao vencedor. A coisa julgada atua para garantir que o comando da sentença, salvo nos casos de ação rescisória, prevaleça.

221. Demandas «repetidas» e «repetitivas». Na acepção técnica mais rigorosa, repetir uma demanda significa que as mesmas pessoas (com a mesma qualidade jurídica) litigam por mesmo objeto e iguais fundamentos constantes de outra demanda (julgada ou não). De autêntica repetição tratam, por exemplo, os arts. 337, §§ 1.º, 2.º e 3.º, 309, parágrafo único, e 486, todos do CPC, sendo esse último permissivo de que o autor, em certas circunstâncias e condições, promova a mesma demanda, diante da precedente extinção do processo sem resolução do mérito.

Fenômeno diverso é o de demandas que, promovidas por sujeitos diversos, trazem a juízo uma situação homogênea, isto é, com origem – total ou parcialmente – comum. Nesse caso, a identidade de fundamentos (e possivelmente de pleitos) leva à existência de uma questão de direito que se repete nessas diferentes demandas. Portanto, este outro fenômeno não deve ser confundido com a repetição de uma mesma demanda que possa configurar indevida redundância de processos sobre um mesmo objeto, entre as mesmas partes.

> «O que pode ocorrer é que haja identidade – portanto, repetição no sentido mais restrito e técnico da palavra – entre uma demanda coletiva, de um lado, e demandas individuais, de outro lado. Nesse caso, o autor coletivo – na qualidade de adequado representante de um grupo ou coletividade – fala em nome próprio, mas na tutela de direitos dos componentes desse grupo. Então, ainda que formalmente não haja identidade formal sob o prisma subjetivo (os autores são diversos), os fundamentos e o objeto postos em juízo são os mesmos. Contudo, convém lembra que essa identidade entre demandas coletiva e individuais – dado objetivo que resulta da realidade – não é considerado pelo sistema brasileiro como determinante da extinção dos processos

individuais sem resolução do mérito, conforme solução dada pelo art. 103 do Código de Defesa do Consumidor. Fenômeno análogo pode ocorrer quando houver uma pluralidade de potenciais autores, em situação de litisconsórcio facultativo unitário.»

Para as situações de demandas promovidas por diferentes pessoas, mas que veiculam questões de direito comuns, o Código empregou o adjetivo «repetitivos», que ora é empregado com o termo «casos», ora com «processos», ora com «demandas», ora com «recursos»; e procurou estabelecer uma forma de *gerenciamento* desses casos, mediante o emprego de diferentes mecanismos. Em primeiro grau, o fenômeno de repetição pode autorizar julgamento de improcedência liminar do pedido (CPC, art. 332, diverso e mais amplo do que a regra do art. 285-A do CPC/1973). Nos tribunais, a repetição é gerenciada mediante os incidentes de demandas repetitivas (arts. 976 e ss.) e de repetitivos (arts. 1.036 e ss.), pelos quais se busca que a jurisprudência seja uniforme, estável, íntegra e coerente (art. 926); além de apta a preservar valores como isonomia, segurança e confiança (art. 927, § 3.º). A lei também considerou a possibilidade de antecipação da tutela com base na «evidência», quando a demanda é fundada em «tese firmada em julgamento de casos repetitivos ou em súmula vinculante» (art. 311, II, segunda parte).

222. Partes. Embora possam ser considerados como partes todos quantos estão em contraditório perante o juiz, para efeito de identificação da demanda devem ser tomadas apenas as figuras do autor e do réu, porque é a eles que se ligam diretamente os fundamentos e o pedido, isto é, o objeto do processo.

Parte, ainda que na acepção mais restrita que limita seu alcance ao autor e ao réu, é também aí um conceito formal. Para que alguém assuma a qualidade de parte basta a propositura da demanda ou a citação; ressalvada ainda a possibilidade de o réu ser parte na demanda, sem ser ainda parte no processo (CPC, art. 332). O conceito diz respeito apenas à relação processual e com ele não se confunde o de *parte legítima* (supra n. 212), para o que é necessário fazer incursão pelo direito substancial.

223. Causa de pedir (próxima e remota). A causa de pedir é composta pelos *fatos* e pelos *fundamentos jurídicos* do pedido; respectivamente, causa de pedir *remota* e *próxima* (embora parte minoritária da doutrina inverta essas denominações). O fundamento jurídico pode ser entendido como o título pelo qual o autor se apresenta em juízo e deduz seu pedido (proprietário, possuidor, credor, titular de direito a modificação de estado jurídico, dentre outros).

Diz-se que, ao exigir tanto a exposição dos fundamentos jurídicos quanto dos fatos (CPC, art. 319, III), o ordenamento brasileiro aderiu à assim denominada *teoria da substanciação*: não basta ao autor invocar o título jurídico em que funda o pedido; é preciso «substanciar» a causa de pedir mediante a exposição dos fatos que lhe são subjacentes. Para ilustrar, não basta que o autor diga ser credor; deve dizer que é credor porque celebrou contrato de mútuo; ou que é credor porque foi vítima de ato ilícito, e assim por diante. A essa teoria seria oposta à da *individuação*.

A relevância disso, dentre outros possíveis aspectos, está no seguinte: num sistema processual qualificado como *rígido* (isto é, marcado por preclusões que, objetivamente, são impedimentos ao retrocesso), a teoria da substanciação vincula o juiz ao fato constitutivo do pedido. Não lhe será dado, para ilustrar, reconhecer a qualidade de credor ao autor por fato diverso do que constou da demanda (sujeita a regra de estabilização), ainda que eventualmente entenda provado nos autos.

A adequada exposição da causa de pedir é requisito da petição inicial, ato pelo qual se veicula uma demanda em juízo (CPC, art. 319, III). A lei reputa inepta a inicial à qual faltar pedido ou causa de pedir; ou quando da narração dos fatos não decorrer logicamente a conclusão (CPC, art. 330, §§ 1.º e 2.º).

> «No pleito de tutela provisória de urgência cautelar, a lei impõe o ônus de alegação da «lide e seu fundamento», além da «exposição sumária do direito que se objetiva assegurar» (CPC, art. 305) – sendo que a primeira expressão se refere ao objeto do pleito «principal»; o que é desnecessário se o pleito de cautelar for incidental. Além disso, em outras situações a lei processual deu contornos à causa de pedir e ao ônus de alegação, tal como acontece nos arts. 968, 798, 917, § 3.º, e 542, dentre outros, ao estabelecer requisitos ou conteúdo da inicial).»

De forma análoga, a petição que veicula pretensão recursal também deve conter os «fundamentos de fato e de direito» do pedido (CPC, art. 1.010, II). Mas nesse âmbito não se fala em causa de pedir, que é delimitada na petição inicial e que não pode ser alterada em fase recursal; até porque o recurso não tem natureza de nova ação; tampouco o mérito da causa equivale necessariamente ao mérito do recurso. Trata-se de desdobramento do mesmo processo, em grau de jurisdição (usualmente) diverso.

224. Fundamento jurídico e fundamento legal. Diz-se que o fundamento jurídico não se confunde com o fundamento *legal*, que consiste na invocação do dispositivo de lei aplicável. Assim, o juiz, embora vinculado ao primeiro, não fica adstrito ao segundo; inclusive porque é premissa do sistema a regra segundo a qual *o juiz sabe o direito* – é o que corresponde ao brocardo *iura novit curia*. Diante dos fatos, cabe ao magistrado aplicar o direito.

No direito processual penal isso é mais evidente, em razão da estrita tipicidade que vigora no plano substancial: não há crime sem *lei* que o defina, nem pena sem prévia cominação. Ali fica mais fácil afirmar que o réu se defende de fatos e que não importa a capitulação jurídica feita pelo autor. Já no âmbito civil, será preciso considerar que um mesmo fato pode, eventualmente, gerar diferentes consequências jurídicas e é ônus do autor indicar os efeitos que pretende extrair dos fatos.

> «No âmbito contratual, por exemplo, o inadimplemento pode levar à resolução do contrato; ou ao pleito de execução (em sentido material) das obrigações inadimplidas; em qualquer das hipóteses, pode nascer direito a indenização. São diferentes consequências jurídicas que se inscrevem na liberdade de demandar que tem o autor e, ao mesmo tempo, em seu ônus de alegação, próprio do princípio da demanda.»

No âmbito recursal a regra é a mesma porque, afinal de contas, o exercício da jurisdição é essencialmente o mesmo, apenas por órgão diverso do prolator, usualmente em outro grau. Contudo, nos casos de recurso extraordinário e especial, a jurisprudência mais restritiva exige que referência às hipóteses constitucionais de cabimento (CF, arts. 102, I e 105, I) seja literal, sob pena de não conhecimento.

A incidência do postulado *iura novit curia* não é infirmada pela estrita observância do contraditório, que impõe ao juiz o dever de previamente ouvir as partes, ainda que sobre matéria que possa conhecer de ofício, de sorte a preservar a possibilidade de efetivo debate e, portanto, evitar decisões de surpresa (CPC, arts. 9.º e 10, dentre outras disposições específicas e esparsas). Não se pode confundir, de um lado, a premissa segundo a qual o juiz sabe o Direito e que, portanto, ele deve aplica-lo no caso concreto; e a necessidade de, antes o fazer, dar oportunidade de debate sobre o tema, caso ainda não tenha se verificado, de outro lado. O que não é possível fazer é tomar as partes de surpresa. Mas isso não tem rigorosamente relação com o referido postulado. Tampouco afasta a incidência do referido postulado a circunstância de haver decisões com eficácia *erga omnes* e vinculantes sobre o Direito, como no caso de súmula vinculante, decisões em controle de constitucionalidade e eventualmente outras. Antes da jurisprudência, a lei vincula e, nem por isso, se nega que, por definição, o juiz sabe o Direito. Mais uma vez, não se deve confundir a máxima referida, de um lado, e eventual liberdade de o juiz, em casos concretos, adotar entendimento diverso daquele fixado pelos tribunais com competência para uniformizar a jurisprudência, de outro. Isso tudo parece ser válido em matéria de arbitragem, em que se pode reforçar por convenção processual que a incidência do brocardo deverá ser necessariamente precedida de oportunidade de adequado debate.

225. Pedido. O pedido constitui, juntamente com a causa de pedir correspondente, o objeto do processo. Ninguém pode ser compelido a demandar. Mas quem ingressa em juízo tem o ônus não apenas de expor fatos e fundamentos, mas igualmente de indicar a providência que almeja; ou seja, tem o ônus de pedir.

Uma coisa e outra integram o ônus de alegação. Trata-se de encargo que se ajusta à regra segundo a qual a jurisdição é inerte (supra n. 96); o que, por seu turno, está em harmonia com a preservação da imparcialidade do órgão julgador; com a observância do contraditório (é do pedido e respectivos fundamentos que o réu se defende), e com a consideração de que o escopo jurídico da jurisdição (de atuar a lei no caso concreto) convive com o escopo social - que busca a pacificação mediante a eliminação dos conflitos (e não seu fomento).

Em boa medida, o pedido é o núcleo da demanda e nele reside o projeto da parte dispositiva da futura sentença, que nada mais é do que a resposta à pretensão deduzida. Sendo a jurisdição inerte, o juiz fica adstrito aos termos do pedido e correspondente causa de pedir (CPC, art. 492).

226. Pedido imediato e mediato. Na doutrina, colhe-se lição - correta e útil - segundo a qual o pedido pode ser decomposto em *imediato* e *mediato*. O primeiro deles corresponde ao ato estatal (provimento), do qual emana eficácia jurídica apta a proporcionar ao demandante a fruição de posição jurídica reconhecida a ele no plano do direito material. Ele é usualmente tomado como critério doutrinário para classificação das *ações*, das *tutelas* (supra n. 170) e dos *processos* (supra n. 244).

Mediante a eficácia pretendida no pedido imediato se chega ao «*bem da vida*». Ele corresponde, em última análise, ao que busca o jurisdicionado, indiferente à técnica pela qual se proporcionou o resultado prático desejado.

Essa distinção deve ser considerada quando são confrontadas demandas para saber se são, ou não, idênticas. A diversidade de qualquer um dos aspectos acima afasta a total identidade (a caracterizar litispendência ou coisa julgada); embora possa haver identidade parcial, a configurar conexão ou continência (ou a gerar prejudicialidade).

Além disso, a existência dessa dupla categoria é, explícita ou implicitamente, considerada pela lei. Assim, ocorre, por exemplo, quando ela estabelece que, em matéria de obrigações de fazer e não fazer, o juiz proporcionará a tutela específica ou «determinará providências que assegurem a obtenção de tutela pelo resultado prático equivalente» (CPC, art. 497); ou quando permite o pedido de condenação genérica, dado não ser possível, quando do aforamento da demanda, determinar o bem da vida almejado (CPC, art. 324).

227. Pedido, mérito e questões de mérito. Há considerável controvérsia doutrinária sobre o conceito de *mérito*. Há quem o identifique com o conceito de *lide*; ou quem o defina como a relação material controvertida. Sem embargo dessa controvérsia, entende-se como mais correto que o mérito corresponde ao *pedido,* identificado a partir da respectiva causa de pedir. Daí se entender que o mérito é o objeto do processo.

Mas é preciso distinguir os conceitos de *mérito* e de *questões de mérito*: enquanto o primeiro corresponde ao *pedido*, as outras são pontos de fato e de direito que, relacionados à pretensão e respectivos fundamentos, tornaram-se controvertidos. Nessa perspectiva, a resolução das *questões de mérito* é antecedente do julgamento do *mérito* propriamente dito, entendido como o *pedido*. Aquelas, então, são *questões prejudiciais* à solução do mérito propriamente dito; para que se chegue a esse é preciso, antes, resolver aquelas.

É possível que o juiz enfrente uma coisa e outra apenas ao ensejo da *sentença*, que é o ato culminante da fase de conhecimento (CPC, arts. 203 e 487, I). Mas também é possível que isso ocorra antes desse momento. Nos casos de sentença condenatória ilíquida, o objeto do processo é julgado apenas parcialmente na medida em que a quantificação da obrigação – com as correspondentes questões de fato e de direito – fica remetida para posterior fase de liquidação (CPC, arts. 509 e ss.).

Além disso, não há uma vinculação necessária entre apreciação de questões de mérito e do mérito propriamente dito. Na hipótese do art. 356, I, do CPC – que trata da decisão de mérito antecipada em razão de ser incontroversa parte da demanda – há julgamento parcial do objeto do processo, isto é, do mérito. Nesse caso, nem chega a surgir questão de mérito, justamente porque não há controvérsia; no entanto, parte do mérito é apreciada. Também pode ocorrer que, eventual e excepcionalmente, o juiz seja levado a enfrentar questão de mérito para daí extrair consequências processuais; o que pode ser bem ilustrado nos casos em que haja debate sobre ser de consumo a relação material controvertida (do que decorrem consequências processuais, por exemplo, sobre a distribuição do ônus da prova). Portanto, há apreciação de questões de mérito, sem que o pedido seja apreciado.

Ainda: quando o juiz extingue o processo pelo fundamento da prescrição ou da decadência ele decide o mérito, porque julga o pedido improcedente (CPC, art. 487, II). Contudo, quando ele rejeita a ocorrência de tais fenômenos e passa à fase de instrução, ele não julga o *mérito*; embora resolva *questão de mérito*. Isso pode ser relevante, por exemplo, para efeito de cabimento de ação rescisória (CPC, art. 966) e determinação do início do prazo para tanto.

Esse quadro não é alterado pela circunstância de o Código prever que sobre a resolução da questão prejudicial (de mérito) pode, sob certas condições, formar-

-se coisa julgada material (CPC, art. 503, § 1.º). Pelo contrário, a distinção entre *mérito* e *questões de mérito* só fica reforçada, embora seja necessário reconhecer que o Código foi infeliz e pouco técnico – justamente por confundir os conceitos de *objeto do processo* e de *questão* – ao se referir ao julgamento do pedido como sendo a decisão sobre a «questão principal»: se questão é ponto de fato ou de direito controvertido, então não faz sentido em se falar em questão principal, exceto para designar, sem rigor técnico, uma questão que, em dado caso concreto, seria a mais importante – pela repercussão sobre a resolução de outras questões – no contexto da controvérsia formada . Esse equívoco foi feito não apenas no art. 503, mas também nos arts. 430, parágrafo único, e 433, ao ensejo da disciplina da declaração de autenticidade ou falsidade documental.

228. Pedido e requerimento. Ao longo do processo, as partes dirigem ao juiz uma gama considerável de pleitos: para ordenação do processo, para produção de prova, para prática de atos de comunicação e de documentação, dentre outros. Com menor rigor, fala-se, nesses casos, também em *pedido*. Mas convém reservar o termo para o conteúdo visto nos tópicos precedentes; para os demais, feitos no curso do processo, pode ser empregada a terminologia *requerimento*. Ambos podem ser inscritos no gênero de *atos postulatórios*.

A distinção é relevante porque, tecnicamente, o pedido corresponde ao objeto do processo e delimita a resposta do juiz (CPC, art. 92). Quem pede é o autor; o réu só o faz nos casos de reconvenção, de pedido contraposto ou nas hipóteses das assim denominadas ações dúplices (infra n. 236). Embora se possa até dizer que o réu pede a improcedência do pedido, de pedido tecnicamente não se trata. Além disso, enquanto o pedido é deduzido na petição inicial (CPC, art. 319, IV) e está sujeito à regra de estabilização (CPC, art. 329), há requerimentos feitos inicialmente que podem e efetivamente são completados posteriormente. Tal é o que ocorre com o requerimento de provas, que são objeto de posterior especificação (diante dos termos da controvérsia que possa, ou não, ocorrer) e complemento (como é o caso da apresentação do rol de testemunhas, no procedimento ordinário).

Nos casos em que atua como fiscal da lei (CPC, art. 178), o Ministério Público não pede, mas se limita a requerer. Isso significa que, não havendo legitimação extraordinária (e, portanto, não sendo caso de substituição processual), não lhe compete delimitar o objeto do processo. No processo jurisdicional, também não há que se falar em *requisição* por parte do Ministério Público; o que só faz sentido no âmbito extrajudicial (CF, art. 129, VI e VIII, por exemplo) – e, mesmo assim, sempre com a possibilidade de controle jurisdicional por iniciativa do interessado (CF, art. 5.º, XXXV).

Embora seja tolerável e compreensível que leigos eventualmente se refiram a ter o juiz «requerido» determinada providência, a terminologia é inadequada: o juiz não requer, mas determina. Mesmo nos casos em que há cooperação entre órgãos (no âmbito nacional ou internacional), não é adequado falar-se em requerimento como ato de quem, na realidade, exerce poder (a gerar correspondente sujeição).

229. Iniciativa do pedido. Não é apenas o autor quem deduz pedido no processo. Também o réu é autorizado, eventualmente, a deduzir pedido, fazendo-o sob a forma de *reconvenção* (CPC, art. 343) ou, em situações diversas, em casos das assim denominadas *ações dúplices* (v.g., CPC, art. 556). Nos Juizados Especiais, fala-se em *pedidos contrapostos* (Lei 9.099/1995, arts. 31 e 17, § único). Em arbitragem também se usa essa locução para designar o pleito feito pelo requerido.

Autor e réu são autorizados a formular pedido de declaração de falsidade documental (CPC, art. 430). Ainda, autor e réu podem demandar terceira pessoa, como ocorre no caso de denunciação da lide (CPC, art. 125; embora ela seja admissível também no confronto de litisconsorte); podem pedir exibição de documento em poder da parte adversária ou de terceiro (CPC, arts. 396 e 401). Eventualmente, pode ocorrer que a reconvenção (CPC, art. 343) imponha litisconsórcio passivo necessário, a incluir pessoa que não figurara originalmente como demandante – o que é expressamente admitido pelo Código (art. 343, § 3.º).

Finalmente, terceiro (pessoa que não estava em contraditório perante o juiz) pode demandar as partes, como ocorre no caso da oposição (CPC, art. 682) ou dos embargos de terceiro (CPC, art. 674). Em muitos desses casos, há um só processo com vários pedidos, isto é, um cúmulo objetivo de demandas.

CAPÍTULO V

ASPECTOS CONCEITUAIS DE EXCEÇÃO

230. Exceção (significados possíveis). Em sentido amplo e genérico, *exceção* é o contraposto da *ação* e, portanto, é usado como sinônimo de *defesa* (infra n. 231); terminologia empregada pelo inciso LV do art. 5.º da Constituição da República, ao estabelecer o princípio do contraditório e falar em «ampla defesa».

Em acepção mais restrita, *exceção* designa defesa cujo ônus de alegação pelo demandado é absoluto, isto é, dela não pode conhecer o juiz de ofício. Deve haver alegação da parte porque, do contrário, consuma-se a preclusão. Com esse significado, *exceção* se opõe ao conceito de *objeção*, que corresponde à matéria de defesa que o juiz pode e deve conhecer de ofício, sobre a qual, ao menos nas instâncias ordinárias, não há preclusão.

As objeções não se referem necessariamente a questões de ordem processual, podendo igualmente abranger questões atinentes à relação material controvertida (caso em que se pode falar em objeção de mérito); assim como, inversamente, há matéria processual que só pode ser conhecida pelo órgão judicial se e quando alegada (p. ex. incompetência relativa e suspeição).

Sob a égide do CPC/1973, *exceção* comportava um sentido ainda mais restrito, para designar uma das formas de resposta do réu, *meio* pelo qual se alegava impedimento, suspeição ou incompetência relativa - já que a absoluta deveria ser alegada em preliminar de contestação. Falava-se, então, em *exceção ritual*. No Código vigente, a alegação de incompetência relativa deve também ser feita em contestação (art. 337, II). Com relação à suspeição e ao impedimento, ainda que não se empregue mais a terminologia *exceção*, a respectiva alegação deverá ser feita de forma separada, isto é, «em petição específica», conforme dicção do art. 146, que desencadeará uma sequência de atos disciplinados de forma semelhante à que antes vigorava para as exceções rituais (§§ do art. 146), inclusive pelo efeito suspensivo que decorre da alegação (art. 313, III). Algo análogo ocorre quando se alega impedimento ou suspeição do membro do Ministério Público (art. 148, § 1.º); e do perito (art. 465, § 1.º, I).

231. Exceção e ônus de alegação. Por ser o contraposto do direito de ação, o exercício da exceção ou defesa está ligado também ao ônus de alegação, de que já se falou ao ensejo do princípio dispositivo (supra n. 97). O réu tem o ônus de responder e sua inércia configurará o fenômeno da revelia (CPC, art. 344); fenômeno que pode ter consequências processuais relevantes, conquanto condicionadas ao caráter disponível da controvérsia (CPC, art. 345, II). Mais do que isso, o réu tem o ônus de impugnar especificamente os fatos narrados na inicial (CPC, art. 341) e, por regra, deve concentrar todas suas alegações defensivas na contestação, com as ressalvas dos incisos do art. 342 do CPC.

Mas não é possível dizer que, nesse ponto, haja rigorosa simetria entre o ônus de alegação a cargo do autor e do réu. Se de um lado é vedado ao juiz decidir com base em causa de pedir diversa da articulada pelo autor, o mesmo não pode ser dito em relação aos fatos e fundamentos que podem ser deduzidos pelo réu.

Isso não significa violação à igualdade. O que ocorre é que o processo – como instrumento de objetivos que também são do Estado – é ordinariamente regulado por normas cogentes. Nesse contexto, a eventual inércia do demandado não autoriza desconsiderar a possível falta de observância das regras legais. Mesmo com relação ao direito substancial, há matérias que, por diferentes razões, convém possam ser conhecidas de ofício pelo juiz, ainda que o interessado não se desincumba do respectivo ônus de alegação.

De qualquer modo, o conhecimento de ofício de matérias não alegadas pelo demandado deve ser feito mediante a observância do princípio do contraditório. Cogitando de algum fundamento não alegado pelo réu (desde que efetivamente possa ser conhecido de ofício), o juiz deve facultar prévia manifestação das partes. Nada de inusitado ou extravagante há de se vislumbrar nessa conduta, aliás imposta pelos arts. 9º e 10 do CPC vigente. Sempre na premissa de que a matéria realmente se inscreva na órbita do conhecimento de ofício, melhor será que o juiz dê às partes a oportunidade de falarem *antes*; do que surpreendê-las com decisão já tomada sobre tema que nunca antes fora ventilado nos autos. Não haverá prejulgamento em tal provocação e, portanto, não há que se cogitar de perda indevida de imparcialidade. Pelo contrário, ao dar estrita observância ao contraditório o juiz – na premissa de que ele efetivamente apreciará as razões das partes – garantirá o devido processo legal (supra n. 44).

Já no caso em que o juiz suscitar tema que caberia à parte alegar, sua interferência há de ser reputada ilegal. Conforme o caso, a ilegalidade configurará *erro de procedimento* (a repercutir sobre a validade do processo) ou *erro de julgamento* (a ensejar eventual reforma da decisão). Em casos extremos e particularizados, a ingerência indevida em assuntos tipicamente submetidos ao princípio dispositivo poderá colocar em dúvida fundada a imparcialidade do magistrado. Nem justifica o juiz suprir o ônus de alegação que a lei atribuiu à parte a pretexto de dar cumprimento ao dever de colaboração. A atribuição de ônus de alegação às partes não é indevido formalismo. Primeiro, essa atribuição está, ainda que indiretamente, assentada em premissas de direito material, que consideram a disponibilidade de posições jurídicas naquele plano do ordenamento, com a consequente e coerente projeção nas posições que emergem da relação processual. O processo não é fonte autônoma de direitos. Segundo, a atribuição de ônus de alegação às partes decorre do fato de que o escopo jurídico (atuação da vontade do direito objetivo) deve ser atenuado pela busca do escopo social (que quer superar e não criar conflitos). Terceiro, colocar o juiz na posição de parte, ainda que indiretamente, é comprometer a imparcialidade, transformando o processo em instrumento inquisitório e, portanto, autoritário.

> «Para ilustrar, não é sem razão que parte da doutrina civilista criticou a regra – que já fora incluída no CPC/1973 (art. 219, § 5.º) e que constou do diploma vigente (art. 487, II) – segundo a qual a prescrição, mesmo a patrimonial, pode ser conhecida de ofício pelo juiz. Não se pode dizer que a regra seja inconstitucional. Contudo, a opção por se atribuir o ônus de alegação desse fenômeno extintivo nasce no Direito material e, portanto, só se pode entender que o CPC contém, atipicamente, uma regra de tal natureza.»

232. Exceção e tutela jurisdicional. Conforme exposto anteriormente, (supra n. 169), a locução *tutela jurisdicional* não designa apenas o *resultado* favorável ao autor da demanda; ela também abrange os *meios* predispostos no processo e é um conceito que vale tanto para o autor quanto para o réu. Esse modo de ver as coisas se ajusta à concepção de que a exceção (ou defesa) nada mais é do que o contraposto da ação (supra n. 230); de tal sorte que a posição do réu, perante o Estado que exercita a jurisdição, é análoga à do autor. Daí a estrita ligação que existe entre as disposições contidas nos incisos XXXV e LV do art. 5.º da CF.

> «Por essa razão também foi feita a opção metodológica de aqui reunir, em um único «Título», o estudo da ação e da exceção enquanto institutos fundamentais do direito processual.»

Dessa maneira, se a *tutela jurisdicional*, sob o ângulo da ação, abrange também os meios predispostos à consecução dos resultados, essa mesma *tute-*

la, sob o ângulo da exceção, conduz às formas de impedir o acolhimento da pretensão deduzida pelo autor. Por outro lado, impedindo que se produza o *resultado* pretendido pelo demandante, o demandado invoca, ele próprio, um resultado favorável para si e, portanto, um provimento que lhe proporcione *tutela*. Portanto, sob o ângulo do demandado - e de forma coerente com o que se passa em relação ao demandante - a tutela jurisdicional está não apenas nos meios propiciados para obstar o resultado buscado pelo autor, mas bem ainda no próprio resultado a ele (réu) favorável. Daí se reconhecer, com acerto, que a sentença de improcedência é, ao menos ordinariamente, uma sentença declaratória negativa, a estabelecer certeza em prol do requerido vencedor (supra n. 179).

233. Exceção e limites à cognição vertical (profundidade) e horizontal (extensão). Conquanto a exceção deva ter a mesma amplitude que a ação, mas exatamente por isso, há hipóteses em que a própria lei cuida de restringir o âmbito das alegações defensivas, discriminando as matérias que o réu pode alegar.

Nos casos em que o legislador dita taxativamente as matérias articuláveis em defesa, ele o faz com o objetivo de limitar a cognição - em extensão ou horizontalmente - levando em conta a natureza da relação material controvertida, com o fito de proporcionar resultados mais céleres. Mas os fundamentos porventura existentes e que estão excluídos do objeto do conhecimento do juiz ficam reservados para o que não raramente se designa por «vias ordinárias». Abre-se, portanto, debate em outro processo, sem que isso possa ser obstado ao argumento de ter ocorrido coisa julgada material.

Limitações dessa ordem vigem em relação à ação, com idêntico raciocínio. No mandado de segurança, por exemplo, há limitação em profundidade porque os fatos constitutivos do pedido só podem ser objeto de prova documental; da mesma forma a pretensão deduzida no processo de inventário, se houver contestação e depender de dilação probatória (CPC, arts. 612 e 627, § 3.º) - o que antes lei chamava de questão de «alta indagação».

234. Hipóteses em que o réu deduz pedido. *Pedido* é ato de postulação tecnicamente feito pelo demandante (supra n. 225). O réu simplesmente impede. Isso significa que se o demandado for vitorioso será destinatário tão somente da eficácia própria de uma sentença de improcedência, isto é, eficácia declaratória negativa; salvo quando a demanda objetivar provimento de conteúdo negativo, caso em que a improcedência resultará em declaração positiva. Portanto, quem delimita o objeto do processo é o autor. O réu pode ampliar o *objeto do conhecimento*, na medida em que traga fatos impeditivos, extintivos ou modificativos da pretensão deduzida pelo autor.

Para que o requerido possa ampliar o objeto do processo, é imprescindível que a ele seja lícito deduzir *pedido*, isto é, invocar um provimento jurisdicional (pedido imediato) que lhe proporcione um determinado bem da vida (pedido mediato); provimento esse que, conforme assinalado, não seja a mera sentença de improcedência da demanda. Isso ocorre em três situações: na *reconvenção*, no *pedido contraposto* e nas chamadas *ações dúplices*. Nessas hipóteses, será lícito ao demandado, se vencedor, obter mais do que a simples eficácia declaratória negativa resultante da sentença de improcedência.

Embora o Código vigente não faça mais referência a *pedido contraposto* (que antes previa no âmbito do procedimento comum sumário, que tal diploma deixou de prever), ele continua a ser previsto ao menos na Lei 9.099/1995 (arts. 17, parágrafo único e § 31.), cujo campo de abrangência é considerável – o que faz do conceito ainda um dado relevante.

235. Segue: reconvenção e pedido contraposto. Não são rigorosamente claras as marcas distintivas entre os institutos mencionados no tópico precedente, pelos quais é dado ao requerido deduzir pretensão e ampliar o objeto do processo. Não raramente, um conceito é tomado pelo outro ou, eventualmente, eles são equiparados – o que é ilustrado pela assertiva de que no antigo procedimento comum sumário (em que se admite pedido contraposto) a ação seria dúplice.

Em comum, os três institutos permitem que determinado resultado (que não a mera improcedência) seja estabelecido em prol do demandado, aproveitando-se o processo instaurado por iniciativa do demandante. Em todas essas formas há exercício do direito de ação pelo réu e pode ser identificada uma demanda incidental, embora isso só fique mais claro – inclusive para a lei – no caso da reconvenção.

Essa última exige conexão com a demanda inicial ou com os fundamentos da defesa, mas mantém autonomia em relação à demanda inicial (CPC, art. 343, § 2.º). O pedido contraposto, no âmbito dos Juizados, é peculiar a procedimento marcado pela concentração e pela oralidade, isto é, o sumaríssimo, regulado pela Lei 9.099/1995. De forma coerente com a concentração própria do procedimento em que é admitido, ele deve estar fundado nos «fatos que constituem o objeto da controvérsia» (art. 31, *caput*, da Lei 9.099/1995, para o procedimento sumaríssimo). O pedido contraposto, em última análise, é uma forma de reconvenção adaptada às características de procedimento em que há maior concentração e oralidade (sumário e sumaríssimo). Daí porque se aplicam ao pedido contraposto as normas contidas nos arts. 343, §§ 1.º, 5.º e 6.º do CPC; ou, quando menos, a *ratio* que neles se contém. Não se deve descartar completamente que a incidência das regras que, em reconvenção, permitem ela seja proposta contra o autor e terceiro, ou pelo réu em litisconsórcio com terceiro (§§ 3.º e 4.º). Desde que não haja óbice que inviabilize a atuação do Juizado pela qualidade da parte (art. 8.º) e desde que a ampliação subjetiva (ativa ou passiva) se mantenha nos limites «dos fatos que constituem o objeto da controvérsia», em tese a ampliação é possível também para pedido contraposto.

Ainda que ambos os institutos não possam ser simplesmente equiparados, o pedido contraposto tem a autonomia da reconvenção: qualquer causa que impeça o julgamento do mérito relativo à demanda inicial não acarreta – não ao menos necessariamente – a extinção do processo, a impedir o julgamento do pedido deduzido pelo réu. Vale dizer: é possível que o processo instaurado por força de uma demanda prossiga e leve ao julgamento da demanda manifestada incidentalmente pelo réu no curso do processo. Portanto, também é invocável a regra do § 2.º do art. 343.

236. Segue: ação dúplice. Ao que se extrai das fontes, a duplicidade no direito romano residia primeiramente no plano substancial, de tal sorte que, nesse âmbito, a condição dos litigantes era idêntica; do que, então, decorria uma duplicidade de formas manifestadas através das palavras contidas na fórmula. Exemplo clássico é o *interditum utrubi*, aplicável à tutela de direitos sobre coisas móveis. Transportando-se esse conceito para o sistema atual (que não é de «ações», mas de «direitos»), tem-se que a duplicidade presente no plano substancial e projetada no processo permite caracterizar a ação dúplice como aquela em cujo processo o autor desde logo assume a qualidade de réu e vice-versa. Assim, a imposição que resulta da relação material automaticamente faz do autor um réu (e vice-versa), na medida em que a rejeição da pretensão do primeiro gera automática vitória para o segundo (e vice-versa), que vai além da mera eficácia declaratória de uma sentença de improcedência. Tal, de fato, é o que ocorre nos interditos possessórios (CPC, art. 556), nos juízos divisórios e nos demarcatórios (CPC, art. 572), pela própria natureza da relação de direito material.

Sem prejuízo disso, a duplicidade pode ser estabelecida pela norma processual, entendendo-se como tal a possibilidade de o requerido deduzir pretensão (que não pleito de mera improcedência) no bojo da contestação, sem a necessidade de reconvenção. Sob esse ângulo, comportam a qualificação de dúplice os seguintes casos: a) ação de prestação de contas (art. 918 do CPC: «sentença apurará o saldo e constituirá título executivo judicial»); b) ação de desapropriação (arts. 24 e ss. do Decreto-lei 3.365/1941); c) ação de consignação em pagamento, quando o requerido alega insuficiência da oferta (CPC, art. 545, § 2.º); e d) ação renovatória de locação (Lei 8.245/1991, art. 74).

Na ação dúplice, a depender da configuração que tenha no direito positivo, pode ou não ser alargado o objeto do processo, enquanto é certo que na reconvenção e no pedido contraposto isso ocorrerá forçosamente. Na ação dúplice, não parece ser regra a autonomia que existe entre demanda inicial e reconvenção (CPC, art. 343, § 2.º), conforme já exposto. Assim, nas ações dúplices, se o autor é carecedor de ação ou se, por alguma outra razão, o processo se extingue sem julgamento do mérito, isso - por regra - ocorre de forma monolítica: não se julga o mérito para ninguém, remanescendo a situação substancial intacta.

TÍTULO V

OS INSTITUTOS FUNDAMENTAIS DO PROCESSO CIVIL: PROCESSO

CAPÍTULO I

NATUREZA, CONCEITO E CLASSIFICAÇÃO

237. Introdução. Nos tópicos precedentes, foram diversas as alusões a *processo*: como instituto fundamental do direito processual; como método e instrumento do exercício do poder (não apenas da jurisdição); como o resultado da somatória de *procedimento* (aspecto formal) e de *relação jurídica processual* (aspecto substancial); como expressão das posições jurídicas ativas e passivas que compõem os conceitos analíticos de *ação* e *defesa*; como um procedimento em contraditório; ou como instrumento para obtenção de soluções consensuais de controvérsias. O processo é tudo isso e, possivelmente, algo mais. Ele não é apenas um instrumento destinado a garantir «bens da vida» tutelados no plano material.

O processo, a um só tempo, é instrumento para a consecução de diferentes escopos (supra n. 122): atuação em concreto do direito objetivo; pacificação mediante eliminação da controvérsia; afirmação do poder estatal. Ao mesmo tempo, o conjunto dos processos acaba por cumprir outras finalidades, que não são menos relevantes e que extrapolam os interesses debatidos individualmente em cada processo, tal como a orientação das pessoas acerca de seus direitos e deveres.

Além disso, a *tutela jurisdicional* (supra n. 38) contida no processo garante posições jurídicas de vantagem com conteúdo próprio, que se justificam porque o indivíduo está diante do Estado (que exerce poder), independentemente do resultado favorável a quem quer que seja.

Assim, quando o juiz, por exemplo, garante tratamento igual às partes (inclusive de sorte a superar desigualdades reais); quando ele preserva o sigilo ou a intimidade da parte ou de terceiro (por recusar medida de instrução, como é a quebra de sigilo para obtenção de documentos fiscais ou bancários); ou, inversamente, admite a realização de certa prova, ele garante posições jurídicas que, se não podem ser simplesmente equiparadas àquelas tuteladas no plano substancial, de outro lado não podem ser simplesmente tidas como instrumentais ao que seria a tutela final. Assim, o processo não é apenas um instrumento a serviço de um resultado final.

238. Teorias acerca da natureza jurídica do processo. As teorias acerca do conceito e da natureza jurídica do processo variaram no tempo conforme a evolução da ciência processual e as diferentes perspectivas do cidadão diante do poder constituído. Seu exame tem hoje peso relativo, diante do avanço e das conquistas do Direito processual, como disciplina autônoma. O estudo de tais teorias merece ser feito apenas na medida em que ajude a entender como se chegou à atual concepção do instituto e quais podem ser os caminhos de sua evolução.

Assim, é natural que, num contexto de ausência do Estado (ou de um Estado incipiente), o processo fosse visto como resultado da vontade das partes e, portanto, como um *contrato* ou *quase contrato* – como uma espécie de desdobramento ou capítulo do *contrato social*, cujo conteúdo foi objeto da clássica doutrina política. Essa concepção – que, com variações, vigorou até parte do século XIX – está ligada ao modo de conceber o processo em certa fase do direito romano, na qual não se estabelecera ainda um centro de poder que se impusesse aos cidadãos; donde o processo resultar da vontade das partes. Aí se situa a expressão *litiscontestatio,* que não designa contestação da lide (ou ao pedido do autor), mas designa justamente a presença da vontade como elemento decisivo para instauração do processo.

Esse modo de ver as coisas ficou superado diante da progressiva afirmação do Estado (inicialmente liberal e depois intervencionista) em que o processo, sendo instaurado por iniciativa do autor, impõe-se ao réu diante do caráter inevitável ou indeclinável da jurisdição. Mas isso não significa que a vontade das partes tenha se tornado absolutamente irrelevante. Elas podem – embora com limites – convencionar que controvérsias sejam superadas por arbitragem (em que os julgadores são privados e eleitos voluntariamente), porque ainda lhes resta alguma margem de disposição acerca do modo de ser do processo (que, naturalmente, varia de um ordenamento para outro, conforme a respectiva cultura no qual inserido).

O progressivo abandono da ideia de processo como uma espécie de contrato não pode ser visto historicamente como uma ruptura abrupta. Antes de ser concebido com a complexidade que efetivamente apresenta, o *processo* – ainda como resquício de confusão entre os planos substancial e processual do ordenamento - foi tido como nada além de um *procedimento*, isto é, como uma sequência de atos. E era compreensível que fosse assim porque, afinal de contas, o procedimento é o aspecto formal do processo, isto é, o que dele mais facilmente se apresenta ao observador. Essa era a ótica praxista. Então, embora superada a ideia de processo como uma relação jurídica resultante de um contrato, não se passou imediatamente à percepção de uma relação jurídica diversa daquela de direito material.

Essa forma de conceber o processo foi progressivamente superada com a percepção - que hoje parece simples, evidente e até intuitiva - de que, mais do que uma mera sequência de atos, ele é também uma rede de vínculos entre os sujeitos que os praticam. São exatamente esses vínculos que compõem a *relação jurídica processual* e que dão origem aos atos praticados: tal relação se estabelece desde a propositura da demanda, entre o autor e o Estado (relação linear); e, depois, entre o Estado e o réu (relação angular) - e, segundo alguns, entre autor, réu e Estado (com a figura de uma relação triangular).

Mas, como mostra a história, a evolução não raramente ocorre de forma pendular: a ênfase que antes se dera apenas ao *procedimento* passou a ser dada então à *relação jurídica processual*, até que, mais recentemente, fosse recuperada a relevância do papel desempenhado pelo primeiro, com a síntese antes mencionada: processo, a um só tempo, é um procedimento - entendido como sequência de atos teleologicamente encadeados - e uma relação jurídica processual - entendida como somatória de posições jurídicas entre o autor, o Estado e o réu (poderes, sujeições, ônus, faculdades e deveres). Nessa perspectiva evolutiva, passou a se aceitar que essa somatória pode ser expressa pela ideia de que processo é *procedimento em contraditório*: a relação jurídica processual nada mais é do que a disciplina jurídica positiva daquele princípio; que, por sua vez, pode ser tido como a expressão jurídica da exigência política de participação dos cidadãos na preparação dos atos de poder que os tenham como destinatários.

Os dois elementos - *procedimento* e *relação processual* - estão ligados a tal ponto que é tarefa das mais difíceis identificar uma norma que regule estritamente o primeiro, sem eventual repercussão sobre a segunda. Isso se explica porque o ato que integra o procedimento é resultado do exercício de uma posição emergente da relação processual; ato cuja prática gera uma nova posição, cujo exercício resulta em novo ato, e assim sucessivamente.

Até mesmo os requisitos formais de determinado ato do procedimento podem ser vistos como exigências atinentes à relação processual. Por exemplo, quando a lei estabelece os requisitos da petição inicial (CPC, art. 319), ela também regula o ônus de alegação; quando a lei exige requisitos formais da sentença, ela positiva o modo de se exercer o *poder* de decidir e, ao mesmo tempo, tutela a posição da parte, que tem a prerrogativa de exigir uma sentença com relato, fundamentação adequada e parte dispositiva clara. Mais ainda: simples normas sobre *prazos* (tempo para a prática dos atos), na realidade regulam o momento em que se pode dar cumprimento a determinado ônus de alegação; cuja eventual falta de observância leva à perda de determinada *faculdade* - portanto, típica disciplina de posição processual.

Nessa mesma linha de raciocínio, é difícil saber se a cognição propiciada pelo processo está no respectivo procedimento ou nas normas que disciplinam a relação processual. Provavelmente, o mais correto é divisá-la em ambos porque a prática do ato envolve a apreensão típica da cognição; que, contudo, tem origem em poderes, faculdades e ônus, dos quais resultam alegações e atividades de instrução. Quando se limita a cognição em extensão, de sorte a excluir determinado pedido ou fundamento do objeto do processo, limita-se a faculdade de alegação e se cria o ônus da parte interessada de se valer de outra via processual. Quando se limita a cognição em profundidade, interfere-se com o poder e com o ônus de provar.

Por isso tudo, parte do que a doutrina tradicional examinou sob a ótica apenas do *procedimento* pode e deve agora ser revisto, para que a perspectiva seja do *processo*, com a complexidade acima exposta (supra n. 237).

239. Significado atual de processo. Como foi visto no tópico precedente, sob a ótica praxista e em contexto metodológico de confusão entre os planos substancial e material, *processo* foi um dia concebido como (mero) *procedimento*. Depois, ganhou corpo a ideia de *relação processual*, em que vicejou debate sobre conceitos como *situações* e *posições* processuais. Mais adiante, chegou-se à ideia de *processo* como um *ente complexo*: uma soma de *procedimento* (aspecto formal) e de *relação processual* (aspecto substancial); ou, de um *procedimento em contraditório*, sendo a relação processual a expressão jurídica da exigência política de participação dos destinatários do provimento (contraditório), de sorte inclusive a conferir legitimidade ao resultado final.

Processo - que um dia fora definido pela doutrina processualista como mero e exclusivo «instrumento da jurisdição» - progressivamente ganhou contornos mais abrangentes.

Dentro da esfera jurisdicional estatal, o conceito passou a ser reconhecido também na assim denominada «jurisdição voluntária». E, para tanto, nem foi preciso entrar no debate sobre se essa última atividade - classicamente definida como «administração pública de interesses privados» - seria ou não típica jurisdição: havendo ciência necessária e reação possível dos sujeitos parciais ou interessados; superada a ligação umbilical que um dia houve entre os conceitos de *lide* e *processo*, ou mesmo entre os conceitos de *lide* e *jurisdição* (basta lembrar dos inúmeros casos de processos necessários, em que há caráter substitutivo, mas o efeito jurídico só se produz mediante a intervenção estatal); reconhecido que o conceito de *parte* não se identifica apenas com a ideia de pedido ou de defesa (mas sim com o de exercício do contraditório); constatado que também aí os sujeitos (que um dia se disse serem «meros interessados») são titulares de posições jurídicas ativas e passivas; não havia mesmo como seguir negando que na dita jurisdição voluntária a atividade estatal se dá pelo *processo*.

Da esfera estatal o conceito obrigatoriamente se estendeu à atividade realizada pela jurisdição privada, isto é, à *arbitragem*: o árbitro, tanto quanto o juiz estatal, deve proceder com imparcialidade e independência; ele é juiz de fato e de direito e sua sentença não fica sujeita a homologação pelo Judiciário; e o processo arbitral há que respeitar sempre os postulados que integram o conceito de devido processo legal (Lei 9.307/1996, arts. 13, § 6.º, 18 e 21, § 2.º, respectivamente). Portanto, desde sempre o *processo* foi instrumento da arbitragem, ainda que com peculiaridades decorrentes de ser fruto da vontade das partes; e da circunstância de que os árbitros não são agentes estatais.

Do interior da jurisdição (estatal ou privada), o conceito se expandiu para as demais atividades estatais, a começar pelo *processo administrativo*. Boa ilustração disso foi o explícito reconhecimento, positivado no inciso LV da CF/1988, de que o contraditório e a ampla defesa devem ser assegurados «aos litigantes, em processo judicial ou *administrativo*, e aos acusados em geral». Especialmente a partir de então, a essência e os desdobramentos da «processualidade» do Direito Administrativo passaram a ser investigados pela doutrina com maior profundidade.

Além disso, e embora o tema seja pouco explorado na Teoria Geral, é possível também conceber um autêntico *processo legislativo*, marcado por sequência de atos (procedimento) e animado por vínculos entre os respectivos protagonistas (relação processual).

Assim, embora certo que o processo jurisdicional, o administrativo e o legislativo são conformados segundo cada uma dessas diferentes atividades estatais (que sobretudo tem escopos distintos), nem por isso deixa de neles estar presente o elemento comum: um procedimento e uma relação processual (com poderes, sujeições, ônus, faculdades e até mesmo deveres), que devem ser observados no exercício do *poder*.

Aliás, a ligação entre *processo* e exercício de *poder* sempre foi destacada pela doutrina, de tal sorte que aquele primeiro deve estar presente sempre que houver alguém na posição de decidir e de impor sua decisão: o processo regula e limita o exercício do poder; ao mesmo tempo em que legitima o resultado final na medida em que garante a participação dos respectivos destinatários. Mais do que isso, a vinculação entre *processo* e *poder* aparentemente justificou a extensão do primeiro para fora dos quadros do poder estatal, isto é, para as atividades privadas nas quais alguém esteja em posição de decidir e de impor decisões; ainda que a intensidade desse poder fosse de alguma forma atenuada, diante da possibilidade de controle jurisdicional (estatal ou mesmo arbitral). Aqui não se está pensando propriamente no poder exercido na arbitragem porque essa é diretamente equiparada à atuação estatal; mas sim nas atividades potencialmente sancionadoras na órbita privada, sendo disso um bom exemplo a regra do art. 57 do Código Civil - que trata da exclusão de membro de associação, por justa causa.

Fora do âmbito estatal, houve mesmo quem sustentasse, em doutrina, a extensão do conceito de *processo* à formação de negócios jurídicos; mesmo aqueles não caracterizados por relação de poder e de sujeição, mas sim de coordenação. Portanto, sob essa ótica a atividade decorrente da formação de um contrato, por exemplo, poderia ser qualificada como um autêntico processo. Mas ponderável crítica doutrinária apontou que, nessa pretendida extensão, o conceito poderia simplesmente perder a utilidade metodológica. Assim, as relações privadas potencialmente sancionadoras parecem ter sido o limite máximo de alcance que o conceito de *processo* mereceu, ao menos na aceitação da generalidade da doutrina.

Contudo, a evolução não apenas dos estudos informados pela teoria geral do processo, mas também sucessivas e relevantes alterações legislativas recomendam - se não impõem - que a fronteira até aqui conquistada seja ainda mais expandida, do que deve resultar uma revisão crítica do conceito de processo.

Essa revisão pode, então, partir de dois dos aspectos acima mencionados: primeiro, o de que processo seria sempre e apenas um procedimento em contraditório; segundo, o que de processo seria apenas instrumento de exercício de poder.

240. Segue: processo não é apenas um procedimento em contraditório. Embora a compreensão de *processo* como um procedimento em contraditório remanesça atual, convém refletir sobre o risco que potencialmente ali se contém, de redução de um fenômeno que, na realidade, é mais complexo.

De acordo com aquela concepção, toda sequência de atos teleologicamente encadeados, desde que informada por *informação necessária* e *reação possível* (os dois elementos essenciais do contraditório; supra n. 72), mereceria ser qualificada como *processo*. Contudo, esse modo de ver o fenômeno acaba por desconsiderar outras posições ou vínculos jurídicos, que vão além da ciência necessária e da possibilidade de reação. *Processo* não é apenas composto por «defesa» (por mais ampla e genérica que possa ser sua concepção); prerrogativa que, aliás, limita-se aos sujeitos parciais e desconsidera o sujeito imparcial – que nada «defende» (ou que de nada se defende), a quem não se dirige propriamente «informação» (sob a ótica de defesa) e que não manifesta «reação» (da qual ele, na verdade, é destinatário). *Processo* é também composto por *poderes*, *sujeições* e *deveres* que, em termos mais rigorosos, não são «defesa» nem podem ser qualificados como «reação». Portanto, a menos que se dê ao conceito de contraditório uma outra concepção (diversa da que se deu até aqui), é incorreto reduzir o conceito de *processo* a (algumas das) posições exercidas apenas pelos sujeitos parciais, mesmo que hoje já se reconheça uma participação ativa do juiz na observância do contraditório (supra n. 86).

Aliás, se contraditório for tomado como sinônimo de «ampla defesa», fica ainda mais reforçada a constatação de que não é possível definir processo a partir desse elemento. Tome-se como referência a atividade de *investigação*, entre nós reservada ao Estado; que ora é objeto de inquérito criminal a cargo da autoridade policial ou de procedimento de investigação a cargo do Ministério Público; ora é objeto de inquérito civil, também a cargo dessa última instituição; ora está a cargo de outros órgãos da Administração.

Nesse contexto, se é certo que o agente investigador não precisa atuar de forma *imparcial*, ele tem o *dever*, contudo, de agir de forma *impessoal*. Ainda: é *dever* do agente que investiga o de se pautar pela *legalidade*. Em alguns casos, ele *deve* garantir acesso à informação e mesmo a *publicidade* de seus atos; em outros ele *deve* assegurar justamente o inverso, isto é, o *sigilo* dos atos de investigação. Referido agente *deve* respeitar os limites impostos à atividade de instrução (notadamente o objeto da investigação) e deve se abster de produzir prova ilícita (CF, art. 5.º, inciso LVI). Se não se pode propriamente falar em investigador «natural», como se faz para órgão jurisdicionais («juiz natural»), há, contudo, regras de atribuição de funções que devem ser observadas também na atividade de investigação.

Então, para além de uma mera sequência de atos que compõe um procedimento, no exercício da atividade de investigação há um conjunto de vínculos entre o Estado, o investigado e até mesmo terceiros. Assim ocorre porque o poder não pode ser exercido de forma arbitrária e ele, como dito, só pode ser atuado dentro de uma relação jurídica que pode e deve ser qualificada como processual; ainda que nela não se possa falar em *informação* e *reação* com a mesma intensidade com que se fala quando se pensa na atividade tipicamente jurisdicional. Mas, a intensidade não infirma o conceito e esse é o que deve prevalecer.

«Num sistema em que se admite a *colaboração premiada* como forma, dentre outros, de obtenção de prova (Lei 12.850/2013, art. 4.º), os elementos colhidos na investigação dizem respeito não apenas ao colaborador, mas potencialmente a terceiros que ele venha a implicar em sua delação. Também a vítima de ato ilícito tem interesse em conhecer o andamento da investigação.»

Uma parte do equívoco acima referido, portanto, está em descaracterizar procedimentos de investigação como autênticos processos: ao contrário do que se afirmava tradicionalmente, há sim contraditório nele; apenas que adaptado às finalidades da atividade. Há possibilidade, ainda que limitada, de acesso ao conteúdo da investigação e, em alguma medida, poder de reação – o que ocorre não apenas no inquérito de natureza criminal, mas também no civil. O combate à eventual falta de impessoalidade, de desrespeito à legalidade ou a falta de observância de regra de atribuição são disso exemplos claros. Isso para não falar nos casos – já costumeiramente destacados pela doutrina – de que o contraditório seria mandatório nos casos em que a prova colhida no inquérito não pudesse ser reeditada em juízo. A atividade de investigação também está sujeita ao devido processo legal, ainda que ele precise se ajustar às peculiaridades e especialmente ao escopo dessa atividade estatal. A possibilidade de reação – entendida como «ampla defesa» – não é a única que caracteriza uma relação jurídica processual. Há *processo* sem total amplitude de defesa e para demonstrar isso bastaria ficar apenas nos limites da jurisdição estatal, em que certos processos apresentam limitações de cognição.

A recusa à qualificação de *processo* a procedimentos «meramente» investigativos pode ter efeitos deletérios: entendendo-se não submetido ao devido processo legal e às respectivas formas de controle (já que neles não haveria margem para plena reação ou «ampla defesa»), o agente poderia indevidamente se apropriar da atividade ou dificultar seu controle. Melhor, então, considerar que toda e qualquer forma de poder – inclusive as atividades de mera investigação – só pode ser exercida no ambiente de um procedimento animado por uma relação processual – que envolve poderes, sujeições, deveres, ônus e faculdades.

Nem mesmo o apelo à ideia de vinculação dos sujeitos parciais pelo ato final – presente em típico processo (a justificar o contraditório) e ausente em meras atividades de investigação ou «meros» procedimentos (a justificar a ausência ou mitigação do contraditório) – infirma o que foi dito acima. Para se tomar como exemplo o inquérito, embora ele realmente seja dirigido a formar a convicção do titular da ação (civil ou penal), nem por isso se pode negar que a simples pendência do procedimento e, com maior razão, seu resultado, produzem efeitos na esfera dos indivíduos. Desconsiderar esse fato seria irrealista e, em alguns casos, a depender dos termos, da duração e da divulgação prematura e indevida do conteúdo da investigação, ela pode ser tanto ou mais dura do que sanções impostas num processo. Além disso, a prova produzida no inquérito – ainda que reconhecidamente não tenha força para, por si só, levar à imposição de uma sanção – tem eficácia, possa ou não ser «repetida» em juízo.

Tudo isso, enfim, demonstra que não se pode limitar o conceito de processo a *informação* e *reação* e que, portanto, a ideia de procedimento em contraditório é insuficiente: quer porque aquelas são posições relativas apenas aos sujeitos parciais (ligadas à ideia de «defesa») e não ao sujeito imparcial (ou impessoal) – e que, mesmo em relação aos sujeitos parciais, não abrangem outras posições, como é o caso dos deveres; quer porque há procedimentos em que a amplitude de reação é limitada, não há «ampla defesa», mas há outros importantes vínculos, de outras ordens, entre os sujeitos envolvidos.

Essas considerações ficam reafirmadas quando se concebe *processo* também como instrumento de obtenção de soluções não adjudicadas de conflitos (infra n. 242): neles também não se pode reduzir o conceito de processo a procedimento em contraditório, quer porque neles mal se ajusta o conceito de *defesa*, especialmente diante do componente contratual que ali reside; quer porque as posições jurídicas dos sujeitos vão além do que se possa entender por informação e reação.

241. Segue: processo e vinculação dos destinatários do ato final (resultado). Outro aspecto do problema descrito e analisado no tópico precedente está em relacionar o conceito de *processo* à eficácia do ato final, isto é, o resultado que se almeja mediante a sequência de atos encadeados. Sobre isso, entende-se tradicionalmente que, como a investigação é dirigida «apenas» a formar a opinião do titular da persecução (civil ou criminal), a conclusão do inquérito não vincularia o investigado; o que, portanto, justificaria dizer que, na fase de investigação, ele ainda não se defenderia e que, portanto, não haveria tecnicamente um *processo*, mas, de novo, mero procedimento. Contudo, essa visão, sem ser propriamente errada, é quando menos incompleta.

É verdade que a investigação se dirige à formação da convicção do órgão titular da ação penal ou civil. Contudo, dizer que a investigação não produz efeitos jurídicos e práticos sobre a esfera do investigado é negar a realidade das coisas, em postura formalista incompatível com os avanços que o Direito processual experimentou e com o papel que ele deve desempenhar: a divulgação – lícita ou ilícita – de informações sobre a investigação, assim como sua exploração nos veículos de comunicação e em redes sociais é uma forma severa de constrição sobre a esfera jurídica (pessoal e patrimonial) do investigado e até de terceiros. Então, se a Constituição da República assegura que ninguém será privado de sua liberdade ou de seus bens sem o devido processo legal (CF, art. 5.º, inciso LIV), é preciso considerar o impacto que a simples investigação tem sobre a vida das pessoas, no mundo real e não apenas no plano jurídico.

Mesmo nos casos em que o devido sigilo seja preservado, o conteúdo da investigação, na medida em que dita os rumos da atividade jurisdicional (seja para a viabilizar, seja para a obstar), produz efeitos sobre a órbita jurídica do investigado. Portanto, ainda que não seja o caso de se proporcionar «ampla defesa» na investigação, nem por isso se pode deixar de qualificar tal atividade como processual: ali há exercício de poder, mediante um procedimento animado por uma relação processual, que envolve poderes, sujeições, faculdades, ônus e deveres.

É certo que, sob o ângulo do resultado final do processo, há uma ligação entre amplitude do contraditório e imutabilidade do que se decidiu. Entende-se que somente a possibilidade de cognição exaustiva é apta a tornar uma decisão jurisdicional intangível, isto é, a propiciar a formação da coisa julgada material. A correlação entre uma coisa e outra já era apontada pela doutrina e foi positivada, por exemplo, na regra do art. 503, § 2.º do Código de Processo Civil – que impede a formação de coisa julgada material sobre resolução de questão prejudicial quando houver limitação ao contraditório. Mas, essa é uma solução (correta) para recusar imutabilidade a decisões que não são fruto de exauriente cognição; o que, contudo, não infirma a existência de autêntico processo. Aliás, a solução só reafirma o que foi dito: pode não haver plenitude de «reação» – donde poderá decorrer recusa à formação da coisa julgada material – e, ainda assim, terá havido *processo*.

242. Segue: processo como instrumento de atividades voltadas a soluções não adjudicadas. Como apontado em tópico anterior, *processo* foi associado ao exercício de *poder* – estatal (não apenas jurisdicional) ou mesmo privado. Essa perspectiva considera que o resultado almejado é um ato imperativo, isto é, que se impõe aos destinatários, cuja participação é assegurada pelo processo; que, por isso, é fator de legitimação do ato final.

Em particular no caso da atividade jurisdicional, *processo* foi um conceito relacionado à produção de soluções adjudicadas de conflitos. Isso fazia sentido quando considerado que o Direito processual (civil e penal), não apenas entre nós, foi pensado como instrumento de solução de controvérsias por um terceiro imparcial – juiz estatal ou árbitro. Não é que, sob tal perspectiva, a possibilidade de solução do conflito pelas próprias partes, em matéria civil (e depois penal), fosse repudiada ou ignorada. Apenas ela era vista de forma eventual e, de certa forma, incidental: no processo idealizado como instrumento da jurisdição até poderia haver a prática de atos voltados à solução consensual. Mas a essência do procedimento e das posições integrantes da relação processual era voltada à perspectiva da solução imposta pelo julgador.

> «Para ilustrar, a jurisprudência construída sob a égide do CPC/1973 e legislação extravagante que lhe era contemporânea sempre foi infensa à tese de se nulificar o processo por falta de tentativa de conciliação, por mais

que a doutrina progressivamente insistisse no elevado valor das soluções consensuais.»

Embora a realidade mostre que a solução adjudicada continua a gozar de primazia e que, de certa forma, segue como prioridade do Judiciário (e mesmo da arbitragem), a busca do ideal remete, contudo, ao caráter apenas subsidiário da solução adjudicada (estatal ou arbitral): apenas após o verdadeiro esgotamento dos meios predispostos à solução consensual é que se deveria chegar à solução imperativa. Nesse contexto, já se referiu ao chamado «sistema multiportas», pelo qual o Estado estaria encarregado de oferecer não só a forma adjudicada de resolução do processo, mas outros mecanismos adequados para a solução dos conflitos presentes na sociedade (supra n. 8). Mas, para que se caminhe de um estado de coisas a outro é preciso estimular a adoção de mecanismos adequados à obtenção de soluções dadas pelas próprias partes; o que passou a ser anseio de parte expressiva da doutrina, com reflexos no direito positivo: *conciliação, mediação, compromisso (ou termo) de ajustamento de conduta, termo de cessação de conduta, colaboração premiada* (que não se limita a ter relevância apenas no processo penal) e *acordo de leniência* são mecanismos incorporados ao ordenamento para, ainda que por caminhos e técnicas diversas, obtenção de soluções não adjudicadas. Além desses, pode haver outros mecanismos de que as partes podem se valer, mediante disposições convencionais (supra n. 121).

> «A *conciliação* e a *mediação* são objeto de extensa disciplina pelo CPC (arts. 165 e ss.), sendo que a segunda também é objeto de lei especial (13.140/2015). O compromisso (ou termo) de ajustamento de conduta já fora previsto pela Lei 7.347/1985; o compromisso de cessação de prática, no âmbito da concorrência, está disciplinado pela 12.529/2011; a *colaboração premiada* é prevista pela lei 12.850/2013, não apenas como forma de obtenção de prova, mas como fator determinante de redução de pena ou até mesmo de imunidade (art. 4.º); o *acordo de leniência* é objeto da Lei 12.846/2013, mas também a Lei 13.506/2017 prevê a celebração de um «termo de compromisso» e de um «acordo administrativo em processo de supervisão».»

Na maior parte dessas situações (cujo exame pormenorizado não pode ser feito aqui), a lei não apenas prevê uma sequência de atos (procedimento), como especialmente regula direitos, poderes, sujeições, ônus, faculdades, deveres (relação processual); de tal sorte que a somatória de uma coisa e outra evidencia que, também para a consecução de soluções não adjudicadas de conflitos, é possível e correto falar-se em autêntico processo.

Isso não significa dizer que, nas atividades empreendidas na busca de soluções consensuais, o exercício de poder esteja completamente ausente ou que as relações estabelecidas sejam sempre de coordenação. Embora a superação consensual – justamente por ter essa característica – não possa ser imposta pelo terceiro, é possível que um dos sujeitos exerça alguma forma de poder ou que, ao menos, se situe em plano diferenciado dos demais. Para ilustrar, o conciliador e o mediador são terceiros em relação às partes em conflito. Ainda que não exerçam poderes, a cargo deles está a presidência dos trabalhos e isso deve ser observado e respeitado. No caso dos ajustamentos de conduta ou acordos de colaboração, o Ministério Público (ou autoridade policial) estão inegavelmente em posição diferenciada. Mas, tais circunstâncias só reforçam que, embora não se busque solução adjudicada, é preciso regrar a atividade realizada, mediante a previsão de quais são as posições de vantagem dos titulares e como se praticam os atos daí decorrentes.

243. Significado atual de processo: síntese. A concepção de *processo* - que nasceu confinada à atividade jurisdicional contenciosa e que progressivamente se expandiu na forma antes exposta - hoje pode ser tida como abrangente da busca de toda e qualquer solução de conflitos, seja ela solução adjudicada ou imperativa; seja ela solução fruto da vontade das partes - em qualquer caso, desde que a atividade realizada para a consecução de tal objetivo seja regulada pela lei, ou eventualmente pela vontade dos interessados.

Essa concepção se ajusta à perspectiva segunda a qual a jurisdição estatal ou arbitral não tem apenas um escopo jurídico, mas também social, de pacificação mediante a superação dos conflitos. Portanto, mesmo quando confinado ao ambiente da jurisdição, o processo não pode mais ser visto como instrumento de atuação do direito objetivo. A busca de soluções consensuais não deve mais ser uma eventualidade ou providência incidental tomada em processo instaurado para a solução adjudicada; e os diferentes mecanismos de busca de soluções consensuais é disso uma comprovação.

Ainda, esse modo de ver as coisas se ajusta de forma mais confortável à possibilidade de as partes convencionarem sobre regras processuais; o que não é apenas uma realidade positivada pela lei processual civil (CPC, art. 190), mas também faz sentido no âmbito processual penal, sendo disso a colaboração premiada uma boa ilustração, na medida em que ela é uma soma de convenção processual (para obtenção de prova) e material (para redução ou até isenção de pena e de outras providências no plano substancial). Em suma: o processo civil hoje não pode mais ser visto apenas como um instrumento ditado pela lei, mas também - ainda que eventual ou parcialmente - pelo consenso das partes, e que possivelmente crie melhores condições para superação - adjudicada ou não - do conflito.

De outra parte, a ideia segundo a qual o processo é um procedimento em contraditório não deve ser abandonada, mas precisa ser ampliada para que não se limite aquele conceito a um procedimento em que se asseguram posições apenas dos sujeitos parciais. Não se trata de exacerbar a posição de quem exerce o poder, mas, pelo contrário: ao se evidenciar tal posição, faz-se imperativo determinar, aí sim, de que forma os sujeitos parciais podem «reagir» e contribuir para o resultado final, ainda que não seja imutável ou vinculante.

Finalmente, não se chega ao ponto de estender o conceito de processo para toda e qualquer atividade preparatória de negócio jurídico, como um dia prestigiosa voz doutrinária já preconizou. Mas, também isso não deve ser descartado: na medida em que essa atividade seja regulada pela lei ou por disposições entre partes – que estabeleçam posições jurídicas relacionadas à formação do negócio e um procedimento para tanto – será possível, também nesses casos, falar-se em processo. Aliás, talvez esse seja o caminho para, na fase negocial, potencializar-se a incidência do art. 190 do CPC, já na fase de formação dos contratos, por exemplo.

244. Classificação dos processos. É usual encontrar na doutrina classificações do processo segundo a natureza do provimento que constitua o respectivo objeto; o que, em boa medida, coincide com o critério tradicionalmente empregado para a classificação das *ações* e das *tutelas* (supra n. 170), sendo que ambas consideram o resultado almejado pelo demandante. Daí se falar em processo de conhecimento, de execução e cautelar; ou em processo declaratório, condenatório, constitutivo, mandamental, e assim por diante.

Embora essa classificação seja tradicional e útil, ela está sujeita às críticas feitas ao ensejo da classificação das ações, que ficam aqui reiteradas (supra n. 170). É certo que o *resultado* almejado é relevante porque em função dele é que são estabelecidos os *meios*. Mas, se processo é *procedimento* e *relação processual*, mais coerente é buscar classificação que considere um desses elementos (ou eventualmente ambos); os quais mais diretamente se relacionam com os meios e apenas mediatamente com o resultado.

Nessa linha de raciocínio, pode ser tomado como critério relevante o grau de cognição, a gerar processos de cognição plena e exaustiva; e outros com cognição limitada (quer em extensão, quer em profundidade).

Há também classificações que, conquanto confinadas pela doutrina e pela lei ao *procedimento*, na verdade deveriam ser tidas e havidas como classificações dos *processos*, uma vez que o critério não considera apenas a especialidade daquele, mas também da relação jurídica processual. Assim, embora sob a ótica tradicional não se fale em *processo* comum ou especial (mas sim em procedimento com tal ou qual qualificação), a constatação de que tais qualificações estão tanto no procedimento quanto na relação processual justifica falar-se em *processos comuns* e *especiais*.

Para ilustrar, quando a lei determina que, no procedimento comum *sumário* (perante os Juizados especiais) os atos sejam concentrados em audiência, isso não se limita ao procedimento, porque interfere diretamente com ônus das partes. Isso fica evidente quando são impostos ao autor e ao réu os encargos de trazerem com inicial e contestação os róis de testemunhas, os pleitos de prova pericial, incluindo quesitos e indicação de assistente técnico. Isso não é apenas *procedimento*, mas diz com a *relação processual*. O mesmo pode ser dito em relação aos procedimentos tidos por *especiais*. Muitas das regras contidas no Livro IV do CPC estão longe de conter mera disciplina do procedimento, na medida em que tratam de poderes, sujeições, ônus e faculdades processuais. Há casos em que a especialidade se refere a competência, como nos recursos de competência dos tribunais superiores. Portanto, a especialidade não está apenas no procedimento.

Além disso, é usual que o vocábulo *processo* seja adjetivado a partir de um determinado subsistema legal. Fala-se, por exemplo, no processo *individual* e no *coletivo*; no processo *arbitral*; no processo dos *Juizados Especiais* (ou de *pequenas causas*); no processo *de família*; no processo do *consumidor*; ou no processo *empresarial* - esse ainda não regulado de forma orgânica pelo direito positivo brasileiro, conquanto sua disciplina seja alvitrada por parte da doutrina. Tais qualificações, embora não sejam inspiradas por um critério homogêneo e sejam até questionáveis, explicam-se, como dito, em função da existência de subsistemas, com regras especiais que derrogam as gerais. Sob essa ótica, eles são também processos «especiais».

No âmbito do controle concentrado de constitucionalidade, fala-se em processo «objetivo», para supostamente designar um processo «sem partes». Isso é quando menos parcialmente inadequado: ainda que referido controle seja abstrato (e não concreto, como é a regra na jurisdição), a instauração do processo está a cargo de determinadas pessoas legitimadas. Embora não haja propriamente réu, é possível ouvir os órgãos ou autoridades de quem emanou o ato (Lei 9.868/1999, art. 6.º). Ainda que não seja admitido o ingresso de terceiros, isso não afasta a intervenção do Ministério Público e, no âmbito federal, da Advocacia Geral da União; além de eventuais outras pessoas que tenham representatividade - essa última para que ocupem o papel de *amicus curiae* (art. 7.º, § 2.º e, no CPC, art. 138).

Finalmente, é preciso considerar que todas essas classificações levam em conta a concepção tradicional de processo, como instrumento de atividades em que há exercício de poder e que culminam em decisões imperativas ou adjudicadas (supra, n. 243). Contudo, aceita a premissa de que o processo não deve mais ser visto apenas como tal, mas também como meio para regular atividades tendentes à obtenção de soluções consensuais de conflitos, então é possível tomar esse critério para uma nova classificação, que pode contemplar processos *adjudicatórios* e processos *consensuais*.

> «Ao se falar em processo consensual, neste contexto, não se está a pensar na possibilidade de que as regras do processo adjudicatório - jurisdicional estatal ou arbitral - sejam, em alguma medida, fruto da autonomia da vontade das partes, como admite o art. 190 do CPC. É que, ainda nesse caso, de processo adjudicatório se continuaria a tratar, porque o critério leva em conta a forma de solução da controvérsia.»

CAPÍTULO II

PROCEDIMENTO

245. Procedimento. Procedimento certamente não é um conceito exclusivo do Direito processual e nem mesmo do Direito. Ele designa uma sequência de atos encadeados e que se dirigem à consecução de um determinado resultado; o que está presente em outros campos do conhecimento ou da ciência.

No Direito processual, diz-se que procedimento é o aspecto formal ou exterior do processo. Como já foi dito, isso é compreensível: o que se visualiza e se documenta é o ato praticado pelo juiz, partes ou qualquer dos sujeitos que intervêm no processo. Os autos – de papel ou eletrônicos – espelham os atos do procedimento. Em relação a eles é possível se falar em *forma*, *lugar*, *tempo* e *modo*; o que não ocorre propriamente com o aspecto substancial do processo, que é a relação jurídica processual. Cada uma das posições contidas nessa relação só se exterioriza quando os sujeitos respectivos – precisamente por exercitá-las – praticam um ato. No confronto com o procedimento, a relação processual é elemento dotado de maior grau de abstração, porque as posições jurídicas dali resultantes, conquanto fundamentais, não podem ser propriamente vistas ou documentadas; exceto, como já foi dito, quando o respectivo exercício se materializa na prática de um ato.

Eventualmente, a doutrina e até a legislação empregam o termo *rito*. Embora pensado para designar o modo de ser de diferentes procedimentos, não raro a expressão é utilizada, pragmaticamente, como sinônimo de procedimento. Aquele vocábulo acentua o caráter formal do conceito e, não raro, tende a empobrecê-lo na medida em que, de forma distorcida, seja feita associação entre ritualística, de um lado, e formalismo indevido e desnecessário, de outro. Contudo, o procedimento está longe de ser formalismo indevido e se, em dada situação, o Legislador não o idealizou de forma suficientemente racional para atingir os objetivos desejados, então é preciso cogitar-se de seu aperfeiçoamento; mas não de seu desprestígio.

De forma análoga, não raramente se agrega ao conceito de procedimento o qualificativo «mero». Isso, de um lado, enfatiza novamente a circunstância de que o procedimento é o aspecto formal do processo. Mas, de outro lado, isso também pode sugerir que as normas «meramente» procedimentais tenham menor relevância, justamente porque ligadas à forma e não ao conteúdo. Isso é um equívoco: as formas processuais, não raramente, são confundidas como excesso de formalismo e, portanto, como fator de potencial retardamento da prestação jurisdicional; quando, na verdade, elas são penhor de legalidade. De um modo ou de outro, a competência legislativa em matéria procedimental é concorrente entre União e Estados da Federação (CF, art. 24, XI e parágrafos).

246. Procedimento e contraditório. O tema já foi longamente examinado ao ensejo do significado presente do conceito de *processo*. Contudo, convém reafirmar alguns aspectos daquilo que já foi exposto.

Assim, quando visto isoladamente, o procedimento não é tido como autêntico processo, que só existiria quando àquele se agregasse o contraditório; isto é, a possibilidade de efetiva participação dos sujeitos que, de alguma forma, terão suas esferas jurídicas afetadas pelo ato culminante do procedimento. Por isso se diz que o *inquérito* – que pode ser criminal, mas que também pode ser civil (Lei 7.347/1985, arts. 8.º e 9]º) seria apenas um procedimento e não um processo, dado que nele não há propriamente acusados, mas investigados. Como a função do inquérito é a de formar a opinião do órgão acusador e seu ato final (no caso do criminal, relatório da autoridade policial) não vincularia o investigado, entende-se que, salvo excepcionalmente, não haveria contraditório ali assegurado.

Embora prevaleça a ideia de que o contraditório no inquérito seria dispensável tendo em vista que nele não se decidem controvérsias e que se trata de «mero» procedimento tendente a formar a convicção do Ministério Público ou da autoridade policial, há quem reconheça que o inquérito não se limita a simples sequência de atos encadeados; mas que, na verdade, envolve direitos e deveres de outros sujeitos que não a autoridade policial e o órgão acusador.

Realmente, não é exato dizer que no inquérito não haja propriamente uma relação jurídica, da qual decorram também posições jurídicas. Os sujeitos que nele atuam têm poderes, sujeições, deveres e até mesmo faculdades. O que descaracteriza o inquérito como processo são duas circunstâncias: de um lado, não há a prerrogativa efetiva e integral de defesa do investigado; de outro e como consequência, o ato final não vincula o investigado que, embora certamente sujeito à subsequente propositura da ação - penal ou civil - não tem sua esfera jurídica diretamente afetada.

Embora o inquérito seja regido por estrita legalidade e esteja sujeito a controle jurisdicional nesse limite, é preciso ir além e reconhecer que nele há o exercício de posições processuais; portanto e em alguma medida, relação jurídica. Não é que o inquérito perca sua função essencial de formar a convicção de quem acusa. Mas é inegável a necessidade de se assegurar ao investigado algum grau de informação e, também, de reação - até mesmo para que o controle jurisdicional sobre ele (conquanto restrito) possa eventualmente ter lugar.

Além disso, é preciso considerar que a pendência de um inquérito, se não pode ser erigida ao patamar da litispendência (conceito próprio e restrito ao processo), é apta a interferir de forma relevante na vida das pessoas. Ele acarreta limitações diretas ou indiretas à obtenção de cargos públicos ou privados, por exemplo. Trata-se, portanto, de encargo que não pode ser simplesmente ignorado. Por isso é que, ainda que excepcionalmente, um inquérito - não obstante seja «mera» investigação - pode ser obstado em seu nascedouro ou, como se diz em linguagem menos rigorosa, pode ser «trancado» (como analogamente ocorre com a prematura extinção do processo sem resolução do mérito).

Na esfera administrativa, é usual que processos administrativos disciplinares sejam precedidos de procedimentos prévios de levantamento de dados, cujos nomes podem variar - sindicância ou investigação preliminar são termos eventualmente empregados. Neles, eventualmente se dá oportunidade de manifestação do investigado, embora ainda sem a oportunidade de produção de prova que é própria do processo administrativo (portanto, com a garantia do contraditório). De forma análoga, o Ministério Público eventualmente faz instaurar procedimentos preliminares.

Reitere-se que toda e qualquer investigação - ainda que se configure como procedimento e não autêntico processo - está sujeita ao controle jurisdicional de sua legalidade, na medida em que possa atentar contra direitos de intimidade, sigilo, imagem e outros; que devem ser preservados, sem prejuízo da eficiência da investigação.

247. Procedimento rígido e flexível. A etimologia de processo remete à ideia de movimento adiante (e, em alguma medida, é a negação de *retrocesso*). Os atos que o integram (e que compõem o procedimento) são interligados e preparatórios do ato final. Mas a marcha avante que está contida no processo pode estar assentada em fases claramente determinadas; às quais, tanto que superadas, não se pode retroagir; ou, diversamente, podem ser aceitos eventuais retrocessos, sem prejuízo de se chegar, quiçá mais tardiamente (mas talvez de forma objetiva ou subjetivamente mais ampla) ao resultado desejado.

Trata-se de opção legislativa, normalmente associada ao conceito de procedimento: diz-se que ele é *rígido* quando a prática de um ato gera situação consumada que impede a regressão (salvo, naturalmente quando se cogita de invalidade do ato e é preciso reeditá-lo de forma válida). A esse fenômeno se chama *preclusão*: objetivamente ela é impedimento ao retrocesso e subjetivamente é a perda ou extinção de um poder ou faculdade emergente da relação processual. Então, diz-se *rígido* o procedimento fundado em preclusões. Por oposição, diz-se ser *flexível* o procedimento que, em alguma medida, comporta retrocesso - quer para que se amplie objetiva ou subjetivamente o processo; quer para que se permita redecidir o que já fora decidido.

> «Convém relembrar que a doutrina identifica três espécies de preclusão: a *consumativa*, que decorre do exercício da faculdade e, portanto, da prática do correspondente ato - e que, portanto, é a forma mais usual e ordinária de preclusão; a *temporal*, que é a perda da faculdade pelo decurso do respectivo prazo, sem que ela tenha sido exercida e que, portanto, ato tenha sido praticado; e a *lógica*, em que a perda se dá por força de um comportamento - ativo ou omissivo - incompatível com certa faculdade processual. A lei processual não prevê essa classificação, mas é possível identificar casos de preclusão que se ajustam a cada uma dessas figuras»

O qualificativo de *rigidez* que se dá ao procedimento, ao contrário do que se possa supor e até dizer, não designa a opção do sistema pela legalidade ou liberdade das formas. Até seria possível associar-se estrita legalidade das formas processuais à ideia de rigidez. Trata-se de convenção acerca da terminologia para designar os fenômenos. Mas, firmadas e aceitas as premissas quanto à nomenclatura (tão importante para qualquer ciência), convém mesmo reservar-se a expressão procedimento rígido para aquele fundado em preclusões.

Outra observação conceitualmente relevante é a de que, embora os qualificativos *rígido* e *flexível* sejam acoplados ao *procedimento*, o fenômeno não se limita a esse último. Se a rigidez se funda na existência de fases delimitadas e na vigência de regras preclusivas; e se, ainda, preclusão é subjetivamente a perda de uma faculdade processual, resta evidente que a rigidez não está apenas no procedimento, mas atinge todo o processo porque alcança igualmente a relação processual (a faculdade é posição dela emergente). Portanto, embora não seja usual na doutrina, não seria incorreto falar-se em *processo* (não em procedimento) rígido ou flexível.

248. Rigidez do procedimento no Código de Processo Civil. O sistema processual brasileiro é do tipo rígido. A preclusão alcança a postulação do autor, conforme art. 329 do CPC, que estabelece a assim chamada estabilização da demanda. Esse fenômeno abrange o elemento objetivo (pedido e causa de pedir) e, com ressalvas, o aspecto subjetivo (partes) do processo.

Quanto ao objeto do processo, a estabilização se submete a diferentes regras, que não se limitam ao referido dispositivo legal. Desde logo, o autor pode *desistir* – total ou parcialmente – do processo: no primeiro caso, o processo deve ser extinto sem resolução do mérito (art. 485, VIII); no segundo caso, a desistência significa redução do objeto do processo, que seguirá pelo remanescente. A desistência – ressalvados eventuais prazos extintivos de direito material – não produz efeitos no plano substancial, mas apenas no plano processual. Ela, portanto, não se confunde com a renúncia ao direito em que se funda a demanda (ou «à pretensão formulada na ação ou reconvenção», como estatui o art. 487, III, *c*). Por isso, a lei previu que a desistência – que não é exatamente da ação, mas do processo – só pode vir até a sentença (art. 485, § 5.º) porque, depois disso, eventual ato de disposição processual diria respeito a recurso e sua consequência não seria a extinção do processo, mas o trânsito em julgado da sentença proferida. Isso vale para os casos de julgamento antecipado parcial do mérito (art. 356), quanto ao capítulo julgado; e a rigor, a regra se aplica a qualquer processo, inclusive o de mandado de segurança, cujo caráter diferencial em nada justifica entendimento diverso.

Se a desistência vier antes que «oferecida a contestação», não se exige consentimento do réu (art. 485, § 4.º). Nesse caso, a lei não tomou a *citação* como parâmetro para se ter como relevante a vontade do demandado. Essa opção – que, embora não o faça de forma literal, reedita a opção do CPC/1973 (que falava em se exigir consentimento tanto que «decorrido o prazo para resposta», consoante o art. 267, § 4.º) – não é a mais feliz. Isso porque a citação foi o parâmetro considerado como relevante, para efeito de se exigir o consentimento do réu, no caso de «alteração ou aditamento» do pedido ou causa de pedir (art. 329). Portanto, seria melhor que o Código tivesse regulado de maneira uniforme os atos que, embora diferentes, têm em comum a circunstância de que levam à modificação do objeto do processo. Além disso, não é a contestação que faz nascer o interesse jurídico do demandado em obter sentença de mérito (a ele favorável), razão possivelmente justificadora de se exigir sua aquiescência. Mesmo sob o ângulo de mero ressarcimento de despesas havidas na contratação de advogado, esse custo já poderá ter se consumado antes da contestação. Mas, não havendo qualquer suspeita de inconstitucionalidade, a regra deve ser obedecida.

O autor também pode modificar o objeto do processo, de sorte a «alterar ou aditar» o pedido ou causa de pedir. Se assim o fizer antes da citação, seu ato é livre e independe do consentimento do réu, que oportunamente será cientificado do inteiro teor do objeto, tal como reformulado pelo demandante. Se eventualmente o mandado de citação já tiver sido expedido e não cumprido, ele deve ser recolhido, para se ajustar à modificação feita pelo autor e admitida pelo juiz. Se houver litisconsórcio e um dos litisconsortes já tiver sido citado, será preciso considerar a natureza do fenômeno de pluralidade de réus. Se o litisconsórcio for simples (não unitário), não será preciso consentimento se a alteração não disser respeito ao réu já citado; se disser, a aquiescência será imprescindível. Se o litisconsórcio for unitário, então é irrelevante que nem todos os réus tenham sido citados: o caráter monolítico da relação impede a alteração sem aquiescência do citado.

Se a pretendida alteração objetiva vier depois da citação, como dito, a lei exige o consentimento, numa previsão, forçoso convir, mais teórica do que realista. De todo modo, a aquiescência não precisa ser expressa: se regularmente cientificado, o demandado se quedar inerte, haverá preclusão (que, em tese, também pode ser lógica) e a modificação deve ser tida como consumada. Ainda que o réu não aquiesça, isso não impede o autor de propor nova demanda, cujo objeto deverá ser confrontado com aquele da demanda já posta, avaliando-se a relação que possa haver entre ambos os processos, do que poderá resultar alteração de competência por conexão ou mesmo continência. Em qualquer caso, se a modificação for admitida, o contraditório deverá ser assegurado (art. 329, II, segunda parte).

A possibilidade de alterar ou aditar o objeto do processo vigora «até o saneamento do processo» (art. 329, II, primeira parte). Mas, a lei não foi peremptória como a anterior, segundo a qual «A alteração do pedido ou da causa de pedir em nenhuma hipótese será permitida após o saneamento do processo» (CPC/1973, art. 264, parágrafo único). Eventualmente, a modificação poderá ser admitida por convenção das partes (art. 190), desde que isso se apresente como medida racional, que se harmonize com o escopo social da jurisdição, de mais ampla superação da controvérsia e consequente pacificação.

Sob o prisma *subjetivo*, também vigora regra de estabilização. É certo que o Código não repetiu a dicção da parte final do art. 264 do CPC/1973, que falava em modificação do pedido ou causa de pedir, «mantendo-se as mesmas partes, salvo as substituições permitidas por lei». Mas, a regra continua a ser essa, com a ressalva de que a lei passou a permitir alterações antes não admitidas. Por exemplo, ao invés de prever a técnica da nomeação à autoria, o Código vigente permite alterações no polo passivo de forma mais ampla, conforme regras dos arts. 338 e 339. Além disso, o Código admite a inclusão de novos sujeitos por força do assim chamado incidente de desconsideração de personalidade jurídica (arts. 133 e ss.).

Para o réu, de forma análoga, vigora o ônus de concentrar suas alegações defensivas na contestação (CPC, arts. 336, 341 e 342). Também se opera preclusão sobre as questões decididas (CPC, art. 507), salvo se não estiverem sujeitas ao fenômeno, porque reputadas de ordem pública (matéria atinente a pressupostos processuais e, com ressalvas, a condições da ação). Aliás, para as partes vigora a regra segundo a qual as declarações de vontade formalizadas no processo produzem imediatamente efeitos (CPC, art. 200).

Em matéria recursal, opera-se preclusão quando a parte renuncia ao direito de recorrer ou desiste de recurso interposto, de tal sorte que a opção por não recorrer se consolida. No mesmo âmbito, a demanda recursal é delimitada pelo recorrente. Ele se sujeita à imutabilidade da parte da decisão que eventualmente não impugnar (CPC, arts. 1.002 e 1.013), ressalvado capítulo que guarde nexo lógico com outro que tenha sido devidamente impugnado. Aliás, de forma coerente com o postulado da estabilização da demanda, a regra é a de que questões de fato não suscitadas no juízo inferior não podem ser suscitadas em recurso, salvo se demonstrado que a omissão se deveu a motivo de força maior (CPC, art. 1.014).

Ainda no âmbito recursal, a regra inserta no parágrafo único do art. 932 do CPC estabelece que, antes de reputar inadmissível o recurso, o relator deve conceder prazo para que «seja sanado o vício ou complementada a documentação exigível». De certa forma, o dispositivo atenuou o conceito de *preclusão consumativa*, segundo o qual, uma vez que a faculdade seja exercida e que o correspondente ato seja praticado, opera-se a extinção da posição jurídica e, portanto, torna-se impossível praticar o ato novamente; o que, segundo tradicionalmente se entendia, era aplicável mesmo aos casos em que a parte, por desídia ou outra razão, tivesse praticado o ato de forma defeituosa ou incompleta. Com efeito, se é possível corrigir o ato, em alguma medida é possível praticá-lo novamente. Mas, a disposição deve ser entendida no contexto de repúdio ao que se convencionou chamar de «jurisprudência defensiva», isto é, da inadmissibilidade de recursos fundada em injustificável formalismo, a gerar pretextos – e não razões jurídicas – para não conhecimento de recursos. Portanto, sob pena de se trair o escopo de superação do conflito, é preciso dar interpretação estrita ao dispositivo: só se pode sanar o que seja sanável e nesse conceito não se encaixa a deficiente fundamentação da pretensão recursal, para ilustrar. De outra parte, devem ser observadas regras especiais e expressas, tais como aquela que permite, por diferentes formas, a regularização do preparo insuficiente (CPC, art. 1.007 e §§). De todo modo, na medida em que seja efetivamente aplicável a atenuação legal, ela deve abranger inclusive os tribunais superiores.

Em matéria probatória, entende-se que as preclusões se aplicam às partes e não propriamente ao juiz; que, portanto, até o julgamento poderia determinar medidas de instrução tendentes a se esclarecer sobre os fatos controvertidos, pertinentes e relevantes. Isso se dá com base na regra do art. 370 do CPC e pode ocorrer até em grau recursal.

Mas, para o órgão jurisdicional há também preclusão: tanto que proferida sentença, a atuação do juiz termina e só comporta eventual correção de erro material ou nas hipóteses de embargos de declaração, conforme a regra do art. 494 do CPC – o que é igualmente válido para acórdão, nos tribunais. Fala-se, então, em preclusão *pro judicato*, que se aproxima da ideia de preclusão consumativa (no caso, perda do poder de decidir diante do respectivo exercício consumado). Tal regra, além das exceções já mencionadas, é atenuada nas hipóteses dos arts. 331 e 332, § 3.º, nas quais, apesar de ter sentenciado, o juiz pode rever sua decisão diante de recurso de apelação interposto pelo autor.

Há certamente outras regras no CPC e na legislação extravagante que, mediante o estabelecimento de preclusões, confirmam o caráter rígido do procedimento – ou, como foi examinado, mais corretamente do processo – brasileiro. Afinal de contas, parte relevante da lei processual está dedicada à disciplina da relação processual, das faculdades dela emergentes, do modo de seu exercício e de sua extinção (quer porque exercidas, quer não).

249. Classificação dos procedimentos: comum e especiais. Ao ensejo das possíveis classificações dos processos (que, por sua vez, reportaram-se à classificação das ações e das tutelas), foi feita menção à classificação dos procedimentos.

Quanto ao procedimento, quando se pensa no processo de conhecimento, fala-se no confronto entre o procedimento *comum* e os *especiais* (infra n. 250). No cumprimento de sentença ou no processo de execução, não se costuma aceitar uma sistematização como essa, mas apenas procedimentos ditados para cada forma de execução, em função da natureza da prestação (quantia, coisa, fazer ou não fazer) ou, eventualmente, da pessoa do credor ou do devedor (como é o caso da Fazenda Pública).

> «Sob a égide do CPC/1973, em que se dedicava um Livro ao Processo cautelar, havia a previsão de procedimentos cautelares específicos (que correspondiam às medidas cautelares típicas ou nominadas) e, por oposição, um procedimento genérico, que poderia ser qualificado como *comum*. O Código vigente não apenas acabou com referida autonomia, como procurou estabelecer um regime jurídico único para a tutela provisória e, dentro dela, da tutela de urgência (cautelar e antecipada).»

Como já foi dito, a classificação dos assim chamados *procedimentos especiais* não é exata. Sem falar em eventuais regras de direito material que possam (atipicamente) conter, sua disciplina legal não estabelece apenas regras procedimentais, mas igualmente normas que disciplinam posições contidas na relação jurídica processual.

Além disso, é preciso considerar que muitas das características que, no passado, davam a certos procedimentos a qualidade de *especiais*, acabaram por ser incorporadas ao procedimento comum ordinário. Dessa forma, a distinção entre o especial e o comum em matéria de procedimento, ainda que seja relevante, perdeu boa parte de seu conteúdo. Tais características podem assim ser resumidas: a) adoção de modelo processual sincrético, sem a separação de processo de conhecimento e de execução; b) possibilidade de tutela provisória (de evidência ou de urgência, sendo essa cautelar ou antecipada), a configurar a respectiva sumarização; c) ações dúplices (supra n. 236), a dispensar reconvenção; e d) limitações de cognição em profundidade ou em extensão.

O abandono da autonomia do processo de execução e a transposição de seu objeto a mera fase processual – para todas as modalidades obrigacionais – fez com o que o modelo das ditas tutelas mandamentais e executivas em sentido lato (supra n. 187 e 188) se tornasse a regra geral. Portanto, não é mais possível qualificar um procedimento de especial por essa nota, que não é mais particular. O mesmo pode ser dito em relação à sumarização da tutela porque a possibilidade de tutela provisória se generalizou, conforme regras dos arts. 294 e ss., a ponto de ir além das hipóteses previstas nas regras especiais. Esse aspecto, em alguma medida, está atrelado à limitação da cognição que – especialmente quando vista sob o ângulo da profundidade (limite a dilação probatória) – estava relacionado justamente ao escopo de permitir tutela sumária (como é o caso, por exemplo, do mandado de segurança).

> «A circunstância relativa ao item «b» acima gerou alguma perplexidade, diante da observação de que os requisitos exigidos em normas especiais para a concessão de liminares tinham um teor, enquanto as regras gerais dos arts. 300 e 497 do CPC tinham outro. Isso levou à dúvida quanto a aplicar a regra geral – mais abrangente do que a especial; ou se, diversamente, a especialidade estaria a excluir a incidência da regra geral. Isso ocorre, para ilustrar, nos casos de ações possessórias (CPC, art. 558) e da assim denominada ação de despejo. O entendimento que se afigura correto é o de aplicar a regra geral de forma subsidiária, se da regra especial não resultar sua exclusão, consideradas a teleologia e a razão de ser da especialidade.»

250. Segue: procedimento comum (antes ordinário e sumário). O Código vigente, diversamente do diploma anterior, não mais prevê a distinção entre procedimento ordinário e sumário, então concebidas como espécies do procedimento comum. No atual diploma há apenas a disciplina do procedimento comum e dos procedimentos especiais. Não obstante, além da alusão constante da Disposições Transitórias (art. 1046, §1º), o qualificativo de *sumário* ainda permanece como aplicável ao procedimento previsto pelas Leis 9.099/1995, 10.259/2001 e 12.153/2009, perante os Juizados Especiais.

> «No confronto com o procedimento sumário do CPC/1973, havíamos falado em procedimento sumaríssimo para aqueles regulados na legislação especial acima referida. Contudo, diante da supressão no CPC, nada impede que se atribua a qualificação de sumário passe a ser empregada para as disposições fora dele. Outra possibilidade seria qualificar os procedimentos acima referidos como *especiais*. Mas, se a sua especialidade seria essencialmente seu caráter sumário, então, de volta ao início, parece preferível a nomenclatura aqui proposta.»

O procedimento sumário é marcado concentração dos atos em audiência, com ênfase para os postulados da oralidade, simplicidade, informalidade, economia e celeridade (Lei 9.099/1995, art. 2.º). Portanto, esse é um critério que diz respeito mais diretamente ao procedimento e justifica a nomenclatura, não obstante a reiteração de que a disciplina legal desses temas não se limita a regras estritamente procedimentais. Eles se caracterizam por uma restrição de cognição em extensão e pela limitação de controvérsias (pela matéria e pelo valor) que a lei estabelece. Mas, ao menos em princípio, não há limitação legal de cognição em profundidade.

> «O que ocorria no CPC/1973 é que se a concentração do procedimento não se apresentasse como adequada, diante da necessidade de prova pericial complexa, autorizava-se a adoção do procedimento comum ordinário (CPC/1973, art. 277, § 5.º). Não havia, contudo, limitação em profundidade, porque o procedimento comportava prova técnica – tal como em tese é cabível no procedimento perante os Juizados. O que ocorre – e isso parece ser inegável – é que a «maior complexidade» tornaria a concentração dos atos em audiência (e as regras que a acompanham) inoperante para os fins almejados. Esse raciocínio é válido para o processo perante os Juizados, embora não haja possibilidade de conversão, nem a constatação da complexidade seja causa legal para extinção do processo sem resolução do mérito.»

Sob o ângulo inverso, o procedimento comum é frequentemente indicado como paradigma de maior amplitude possível do contraditório. Isso não é correto porque, no sumário – dentro do objeto do processo ali admitido – há, igualmente, plenitude do contraditório.

251. Caráter residual do procedimento comum. Diz-se que o procedimento comum é residual porque se a situação trazida a juízo, nos termos do objeto do processo, não se submeter a procedimento especial, aquele deverá ser adotado.

Assim, da mesma forma que ninguém fica privado de ingressar em juízo por falta de via processual adequada (por força da cobertura geral proporcionada pelo princípio da inafastabilidade da tutela jurisdicional), a tutela jurisdicional não pode ser negada a pretexto da falta de um modelo legal de procedimento. Assim, descarta-se a ideia de que determinados direitos (afirmados) não poderiam ser reconhecidos e atuados à míngua de regulamentação legal do respectivo procedimento. Isso foi reconhecido pela jurisprudência do Supremo Tribunal Federal, quando, no passado, deparou-se com institutos, tais como o *mandado de injunção* ou o *mandado de segurança coletivo*, até então sem regulamentação processual (e, portanto, também procedimental) expressa.

Na praxe forense, ainda sob a égide do CPC/1973, não raramente se empregava a expressão «ação ordinária», que melhor poderia designar instituto do direito comercial (parcela representativa do capital de uma sociedade por ações). Embora incorreta a expressão (porque o caráter ordinário não qualificava a ação, mas o processo ou o procedimento que nele se continha na disciplina do CPC/1973), ela apenas reforça o caráter subsidiário e residual do procedimento ordinário, quando nenhum outro especial for previsto pela lei.

252. Escolha do procedimento pela parte. Sob a égide do CPC/1973, discutia-se em doutrina se o requerente teria a faculdade de optar por um dentre os modelos procedimentais estabelecidos pelo legislador; o que podia ser traduzido em eventual fungibilidade procedimental; por exemplo, entre os procedimentos ordinário e sumário (espécies do gênero comum, sob a égide do diploma revogado).

Naquela perspectiva, tínhamos como certo que a resposta deveria ser negativa: ao estabelecer diferentes modelos procedimentais, o legislador levava em conta elementos que diziam respeito ao próprio exercício da função jurisdicional, de tal sorte que deveria prevalecer, não sem boa razão, o argumento do caráter cogente das correspondentes regras legais, as quais escapavam ao poder de disposição das partes. Essa indisponibilidade podia ser considerada um aspecto da tipicidade do procedimento, no sentido de que os interessados deveriam se valer dos modelos estabelecidos pela lei.

Ainda naquela perspectiva, tínhamos que os argumentos normalmente empregados para justificar a fungibilidade não convenciam: a aparente largueza do procedimento comum ordinário não podia ser necessariamente vista como algo que favorecesse (ou que não prejudicasse) o demandado, uma vez que o ônus da litispendência lhe é desfavorável e ele próprio pode ser o primeiro interessado no mais célere desfecho da controvérsia. A tese segundo a qual o procedimento comum ordinário ofereceria contraditório amplo não autorizava dizer que o então procedimento sumário do Código ou mesmo aquele ditado pelas Leis 9.099/1995, 10.259/2001 e 12.153/2009 estabeleceriam limitações à aludida garantia. O que distinguia referidos procedimentos, em essência, era a concentração dos atos processuais, progressivamente mais acentuada no então procedimento sumário e aquele que chamávamos de sumaríssimo. O caráter sumário estava – como continua a estar – no procedimento e não exatamente na cognição.

É certo que a concentração dos atos há que se ajustar ao grau de complexidade da controvérsia. No caso do procedimento comum sumário tal como previsto pelo CPC/1973, havia possibilidade de conversão (CPC, art. 277, §§ 4.º e 5.º). Já a Lei 9.099/1995, diversamente do CPC/1973, não previu expressamente a possibilidade de conversão, para o procedimento comum, ante a «complexidade» da causa. Ao contrário, o art. 3.º arrola as causas cíveis de «menor complexidade» segundo critérios de valor e matéria. Além disso, o art. 51, II, da Lei 9.099/1995 aponta para a extinção do processo sem resolução do mérito, quando «inadmissível o procedimento instituído» pela lei, «ou seu prosseguimento, após a conciliação». Não fosse essa vedação – talvez até mesmo apesar dela – seria possível cogitar da remessa dos autos ao juízo comum, convertendo-se também o procedimento. Isso se justificaria para preservação da regra constitucional da «menor complexidade» das causas submetidas aos Juizados Especiais. Mas com isso, a tipicidade do procedimento não ficava totalmente afastada: tratava-se de adotar o modelo procedimental mais adequado à relação material controvertida, precisamente para preservar as razões que informaram a disciplina legislativa bem como a realização dos escopos da atividade jurisdicional. A atipicidade, se é que se pode falar assim, fica por conta da determinação, em concreto, da «complexidade» que justifica a conversão.

> «Ainda no caso dos Juizados, a opção do interessado – de ingressar perante o sistema especial ou de se dirigir à Justiça «comum» – não diz diretamente ao procedimento, mas à *competência*. Feita a escolha para esse tópico, o procedimento é aquele ditado pela lei para cada qual dos diferentes órgãos. De qualquer modo, em se tratando de Juizados Especiais das Fazendas Públicas, a faculdade de opção foi excluída pela lei (art. 2.º, § 4.º, da Lei 12.153/2009).»

Com o fim do procedimento sumário no Código vigente e com o advento da regra do art. 190 do CPC vigente – que, no âmbito de direitos que comportam autocomposição, passou a admitir convenções processuais com maior largueza (convenções ditas «atípicas» por parte da doutrina) – o tema ganhou novas perspectivas. Primeiro, perdeu sentido a discussão em torno da escolha ou da fungibilidade entre os anteriormente chamados procedimento ordinário e sumário – o que não se confunde com a opção de ingresso nos Juizados especiais que a Lei 9.099/1995 (apenas ela) continua a dar ao demandante. Segundo, não se trata mais de discutir a possível escolha de tal ou qual procedimento, mas de saber qual o limite para que as partes estabeleçam suas próprias regras sobre ele e sobre a relação processual.

253. Modo do procedimento. Quando se pensa no modo do procedimento, ponto essencial é o que diz com a linguagem e maneira pela qual ela se expressa. Sem embargo de exigências especiais para determinados atos processuais, a regra geral é de que a palavra seja expressa na língua portuguesa (CPC, art. 192); inclusive aquela constante de documentos trazidos aos autos. Pará tanto, se necessário, deve intervir intérprete (CPC, art. 162). Documentos redigidos em língua estrangeira são admitidos, mas desde que acompanhado de «versão para a língua portuguesa tramitada por via diplomática ou pela autoridade central, ou firmada por tradutor juramentado» (CPC, art. 192, parágrafo único).

Em doutrina também se costuma analisar o *modo* do procedimento a partir do *impulso* do ato, que pode estar a cargo das partes ou do juiz. Mas, preservada essa forma de ver as coisas, impulso é tema que mais precisamente se liga à relação jurídica processual, porque envolve poder (do juiz) ou ônus (das partes) - ou seja, posições jurídicas e não meros atos que integram o procedimento. Por isso, o tema do impulso foi tratado ao ensejo do princípio da demanda e, dentro dele, do assim denominado princípio dispositivo (supra n. 97). Além disso, também se costuma tratar do modo do procedimento sob o ângulo do *rito*. Esse tema foi tratado ao ensejo das classificações que o procedimento comporta (supra n. 249).

Considerando-se que a palavra pode ser escrita ou falada, é secular a distinção entre processo *oral*, *escrito* ou *misto* (isto é, que reúna atributos de um e de outro). Isso leva ao muito relevante tema da regra - que, para alguns merece ser erigida à categoria de princípio - da *oralidade*.

254. Oralidade. Trata-se de postulado segundo o qual as alegações das partes devem normalmente fazer-se em *audiência*, isto é, no momento e lugar em que o juiz se assenta para ouvir as partes e dirigir a marcha da causa. O processo oral foi expressivamente cultuado no século passado, havido então e durante muito tempo como apto a proporcionar qualidade da decisão com economia, simplicidade e presteza. Ele se desdobra em outros postulados: *concentração*, *imediação*, *identidade física do juiz* e *irrecorribilidade em separado das interlocutórias*.

A *concentração* está contida no enunciado acima e pretende que os atos sejam essencialmente realizados em audiência. A *imediação* significa o contato direto do juiz com partes, advogados, testemunhas, peritos e outros sujeitos que devem intervir no processo, para que haja percepção direta do magistrado, sem interposta pessoa. A *identidade física* é disso uma decorrência: a decisão deve preferencialmente ser prolatada pelo juiz que presidiu a audiência e nela travou contato imediato com os demais protagonistas da sessão, apto a aferir a credibilidade de suas declarações. Tudo isso estaria ligado ao livre convencimento do juiz, em oposição ao sistema da prova legal: ao invés de aplicar critérios pré-estabelecidos, formais e convencionais, a oralidade propiciaria que o juiz se valesse da pesquisa da verdade mediante a técnica da observação. Ademais, a vinculação do juiz à causa evitaria mudanças sucessivas de direção, no curso do processo, que prejudicam o adequado conhecimento da controvérsia e, portanto, de participação autêntica. A irrecorribilidade em separado das interlocutórias completa o quadro. Por esse postulado, decisões tomadas no curso do processo não são recorríveis ou, ao menos, não o são de forma separada (por instrumento). Toda e qualquer impugnação, então, fica concentrada para o recurso contra a sentença (ato final).

No Brasil, o louvor à oralidade e respectivos postulados rendeu frutos que podem ser ilustrados pela lei que instituiu os Juizados de Pequenas Causas e, depois, por aquela que disciplinou os Juizados Especiais; cujo processo é marcado pela concentração dos atos em audiência e, dentre outros, orientado pelo «critério» da oralidade (Lei 9.099/1995, art. 2.º). Assim também ocorreu na redação dada ao art. 331 do CPC/1973 quando da instituição da audiência preliminar. O escopo dessa sessão não deveria se limitar à mera tentativa de conciliação das partes, mas sim corporificar verdadeira interação entre juiz, advogados e partes, na ordenação da causa (resolução das preliminares, fixação dos pontos controvertidos e determinação de provas). Ele também impactou o sistema recursal: por regra, decisões interlocutórias deviam ser impugnadas, no Código de 1973, por agravo na forma retida, que só seria conhecido por ocasião do julgamento de eventual recurso contra a sentença (apelação) - o que significa que, em tese, o agravo na forma de instrumento (portanto de forma separada) passou a ser a exceção (CPC/1973, arts. 522 e 527, II).

255. Segue: a oralidade no CPC vigente. Ainda que com ressalvas, o Código vigente procurou prestigiar a oralidade - o que pode ser ilustrado pela constatação de que o diploma empregou o vocábulo *audiência* em quase uma centena de vezes. Assim, a fase processual dedicada à atividade de conhecimento está estruturada - ao menos potencialmente - em *três audiências*: a primeira destinada à busca da *autocomposição* (art. 334); a segunda ao *saneamento e organização* do processo (art. 357); e a terceira, à instrução e julgamento (arts. 358 e ss.). Além disso, o Código prevê a realização de audiências para «justificação» em casos de tutela provisória (regra geral do art. 300, § 2.º, e especial para a tutela possessória, conforme art. 562). Também a sustentação oral perante os tribunais foi alvo de atenção e a regra do art. 937 é sensivelmente mais ampla do que a correspondente no Código anterior.

De outra parte, o Código nem sempre conseguiu ser fiel aos postulados que integram a oralidade - *imediação, concentração, identidade física do juiz* e *irrecorribilidade em separado das decisões interlocutórias*. Não foi positivada a regra de vinculação do juiz que colheu a prova em audiência ao julgamento, tal como havia - embora de forma mitigada ao longo do tempo - no art. 132 do diploma precedente. Sem ela, exceto nos casos em que o juiz permaneça à frente do órgão jurisdicional até que profira decisão (ou que o faça imediatamente), forçoso convir que o postulado da oralidade perde força: se aquele que manteve contato direto com as partes e participou dos atos concentrados em audiência não é aquele que decide, então a utilidade da técnica se esvazia. Aliás, algo análogo ocorre ao ensejo do recurso de apelação: por ele se devolve integralmente ao conhecimento do tribunal as questões de fato (ressalvados os limites da impugnação, conforme art. 1.013, *caput* e § 1.º); que, portanto, ficam submetidas a magistrados que não tiveram contato com as partes e com a colheita da prova.

> «Segundo a última redação do art. 132 do CPC/1973, «O juiz, titular ou substituto, que concluir a audiência julgará a lide, salvo se estiver convocado, licenciado, afastado por qualquer motivo, promovido ou aposentado, casos em que repassará os autos ao seu sucessor», a quem se faculta, nos termos de seu parágrafo único, «repetir as provas já produzidas». Sob a égide do Código de 1939 a regra era substancialmente diversa: mesmo o juiz transferido, promovido ou aposentado deveria concluir o julgamento dos processos cuja instrução houvesse iniciado em audiência; salvo se a aposentadoria decorresse de «incapacidade» física ou moral para o exercício do cargo ou na hipótese de falecimento (quanto a este, a ressalva constava do parágrafo único). Esse era o teor do art. 120, que não poupava da vinculação sequer o juiz aposentado, a quem não apenas se reconhecia competência, mas jurisdição. Na redação original, o CPC de 1973 não se referia apenas ao juiz que concluísse a audiência, como depois veio a vigorar; falava-se na vinculação do juiz «que iniciar a audiência», que deveria concluir a sessão e julgar a controvérsia. Alterada a regra, criaram-se as exceções: se antes o juiz, ainda que transferido, promovido ou aposentado, estava vinculado (portanto, continuava sujeito à vinculação), tais hipóteses passaram a autorizar a desvinculação do magistrado.»

Além disso, o Código não adotou a irrecorribilidade em separado das interlocutórias: não obstante tenha extinto a figura do agravo retido (e, portanto, afastado a preclusão para decisões que poderiam ser objeto de tal forma de impugnação, conforme art. 1.009, § 1.º), o Código previu uma série considerável de hipóteses que comportam agravo de instrumento (art. 1.015, além de outras regras esparsas); que podem e devem ser interpretadas de modo a que não seja suprimida a competência recursal dos tribunais - o que ocorreria em hipóteses nas quais, não cabendo o agravo, também não haveria utilidade em se conhecer da questão apenas ao ensejo do julgamento do apelo. Ademais, não se pode descartar o emprego eventual de ação autônoma, nos casos em que se entenda não caber o agravo e nos quais, como dito, a impugnação apenas ao final, em apelação, esvaziaria o interesse recursal.

Relevante também foi a supressão do procedimento comum sumário, cuja nota essencial, como visto, é a ênfase para a oralidade (supra n. 250). Aliás, sob a égide do diploma precedente, já era prática corrente a de se converter aquele procedimento em ordinário. Argumentava-se que a providência poderia proporcionar maior brevidade e que não haveria prejuízo na troca, vez que o ordinário ensejaria maior amplitude de defesa do que o sumário - o que era quando menos parcialmente equivocado porque o exercício do contraditório era amplo nas duas modalidades que, ao menos como regra, não conheciam limites de profundidade da cognição (supra n. 233 e 250).

256. Perspectivas da oralidade. Alguns fatores determinantes do declínio da oralidade podem ser identificados nas seguintes circunstâncias: (a) a introdução do instituto do julgamento antecipado do mérito (CPC, art. 355) - que, progressivamente, passou a ser admitido até mesmo quando já saneado o processo e inclusive de forma parcial (art. 356); (b) preferência das partes - e até mesmo do órgão judicial - pela prova pré-constituída, diante do crescimento do comércio eletrônico, do incremento das relações pessoais pelas ditas redes disponíveis na internet, da comunicação por e-mails e mecanismos equivalentes, do monitoramento das pessoas mediante áudio ou vídeo; (c) da massificação das causas e (d) da implantação do processo eletrônico.

Se por um lado é certo que a prova oral - especialmente a testemunhal - vai realmente perdendo sua importância num mundo em que tudo se documenta, por outro lado não se deve desprezar a oralidade como método de trabalho. Ela continua a ser ferramenta relevante para a atividade cognitiva, na reconstrução dos fatos relevantes. A oralidade cria ambiente adequado à participação das partes e advogados - e, portanto, para mais amplo e adequado exercício do contraditório (colaboração). Além disso, ela combate mudanças sucessivas na presidência do processo, cujos efeitos nocivos já foram destacados. Mesmo no caso da prova pericial, a oralidade - com oitiva do perito e dos assistentes em audiência - é forma de prevenir desvios que, embora não se presumam, podem ocorrer.

Sob o ângulo decisório, o contato com as partes é salutar para que o magistrado possa melhor avaliar a prova, ainda que essencialmente documental. Além disso, a experiência colhida nos processos arbitrais mostra que a exposição oral da causa antes da colheita da prova - quer pelos advogados, quer eventualmente e apenas pelas partes em depoimento pessoal - instrui os julgadores na melhor acepção do termo. Longe de isso constituir perda de tempo e de energia; o ganho na apreciação do conjunto probatório é, na verdade, relevante.

Nem mesmo a massificação da Justiça justifica desprestigiar a oralidade. Pelo contrário, a oralidade se apresenta apta a impedir a injustiça de se julgar um caso em meio a outros que não guardam a necessária similitude. Julgar demandas com mesmo fundamento de forma concentrada é uma coisa; tratar demandas individuais «por atacado» é outra, que não se compadece com a Justiça prometida e devida pelo Estado. Aliás, a sustentação oral nos tribunais - embora deva ser manejada com destreza e objetividade - é boa ilustração disso.

É certo que em um sistema no qual o recurso de apelação devolve questões de fato para o tribunal, que nenhuma imediação manteve com as partes e demais protagonistas da audiência, a oralidade perde algum sentido. Mas isso não é suficiente para anular o postulado. O órgão revisor, embora livre para reapreciar a prova colhida em audiência, deverá - ainda que para negá-la - considerar a valoração feita pelo julgador singular, justamente a partir de seu contato direto em audiência.

Portanto, o que se preconiza para o princípio, nesta quadra da história, é o seguinte: nem exaltação divorciada da realidade; nem desprezo que desumanize e torne impessoal a Justiça, ou que elimine os benefícios que o contato direto do juiz com partes, advogados e demais atores do processo pode trazer. Esse é o difícil equilíbrio que deve ser buscado, tanto pelo Legislador, quanto especialmente pelos juízes.

257. Alteração do procedimento pelo juiz. A questão - de que já se falou parcialmente quando do exame da *forma* dos atos processuais - surge no contexto de reforço dos poderes diretivos (de impulso) e de instrução do juiz. Ele é agente do Estado, que busca atuar o direito objetivo, da forma mais breve possível, com o menor custo (em sentido amplo) possível, orientado pelo escopo de pacificação social e dentro dos cânones indissociáveis da autêntica tutela jurisdicional ou dos princípios que compõem o devido processo legal.

Não se deve descartar por completo que o juiz eventualmente estabeleça alteração no modelo procedimental traçado pelo Legislador. Isso não significa permitir que o juiz possa agir como Legislador, «aperfeiçoando» as regras disciplinadoras do procedimento. Essa tarefa não lhe compete e transferir para o magistrado semelhante poder seria abrir as portas para uma perigosa quebra de unidade na disciplina do procedimento. Convém lembrar que a edição de normas processuais é privativa do Legislativo federal (CF, art. 22, I) e que, de qualquer modo, é muito difícil dissociar normas sobre procedimento daquelas que afetam a relação jurídica processual.

Sendo assim, modificação do procedimento pelo órgão judicial deve ser reputada excepcional e sempre observar os parâmetros estabelecidos pela lei;

portanto, fica mantida a regra de tipicidade – exceto, naturalmente, quando a própria lei abre espaço para medidas atípicas cujo conteúdo, então, há de se pautar por outros critérios, dos quais são a expressão mais relevante a proporcionalidade e a razoabilidade. É preciso igualmente que, em qualquer hipótese, a alteração preserve os princípios que regem o sistema processual (supra n. 31 e ss.), que, assegure o caráter racional do procedimento e que atenda aos escopos da jurisdição.

Esse quadro não se altera diante da possibilidade que o Código vigente estabeleceu para a autonomia da vontade das partes em matéria processual, conforme regra do art. 190 (infra n. 259). Nesse caso – de forma análoga ao que se passa na arbitragem – a lei conferiu às partes, sob o controle do órgão jurisdicional, a prerrogativa de adequarem o procedimento e a relação processual às «especificidades da causa». Mas, a convergência de vontades é um elemento diferencial em relação ao poder exercido pelo magistrado e que, como tal, deve encontrar limites. Vale dizer: o argumento de que a lei deu às partes a possibilidade (limitada, repita-se) de convencionarem em temas processuais não é justificativa suficiente para dar ao juiz o poder de livremente impor às partes alterações do processo que entenda mais adequadas. A vontade das partes – dentro de limites – é legitimante das regras diferenciadas; o que não ocorre em relação à vontade do órgão jurisdicional que, em princípio, está adstrito ao modelo legal.

Também não altera o panorama acima a circunstância de ter o art. 139 do CPC conferido ao juiz consideráveis poderes de direção do processo, dentre os quais o de «velar pela duração razoável do processo» (inciso II), que está em consonância com a norma constitucional que preconiza a solução da controvérsia em tempo razoável (CF, art. 5.º, LXXVIII) e com a regra do art. 4.º do próprio CPC. Contudo, a presteza que possa ser empregada no processo deve estar atenta ao modelo legal e não ficar simplesmente no arbítrio do magistrado. É como se a lei estatuísse: dentro do modelo estabelecido para os atos do processo, deve o juiz adotar as providências que propiciem a mais rápida solução do litígio. Mas a disciplina é essencialmente da lei, conforme se extrai, por exemplo, da regra que autoriza o juiz a limitar o litisconsórcio facultativo, «quanto ao número de litigantes, (...) quando este comprometer a rápida solução do litígio» (CPC, art. 113, § 1.º). De forma análoga, o poder conferido pelo art. 370 do CPC – em matéria probatória – não deve ser interpretado de forma extensiva, a ponto de justificar alteração do procedimento pelo juiz, salvo quando isso já for autorizado pela lei – como, para ilustrar, ocorre nos casos do artigo 139, V (alteração da ordem de produção dos meios de prova); ou em situações excepcionais e adequadamente justificadas no caso concreto, sempre à luz do devido processo legal e do contraditório que nele se contém.

258. Alteração do procedimento (*rectius* do processo) pelas partes. A lei ampliou consideravelmente a possibilidade de disposição das partes em matéria processual perante a jurisdição estatal, ao permitir «mudanças no procedimento» para ajustá-lo às «especificidades da causa» e ao abrir campo para convenção sobre «ônus, poderes, faculdades e deveres processuais, antes ou durante o processo». Portanto, embora o tema seja examinado aqui no contexto do procedimento, é de *processo* que se cuida.

Tal amplitude já vigorava no âmbito do processo arbitral e a abertura dada pelo Código vigente sugere diálogo mais amplo entre as duas citadas modalidades de jurisdição - ainda que se considere não ser possível colocar em pé de estrita igualdade, para esse fim específico, o juiz estatal e o árbitro.

Ao tratar do tema anteriormente à vigência do novo Diploma, a doutrina já destacara as incertezas terminológicas em torno da matéria, a refletir a falta de consenso sobre a natureza jurídica das convenções firmadas entre as partes; já então possíveis, mas de forma consideravelmente tímida. Ponderáveis opiniões repudiaram taxativamente a existência de negócios jurídicos processuais, em síntese, sob o argumento de que não haveria prevalência da vontade para determinar o conteúdo do processo, determinado antes de tudo pela lei. Mas, o direito positivo foi alterado, não se podendo entrever inconstitucionalidade no disposto no art. 190 do CPC, a revisão das asserções outrora emitidas é de rigor.

Então, quando se assevera que o processo não é um contrato, toma-se como premissa a circunstância de que a jurisdição gera estado de *sujeição* das partes, de tal sorte que ela se impõe de forma inevitável às pessoas, independentemente de sua vontade. Isso quer dizer apenas que a jurisdição é forma de *poder*, que envolve a capacidade de decidir e de impor decisões. Isso não parece impedir que os sujeitos parciais declarem vontade dirigida à produção de efeitos jurídicos por eles queridos. E o que a lei fez foi ampliar essa possibilidade. Conceitualmente, portanto, é possível admitir negócios jurídicos processuais. Problema diverso consiste em saber se e quando eles existem, são válidos e eficazes.

Trata-se, sem dúvida, de negócio jurídico bilateral - ressalva feita ao estabelecimento de um calendário, tratado em dispositivo legal próprio (art. 191), porque esse específico ato conta com a participação do magistrado. Tal negócio é uno e não se confunde - conforme já alertara a doutrina precedente - com a concordância de um dos litigantes que é exigida para que o juiz defira determinada providência requerida pelo adversário daquela. Ele pode ser referido como *negócio processual*.

259. Negócio processual: elementos de existência. No negócio processual a declaração de vontade que lhe confere existência deve necessariamente ter a forma *escrita*. Ainda que ela seja eventualmente manifestada oralmente em audiência - ou em alguma outra oportunidade em que isso seja possível - ela deve ser reduzida a termo; ou, quando menos, ela deve registrada em suporte que permita sua oportuna reprodução, sempre que isso for necessário. A manifestação de vontade deve sempre ser expressa e não pode resultar apenas do silêncio. O que pode ocorrer é que as partes estabeleçam determinado ônus de manifestação no processo, de sorte a qualificar juridicamente eventual silêncio. Mas, isso já está no campo do conteúdo do negócio e não se confunde com a respectiva forma que, repita-se, deve ser escrita. Alternativamente à documentação escrita e expressa no sentido de celebração de negócio jurídico processual, não se descarta que ele seja considerado existente a partir do comportamento inequívoco das partes no sentido de realizarem um ato de determinado modo.

A documentação - aqui entendida como inserção de dados num determinado suporte (ainda que eletrônico) é inerente à realidade do processo. O brocardo «o que não está nos autos não está no mundo» não se limita a garantir o contraditório e a publicidade, mas a permitir que tudo quanto produzido no processo seja concretamente acessível a todos que se habilitam para tanto; durante e, eventualmente, até mesmo depois de encerrado o processo.

O negócio processual pressupõe a existência de *sujeitos* ou de *agentes*, cuja capacidade é exigida para que o negócio seja válido. Como regra, sujeitos são os protagonistas da relação material, atual ou potencialmente controvertida. Dessa forma, afora a hipótese particular de fixação de calendário (art. 191), o juiz (ou o órgão judicial) não é agente do negócio. Ainda que o respectivo conteúdo possa até ser discutido na presença do magistrado (o que pode eventualmente se afigurar conveniente pelo caráter profilático que isso possa ter), isso não faz do juiz um sujeito do negócio: dele não emana declaração de vontade constitutiva do negócio e, a rigor, nem é caso de o juiz «homologar» o ato das partes. Não há previsão legal para isso; o que é rigorosamente correto porque não há o quê homologar, mas simplesmente observar e efetivar. Tudo isso evidentemente não significa que o juiz - no momento oportuno - esteja privado do controle da licitude do negócio.

O negócio também tem um determinado *tempo*, entendido como a data em que o negócio é celebrado. Esse dado é relevante porque o momento em que ele é celebrado pode ditar o respectivo conteúdo ou objeto. O negócio pode ser anterior ao processo, para regular atividade processual extrajudicial (por exemplo, para tratar de providências de instrução preliminares) ou para reger futuro e eventual processo judicial. Além disso, o negócio pode ser firmado durante o processo. Isso significa que, em tese, pode ser celebrado em qualquer fase processual, desde que haja o quê, em dado momento, convencionar. O tempo do negócio também é relevante para determinar a legislação aplicável, tendo em vista que o regime de validade é misto.

O negócio processual tem um *lugar*. Aqui, não se deve confundir o local da celebração do negócio, de um lado, com a base territorial na qual deve se produzir a respectiva eficácia, de outro.

260. Segue: requisitos de validade. O regime do negócio processual há que ser *misto*, que abrange regras de Direito processual e substancial. Assim ocorre, por um lado, porque o negócio jurídico processual não corresponde exatamente a um ato processual; mas, por outro, sua função é a de produzir efeitos no processo.

Exige-se que ele resulte de processo volitivo caracterizado por adequada consciência da realidade, em ambiente de liberdade de escolha e de boa-fé. Do contrário, o negócio poderá ser anulado por vício resultante de erro, dolo ou coação.

Quanto à igualdade real das partes (tema que, a rigor, não se confunde com a questão de sua capacidade) e a correspondente paridade de armas, elas são relevantes para a validade de qualquer disposição convencional no âmbito processual, como forma de assegurar que existe livre manifestação dos sujeitos envolvidos. Não se pode admitir que uma das partes - por sua proeminência econômica ou de outra natureza - imponha regras processuais que lhe sejam mais vantajosas, consideradas as peculiaridades de cada caso. De todo modo, é a preservação da igualdade processual que verdadeiramente interessa. A igualdade substancial é decisiva para a validade do negócio processual. Contudo, se apesar da desigualdade no plano substancial, o negócio processual contiver regras que asseguram não apenas o contraditório, mas a igualdade real, então a validade do ato estará preservada. Em suma: pode haver negócio processual válido entre pessoas desiguais, desde que o processo assegure a igualdade real.

Conforme dicção do art. 166, II, do Código Civil, o objeto do negócio jurídico deve ser lícito, possível e determinado (ou determinável). O Código limitou o campo da convenção entre as partes às controvérsias sobre direitos que comportem autocomposição, de tal sorte que, mesmo no âmbito de direitos indisponíveis, em tese é admissível a convenção das partes. Assim, a possibilidade de negócio processual não fica restrita a litígios envolvendo direitos patrimoniais. Mesmo em processos que envolvem questões relativas ao estado e à capacidade de pessoas, desde que capazes as partes, afigura-se admissível o negócio processual, desde que esteja presente a referida disponibilidade. Aí se incluem a Fazenda Pública e pessoas integrantes da Administração pública direta e indireta: embora elas tenham margem muito restrita para autocomposição, em tese essa possibilidade existe.

Outro limite ao objeto do negócio processual está na sua adequação ao devido processo legal. Conquanto o CPC vigente não tenha feito essa ressalva de forma expressa, ela decorre do que está inscrito nos incisos LIV e LV da CF. Mas, na premissa de que todos os requisitos de validade do negócio jurídico estejam presentes (aí incluídos a igualdade real das partes, sua adequada consciência da realidade, a liberdade de escolha e a boa-fé), a restrição acima mencionada deve ser vista com ponderação. Limitações bilaterais e isonômicas ao contraditório não devem necessariamente ser vistas como inconstitucionais. Além disso, não há exatamente consenso sobre quais postulados efetivamente integram o conceito de devido processo legal.

Ainda, um critério a considerar é a adequação da regra processual aos escopos da jurisdição. Apenas ilustrativamente, parece lícito identificar limites à convenção das partes em relação ao seguinte: a) excluir ou restringir a intervenção do Ministério Público, quando ditada pela Constituição ou pela lei; b) alterar regras cuja falta de observância leva à incompetência absoluta; c) dispor sobre organização judiciária; d) dispensar as partes (mesmo que de forma bilateral) dos deveres inerentes à litigância proba e leal; e) criar hipóteses de ação rescisória ou de outras medidas tendentes a desconstituir a coisa julgada; f) dispensar o requisito do interesse processual.

O negócio processual exige sujeitos «plenamente capazes» (art. 190, *caput*). Isso exclui a possibilidade de que seja celebrado por absolutamente incapazes - ainda que na pessoa de seus representantes legais - e por relativamente incapazes - mesmo que regularmente assistidos. Mas, há relevância na distinção entre essas duas situações porque o vício de incapacidade relativa gera *anulabilidade* do ato (CC, art. 171, I), enquanto a absoluta gera a *nulidade* (CC, art. 166, I), com diferentes regimes, conforme regras dos arts. 168 e 177 do Código Civil - especialmente quanto ao meio de reconhecimento do vício. Sendo caso de anulabilidade, só por demanda própria ela poderá ser reconhecida, sendo vedado o reconhecimento de ofício. Aliás, a norma do art. 177 do Código Civil, nesse particular, está em harmonia com aquela contida no parágrafo único do art. 190 do CPC, que fala do controle judicial de ofício nos casos de «nulidade».

O negócio processual também pode ser celebrado pelas entidades que, embora sem personalidade jurídica, tem aptidão de estar em juízo e, portanto, de ser parte (infra n. 275). É o caso do *espólio*, da *massa falida* e do condomínio. Não haveria sentido em se permitir que tais entes pudessem estar sujeitos a regras processuais ditadas pela lei, mas que não pudessem participar de negócio tendente a estabelecer regras de igual natureza, apenas porque resultantes da autonomia da vontade.

A validade do negócio processual não está condicionada à presença de advogado - embora evidentemente ela seja desejável por se tratar de matéria técnica, que presumivelmente escapa ao conhecimento do leigo. Não se trata da prática de ato processual e, portanto, não vigora a exigência de capacidade postulatória. O que se afigura inviável é que as partes afastem, no negócio processual, o requisito da capacidade postulatória do advogado para a prática de atos processuais.

CAPÍTULO III

ATOS PROCESSUAIS

261. Atos processuais: introdução. Os atos processuais se caracterizam como tal porque praticados pelos sujeitos da relação jurídica processual e no ambiente dessa última. A partir deles ocorre a criação, a extinção ou a modificação de situações jurídicas processuais. Daí a íntima vinculação que existe - e que já foi tantas vezes destacada - entre procedimento e relação jurídica processual.

Tal conceituação não autoriza dizer que todo ato processual praticado no âmbito *jurisdicional* comporte essa última qualificação. Para vincular os conceitos de ato *processual* e de ato *jurisdicional* seria preciso discutir se, nesta ou naquela situação, estariam presentes os elementos conceituais de jurisdição. Discussão dessa ordem, neste tópico, afigura-se estéril. É possível que atos praticados no processo até tenham natureza administrativa; ainda assim eles merecerão ser qualificados como *processuais* pelo simples fato de, conforme foi dito acima, serem praticados por algum dos sujeitos da relação processual (para tal fim, incluídos também os serventuários e auxiliares), no respectivo ambiente.

Embora os atos do processo estejam interligados e que, eventualmente, seja possível considerá-los na integração de uma determinada *fase* processual (postulatória, ordinatória, de instrução, decisória, de conhecimento, de cumprimento, dentre eventuais outras), o sistema os considera de forma isolada quando resolve o problema da lei processual nova no tempo (supra n. 25). Além disso, há atos processuais complexos, isto é, que embora unos, podem ser decompostos em diferentes outros - como é o caso da audiência de instrução e julgamento (CPC, arts. 358 e ss.).

De outra parte, embora o exame de cada ato processual possa e deva ser feito individualmente (porque cada qual tem seu próprio conteúdo e finalidade), é igualmente possível examiná-los sob a ótica da teoria geral: há aspectos que são comuns à generalidade dos atos que integram o procedimento.

262. Forma dos atos processuais. Os atos processuais pautam-se por regra de tipicidade quanto à respectiva *forma*. A lei processual civil tolera a liberdade das formas, mas apenas para o que não seja por ela expressamente regulado. Há um modelo legal e, portanto, a forma dos atos, ao menos em princípio, não resulta da vontade do juiz, mas decorre da lei ou, com limites, da convenção das partes (CPC, art. 190). Isso se justifica na medida em que o procedimento é garantia de legalidade e instrumento de exercício do poder. A forma gera segurança pela previsibilidade quanto ao modo pelo qual o processo há que se desenvolver; o que vale igualmente para o estabelecimento de posições da relação jurídica processual (infra n. 265).

No direito positivo brasileiro, a disposição contida no art. 188 do CPC vigente - que reedita a regra do art. 154 do diploma precedente - poderia sugerir liberdade nessa matéria, ao estatuir que os atos processuais não dependem de forma para que sejam considerados válidos e eficazes, exceto quando a lei disciplinar de forma diversa. Não obstante, essa liberdade só pode ser invocada em situações não reguladas pela lei (ou, com limites, pelas partes); e, portanto, ela só atua de forma subsidiária. A regra, portanto, é a da legalidade que, de volta ao início, remete a um modelo típico - exceto quando a própria lei abre margem para a atipicidade, caso em que será preciso considerar se a medida determinada em concreto é razoável e proporcional.

A tipicidade dos atos processuais - quando se pensa no exercício do poder pelo órgão estatal ou mesmo arbitral - sugere raciocínios semelhantes àqueles empregados no direito penal ou no direito tributário, em que aquela primeira se associa à legalidade e, portanto, atua como forma de estabelecer segurança em favor das partes, inclusive pela previsibilidade quanto ao modo pelo qual o processo há que se desenvolver. A associação entre tipicidade e forma do ato processual deve se harmonizar com a ideia de que o procedimento é instrumento do contraditório - que é a exigência de participação dos destinatários do provimento estatal, de sorte a legitimar o ato imperativo. Por isso é que a regra da tipicidade do ato processual não deve apenas ser vista à luz do escopo de cada ato, mas igualmente sob o ângulo de garantia de exercício do contraditório - o que, a rigor, vale tanto para o regramento estabelecido pela lei, quanto eventualmente pelas partes (CPC, art. 190).

É certo que essa tipicidade é temperada pelas regras que disciplinam as invalidades processuais: a forma não tem valor intrínseco absoluto e deve ser considerada como meio para a obtenção do objetivo de cada ato. Fala-se, então, em *instrumentalidade das formas* (CPC, art. 277; infra n. 276).

263. Lugar. A regra é a de que os atos sejam realizados na sede do juízo perante o qual tramita o processo. Isso não ocorre exatamente porque o juiz tenha competência limitada a uma porção de território. A competência é, antes de tudo, uma técnica para divisão do trabalho entre os diferentes órgãos que integram o Poder Judiciário (supra n. 127 e 142). O fato de o território ser levado em conta nessa divisão não significa, por si só, que a eficácia do que se decidir fique restrita àquela base física. De forma análoga, o fato de os atos serem ordinariamente praticados na sede do juízo não é propriamente um limite jurídico ao juiz, mas uma razão de ordem prática: é mais racional que os atos sejam praticados ali, quer porque ali estão os sujeitos do processo, quer porque ali está o objeto dos atos a praticar (por exemplo, colheita da prova). Conforme foi dito ao ensejo do tema da aderência da jurisdição ao território, os juízes exercem sua autoridade em todo o território nacional (supra n. 127).

Dessa forma, as exceções à regra decorrem da dissociação dos elementos acima mencionados: os destinatários ou o objeto do ato a praticar não se encontram nos limites territoriais, mas em localidade distinta. Para ilustrar, isso pode ocorrer nos atos de comunicação processual (citação e intimação) e na colheita da prova. Nesses casos, as exceções se justificam em razão do interesse do Poder Judiciário, de obstáculo que, levantado pela parte, seja reconhecido pelo juiz como legítimo (CPC, art. 217) ou até mesmo de deferência a determinadas pessoas (CPC, art. 454). Nesse último caso, a exceção pode se dar em favor de determinadas pessoas (autoridades) que têm a prerrogativa de serem ouvidas em sua residência ou local de exercício da função.

A prática de atos fora do juízo se instrumentaliza por «carta» (CPC, arts. 260/268), que pode ser de ordem, precatória ou rogatória. Todas elas, se isso for tecnicamente possível nas circunstâncias, deverão ser preferencialmente expedidas por meio eletrônico (CPC, art. 263). Na *carta de ordem*, é emitida ordem de um órgão jurisdicional para outro a ele subordinado; na *carta rogatória*, um órgão jurisdicional brasileiro solicita a um órgão estrangeiro (ou vice-versa) a prática de determinado ato (citação de um residente no exterior, por exemplo); na *carta precatória*, que não se enquadra nas outras duas hipóteses mencionadas, é preciso praticar um ato em bases territoriais alheias à competência do juízo (citação, intimação ou penhora de imóvel, por exemplo). Sempre que necessário o uso de cartas, fala-se em juízo *deprecante* (que expede a carta) e juízo *deprecado* (que recebe a carta). Além disso, o Código prevê a *carta arbitral* (art. 260, § 3.º), pela qual o órgão arbitral solicita ao Poder Judiciário a prática de ato que somente o Estado – que tem o poder de polícia e de coerção – possa efetivar.

A alusão ao lugar dos atos processuais precisa ser entendida corretamente: usualmente, quando o ato não possa ou não deva ser praticado na sede do juízo, isso significa que ele será realizado perante órgão diverso e, portanto, sua prática será presidida por juiz diferente daquele que oficia no processo. Portanto, embora isso possa parecer evidente, não se trata apenas de alterar o lugar, mas também o agente estatal que atua; salvo nas hipóteses nas quais, excepcionalmente, o juiz se desloca até o local do ato a ser praticado, conforme acima lembrado (art. 453).

Se a dissociação acima mencionada é menos relevante quando se trata de atos de comunicação processual (especialmente a citação), pode ter importância quando se trate da colheita de elementos de instrução. Conquanto a regra de oralidade não prevaleça em toda sua extensão, o ideal é que o juiz a cargo da colheita da prova seja o mesmo a julgar a controvérsia, já que, sob a ótica da solução adjudicada do conflito, ele é o destinatário final da prova. No caso da colheita da prova oral, o emprego do recurso tecnológico de vídeo conferência permite que a diversidade de bases territoriais seja superada e que o ato seja praticado – se não exatamente perante o juízo – pelo agente que preside o processo. O uso do referido mecanismo é previsto de forma geral e mais abrangente pelo art. 236, § 3.º; e, especificamente para a colheita de prova pelos arts. 385, § 3.º, 453, § 1.º, e 461, § 2.º, do CPC. Além disso, o uso dessa tecnologia também é admitido para o caso de sustentação oral perante os tribunais (art. 937, § 4.º, do CPC).

Também nos casos de entrega de coisa (com busca e apreensão ou imissão na posse) ou nos quais se busca a expropriação de bens, que se inicia com ato de apreensão física, pode ser necessária a prática de atos fora da sede do juízo (sem embargo da possibilidade da prática de atos por via eletrônica, como é o caso da penhora de imóveis e de veículos). Isso pode eventualmente gerar dúvida quanto à competência do juízo deprecante (que solicita a providência) e do juízo deprecado (a quem se solicita), não obstante a regra inscrita no art. 914, § 2.º, do CPC.

Quando se cuida de carta de ordem, não se trata apenas de alterar o lugar e o agente estatal, mas sim o grau de jurisdição; o que faz do conteúdo da ordem autêntica determinação, que deve ser fielmente observada. Quando se trata de carta rogatória, a diversidade é ainda mais intensa: o ato há que ser praticado perante soberania diversa, cujas regras (direito processual e até material) terão que ser observadas, sob pena de o ato não se consumar. Dizer-se, nesse caso, que se trata apenas de lugar diferente é reduzir um fenômeno substancialmente mais complexo.

> «Fala-se em doutrina na classificação da carta rogatória: *ativa*, em que o Estado brasileiro ocupa a posição de solicitante da providência ao Estado estrangeiro e, *passiva*, na qual ocorre o inverso. Nesse segundo caso, o cumprimento depende do *exequatur* do Judiciário brasileiro, para o que é competente o STJ (CF, art. 105, I, *i*, e CPC, art. 961, *caput*.)»

264. Tempo. O tempo dos atos processuais é tratado pelo sistema de diferentes formas. Em enfoque mais abrangente e estrutural, lembre-se que a Constituição Federal positivou o direito à razoável duração do processo (art. 5.º, LXXVIII), que é indissociável da inafastabilidade da tutela jurisdicional, com a dimensão já examinada (supra n. 53): a tempestividade do controle jurisdicional - reforçada pela regra do art. 4.º do CPC, é condição para que o processo cumpra suas finalidades. Ademais, não pode haver processo «justo» se ele for tardio. A demora tende a prejudicar os mais fracos e, nessa medida, contraria a exigência de igualdade real.

Isso não quer dizer que o processo - quando visto em sua unidade - tenha um prazo certo para finalização, cuja falta de observância poderia eventualmente levar a que tal ou qual efeito jurídico se produzisse por decurso de prazo. Em nome da preservação da duração razoável não é possível sacrificar outros postulados que integram a ideia de inafastabilidade da tutela jurisdicional. Condutas da parte que possam indevidamente retardar o curso do processo podem ser reprimidas e sancionadas, com equilíbrio, conforme disposições legais que tratam da litigância de má-fé (e não são poucas).

> «A edição de atos resultantes de decurso de prazo parece ser repudiada pelo sistema, de um modo geral. Tal é o que se extrai, por exemplo, da regra inscrita no § 10 do art. 62 da CF, quando trata do processo legislativo; e do veto imposto ao art. 64 da Lei 12.529/2011 (Lei de Defesa da Concorrência), que versava sobre a aprovação de atos de concentração econômica por decurso de prazo.»

Com enfoque mais concreto, a lei processual dispõe sobre o tempo ao indicar a época para a prática dos atos. Aí é preciso considerar a forma pela qual o ato se materializa. Se ele for instrumentalizado por petição, a regra é aquela inserta no § 3.º do art. 212 do CPC, com a ressalva de que, tratando-se de processo eletrônico, prevalece a extensão de horário constante do art. 3.º, parágrafo único, da Lei 11.419/2006 e também do art. 213 do CPC. Quanto aos demais atos, a regra é de que sejam praticados em dias úteis, dentro de horário fixado pelo mesmo art. 212, com ressalva em seus §§ 1.º e 2.º. A lei processual continua a falar em férias forenses e em feriados, para deles excluir a prática de atos, salvo exceções (CPC, arts. 214/215). Contudo, o art. 93, XII, da CF (com a redação que lhe deu a EC 45/2004) estabelece que a atividade jurisdicional seja ininterrupta, vedadas férias coletivas nos graus ordinários de jurisdição (o que não se aplica aos tribunais superiores). Trata-se de norma de eficácia imediata, que dispensa regulamentação legal, ainda que fosse desejável disciplina uniforme entre todos os órgãos que integram o Poder Judiciário. Dessa forma, não se afigura adequado que o Código continue, sem ressalvas, a falar em «férias forenses», como por exemplo o faz nos arts. 214, 215 e 220.

Mas a regra constitucional, como não poderia deixar de ser, reconhece a possibilidade de dias sem expediente forense normal; caso em que deverá haver regime de *plantão*. Isso quer dizer que, embora não seja possível haver propriamente «férias», é lícito estabelecer períodos de recesso, como ocorre nas Festas de final de ano ou mesmo em eventuais emendas de feriados. O que não se afigura possível é interromper completamente a disponibilidade da atividade jurisdicional. Sempre deverá haver a possibilidade de deduzir pleito urgente, ainda que perante juiz de plantão. Também é dado aos tribunais (por atos como Portarias e Resoluções, por exemplo), eventualmente e com base nos mesmos critérios acima lembrados, determinar a suspensão de publicação de decisões em Diário Oficial; com o consequente sobrestamento de intimações dos atos processuais (e, portanto, indiretamente da fluência de prazos).

Os tribunais não têm competência normativa para, de forma geral e abstrata, suspender prazos processuais porque isso só pode ser determinado pela lei federal. O que as cortes podem fazer, nesse particular, é editar atos que reconheçam a ocorrência de fatos que, segundo a lei federal, acarretam a prorrogação, a suspensão ou a interrupção de prazos. É o que ocorre, por exemplo, no caso de eventual greve de serventuários do Judiciário ou de instabilidade do sistema de processos eletrônicos. Também é possível que regulamentem a atividade forense, de sorte a impedir a fluência dos prazos; como acontece quando se determina a suspensão de intimação das partes por publicação em Diário Oficial, para efeito de recesso.

265. Segue: prazos processuais (espécies). Uma terceira forma de lidar com o tempo, conforme já adiantado acima, é mediante a disciplina de prazos processuais. Eles podem ser entendidos como o lapso de tempo que se confere a um dos sujeitos do processo para o exercício de determinada posição jurídica (emergente da relação processual) e para a consequente prática de um ato; que pode ser processual ou que pode estar situado no plano material. Ao mesmo tempo em que é lapso de tempo para o exercício de uma posição, o estabelecimento de prazos é, em si mesmo, um encargo que se atribuiu aos interessados.

Sob a égide do Código vigente há quatro principais categorias de prazos, que merecem alusão.

A primeira delas aparta prazos *dilatórios* dos assim denominados *aceleratórios*. Aqueles primeiros estabelecem um lapso mínimo de tempo que deve anteceder a prática do ato. Eles são eventualmente inspirados no princípio do contraditório ou consideram que o ônus contido em toda regra que fixa prazo deve ser proporcional e razoável (isto é, necessária, adequada e proporcional em sentido estrito). Já os prazos ditos aceleratórios – que são a generalidade – estabelecem um lapso máximo para o exercício da posição jurídica. Embora funcionem de forma diversa, eles também devem considerar os postulados que inspiram os prazos dilatórios. Aliás, a redução de prazos instituídos para as partes não é técnica adequada para tornar a prestação jurisdicional mais célere.

> «São exemplos de prazos dilatórios: prazo mínimo de 20 (vinte) dias para a apresentação de defesa na citação por edital (CPC, art. 257, III). São exemplos de prazos aceleratórios: prazo de 15 (quinze) dias para o recurso de apelação e outros recursos (CPC, 1.003, § 5.º); ou prazo de 15 (quinze) dias para o autor apresentar contestação à reconvenção (CPC, art. 343, § 1.º).»

Os prazos podem, ainda, ser *próprios* e *impróprios*: aqueles são os prazos propriamente ditos dado que sua não observância leva à perda do poder ou faculdade de que é titular a parte. Isso quer dizer que eles são *preclusivos*. Portanto, prazo próprio é do sujeito parcial (parte). Os outros são dirigidos ao juiz e aos serventuários, como nas hipóteses dos arts. 226 e 228 do CPC, que impõem prazos para o magistrado proferir despachos ou decisões, e para o serventuário praticar atos processuais. A falta de observância dos prazos impróprios não leva à extinção da posição jurídica porque isso, em última análise, equivaleria à denegação da prestação devida pelo Estado. Mas pode haver consequências no plano administrativo e disciplinar, ou até mesmo dentro do processo, com a avocação do processo pelo Tribunal e o afastamento do agente inerte para que outro pratique o ato devido (CPC, art. 235).

Os prazos podem ser *comuns* e *particulares*. Os primeiros vigem simultaneamente para mais de um dos sujeitos processuais, ocupem ou não o mesmo polo da relação processual. Já os particulares aplicam-se a apenas um dos sujeitos. Embora se trate de distinção ainda adotada pelo Código, que emprega a locução *prazo comum* inúmeras vezes, a circunstância de os autos serem digitais (eletrônicos) – e, portanto, acessíveis simultaneamente por qualquer dos sujeitos processuais, diminui a importância da categorização.

Finalmente, costumava-se distinguir os prazos *ordinatórios* (ou *dispositivos*) e os *peremptórios*: esses últimos teriam caráter cogente e não comportariam convenção das partes (CPC/1973, art. 182); os outros, inversamente, comportariam modificação. Contudo, diante das regras dos arts. 190/191 e da supressão da norma antes inscrita no art. 182 do diploma precedente, a distinção parece ter perdido relevância. Quando muito, em se tratando de calendário processual, seria exigível a concordância do órgão judicial.

Nesse particular, talvez se pudesse objetar eventual dilatação consensual de prazos sob o argumento de que isso retardaria a prestação jurisdicional; e que, portanto, seria intolerável por contrariar o escopo social do processo. Mas, imputar a prazos próprios, por mais dilatados que pudessem ser, a demora na solução da controvérsia parece ser equivocado e inaceitável. Nem mesmo o argumento de que a convenção – para aumentar ou reduzir lapsos – poderia dificultar o controle do decurso do prazo pelo órgão judicante (ou sua serventia) parece aceitável: justamente porque há convenção, a fiscalização sobre o decurso do prazo há de ser feita primeiramente pela própria parte interessada. Além disso, havendo um calendário e data certa, não é preciso fazer cálculo para atestar a tempestividade ou intempestividade, bastando confrontar a data do ato, de um lado, e a data constante do calendário, de outro.

266. Segue: contagem. Tanto quanto possível, a lei deve ser expressa e clara ao tratar dos prazos, dadas as repercussões deles decorrentes. Por isso, foram explicitadas regras sobre a respectiva contagem: (i) exclui-se o dia do início e se considera o do vencimento; (ii) o prazo se inicia no primeiro dia útil subsequente após a intimação; e (iii) o prazo é prorrogado para o primeiro dia útil seguinte se o vencimento coincidir com feriado, fim de semana ou dia em que tiver sido fechado o fórum ou encerrado o expediente forense antes do normal (CPC, art. 224).

É importante notar que o prazo se inicia no primeiro dia útil após a *intimação;* e não da *publicação* (como equivocadamente costuma-se afirmar na praxe forense). Essa última, após a instituição dos chamados *Diários de Justiça Eletrônicos*, ocorre no primeiro dia útil após a chamada *disponibilização* (Lei 11.419/2006, art. 4.º, § 3.º), que corresponde ao dia da publicação em Diário Oficial Eletrônico. O dia útil seguinte é considerado o da intimação e, portanto, o prazo inicia-se no dia útil subsequente (=no segundo dia útil após a disponibilização).

A regra geral é que as partes são intimadas na pessoa de seus advogados, mediante publicação nos referidos Diários de Justiça. Isso se justifica porque o ato a praticar se inscreve no âmbito da capacidade postulatória, que, por regra, é do advogado. Mas há casos nos quais a comunicação deve ser *pessoal* à parte. O critério para a distinção, em termos lógicos, deveria estar no objeto do ato a praticar ou da providência a adotar: se ela está a cargo da parte, ela deveria ser a destinatária. Mas isso nem sempre ocorre: no caso da reconvenção (que tem natureza de ação), não se faz citação pessoal do autor, mas mera intimação do advogado, embora o ônus de responder seja da parte e não do causídico; no caso do art. 523 do CPC, o pagamento do débito está a cargo da parte, mas a jurisprudência admite que a intimação (e consequente contagem do prazo) seja feita ao advogado.

É também possível que as partes ou seus advogados sejam intimados em audiência, quando nessa sessão for publicada a decisão (CPC, art. 1.003, § 1.º). Nessa hipótese, estará dispensada a intimação pelo *Diário Oficial*. Já quando a citação ou intimação ocorrer por correio ou oficial de justiça, o prazo inicia-se no primeiro dia útil após a juntada aos autos do aviso de recebimento ou do mandado cumprido (CPC, art. 231, I e II).

Convém lembrar que os prazos decadenciais são improrrogáveis. Exemplo disso é o prazo previsto no art. 975 do CPC. Mas, tratando-se de ato processual, é razoável entender que, caso o vencimento do prazo recaia em dia em que não há expediente forense, considera-se como termo final o primeiro dia útil subsequente. Não há nessa hipótese, propriamente, prorrogação do prazo, uma vez que o prazo teria vencido em dia em que não é permitida a prática do ato.

Não havendo disposição da lei ou do julgador em sentido contrário, o prazo será de cinco dias (CPC, art. 218, § 3.º). Essa é a regra geral. Mas há *prazos legais* diversos (os mais usuais, como os referidos anteriormente); *prazos judiciais* (fixados de acordo com a prudência e o arbítrio do julgador; exemplo é a possibilidade de que, na omissão da lei, o juiz fixe o prazo que leve em conta «a complexidade do ato», conforme lhe permite o art. 218, § 1.º, do CPC) e *prazos convencionais*. Esses últimos, como o próprio nome diz, são os fixados de comum acordo pelas partes. São casos raros, considerando-se o caráter público do processo. Exemplo de prazo convencional é a possibilidade de as partes ajustarem a suspensão do processo, respeitados os limites máximos de 1 (um) ano ou 6 (seis) meses, a depender do caso (CPC, art. 313, II e § 4.º).

O princípio da igualdade deve ser observado na fixação de prazos para as partes. Possíveis exceções, na verdade, somente se justificam se tiverem o objetivo de garantir a igualdade substancial. Assim ocorre quando há mais de um réu: a data para a apresentação de defesa começa a correr após a juntada do último aviso de recebimento ou mandado de citação (CPC, art. 231, III, § 1.º); regra, porém, que não se aplica ao prazo para apresentar embargos à execução, salvo se os corréus forem companheiros ou cônjuges (CPC, art. 915, § 1.º). Outra exceção está contida no art. 229 do CPC, segundo o qual, quando houver mais de um réu com diferentes advogados constituídos, de escritórios de advocacia distintos, eles possuirão prazo em dobro para se manifestar, inclusive para contestar. A regra de isonomia é excepcionada também pela disposição que determina que o Ministério Público deve ser intimado pessoalmente dos atos judiciais (CPC, art. 180) e a disposição de que tanto o Ministério Público como a Fazenda Pública possuem prazos em dobro para se manifestar e recorrer (CPC, arts. 180 e 183).

Finalmente, relativamente aos lapsos fixados em dias, há prazos *contínuos* ou contados em *dias úteis*: aqueles eram a regra do CPC/1973 (art. 178); os outros são a regra do Código vigente (art. 219). A lei não distinguiu entre prazos dilatórios e aceleratórios. Portanto, e salvo convenção das partes em contrário (arts. 190/191), a regra se aplica a ambos. Fica a dúvida de saber da possível aplicação subsidiária dessa regra a outros campos da atuação jurisdicional. Por suas especificidades, tem-se como inaplicável a regra ao processo eleitoral e ao processo dos Juizados especiais.

267. Lugar e tempo: repercussões do processo eletrônico. A base eletrônica do processo não cria um novo *modo* de ser do procedimento, na medida em que se mantém o emprego da linguagem e da maneira pela qual ela se expressa. Embora alterada a respectiva forma, continua a haver documentação dos atos do processo. Contudo, é preciso considerar as repercussões que tal ferramenta possa ter sobre o *lugar* e o *tempo* do procedimento; e, a partir daí, sobre algumas das posições resultantes da relação processual (notadamente das partes).

Quanto ao *lugar*, o advento do processo eletrônico não infirma a regra segundo a qual os atos são ordinariamente praticados na sede do juízo (supra n. 263): os processos tramitam perante juízos espalhados pelo território nacional, onde está o mundo real (por oposição ao que seria o virtual), coisas e pessoas que são objeto ou destinatários dos atos. A documentação eletrônica do processo pode até se desvincular de um território, para ficar num ambiente virtual («nuvem»). Mas a ligação com um território e, portanto, com uma sede do órgão judicial continuará a existir, até porque isso é relevante para estabelecer os limites da jurisdição (competência de diferentes órgãos e agentes estatais).

Contudo, não se pode ignorar que a prática dos atos pela forma eletrônica tem repercussão quanto ao espaço porque o acesso à documentação dos atos processuais dispensa deslocamento físico. Assim também ocorre com a prática de atos das partes que se materializem sob a forma de petições. Por isso é rigorosamente imprescindível que a ferramenta eletrônica funcione adequadamente, quer para não obstar a prática do ato, quer mesmo para que não traga ônus que antes não existiam. Afinal de contas, o meio eletrônico deve trazer agilidade e facilitar a prática dos atos; não o contrário.

Além disso, é preciso considerar a repercussão que a nova forma de acesso aos autos tenha sobre o tempo do processo e, em particular sobre a contagem de prazos. Exemplo disso é a regra do art. 229 do CPC (que confere prazo em dobro a litigantes com procuradores distintos, de escritórios de advocacia diversos), tendo em vista que no processo eletrônico não há mais restrições para vista dos autos, acessíveis diretamente pelos litisconsortes (circunstância que justificaria a duplicação do prazo) e, por isso, a regra do art. 229, § 2.º.

268. Atos processuais sob a ótica dos respectivos sujeitos. Os atos processuais podem ser praticados pelas partes (sujeitos parciais), pelo juiz (sujeito imparcial), pelos serventuários e auxiliares da Justiça ou, ainda, pelos terceiros que intervêm no processo e, nessa medida, acabam assumindo a condição de parte (em sentido lato). O Código de Processo Civil adota essa divisão ao reservar três seções distintas para atos das partes (arts. 200/202), pronunciamentos do juiz (arts. 203/205) e atos dos serventuários da Justiça (art. 206/211).

Os atos das partes são usualmente praticados por seus representantes, que são os advogados, detentores da capacidade postulatória; mas podem estar a cargo delas próprias. Tal é o que ocorre no depoimento pessoal ou na propositura de demanda perante os Juizados Especiais Cíveis, dentro de certo limite de valor.

Costuma-se dividir os atos das partes em *postulatórios*, *instrutórios* e *dispositivos*. Os primeiros são abrangentes da demanda e da resposta, inclusive no âmbito recursal. No curso do processo, eles recebem o nome de requerimento. Os atos de instrução – aqui entendidos em sentido estrito – referem-se ao requerimento e produção de prova. A terceira categoria, como resulta da expressão, envolve a disposição de alguma posição de vantagem contida no plano do direito material ou mesmo processual (renúncia ou desistência).

Os atos do juiz usualmente consistem em pronunciamentos. Embora atos *reais* estejam a cargo de terceiros que atuam como sua longa mão (justamente em cumprimento àquele primeiro), eventualmente o juiz também pode praticá-los. Isso ocorre na inspeção judicial ou mesmo na colheita da prova em audiência.

Quanto aos pronunciamentos, a lei os categorizou em atos com conteúdo decisório, de um lado, e de mero impulso, de outro. Esses segundos são referidos como *despachos de mero expediente*, porque não resolvem nenhuma questão e se limitam a dar impulso ao processo. Não é correto – conquanto se ouça – falar em «despacho interlocutório», porque a expressão mistura indevidamente os conceitos. Ademais, é preciso cuidado para que, a pretexto de não se admitir recurso contra esse tipo de ato (mero despacho), o conceito não seja indevidamente alargado. Se houver conteúdo decisório, por menor que seja, não se trata de mero despacho. Também é preciso considerar que um despacho e uma subsequente decisão podem estar diretamente ligados, ainda que sejam inconfundíveis.

> «Quando o juiz determina a juntada de um documento, não há dúvida de que se limita a proferir despacho. Mas na oitiva da parte contrária que se segue pode haver conteúdo decisório: quando ela não é determinada, a decisão é incorreta porque não observa o contraditório. Mas, inversamente, pode ocorrer que a determinação seja desnecessária, por exemplo, quando se trata de repetição de documento já constante dos autos ou que, por outra forma, já era conhecido da parte, que sobre o mesmo se manifestara. Discute-se igualmente se a ordem de citação é mero despacho ou se tem conteúdo decisório, porque implicitamente teria admitido que a petição inicial estaria em termos.»

A propósito, a Emenda Constitucional 45/2004 acrescentou ao art. 93 da CF o inciso XIV, segundo o qual «os servidores receberão delegação para a prática de atos de administração e atos de mero expediente sem caráter decisório». Trata-se de atos praticados com base em delegação feita pelo juiz - muitos deles de ofício, como é o caso da juntada de documentos e a vista dos autos (CPC, art. 203, § 4.º) - e que não contêm conteúdo decisório, sendo, portanto, despachos de mero expediente.

269. Segue: conceito de sentença. Discute-se em doutrina a conveniência de a lei trazer conceitos e definições de institutos jurídicos. No caso do CPC/1973, conquanto a Exposição de Motivos tenha registrado sua crença de que toda definição é perigosa, acabou por desconsiderá-la em diferentes passagens; dentre as quais aquela relativa aos atos do juiz, fazendo-o para, em sua redação original, definir sentença como «ato pelo qual o juiz põe termo ao processo, decidindo ou não o mérito da causa» (art. 162, § 1.º do CPC/1973).

A conceituação legal ensejou críticas: a incorreção de definir algo por seus efeitos e a circunstância de que, a rigor, a sentença não põe fim ao processo. Não obstante, o conceito vigorou por mais de três décadas e seu valor residia na relativa segurança na determinação do recurso cabível: se o ato, apesar de seu conteúdo encontrasse correspondência nas hipóteses dos arts. 267 ou 269 (daquele diploma), não tivesse posto fim ao processo, seria uma decisão interlocutória e não uma sentença. Em termos pragmáticos e para além das discussões acadêmicas, na determinação do recurso cabível prevaleceria não propriamente o conteúdo do ato mas o efeito que tivesse sobre o processo.

O critério empregado pela lei, a partir da jurisprudência que se formou ao longo do tempo, foi decisivo na determinação do recurso cabível. Ilustravam a assertiva os casos de indeferimento da inicial da reconvenção ou da (então cabível) ação declaratória incidental; do eventual julgamento do (então denominado) incidente de falsidade no curso do processo (portanto, antes da sentença que aprecia a demanda inicial); e do indeferimento parcial da inicial (p. ex.: pela exclusão de litisconsorte por ilegitimidade *ad causam* ou pelo reconhecimento da impossibilidade jurídica de um dos pedidos deduzidos pelo autor). Em todos esses casos, não havendo extinção do processo, muito embora a decisão encontrasse correspondente em figuras contidas nos arts. 267 e 269 daquele diploma, não se tratava de sentença. Portanto, o recurso cabível não era o de apelação, mas sim o de agravo. Tal solução, aliás, era equilibrada e lógica, evitando-se a situação pela qual haveria sentença proferida no curso do processo e, portanto, sujeita ao recurso de apelação - inclusive com a possibilidade de sobrestar o andamento do processo.

Sobreveio, então, a Lei 11.232/2005, que alterando a redação do § 1.º do art. 162 do CPC/1973, conceituou sentença como «o ato do juiz que implica alguma das situações previstas nos arts. 267 e 269 desta Lei». Pela literalidade daquele texto, sentença passaria a ser definida não por seus efeitos, mas por seu conteúdo, de tal sorte que em todos os casos acima apontados - e em muitos outros que a prática revelava - não era mais possível falar-se em decisão interlocutória, mas em sentença; no curso do processo.

A inconveniência de tal interpretação literal era evidente. Não era - como nunca foi - necessário alterar o conceito de sentença para romper a dicotomia entre processo de conhecimento e processo de execução, terminando com a autonomia desse último. Prova irrefutável disso era a existência das chamadas ações executivas *lato sensu* (por exemplo, ações de despejo, reintegração de posse e de depósito) e mandamentais (por exemplo, interdito proibitório e nunciação de obra nova), em que essa autonomia nunca existiu e, nem por isso, sentença deixava de ser entendida como ato que colocava termo ao processo. Mais ainda: a prova disso estava no próprio CPC/1973, que acabou com a autonomia do processo de execução e passou a prever apenas uma «fase» executiva ou «de cumprimento».

Certamente, não se tratava de alteração para agilizar o processo. Aliás, nem o próprio Legislador confiou no critério que passou a adotar no art. 162 daquele diploma: a própria lei preservara o critério topológico antes adotado ao determinar o recurso cabível contra o ato que julga a impugnação do executado. Naquele caso, dissera o Legislador que cabia agravo se não houvesse extinção; e que cabia apelação se o processo fosse extinto (art. 475-M, § 3.º). Vale dizer: o próprio legislador abandonou o conceito de sentença que adotara ao modificar o art. 162do CPC/1973.

O Código vigente superou tais perplexidades ao recuperar a ideia de que sentença é o ato («pronunciamento») que «põe fim à fase cognitiva do procedimento comum, bem como extingue a execução» (art. 203, § 1.º); donde definir decisão interlocutória por exclusão (§ 2.º). Aliás, o Código foi cuidadoso ao tratar da projeção desses conceitos em matéria recursal (a mais relevante), como o fez, por exemplo, ao registrar que o ato que julga antecipada e parcialmente o mérito desafia agravo (art. 356, § 5.º); e quando registrou que cabível é apelação, mesmo quando as questões arroladas pelo art. 1.015 - que prevê as hipóteses de agravo de instrumento - sejam tratadas em sentença (art. 1.009, § 3.º); e, ainda, quando ratificou que o capítulo da sentença que confirma, concede ou revoga tutela provisória é impugnável por apelação (art. 1.013, § 5.º).

«*Acórdão* é definido pelo art. 204 do CPC como «o julgamento colegiado proferido pelos tribunais». Trata-se do julgamento proferido pelos Tribunais, mas não qualquer julgamento: apenas os julgamentos colegiados é que recebem essa denominação, que é uma variação de «acordam», forma que designa justamente o processo decisório de um grupo («os desembargadores acordam dar parcial provimento ao recurso»). Não entram nesse conceito, portanto, os julgamentos monocráticos proferidos, por exemplo, pelo relator (CPC, art. 932).»

270. Atos dispositivos das partes. Dentro de certos limites, as partes podem praticar atos de disposição, quer das posições de que são titulares no processo, quer daquelas situados no plano substancial. Daí se falar em disponibilidade ou indisponibilidade (supra n. 99) e no assim denominado «princípio» dispositivo (supra n. 97) - que não vai além de uma regra. Nesse contexto é que está situado o comando segundo o qual: «Os atos das partes consistentes em declarações unilaterais ou bilaterais de vontade produzem imediatamente a constituição, modificação ou extinção de direitos processuais» (CPC, art. 200).

Conforme acima indicado, convém distinguir, de um lado, os atos de disposição relativos ao direito material, com repercussão sobre o processo; e, de outro lado, os atos de disposição de posições jurídicas processuais - que, por seu turno poderão, ou não, repercutir sobre o plano processual.

Na primeira categoria estão o *reconhecimento da procedência do pedido*, a *transação* e a *renúncia ao direito em que se funda a demanda*, que na verdade são formas de superação do conflito mediante autocomposição (supra n. 8). Esses atos - que não podem ser simplesmente presumidos e para os quais deve haver explícita e livre manifestação de vontade - produzem efeitos substanciais imediatamente, ainda que a repercussão processual venha em seguida, com a extinção do processo (CPC, art. 487); aliás, a lei optou por estabelecer que se trata de sentença de mérito, fazendo-o com o objetivo de que, no processo, haja formação de coisa julgada material. Portanto, e consoante foi mencionado, a disposição no plano substancial acaba por repercutir sobre o processo.

É certo que a lei fala em *homologação*, pelo juiz, do ato das partes (no caso da transação, de forma aplicável também às duas outras hipóteses). Mas o ato estatal não deve interferir com o conteúdo do que foi deliberado pelos interessados. A verificação deve se ater à regularidade formal do ato. Há autêntica limitação de cognição: em se tratando de direitos disponíveis, não pode o juiz, por exemplo, questionar o motivo pelo qual o réu reconheceu a procedência do pedido ou se há justiça no acordo a que chegaram as partes.

A decisão estatal tem eficácia meramente declaratória, de mera certificação da validade do ato praticado pelas partes. Portanto, seus efeitos se operam *ex tunc*. O ato da parte, ademais e ressalvadas as hipóteses que autorizem sua anulação ou revisão, é irretratável. Não é possível retroceder e desconstituir uma situação já consolidada e, em termos processuais, opera-se preclusão lógica (o ato de disposição é incompatível com o prosseguimento do processo).

Na segunda das categorias acima apontadas, há diferentes formas pelas quais a parte pode dispor de direitos processuais. Pode haver desistência do processo, que induz à extinção do processo sem resolução do mérito, mas que pode depender de concordância do adversário e está sujeita a prévia homologação judicial (CPC, arts. 200, parágrafo único, e 485, § 4.º). Nesse caso, se prevalecer a desistência, o conflito permanece intacto e a sentença tem mera eficácia processual. Pode haver renúncia ou desistência de recurso (CPC, art. 998); o que, por seu turno, pode ocorrer de forma expressa ou tácita. Nesses casos, a disposição sobre o recurso leva à consolidação da decisão recorrida, com as correspondentes consequências no plano material.

CAPÍTULO IV

RELAÇÃO JURÍDICA PROCESSUAL

271. Relação jurídica processual. Foram feitas diversas referências à relação jurídica processual anteriormente: dela se falou ao ensejo da distinção entre direito material e direito processual e da evolução metodológica desse último (supra n. 11); a propósito da aplicação da norma processual no tempo (supra n. 25); no tratamento da tutela que se contém não apenas no resultado final do processo, mas também no seu desenrolar (supra n. 38); e, como não poderia deixar de ser, no exame dos elementos conceituais de *processo* e, portanto, no seu confronto com o *procedimento* (supra n. 240).

É natural que assim tenha sido: a relação jurídica processual expressa o que há de substancial do processo. As normas que a regulam estabelecem o conteúdo dos vínculos existentes entre o autor, o Estado e o demandado. Ela é a disciplina positivada – e, em certa medida, mais concreta – do princípio do contraditório, que está previsto de forma genérica e abstrata na Constituição. Excetuadas normas puramente procedimentais ou de organização judiciária, todas as demais têm por objeto posições contidas na aludida relação. Dessa forma, o seu exame inaugura o estudo do direito processual e, ao mesmo tempo, corresponde ao que lhe é essencial: ele é o corpo de regras que disciplina os poderes, sujeições, faculdades, ônus e deveres do autor, do juiz, do réu e de todos os demais que, de alguma forma, intervêm na atividade desenvolvida pelo Estado para eliminar controvérsias mediante decisões adjudicadas.

O estudo da relação processual permite que o processo seja analisado com considerável rigor científico, quer porque funciona como *método*, quer principalmente porque permite analisar criticamente a forma pela qual o legislador regulou, de forma concreta, o exercício do poder ou do direito de ação, da defesa e do poder estatal. Quando são examinadas as posições jurídicas é possível avaliar se o modelo processual tende a ser liberal ou autoritário; se prestigia o escopo jurídico ou o social da jurisdição ou, ainda, como procura conciliá-los; se alarga poderes do juiz e exacerba ônus (princípio dispositivo) e deveres das partes, ou não, e por aí afora. Portanto, ainda que o estudo do direito processual - por seu caráter instrumental - não possa ser feito apenas «em laboratório» e de forma desvinculada da realidade da qual brota e para qual se dirige, o exame da relação jurídica processual permite - ao menos numa primeira abordagem - um exame relevante e puramente teórico.

272. Relação processual e contraditório. O estudo sistemático da relação processual - diversa da relação de direito material por seus sujeitos, objeto e pressupostos - permitiu superar a perspectiva metodológica (praxista) segundo a qual processo seria mero procedimento, isto é, mera sequência de atos. Mais adiante, a doutrina voltou a falar do processo como procedimento, mas para então designá-lo como *procedimento em contraditório*. Falou-se, em doutrina, na relação processual como um inútil «clichê».

Há pelo menos duas formas de se observar o fenômeno.

De um lado, são conciliáveis as concepções segundo as quais (i) processo é ente complexo composto por procedimento e relação jurídica processual e (ii) processo é procedimento em contraditório. Como já observado, as regras que disciplinam a relação processual são a expressão jurídica da exigência política de participação que resulta do contraditório. Elas ditam, de forma menos abstrata, de que forma há de se observar o contraditório, previsto genericamente na Constituição, isto é, de que maneira se dá a participação dos sujeitos que, ao término do processo, são os destinatários dos efeitos do provimento final. Por isso é que as regras legais não podem suprimir o contraditório, nem o reduzir de forma não razoável ou desproporcional.

De outro lado, a ideia segundo a qual processo é procedimento em contraditório - conquanto seja correta - tende a reduzir ou simplificar fenômeno que é consideravelmente mais complexo. Os vínculos estabelecidos entre os sujeitos do processo não se resumem ao exercício do contraditório, que não explica satisfatoriamente, por exemplo, o *poder* que é exercido pelo Estado (a gerar *sujeição* das partes) e os *deveres* das partes, especialmente de lealdade e de probidade; exceto se o conteúdo do princípio do contraditório for estendido para abarcar poderes do juiz e deveres (não faculdades ou ônus) das partes - o que, forçoso convir, acabaria por comprometer a exatidão que se espera do conceito. Por outras palavras, *processo* é mais do que procedimento em contraditório, porque ele abarca outras posições jurídicas que não se afeiçoam à ideia de participação dos sujeitos parciais, destinatários da eficácia substancial do resultado do processo.

273. Objeto da relação processual. Já se observou que o tratamento sistemático da relação processual está relacionado ao nascimento do Direito Processual como ramo autônomo. Distinta que é da relação material controvertida, ela tem objeto próprio, que se costuma designar como a *prestação jurisdicional*. Essa locução designa o objeto da decisão estatal pretendida, de declaração ou de atuação prática do direito; ou ainda de preservação da utilidade e da eficácia de uma daquelas espécies de decisão. O objeto da relação processual é, nessa concepção, o objeto do julgamento que, por sua vez, é definido pelo pedido ou pretensão deduzida pelo autor, à luz dos respectivos fundamentos ou causa de pedir. Esse objeto também pode referido pela palavra *provimento*, que designa o ato estatal pelo qual se materializa sua capacidade de decidir e de impor suas decisões e que era empregada amiúde pelo CPC/73. O Código vigente, de forma diversa, adotou o vocábulo «pronunciamento» (art. 203, *caput*) e empregou a palavra «provimento» apenas para designar o julgamento de mérito de recurso - como o fez, para ilustrar, no art. 932, incisos IV e V.

Eventualmente, o objeto do processo pode se limitar à produção de prova. Isso ocorre nos casos da assim denominada produção antecipada de prova que, antes condicionada no direito positivo à circunstância do perigo da demora (que poderia levar à perda da prova), é expressamente admitida pelo CPC vigente independentemente desse requisito (art. 381, II e III). Daí se falar em ações probatórias autônomas ou, mais corretamente, em direito autônomo à prova.

Mas de forma coerente com o que foi dito sobre o conceito de tutela jurisdicional (supra n. 38), o objeto da relação processual não é apenas o *resultado* (declaração ou atuação prática do direito), mas igualmente os *meios* empregados para solução da controvérsia. Daí se entender a *prestação jurisdicional* não apenas como o ato final, mas como a atividade realizada para tanto. Por isso eventualmente se alude em doutrina ao *serviço jurisdicional* que o Estado tem que prestar como o objeto da relação processual. Isso não significa confundir os conceitos de tutela jurisdicional e o de prestação jurisdicional, embora a relação entre uma coisa e outra, na perspectiva aqui adotada, seja direta e relevante.

Conforme considerações feitas a propósito da distinção entre direito material e direito processual (supra n. 9, 10 e 11), ao regular a atividade - estatal ou privada - para a solução de conflitos, a norma processual também garante «bens da vida» materiais e imateriais (dentre esses, igualdade, liberdade, privacidade, intimidade, segurança).

274. Sujeitos da relação processual. A distinção entre relação processual e material está igualmente nos respectivos sujeitos, sob diferentes aspectos.

A relação processual conta necessariamente com um terceiro, que é o Estado, na pessoa do juiz; ou o árbitro. Ele é o sujeito imparcial. Por essa razão se afirma que os protagonistas do conflito são sujeitos parciais. Na relação processual, além disso, podem estar presentes outras pessoas que não propriamente os titulares da relação material controvertida. Para ilustrar, em certos casos é devida a intervenção do Ministério Público (CPC, art. 176) que atuará como fiscal da ordem jurídica - na expressão latina, será *custos legis*. Apesar disso, o Ministério Público, conquanto seus membros estejam submetidos ao princípio da impessoalidade (CF, art. 37, *caput*), não é sujeito imparcial. Em outros casos, a lei processual permite a intervenção de um terceiro, como ocorre na assistência (CPC, arts. 119/124) ou nas demais formas de intervenção de terceiro (CPC, arts. 125/138 e 682/686).

Outro aspecto da distinção entre relação material e processual está no título jurídico pelo qual os sujeitos se apresentam numa e noutra. Enquanto na primeira as partes ostentam a qualificação que lhes cabe naquele plano (para ilustrar, no plano material há *marido* e *mulher*; *vendedor* e *comprador*; *locador* e *locatário*; *fornecedor* e *consumidor* e assim por diante), na relação processual eles são *autor* e *réu*, conforme quem figure no polo ativo ou passivo.

Os sujeitos parciais da relação processual são designados como *partes* (supra n. 212). O termo, em sentido mais restrito, designa o autor e o réu; em sentido mais abrangente, designa todo aquele que se encontra em contraditório perante o juiz. Costuma-se indicar que a qualidade de parte se adquire pela propositura da demanda, pela citação, pela sucessão ou pela intervenção. Nessa segunda concepção, são considerados partes, por exemplo, o Ministério Público quando se manifesta como fiscal da ordem jurídica e quaisquer dos terceiros autorizados a intervir no processo entre outrem (que, ao ingressarem, perdem a qualidade de terceiros para se tornarem formalmente partes).

Parte é, assim, conceito estritamente processual e, por assim dizer, formal. Quem está em contraditório perante o juiz deve ser designado como tal, não sendo necessário buscar nexo no direito material para tanto. Isso quer dizer que não se confundem os conceitos de *parte* e de *parte legítima*: a legitimidade é ordinariamente colhida na relação material (ou na lei, se extraordinária) e, se é que não consiste em ponto diretamente ligado ao mérito da causa, é qualificada como uma das condições da ação. Isso quer dizer que, ainda que a parte seja manifestamente ilegítima, ela continua a ostentar a natureza de parte, até que seja excluída do processo. Considerações análogas podem ser feitas em relação ao interesse de agir.

Por isso, para ilustrar, é incorreta a dicção do art. 17 do CPC, quando diz que para propor ou contestar é preciso interesse e legitimidade (supra ns. 211 e 215): o réu adquire a qualidade de parte tão somente pela respectiva citação.

Ainda que parte ilegítima, ele é parte, e, como tal, tem a faculdade e o ônus de contestar para, dentre outras providências, alegar ilegitimidade.

275. Segue: capacidade. Outro aspecto que aparta os sujeitos da relação material e processual está em como se qualifica sua *capacidade*, conceito que costuma ser incluído no rol dos pressupostos processuais, de que se fala mais adiante (infra n. 276).

Quando se pensa no *juiz*, que é o agente pelo qual se expressa o poder estatal, não se costuma falar propriamente em capacidade (conceito reservado aos sujeitos parciais). Em relação ao juiz, fala-se em *investidura, independência, imparcialidade* (que vai além do conceito de impessoalidade) e *competência*. Talvez até se pudesse afirmar que, na falta de um desses atributos, faltaria *capacidade* ao juiz. Mas isso não é usual, quiçá porque, no plano substancial, *capacidade* é requisito de validade dos negócios jurídicos (CC, art. 104), que considera sujeitos em usual relação de coordenação (e não propriamente de subordinação); ou talvez porque, à exceção da competência, os demais atributos vão além do que poderiam ser considerados como simples requisitos de validade.

> «Talvez investidura pudesse ser aproximada ao conceito de personalidade (supra n. 126) porque, sem aquela, uma pessoa não detém o poder que é próprio da jurisdição. Mas, quando se considera que o juiz é agente estatal, ele se despersonaliza e isso, dentre outros, impede que se trate o fenômeno sob tal ótica.»

Quanto aos sujeitos parciais, o tema da capacidade deve partir de conceitos colhidos no plano substancial. Primeiro, é preciso considerar que toda pessoa é dotada de *personalidade*, isto é, de aptidão para ser titular de posições jurídicas ativas e passivas na esfera civil (CC, art. 1.º). Isso naturalmente aproveita ao processo – que se insere na «ordem civil» aludida pelo dispositivo legal – e significa dizer que toda pessoa é apta a ser titular de posições jurídicas contidas na relação jurídica processual (titular de «direitos e deveres» na expressão do citado art. 1.º). Diz-se, assim, que toda e qualquer pessoa tem o que se qualifica como *capacidade de ser parte*.

> «No caso do *nascituro*, o direito material reconhece que, embora a personalidade civil comece com o nascimento com vida, a lei «põe a salvo, desde a concepção» os respectivos direitos (art. 2.º); como ocorre no caso em que ele seja destinatário de doação, aceita por seu representante legal (CC, art. 542). No processo, isso significa que ele não pode ser parte. No CPC/1973 isso podia ser ilustrado a partir das regras dos arts. 877/878 do CPC – que tratavam da «posse em nome de nascituro». Não obstante a supressão da regra, em razão da atipicidade adotada pelo Código para a tutela de urgência cautelar, a providência segue cabível. Ainda são ilustrativas as

disposições constantes da Lei 11.804/2008 – que trata dos assim denominados alimentos «gravídicos».»

Portanto, ao menos como regra, não há uma personalidade processual distinta da personalidade civil. Mas, de forma excepcional, pode existir um divórcio entre o que a lei material considera como sujeitos de direito, de um lado, e o que a lei processual admite como tal, de outro. É o caso, particularmente, do *Espólio*, que congrega os direitos e obrigações transmitidos em razão da morte de pessoa natural (e que tende a ter existência transitória, cessando quando consumada a partilha ou adjudicação aos herdeiros e sucessores); da *Massa Falida*, que abarca os direitos e deveres do falido; e do *Condomínio*, que aglutina direitos dos condôminos, no caso de condomínio horizontal. Em todos esses casos fala-se que tais entes, ainda que desprovidos de personalidade jurídica, teriam personalidade «judiciária» porque poderiam ser titulares de posições na relação processual, embora assim não ocorra no plano substancial.

Há quando menos alguma impropriedade nessa terminologia. Não pode haver uma posição processual que dispense precedente personalidade, tal como definida pelo art. 1.º do CC. Por outro lado, pelo caráter instrumental do processo, não faria sentido que alguém – ou alguma entidade – fosse apenas titular de «direitos e deveres» na órbita processual, sem qualquer outra vinculação, quando menos indireta, com (afirmadas) posições jurídicas vigentes no plano substancial do ordenamento. Em todos os exemplos referidos, os entes representam – ou ao menos congregam – interesses de outrem: no Espólio, dos herdeiros e sucessores cujas participações na herança ainda não foram determinadas ou, ao menos, ainda não foram formalizadas; na Massa, dos credores do falido e, em alguma medida, do próprio falido; no Condomínio, dos condôminos. Em todos esses casos, parece mais exato dizer que a lei admite que, perante o Estado em processo judicial, haja representação – do Espólio, pelo inventariante, da Massa, pelo Administrador Judicial, e do Condomínio, pelo Síndico, isto é, alguém que fala em nome e por conta de terceiro; o que, forçoso convir, é algo um tanto diferente do conceito de personalidade.

> «De outro lado, não é totalmente correto dizer que, no plano material, esses entes não possam ser sujeitos de direitos e obrigações. É pensar no âmbito tributário, pelo menos em relação ao Espólio que, para o Fisco, passa a ter existência própria, até que se consume a partilha.»

Além disso, o direito processual civil considera o conceito de *capacidade civil*, segundo os respectivos graus: capacidade plena, incapacidade absoluta e incapacidade relativa (CC, arts. 3.º e 4.º). Não se trata mais da titularidade do direito (ou de outra posição jurídica), mas do respectivo exercício. Há, nesse particular, correspondência entre lei material e processual, de tal sorte que a aptidão de exercício de direitos leva ao que se qualifica como *capacidade de estar em juízo* (CPC, art. 70). Assim, incapazes serão representados ou assistidos, conforme o caso (CPC, art. 71).

Finalmente, fala-se também em *capacidade postulatória*, que traduz a aptidão de concretamente apresentar manifestações e pleitos em juízo. Essa capacidade, por regra, é restrita ao advogado, limitadamente ao estagiário de direito (Lei 8.906/1994, art. 3.º, § 2.º), e ao Ministério Público. Isso quer dizer que, por regra, a parte – ainda que seja a titular das posições jurídicas processuais (e extraprocessuais também) – não se dirige diretamente aos órgãos integrantes do Poder Judiciário. Ela deve estar representada por advogado.

Usualmente, o advogado é *representante*: fala em nome e por conta de outrem, que é a parte (titular das posições jurídicas situadas no plano material); eventualmente, o advogado atua em causa própria, isto é, fala em nome e por direito próprio, sem a intermediação de outro interlocutor. Isso não quer dizer que o advogado – ainda que na qualidade de representante da parte – não possa ser titular de posições jurídicas autônomas em relação às da parte. Seus deveres éticos são próprios e, além disso, a verba honorária fixada em juízo, salvo convenção em contrário, a ele pertence (Lei 8.906/1994, art. 23, CPC, art. 85, § 14).

> «Há também quem pretenda sustentar que o advogado – e não apenas a parte que representa – está sujeito às sanções pela litigância de má-fé. Isso é um sério equívoco, que desconsidera não apenas que o advogado fala em nome e por conta de outrem, mas configura ameaça concreta à liberdade de atuação do advogado em juízo, incompatível, portanto, com a regra inscrita nos arts. 133 da CF e 2.º, § 3.º, da Lei 8.906/1994, que estabelecem a inviolabilidade do advogado. Isso não impede que, eventualmente, a parte condenada se volte regressivamente contra o advogado, mas seguramente essa eventual responsabilidade não é objetiva.»

Por exceção, a lei consente que a parte tenha capacidade postulatória e, portanto, manifeste-se em juízo sem a presença de advogado. É o que ocorre, de forma limitada, nos Juizados Especiais (Lei 9.099/1995, art. 9.º). A exigência, contudo, não deve ser vista como indevida limitação ao acesso à Justiça. Pelo contrário, a intervenção do profissional com conhecimento técnico facilita e aprimora o diálogo com o agente estatal. Norteada que seja pelos postulados da ética, a sua intervenção garante a observância do contraditório e, portanto, a prevalência do devido processo legal. Além disso, com o mesmo norte, a atuação desse profissional pode contribuir para formas de resolução das controvérsias por autocomposição.

276. Pressupostos da relação processual (ou pressupostos processuais): tentativa de delimitação. Costuma-se dizer que pressupostos processuais são requisitos de existência e de validade da relação processual; ou, por outra forma, requisitos para instauração e desenvolvimento válido da relação processual.

Aí reside a primeira dificuldade no trato do tema, que pode ser traduzida na seguinte indagação: tais pressupostos referem-se exclusivamente à *existência* do processo ou igualmente à sua *validade*? Eles abrangem a instauração e também o desenvolvimento do processo? Outra dúvida: são requisitos que dizem respeito às posições que integram a relação processual ou, diversamente, requisitos para a prática dos atos que integram o procedimento? Por outras palavras, trata-se de requisitos da relação processual, do procedimento ou de ambos?

> «Volta-se, mais uma vez, à dificuldade de se proceder à distinção entre a norma que regula o procedimento e a que disciplina a relação processual, isto é, uma das posições nela contidas (poder, sujeição, faculdade, ônus, dever). Conforme já foi destacado (supra n. 240), a separação entre uma coisa e outra é difícil, se não impossível: a cada posição exercitada por um dos sujeitos do processo dá-se a prática de um ato, com o nascimento de uma nova posição e nova prática de ato, e assim sucessivamente até o término do processo. Apenas para dar um exemplo: quando se diz que é pressuposto processual a propositura regular de uma demanda, está-se a pensar no ônus de alegação do autor ou na forma que deve ter o ato postulatório (petição inicial)? Para reforçar: as exigências contidas no art. 319 do CPC (requisitos da petição inicial), afinal de contas, são apenas de natureza procedimental ou, mais do que isso, regulam o ônus de alegação do autor, que tem o encargo de dar ao ato inaugural aquele determinado conteúdo?»

Antes de dar resposta a tais indagações, convém lembrar que em doutrina há quem adote postura restritiva, de sorte a reduzir os pressupostos processuais a três: demanda regularmente deduzida, capacidade de quem a formula e investidura do seu destinatário. Diversamente, parte da doutrina propõe alargar o rol dos referidos pressupostos: regularidade procedimental e citação seriam pressupostos objetivos intrínsecos; coisa julgada, litispendência e perempção seriam objetivos extrínsecos; investidura, independência, imparcialidade, competência poderiam ser arrolados como subjetivos, referentes ao juiz; capacidade das partes seria também subjetivo e relativo às partes.

Por um lado, é realmente discutível a linha metodológica que busca expandir o rol dos pressupostos, com a identificação dos *intrínsecos*, *extrínsecos*, *objetivos*, *subjetivos*, *positivos*, *negativos* e por aí afora. Não que essa forma de ver o fenômeno seja incorreta. Contudo, a excessiva quantidade de desdobramentos que se pretenda fazer nessa matéria acaba por enveredar para temas específicos, que podem ser mais proveitosamente estudados em outros capítulos. A maior complexidade da classificação pode torná-la, paradoxalmente, menos útil. Para ilustrar, a *litispendência* – quando entendida como repetição de uma demanda já proposta (CPC, art. 337, § 1.º) – pode até ser vista como pressuposto processual negativo, na medida em que a pré-existência da demanda é impeditiva da renovação e, portanto, do julgamento de mérito que já se encontra submetido ao crivo do Poder Judiciário. Contudo, é preferível examiná-la ao ensejo da formação do processo (CPC, arts. 2.º e 312) e, dentro desse aspecto, dos efeitos da citação (CPC, art. 240). Algo semelhante pode ser dito quanto ao fenômeno da *coisa julgada*, que em outro capítulo pode ser estudado de forma mais completa e sistemática.

> «Não é que os temas da «regularidade procedimental», citação, investidura, independência, imparcialidade, capacidade das partes não possam ser tratados sob um prisma genérico. O que se propõe é que cada um deles, ao invés de serem abordados sob a rubrica geral de «pressupostos processuais», o sejam em outros pontos específicos.»

Por outro lado, embora a perspectiva restritiva seja a mais desejável, algo diverso do que acima foi mencionado (como representativo dessa tendência) pode ser proposto. Assim, convém limitar os pressupostos processuais à instauração do processo. Não obstante a doutrina moderna realmente fale em pressupostos de instauração e de *desenvolvimento válido* do processo, esse segundo aspecto está mais diretamente ligado ao tema das *invalidades*. Portanto, conquanto se possa falar a cada passo da complexa e dinâmica relação processual em pressupostos processuais, mais uma vez o alargamento do conceito acaba por reduzir sua validade metodológica. Essa forma de ver as coisas pode ajudar a atenuar as dificuldades expostas acima: sejam os pressupostos processuais requisitos relativos à relação processual, sejam atinentes ao procedimento, restringi-los à instauração do processo remete todo o resto para o tema das *invalidades* (CPC, arts. 276/283); já consideravelmente complexo e repleto de incertezas.

Não se nega a relação (de oposição) que existe entre a categoria dos pressupostos processuais, de um lado, e do mérito da causa, de outro. Esse último não pode ser decidido se a relação instaurada perante o Estado para tal finalidade não for, ela própria, regular. Essa a razão pela qual se afirma que os pressupostos processuais são matéria de ordem pública e que sua ausência se resolve na extinção do processo sem resolução do mérito; o que, de resto decorre do texto legal (CPC, arts. 485, § 3.º, e 337, § 5.º).

Essa aventada impossibilidade de se dar ao processo seu fim normal (declaração do direito ou sua atuação prática), contudo, não ocorre sempre e automaticamente: na linha de raciocínio segundo a qual o pressuposto processual é um requisito de *validade* do processo, é preciso considerar toda a complexidade que a disciplina das invalidades tem. Ela não se resolve no simples enunciado de que se trata de matéria de ordem pública, mas leva em conta que vícios só impedem o julgamento do mérito em casos de comprometimento da finalidade do processo ou dos princípios que o inspiram. Bem ilustra esse quadro a circunstância de que na doutrina não há consenso sobre quais seriam as invalidades processuais cuja gravidade tão intensa autorizaria equiparação à *inexistência*.

Assim, em razão do caráter instrumental do processo (e, menos amplamente, da instrumentalidade das formas), mesmo a falta de um determinado requisito para a prática de certo ato processual pode não ser necessariamente um óbice para o julgamento do mérito; ou, por outro lado, pode não ser razão suficiente para invalidar uma sentença de mérito já proferida. A solução para tais situações não está exatamente na categoria dos requisitos de validade do ato. É possível até que determinado requisito reconhecidamente não esteja presente, mas que, à míngua de prejuízo, o ato tenha proporcionado o resultado para o qual estava programado; e que, portanto, seja tido como válido ou, por outro ângulo, que a irregularidade não seja um óbice ao julgamento do mérito (nem causa para sua invalidação). Tratar disso no campo dos pressupostos processuais seria dar a essa categoria uma amplitude que, na forma acima exposta, acabaria por esvaziá-la, confundida que acabaria com o tema da validade dos atos processuais.

É certo que, quando se fala em *instauração* do processo como referência para a categoria dos pressupostos processuais (deixando-se o mais para o campo mais amplo e complexo das *invalidades*), esbarra-se no tema da *existência* ou da *inexistência* do processo ou dos atos processuais. Isso é inevitável porque o estudo dos atos processuais - à semelhança do que ocorre no direito material - pode ser feito à luz do trinômio *existência, validade* e *eficácia*. Portanto, ao se pretender limitar a categoria dos pressupostos processuais aos requisitos para a instauração do processo; e, ao se pretender remeter o exame dos pressupostos de validade do processo para outro capítulo, é inevitável a aproximação do tema com o da existência e da inexistência dos atos processuais (ou do processo, visto em sua unidade). Mas desse tópico convém tratar em capítulo separado.

277. Segue: quais são os pressupostos processuais? Nesses limites e com tais justificativas, por pura opção metodológica é lícito reputar pressupostos processuais apenas aqueles essenciais para sua *instauração*. Os requisitos de validade dos atos processuais, em geral ou para atos específicos, devem ser tratados em capítulos próprios.

Primeiro, é indispensável haver dois sujeitos: o autor e o Estado, personificado pelo juiz - o que naturalmente pressupõe que ele seja um agente investido do poder jurisdicional (investidura). Sem isso não há como se estabelecer uma relação processual, ainda que linear. É certo que, ordinariamente, haverá a citação do réu, que passará a integrar o processo como terceiro sujeito, confirmando--se a máxima secular segundo a qual *judicium est actum trium personarum*. Mas mesmo que isso - eventual e excepcionalmente - não ocorra, o primeiro pressuposto de instauração do processo já está presente.

«No controle abstrato e concentrado de constitucionalidade (Lei 9.868/1999), confirma-se a assertiva acima, não obstante se falar em «processo objetivo» e apesar da relativamente restrita legitimação ativa para a propositura da demanda (art. 2.º). A lei prevê requisição de informações ao órgão do qual emanou a norma objeto do processo e, conquanto não admita a intervenção de terceiros, abre margem para a oitiva de «outros órgãos ou entidades» - posição referida como a de *amicus curiae*; além da oitiva do Ministério Público e da Advocacia Geral da União.»

É certo que, excepcionalmente, há processos instaurados de ofício (portanto, sem a provocação de um interessado). Mas, mesmo nesse caso, é de se supor que haja ao menos um destinatário do resultado do processo que se instaurou; o que é suficiente para confirmar o que foi dito acima.

Nessa linha de raciocínio, a citação do réu pode até ser incluída dentre os pressupostos processuais, entendidos como requisitos necessários para a instauração do processo. Para o réu não citado, o processo pode ser considerado até mesmo inexistente: ele não se vincula a decisão que afete negativamente sua esfera jurídica justamente porque não lhe foi dado participar. Mas ao menos no âmbito civil entende-se que ele está instaurado desde a propositura da demanda, mesmo antes do recebimento da inicial e apesar de seu eventual indeferimento. Ilustram bem a situação as hipóteses previstas nos arts. 331 e 332 do CPC: há uma relação linear (não angular ou triangular), mas que já envolve autor e Estado. É o que basta para que se repute a relação processual instaurada e, portanto, um processo existente.

Segundo, é preciso um *objeto* mínimo que seja submetido ao Estado ou ao árbitro. Daí se falar na *demanda* - ato que resulta do exercício do direito ou poder de ação - como pressuposto processual. A assertiva é correta, mas comporta ressalvas: a) há processo ainda que o veículo da demanda (normalmente uma petição) não preencha os requisitos formais que a lei exige (CPC, art. 319, sem prejuízo de outras regras especiais); e b) a instauração ou atuação de ofício fora dos limites da demanda, conquanto seja repudiada pelo sistema (CPC, arts. 2.º, 141, e 492), não afasta a existência do processo, podendo ter repercussão sobre a *validade* ou *eficácia* da decisão final.

Terceiro, o processo exige, ainda que também minimamente, uma *forma*. Não há processo gerado por «demanda» que alguém possa dirigir a um juiz informalmente no corredor do fórum, sem que haja a devida formalização do ato, do que depende inclusive a definição do sujeito e do objeto, tal como acima mencionado. A forma pública é essencial ao exercício da jurisdição e à instauração do processo; o que também vale, com as devidas adaptações para o processo arbitral, que não prescinde da forma.

Com isso, não se está a dizer que não haja pressupostos de validade do processo; nem que eles não devam ser verificados em todo o respectivo curso; ou que sua falta não deva ser conhecida de ofício pelo juiz, inclusive pelo tribunal, a quem a matéria de ordem pública se transfere pela via recursal (assim denominado efeito «translativo»). Apenas é preciso considerar que a efetividade do processo e seu papel instrumental temperam as exigências legais para a *validade* do processo, de tal sorte que, nessa medida, nem sempre a falta de um pressuposto processual de validade levará à extinção do processo sem resolução do mérito.

278. Utilidade metodológica da categoria dos pressupostos processuais. Na forma acima exposta, ao invés de se buscar uma categoria excessivamente genérica e abrangente, entende-se seja mais proveitoso examinar os pressupostos de cada um dos atos processuais. Poderá haver aspectos comuns a eles, mas isso não é suficiente para justificar a tentativa de encontrar pressupostos de validade universais, isto é, que possam abarcá-los todos e de forma útil.

Sem embargo disso, o reconhecimento dos pressupostos processuais – ainda que com a limitação e o enfoque acima preconizados – continua a ser um indispensável método para que o juiz exerça a cognição, com repercussões relevantes, dentre as quais, apenas para ilustrar, a separação entre juízo de admissibilidade e juízo de mérito; ou saber se determinado erro é processual (*error in procedendo*) ou se é erro de julgamento (*error in judicando*).

De forma análoga ao que se passa com as condições da ação (embora essas tenham ligação direta com a relação de direito material), o comando para que o juiz extinga o processo diante da falta de pressuposto processual (que não comporte regularização) continua a ser útil para o sistema. Isso por significar que não se tolera a pendência de processos que sabidamente não possam conduzir ao julgamento do mérito e à superação da controvérsia. Portanto, subsiste a ideia de que os pressupostos configuram uma espécie de *filtro*. A técnica subsiste como ferramenta a serviço do devido processo legal, sob a ótica da garantia de duração em tempo razoável e, mais amplamente, da tutela jurisdicional – como foi dito em relação às condições da ação.

279. Pressupostos processuais e condições da ação. Costuma-se destacar em doutrina que essas duas categorias são espécies do gênero *requisitos de admissibilidade do julgamento do mérito* (supra n. 198 e 269). Convém reiterar, contudo, que as assim denominadas condições da ação estão diretamente ligadas ao direito material; a ponto de estarem relacionadas por parte da doutrina ao mérito da causa (supra n. 208). Já os pressupostos processuais são requisitos ligados ao processo, isto é, à relação processual e ao procedimento.

Portanto, também é oportuno relembrar que as hipóteses de extinção do processo sem resolução do mérito por falta de condição da ação não podem ser simplesmente equiparadas àquelas em que a extinção ocorre por falta de pressuposto processual. Nesse segundo caso, a eficácia da sentença é processual e a relação material controvertida permanece tal como existente. Isso quer dizer que a sentença terminativa fundada na ausência de pressuposto processual é, mais claramente, um ato que não define (ou resolve) a lide. Já no caso das condições da ação o mesmo não pode ser dito, justamente porque elas são aferidas a partir da relação material. Isso é relevante para determinar se a demanda pode ser reproposta (CPC, art. 486) e se cabe ação rescisória (CPC, art. 966).

280. Características da relação processual. A relação processual apresenta algumas características, que ajudam a explicar e a entender o respectivo conteúdo.

Diz-se que ela é *tríplice* porque envolve autor, juiz e réu. Mas essa configuração pode não ocorrer porque, nos casos de indeferimento da inicial, pode o processo vir a se extinguir sem que o réu, que figurou como parte na demanda, passe a figurar como parte no processo. Nesses casos, a relação processual é apenas linear, sem que chegue a se «angularizar» (ou «triangularizar») o liame. Talvez se pudesse dizer que a relação, eventualmente, remanesce «dúplice», mas essa terminologia não é usual (e nenhuma relação com isso tem a assim denominada «ação dúplice»).

Fala-se também que a relação processual é *complexa* porque envolve uma gama de posições jurídicas; a principiar do poder ou direito de ação, cujo exercício redunda na propositura de uma demanda. A partir daí sucedem-se posições, que ganham complexidade objetiva e subjetiva na medida em que intervêm os demais sujeitos (juiz, réu e algum outro, dentre os já mencionados); do que pode inclusive resultar ampliação do objeto do processo (como no caso de reconvenção).

Ainda, diz-se que ela é *dinâmica* ou *progressiva* porque se desenrola no tempo e evolui rumo ao resultado desejado do processo, conforme a situação carente de tutela. É esse dinamismo, conforme já foi dito, que justifica as regras de aplicação das normas processuais (novas) no tempo. Mais do que simplesmente se estender no tempo, a relação processual tende a se desenrolar perante órgãos diversos, conforme o grau de jurisdição. Isso quer dizer que ela é dinâmica não apenas porque avança, mas porque as posições que a integram tendem a ganhar contornos próprios nos diferentes momentos dessa evolução, com diferentes poderes, sujeições, faculdades, ônus e deveres.

Também se costuma destacar que a relação é marcada pela *unidade*, porque as posições jurídicas que a integram seriam coordenadas para obtenção de um objetivo, que é o provimento final – aquele pelo qual se declara ou atua praticamente o direito. É significativo observar que a unidade teleológica é comumente mais enfatizada pela doutrina quando trata do *procedimento*. Mas não há incompatibilidade entre uma coisa e outra. Pelo contrário, mais uma vez fica reforçada a constatação de que é difícil – se não impossível – desatrelar, de um lado, os atos que compõem o procedimento e, de outro, as posições jurídicas que estão à sua base (supra n. 222).

Essa unidade não chega ao ponto de afastar a regra que norteia a aplicação da lei processual nova, que se pauta pelo isolamento dos atos processuais (supra n. 26). Além disso, essa unidade não impede que o processo seja didaticamente dividido em fases, sendo usual – quando se pensa na atividade cognitiva – falar-se em fase postulatória, ordinatória, de instrução e decisória.

Finalmente, afirma-se que a relação processual tem natureza pública, ainda que privada a relação material controvertida. E assim ocorreria pela presença do Estado (na pessoa do juiz), que não está em posição de coordenação, mas sim como detentor do poder de colocar fim à controvérsia. Essa característica, dentre outros aspectos relevantes, é importante na interpretação das normas processuais (supra n. 19 e 20).

Contudo, não é apenas e exatamente a presença do Estado que estabelece tal característica. Isso quer dizer que a relação processual deve ser considerada pública não apenas nos casos de jurisdição estatal, mas também nos casos de processo arbitral. Ainda que a arbitragem seja essencialmente fundada na vontade das partes e que os árbitros sejam juízes recrutados fora dos quadros estatais, não há dúvida de que eles exercem função pública, mediante poder de que são investidos pela lei. Eles estão sujeitos a cometer os mesmos crimes tipificados para juízes estatais (Lei 9.307/1996, art. 17) e, mais do que isso, sua decisão não só independe de prévia homologação como ainda está sujeita a limitado controle estatal (Lei 9.307/1996, arts. 18 e 33).

A circunstância de o árbitro não ter capacidade de consumar atos de força não significa que não tenha poder para determiná-los. E, de qualquer modo, a relação jurídica processual estabelecida na arbitragem, tanto quanto àquela estabelecida perante o Judiciário, é marcada pelo desequilíbrio que é próprio das relações de direito público. Portanto, afirmar a *natureza pública* do processo arbitral é apenas consequência natural do reconhecimento de que arbitragem é jurisdição, sem que daí se possa extrair qualquer desprestígio à vontade das partes, que é fundamento primeiro e mais relevante dessa forma de solução de controvérsias.